Fischer
Europarecht in der
öffentlichen Verwaltung

Europarecht in der öffentlichen Verwaltung

Eine Einführung
in das Europäische Gemeinschaftsrecht
für Angehörige
der öffentlichen Verwaltung

von

Dr. jur. Hans Georg Fischer

Professor an der Fachhochschule
für öffentliche Verwaltung NW

C. H. Beck'sche Verlagsbuchhandlung
München 1994

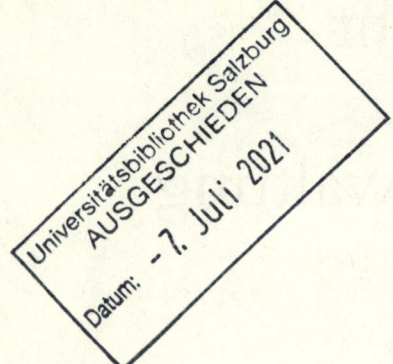

Die Deutsche Bibliothek – CIP-Einheitsaufnahme

Fischer, Hans Georg:
Europarecht in der öffentlichen Verwaltung : eine Einführung
in das europäische Gemeinschaftsrecht für Angehörige der
öffentlichen Verwaltung / von Hans Georg Fischer. –
München : Beck, 1993
ISBN 3-406-37940-0

95:04251

ISBN 3 406 37940 0

Satz: Fotosatz Otto Gutfreund GmbH, Darmstadt
Gedruckt auf säurefreiem, aus chlorfrei gebleichtem Zellstoff hergestellten Papier.

Vorwort

Dieses Buch wendet sich an Angehörige der öffentlichen Verwaltung, d. h. Praktiker in diesem Bereich und solche, die sich an Fachhochschulen und anderen Einrichtungen auf eine Tätigkeit in der öffentlichen Verwaltung vorbereiten. Ihnen soll eine auf Tätigkeitsfelder der öffentlichen Verwaltung bezogene Einführung in das europäische Gemeinschaftsrecht gegeben werden. Darüber hinaus sollen sich die Leser angesprochen fühlen, die ganz allgemein an einer Darstellung der Zusammenhänge zwischen Gemeinschaftsrecht und deutschem Recht interessiert sind.

Für die Tätigkeit der öffentlichen Verwaltung wird das Gemeinschaftsrecht zunehmend wichtiger. Insbesondere die Maßnahmen zur Vollendung des Binnenmarktes am 31. Dezember 1992 haben zu einer Fülle gemeinschaftsrechtlicher Regelungen geführt, die in einem Maße wie nie zuvor das innerstaatliche Recht durchdringen. Der öffentlichen Verwaltung obliegt es, das Gemeinschaftsrecht und das zu seiner Durchführung erlassene innerstaatliche Recht zu vollziehen. Mit der Erfüllung dieser Aufgabe erbringt die öffentliche Verwaltung ihren Beitrag, daß der Binnenmarkt und weitere gemeinschaftliche Zielsetzungen verwirklicht werden.

Das vorliegende Buch zielt darauf ab, dem Rechtsanwender in der deutschen öffentlichen Verwaltung ein Verständnis für Inhalt, Systematik und Wirkung des Gemeinschaftsrechts und das Zusammenspiel zwischen dieser Rechtsordnung und dem deutschen Recht zu vermitteln. Der Schwerpunkt der Darstellung liegt auf dem Binnenmarkt und den zu seiner Verwirklichung erlassenen Maßnahmen. Die Änderungen, die sich aufgrund des Vertrages über die Europäische Union ergeben, wurden eingearbeitet, um deutlich zu machen, wie das europäische Einigungswerk fortgesetzt werden soll.

Mein besonderer Dank gilt Herrn Reimer von Borries, Ministerialrat im Bundesministerium für Wirtschaft, Bonn, dem ich aufgrund langjähriger Zusammenarbeit zahlreiche Erkenntnisse und Anregungen auf dem Gebiet des Europarechts verdanke und der mich bei meinen Aktivitäten in diesem Bereich auf vielfältige Weise unterstützt und gefördert hat. Seine Hilfe ist auch diesem Buch zugute gekommen.

Den Damen Frau Eversheim, Frau Zädler und in besonderem Maße Frau Schiffmann danke ich für die Mühe, die sie sich bei der Reinschrift des Textes gegeben haben. Meiner Familie, insbesondere meiner Frau, danke ich für das Verständnis und die Geduld, die ich ihnen bei der Anfertigung des Buches abverlangt habe.

Mein Dank gilt schließlich dem Verlag für die Aufnahme des Buches in sein Programm und die Betreuung des Textes durch den verantwortlichen Lektor, Herrn Dr. Wilhelm Warth.

Zülpich, im November 1993   *Hans Georg Fischer*

Inhaltsverzeichnis

Erster Teil: Institutionelles Gemeinschaftsrecht

A. Entstehung und Entwicklung der Europäischen Integration

B. Die Europäische Gemeinschaft (EG) als Kernelement der Europäischen Union

C. Institutioneller Aufbau der EG (Organe und Einrichtungen)

D. Das Gemeinschaftsrecht (Arten, Zustandekommen)

E. Die innerstaatliche Wirkung des Gemeinschaftsrechts

Zweiter Teil: Materielles Gemeinschaftsrecht

A. Die Vollendung des Binnenmarktes

L. Umweltpolitik

Abkürzungsverzeichnis

a. a. O.	am angeführten Ort
AbfG	Abfallgesetz
ABl.	Amtsblatt der Europäischen Gemeinschaften
a. F.	alte Fassung
AMG	Arzneimittelgesetz
AöR	Archiv des öffentlichen Rechts
AufenthG/EWG	Gesetz über Einreise und Aufenthalt von Staatsangehörigen der Mitgliedstaaten der Europäischen Wirtschaftsgemeinschaft
AuslG	Gesetz über Einreise und Aufenthalt von Ausländern (Ausländergesetz)
AVO-EG	Verordnung zur Umsetzung der Richtlinie des Rates der Europäischen Gemeinschaften vom 21. Dezember 1988 über eine allgemeine Regelung zur Anerkennung der Hochschuldiplome im Lehrerbereich, die eine mindestens dreijährige Berufsausbildung abschließen
BaföG	Bundesausbildungsförderungsgesetz
BAG	Bundesarbeitsgericht
BAnZ	Bundesanzeiger
BAT	Bundes-Angestelltentarif
BaupG	Bauproduktengesetz
BayVBl.	Bayerische Verwaltungsblätter
BB	Der Betriebsberater
BFH	Bundesfinanzhof
BGB	Bürgerliches Gesetzbuch
BGBl.	Bundesgesetzblatt
BGH	Bundesgerichtshof
BGHZ	Entscheidungen des Bundesgerichtshofs in Zivilsachen
BierstG	Biersteuergesetz
BKR	Baukoordinierungs-Richtlinie
BPersVG	Bundespersonalvertretungsgesetz
BR-Drs.	Bundesrat-Drucksache
BSP	Bruttosozialprodukt
BT-Drs.	Bundestag-Drucksache
BVerfG	Bundesverfassungsgericht
BVerfGE	Entscheidungen des Bundesverfassungsgerichts
BVerwG	Bundesverwaltungsgericht
BVerwGE	Entscheidungen des Bundesverwaltungsgerichts
CE	Communauté(s) Européenne(s)
CEN	Europäisches Komitee für Normung
CENELEC	Europäisches Komitee für Elektrische Normung
COREPER	Comité des Représentants Permanents (= Ausschuß der ständigen Vertreter)
DDR	Deutsche Demokratische Republik
d. h.	das heißt
DIN	Deutsche Industrienorm
DÖV	Die Öffentliche Verwaltung

dtv . . . . Deutscher Taschenbuch Verlag
DVBl. . . . . Deutsches Verwaltungsblatt
DVP . . . . Deutsche Verwaltungspraxis
ECU . . . . European Currency Unit (= Europäische Rechnungs- und Währungseinheit)
EEA . . . . Einheitliche Europäische Akte
EFTA . . . . European Free Trade Association (= Europäische Freihandelsassoziation)
EG . . . . Europäische Gemeinschaft(en)
EGKS . . . . Europäische Gemeinschaft für Kohle und Stahl
EGV . . . . Vertrag zur Gründung der Europäischen Gemeinschaft
EMRK . . . . Europäische Konvention zum Schutze der Menschenrechte und Grundfreiheiten
EP . . . . Europäisches Parlament
EPZ . . . . Europäische Politische Zusammenarbeit
ESZB . . . . Europäisches System der Zentalbanken
EuGH . . . . Europäischer Gerichtshof
EuGHE . . . . . . Entscheidungen des Europäischen Gerichtshofs (Jahrgang, Seite)
EuGRZ . . . . . . Europäische Grundrechtszeitschrift
EuR . . . . Europarecht (Zeitschrift)
Euratom . . . . . . Europäische Atomgemeinschaft
EUV . . . . Vertrag über die Europäische Union
EuZW . . . . Europäische Zeitschrift für Wirtschaftsrecht
EVG . . . . Europäische Verteidigungsgemeinschaft
EWG . . . . Europäische Wirtschaftsgemeinschaft
EWGV . . . . Vertrag zur Gründung der Europäischen Wirtschaftsgemeinschaft
EWI . . . . Europäisches Währungsinstitut
EWIV . . . . Europäische Wirtschaftliche Interessenvereinigung
EWR . . . . Europäischer Wirtschaftsraum
EWS . . . . Europäisches Wirtschafts- und Steuerrecht (Zeitschrift)
EZB . . . . Europäische Zentralbank
FAO . . . . Food and Agriculture Organization of the United Nations (= Ernährungs- und Landwirtschaftsorganisation der Vereinten Nationen)
FuSV . . . . Vertrag zur Einsetzung eines gemeinsamen Rates und einer gemeinsamen Kommission der Europäischen Gemeinschaften (Fusionsvertrag)
GASP . . . . Gemeinsame Außen- und Sicherheitspolitik
GD . . . . Generaldirektion
GG . . . . Grundgesetz
GMBl. . . . . Gemeinsames Ministerialblatt
GVBl. . . . . Gesetz- und Verordnungsblatt
GV NW . . . . . . Gesetz- und Verordnungsblatt für das Land Nordrhein-Westfalen
GewO . . . . Gewerbeordnung
HandWO . . . . . Handwerksordnung
HGrG . . . . Haushaltsgrundsätzegesetz
HRRG . . . . Hochschulrahmengesetz
Hrsg. . . . . Herausgeber
i. allg. . . . . im allgemeinen
i. d. F. . . . . in der Fassung
InfAuslR . . . . . . Informationsbrief Ausländerrecht

i. S . . . . im Sinne
JA . . . . Juristische Arbeitsblätter
Jura . . . . Juristische Ausbildung
JuS . . . . Juristische Schulung
JZ . . . . Juristenzeitung
LABG . . . . Lehrerausbildungsgesetz
LBG . . . . Landesbeamtengesetz
LG . . . . Landgericht
LHO NW . . . . Landeshaushaltsordnung für das Land Nordrhein-Westfalen
LKR . . . . Lieferkoordinierungs-Richtlinie
LMBG . . . . . . Lebensmittel- und Bedarfgegenständegesetz
LMKV . . . . . . Lebensmittel-Kennzeichnungs-Verordnung
Münchkomm. . . . Münchener Kommentar zum Bürgerlichen Gesetzbuch
MWSt . . . . . . Mehrwertsteuer
n. F. . . . . neue Fassung
NJW . . . . Neue Juristische Wochenschrift
NpV . . . . Nachprüfungs-Verordnung
NVwZ . . . . . . Neue Zeitschrift für Verwaltungsrecht
NVwZ-RR . . . . NVwZ-Rechtsprechungsreport
NWVBl. . . . . . . Nordrhein-Westfälische Verwaltungsblätter
OLG . . . . Oberlandesgericht
OVG . . . . Oberverwaltungsgericht
PrStHG . . . . . Preußisches Staatshaftungsgesetz
RBHG . . . . . . Reichsbeamtenhaftungsgesetz
RIW . . . . Recht der internationalen Wirtschaft
Rs. . . . . Rechtssache
s. . . . . siehe
SchVG . . . . . . Schulverwaltungsgesetz
SKR . . . . Sektoren-Richtlinie
StGB . . . . Strafgesetzbuch
st. Rspr. . . . . . . ständige Rechtsprechung
u. a. . . . . unter anderem
UVP . . . . Umweltverträglichkeitsprüfung
WHG . . . . Wasserhaushaltsgesetz
WHO . . . . World Health Organisation (= Weltgesundheitsorganisation)
VA . . . . Verwaltungsakt
verb. Rs. . . . . . . verbundene Rechtssachen
Verf. . . . . Verfasser
VGH . . . . Verwaltungsgerichtshof
VO . . . . Verordnung
VO Handwerk EWG Verordnung über die für Staatsangehörige der übrigen Mit-
gliedstaaten der Europäischen Wirtschaftsgemeinschaft gelten-
den Voraussetzungen der Eintragung in die Handwerksrolle
VOB/A . . . . . Verdingungsordnung für Bauleistungen/Teil A
VOL/A . . . . . Verdingungsordnung für Leistungen/Teil A
VR . . . . Verwaltungsrundschau
VwGO . . . . . . Verwaltungsgerichtsordnung
VwVfG . . . . . Verwaltungsverfahrensgesetz
ZAR . . . . Zeitschrift für Ausländerrecht
z. B. . . . . zum Beispiel
ZHR . . . . Zeitschrift für das gesamte Handelsrecht und Wirtschaftsrecht
ZLR . . . . Zeitschrift für das gesamte Lebensmittelrecht
ZPO . . . . Zivilprozeßordnung

ZRP . . . . Zeitschrift für Rechtspolitik
z. Zt. . . . . zur Zeit

Einführung

I. Zur Bedeutung des Europarechts für die öffentliche Verwaltung

Europarecht wird hier als das Recht der europäischen Gemeinschaften verstanden (Gemeinschaftsrecht, EG-Recht). Zu diesen Gemeinschaften gehören die Europäische Gemeinschaft (EG), ursprünglich Europäische Wirtschaftsgemeinschaft (EWG), die Europäische Gemeinschaft für Kohle und Stahl (EGKS) und die Europäische Atomgemeinschaft (Euratom). Unter den Gemeinschaften spielt die auf eine umfassende wirtschaftliche und politische Integration angelegte Europäische Gemeinschaft (EG) die zentrale Rolle, während die anderen Gemeinschaften sich auf eine Integration in den aus ihrer Bezeichnung ersichtlichen Teilbereichen beschränken. Aus diesem Grund wird daher im folgenden, wenn nicht besondere Hinweise gegeben werden, unter „Gemeinschaft" nur die EG und unter „Gemeinschafts- bzw. EG-Recht" nur das Recht der EG verstanden.

Aus welchem Grund und in welcher Hinsicht ist das Gemeinschaftsrecht für die Tätigkeit der öffentlichen Verwaltung in der Bundesrepublik Deutschland von Bedeutung? Hierfür ein praktisches Beispiel:

Fall „Di Leo": Frau Di Leo, die Tochter eines seit 25 Jahren in der Bundesrepublik Deutschland lebenden italienischen Arbeitnehmers, besuchte hier die Grund- und Oberschule; sie hat in Deutschland ihren Hauptwohnsitz. Nach dem Abitur nahm sie wegen der Zulassungsbeschränkungen im Fach Medizin an deutschen Hochschulen das Studium der Medizin an einer Universität in Italien auf und beantragte hierfür bei der zuständigen deutschen Behörde Ausbildungsförderung nach dem Bundesausbildungsförderungsgesetz (Bafög). Die Behörde lehnte den Antrag ab, da im Bafög ursprünglich für Kinder von EG-Arbeitnehmern überhaupt keine Förderung vorgesehen war bzw. diese aufgrund einer späteren gesetzlichen Änderung jedenfalls dann von einer Förderung ausgeschlossen waren, wenn sie ihre Ausbildung im Staat ihrer Angehörigkeit durchführten. Das von Frau Di Leo angerufene Verwaltungsgericht war der Auffassung, daß die behördliche Entscheidung möglicherweise nicht mit Art. 12 VO (EWG) Nr. 1612/68 vom 15. Oktober 1968 über die Freizügigkeit der Arbeitnehmer innerhalb der Gemeinschaft in Einklang stehe, und hat gemäß Art. 177 des EWG-Vertrages (EWGV) die Frage nach der Auslegung von Art. 12 dem Europäischen Gerichtshof (EuGH) zur Vorabentscheidung vorgelegt. Art. 12 der genannten Verordnung bestimmt, daß die Kinder eines EG-Arbeitnehmers unter den gleichen Bedingungen wie die Staatsangehörigen des Aufnahmelandes am allgemeinen Unterricht sowie an der Lehrlings- und Berufsausbildung teilnehmen können, wenn sie im Hoheitsgebiet dieses Mitgliedstaates wohnen.

In seinem Urteil vom 13. 11. 1990 (RsC – 308/89 – Di Leo/Land Berlin, EuZW 1991, 30) hat der EuGH Art. 12 VO (EWG) Nr. 1612/68 dahingehend ausgelegt, daß die in dieser Vorschrift bezeichneten Kinder den Inländern hinsichtlich der Ausbildungsförderung auch dann gleichzustellen sind, wenn die Ausbildung in dem Staat erfolgt, dessen Staatangehörigkeit sie besitzen. Nach Auffassung des EuGH erfaßt Art. 12 die allgemeinen Maßnahmen, welche die Teilnahme am Unterricht erleichtern sollen; dazu gehören auch staatliche Studienbeihilfen zur Deckung der Ausbildungskosten und des Lebensunterhalts, so daß diese Beihilfen den Kindern von EG-Arbeitnehmern unter den gleichen Bedingungen wie den Staatsangehörigen des Aufnahmestaates zustehen. Aufgrund dieser Gleichbehandlung ist der Mitgliedstaat verpflichtet, wenn er eigenen Angehörigen für ein Studium im Ausland eine Beihilfe gewährt (nach Bafög wird das Studium von Deutschen im Ausland gefördert), diese Vergünstigung auch Kindern von EG-Arbeitnehmern zu gewähren.

Nach Art. 189 Abs. 2 EGV sind EG- bzw. EWG-Verordnungen in der Bundesrepublik Deutschland unmittelbar geltendes Recht; sie sind (was im einzelnen noch zu erläutern sein wird) gegenüber anderslautendem deutschen Recht mit Vorrang anzuwenden. Aufgrund von Art. 12 VO (EWG) Nr. 1612/68 in der maßgebenden Auslegung durch den EuGH besaß die Antragstellerin somit einen Anspruch auf Förderung nach Bafög für ihr Studium in Italien, und die ablehnende Entscheidung der Behörde war nicht rechtens. Durch das 14. Bafög-Änderungsgesetz vom 30. 7. 1992 (BGBl. I, S. 1732) ist die Gesetzeslage in § 5 Abs. 2 Satz 4 Bafög der Rechtsprechung des EuGH angepaßt worden.

Der Fall macht exemplarisch deutlich, daß das Gemeinschaftsrecht eine bestimmten Zielsetzungen dienende und das nationale Recht überlagernde Rechtsordnung ist, welche die inländischen Behörden zu beachten haben.

Inhalt und Wirkung des EG-Rechts erklären sich aus den der Gemeinschaft übertragenen und von ihr zu lösenden Aufgaben. Die zentrale Aufgabe der Gemeinschaft besteht darin, durch Errichtung eines Gemeinsamen Marktes bzw. eines Binnenmarktes die nationalen Märkte der ihr angehörenden Staaten zu einem einheitlichen Markt zu verschmelzen. In Art. 7a Abs. 2 EGV wird der Binnenmarkt als Raum ohne Binnengrenzen definiert, in dem der freie Verkehr von Waren, Personen, Dienstleistungen und Kapital gemäß den Bestimmungen des EWG-Vertrages gewährleistet ist. Das vertraglich gesetzte Ziel, den Binnenmarkt bis zum 31. Dezember 1992 zu verwirklichen, ist weitgehend, wenn auch noch nicht vollständig erreicht worden. Neben dieser Aufgabe, einen einheitlichen Markt herzustellen, ist die Gemeinschaft Hüterin des Wettbewerbs, d. h., sie sorgt dafür, daß das wirtschaftliche Geschehen auf diesem Markt, soweit möglich, nach Kriterien des Wettbewerbs erfolgt. Sie wird außerdem in Bereichen tätig, in denen flankie-

rend zur wirtschaftlichen Integration ein Bedürfnis nach gemeinschafts-
weitem Handeln besteht, wie z. B. in den Bereichen des Umweltschutzes, der Sozialpolitik, der Förderung von Bildung und Forschung, der
Regionalpolitik usw., wobei ihre Tätigkeit in diesen Bereichen sich zunehmend ausgeweitet und intensiviert hat. Die Zusammenarbeit der
Mitgliedstaaten der Gemeinschaft erstreckt sich auch auf die Außenpolitik. Zur Fortsetzung des europäischen Integrationsprozesses wurde am
7. Februar 1992 in der niederländischen Stadt Maastricht der Vertrag über
die Europäische Union abgeschlossen, der neben der Errichtung einer
Wirtschafts- und Währungsunion mit einer einheitlichen europäischen
Währung als Kernstück eine verstärkte Zusammenarbeit der Mitgliedstaaten auf dem Gebiet der Außen- und Sicherheitspolitik und in den
Bereichen der inneren Sicherheit und der Justiz vorsieht.

Das Verhältnis zwischen der Gemeinschaft und den ihr angehörenden
Staaten läßt sich allgemein so charakterisieren, daß die Gemeinschaft auf
der Grundlage des EG-Vertrages das zur Erreichung ihrer Ziele erforderliche Recht setzt und die Mitgliedstaaten für die Durchführung (Umsetzung) und Anwendung dieses Rechts sorgen. Demnach hängt es maßgeblich vom Handeln der Mitgliedstaaten und ihrer innerstaatlichen
Organe ab, ob das EG-Recht im Hoheitsbereich des jeweiligen Mitgliedstaates die ihm zugedachten Wirkungen entfaltet.

Als gesetzesgebundene und gesetzesvollziehende Verwaltung unterliegt somit auch die öffentliche Verwaltung der Bundesrepublik
Deutschland dem Einfluß des EG-Rechts. Ohne Anspruch auf Vollständigkeit soll die Übersicht in **Schaubild 1** einen Hinweis darauf geben, in
welchen Bereichen das EG-Recht die Tätigkeit der öffentlichen Verwaltung unmittelbar beeinflußt oder hierfür Rahmenbedingungen setzt. Die
Auswirkungen auf die kommunalen Gebietskörperschaften (Gemeinden
und Gemeindeverbände) betreffen sowohl den Bereich der Selbstverwaltung wie den übertragenen Wirkungskreis und lassen sich stichwortartig
wie folgt zusammenfassen (vgl. *von Ameln*, DVBl. 1992, 477 ff.):

Schaubild 1: EG-Recht und öffentliche Verwaltung

EG-rechtlich geregelte Materie *	Verwaltungsbereich
Freier Warenverkehr – Zollunion, Gemeinsamer Zolltarif (Art. 9–29 EGV)	Zollverwaltung
– Beseitigung mengenmäßiger und ähnlicher Beschränkungen (Art. 30–37 EGV)	Alle Stellen, die das Inverkehrbringen und die Verwendung von Waren beaufsichtigen, z.B. Lebensmittel-, Veterinär-, Arzneimittel-, Bedarfsgegenstände-, Bau-, Gewerbeaufsicht usw.
Landwirtschaft (Art. 38–47 EGV)	Agrarverwaltung
Freier Personenverkehr – Freizügigkeit der Arbeitnehmer (Art. 48–51 EGV)	Ausländerpolizei; Arbeitsverwaltung; Verwaltungsträger als Arbeitgeber; Bildungs- und Kulturverwaltung; Sozialversicherungsträger
– Niederlassungsfreiheit (Art. 52–58 EGV)	Gewerbeaufsicht; Banken- und Versicherungsaufsicht; Aufsicht über freie Berufe
Dienstleistungsfreiheit (Art. 59–66 EGV)	wie bei Niederlassungsfreiheit; Verwaltungsträger als öffentliche Auftraggeber
Kapital- und Zahlungsverkehr (Art. 67–73 h EGV)	öffentliche Banken und Sparkassen
Verkehr (Art. 74–84 EGV)	Aufsicht über Verkehr zu Wasser, zu Lande, zur Luft
Wettbewerb – Wettbewerbsregeln für Unternehmen (Art. 85 55 ff. EGV)	Versorgungswirtschaft; öff. Sparkassen
– Beihilfenaufsicht (Art. 92 ff. EGV)	Vergabe von Subventionen durch Verwaltungsträger
Steuerrecht (Art. 95–99 EGV)	Finanzverwaltung

EG-rechtlich geregelte Materie *	Verwaltungsbereich
Sozialpolitik (Art. 117–125 EGV)	Verwaltungsträger als Arbeitgeber;
Allgemeine und berufliche Bildung und Jugend (Art. 126, 127 EGV); Kultur (Art. 128 EGV)	Bildungs – und Kulturverwaltung
Wirtschaftlicher und sozialer Zusammenhalt (Art. 130a–130e EGV)	Verwaltungsträger als Empfänger von EG-Fördermaßnahmen
Forschung und technologische Entwicklung (Art. 130f–130p EGV)	Bildungs- und Forschungsverwaltung
Umwelt (Art. 130r–130t EGV)	Alle Stellen, die sich hauptsächlich oder im Zusammenhang mit ihrer sonstigen Tätigkeit mit Umweltschutz beschäftigen (z.B. Gewerbeaufsicht, Gewässerschutz, Naturschutz, Abfallentsorgung, planende Verwaltung usw.)

* Zitiert nach dem Vertrag über die Gründung der Europäischen Gemeinschaft (EGV), der gemäß Art. G des Vertrages über die Europäische Union vom 7. Februar 1992 den Vertrag zur Gründung der Europäischen Wirtschaftsgemeinschaft (EWGV) geändert hat.

a) Selbstverwaltung: Kommunalwahlrecht für EG-Angehörige; Beschäftigung von EG-Angehörigen; Gleichbehandlung von Mann und Frau bei der Beschäftigung; Vergabe öffentlicher Aufträge; Kontrolle kommunaler Subventionen durch Beihilfenaufsicht; Berücksichtigung umweltpolitischer Vorgaben bei der Bauleitplanung (z. B. Umweltverträglichkeitsprüfung) und bei der Erbringung von Leistungen im Rahmen der Daseinsvorsorge (z. B. Qualität von Trinkwasser, Behandlung kommunaler Abwässer);

b) übertragener Wirkungskreis: Ausländerwesen; Lebensmittel-, Bauaufsicht; Umweltrecht (Gewässeraufsicht, Beseitigung von Abfall, Naturschutz);

c) Förderpolitik durch die EG im Rahmen der **Strukturfonds** (Regional-, Sozial- und Agrarfonds); Förderung grenzüberschreitender kommunaler Zusammenarbeit im Rahmen der REGIOS.

II. Inhalt und Gang der Darstellung

In diesem Buch wird versucht, die Bedeutung des EG-Rechts für die deutsche öffentliche Verwaltung aufzuzeigen, wobei unter „öffentlicher Verwaltung" in erster Linie die staatliche Verwaltung in den Bundesländern und die Verwaltung in den Gemeinden und Gemeindeverbänden verstanden wird. Der besondere Aspekt, unter dem Gemeinschaftsrecht hier behandelt wird, bedingt die Art der Darstellung des Stoffes. Themenbereiche ohne näheren Bezug zur Tätigkeit der öffentlichen Verwaltung werden nicht oder jedenfalls nicht näher angesprochen, wie z. B. die Außenbeziehungen der Gemeinschaft oder die Zusammenarbeit der Mitgliedstaaten im Bereich der Außenpolitik. Themen allgemeiner Art, wie z. B. der institutionelle Aufbau der Gemeinschaft, werden konzentriert, aber doch so behandelt, daß die Funktionsweise der Gemeinschaft hinreichend deutlich wird.

Im ersten Teil der Arbeit werden unter dem Titel „Institutionelles Gemeinschaftsrecht" die Grundlagen der Gemeinschaft wie ihre Ziele, Aufgaben, Organe, Rechtsetzung usw. behandelt, wobei im Interesse einer geschlossenen Darstellung auch solche Themen aufgenommen werden, die im strengen Sinne nicht zum institutionellen EG-Recht zählen, wie z. B. der Überblick über Entstehung und Entwicklung der europäischen Integration. Im zweiten Teil wird das materielle EG-Recht unter Beschränkung auf die für die öffentliche Verwaltung relevanten Teile dargestellt, so daß z. B. auf das europäische Kartellrecht nicht eingegangen wird. Ausgeklammert werden auch als sehr spezielle und komplexe Materien die Bereiche des gemeinschaftlichen Zoll- und Steuerrechts sowie der Agrarbereich.

Der Inhalt des Vertrages über die Europäische Union ist im jeweiligen Zusammenhang eingearbeitet worden, um den angestrebten Fortschritt in der europäischen Integration zu verdeutlichen. Die in „Europäische Gemeinschaft" (EG) umbenannte „Europäische Wirtschaftsgemeinschaft" (EWG) wird nach dem (neuen) EG-Vertrag dargestellt und auf die Vorschriften des (alten) EWG-Vertrages nur insoweit Bezug genommen, als es aus Verständnisgründen unerläßlich ist.

Durch die Darstellung soll der Rechtsanwender in der öffentlichen Verwaltung ein Verständnis für Inhalt und Systematik des EG-Rechts als einer Rechtsmaterie gewinnen, die für seine eigene Tätigkeit von immer größer werdender Bedeutung ist. Im Interesse einer praxisnahen Darstellung werden viele Rechtsfragen anhand praktischer Fallbeispiele erläutert. Angesichts der unüberschaubaren Fülle, die das EG-Recht bereits heute bietet, kommt es weniger auf eine ins einzelne gehende Information als vielmehr darauf an, leitende Inhalte und Prinzipien des EG-Rechts herauszuarbeiten, auf deren Grundlage sich dann Einzelprobleme leichter erschließen lassen. Um den Zugang zu Detailfragen zu erleichtern, finden sich am Ende jedes Kapitels Hinweise auf weiterführende Literatur, die möglichst zeitnah ausgewählt wurde.

III. Hilfsmittel

Die nachstehend aufgeführten Hilfsmittel (Rechtssammlungen, Lehrbücher, Kommentare usw.) beschränken sich auf eine Auswahl relativ leicht zugänglicher Unterlagen.

1. Sammlungen des EG-Rechts

a) Primärrecht

Die EG-Verträge mit weiterem Primärrecht, teilweise auch mit Sekundärrecht, finden sich in

Beutler/Bieber/Pipkorn/Streil, Das Recht der Europäischen Gemeinschaft (Loseblattsammlung);
Europarecht, Textausgabe mit einer Einführung von *Glaesner,* 3. Aufl., 1992;
Europa-Recht, Textausgabe mit einer Einführung von *Steindorff,* 11. Aufl. 1991 (dtv);
Sartorius II, Europarecht und andere internationale Verträge, 8. Aufl., Stand: 31. Januar 1991 (Loseblattsammlung).

Den Vertrag über die Europäische Union (Vertrag von Maastricht) enthalten

EUV Europäischer Unionsvertrag, Textausgabe mit einer Einführung von *Grabitz,* 1992 (dtv);
Europäische Gemeinschaft – Europäische Union, Die Vertragstexte von Maastricht, bearbeitet von *Läufer,* 1992.

b) Sekundärrecht

Das sekundäre EG-Recht (Verordnungen, Richtlinien, Entscheidungen usw.) findet sich vollständig abgedruckt im
Amtsblatt der Europäischen Gemeinschaften, Reihe L.

Das Auffinden einzelner Rechtsakte erleichtert das
Fundstellenverzeichnis des geltenden Gemeinschaftsrechts,
das zweimal jährlich neu herausgegeben wird.

Sekundärrechtliche Rechtsakte für den europäischen Binnenmarkt enthält die Sammlung
Europäisches Wirtschaftsrecht, Hrsg.: *von Borries/Winkel,* Stand: 1. Januar 1992 (Loseblattsammlung);

Rechtsakte im Umweltbereich in
Krämer, Umweltrecht der EWG, Textsammlung, 1991.

2. Rechtsprechung

Die Rechtsprechung des Europäischen Gerichtshofs findet sich vollständig in der
amtlichen Sammlung der Rechtsprechung des Gerichtshofs der Europäischen Gemeinschaften, 1954 ff.

Systematisch erschlossen wird die Rechtsprechung durch:
Gerichtshof der EG (Hrsg.), Nachschlagewerk der Rechtsprechung zum
Gemeinschaftsrecht, 1977 ff. (Loseblattsammlung).

Grundlegende Urteile des EuGH und deutscher Gerichte, insbesondere
des Bundesverfassungsgerichts, zum EG-Recht enthalten die Fallsamm-
lungen
Hummer/Simma/Vedder/Emmert, Europarecht in Fällen, 1. Aufl., 1991;
Pieper/Schollmeier, Europarecht. Ein Casebook, 1991.

Laufender Abdruck von Entscheidungen des EuGH und deutscher Gerichte in den unter 6. genannten Fachzeitschriften.

3. Lehrbücher

Deutschsprachige Lehrbücher zum Europarecht:
Beutler/Bieber/Pipkorn/Streil, Die Europäische Gemeinschaft, 3. Aufl.,
1987;
Bleckmann, Europarecht, 5. Aufl. 1990;
Nicolaysen, Europarecht I, 2. Aufl. 1991;
Oppermann, Europarecht, 1991;
Schweitzer/Hummer, Europarecht, 3. Aufl. 1990.

4. Kommentare

Grabitz (Hrsg.), Kommentar zum EWG-Vertrag, 1983 ff. (Loseblattsammlung, z. Z. Stand 1990);

v. d. Groeben/Thiesing/Ehlermann (Hrsg.), Kommentar zum EWG-Vertrag, 4. Aufl. 1991;
Hailbronner/Klein/Magiera/Müller-Graff, Handkommentar zum EWG-Vertrag, Loseblattausgabe, 1. Lieferung 1991.
Den EG-Vertrag auf der Grundlage des Vertrages von Maastricht kommentiert
Geiger, EG-Vertrag, 1993.

5. Handbücher, Nachschlagewerke

Dauses (Hrsg.), Handbuch des Europäischen Wirtschaftsrechts, 1993;
Dichtl (Hrsg.), Schritte zum Europäischen Binnenmarkt, 2. Aufl. 1992 (dtv);
EG-Handbuch Recht im Binnenmarkt, hrsg. von *Lenz,* 1991;
EG-Kommunal, Handbuch zu europäischen Themen für Kommunalpolitiker und lokale Medien, hrsg. von *Bunz,* Vertretung der EG-Kommission in der Bundesrepublik Deutschland, 1991;
Euro-Guide, Der Binnenmarkt von A–Z, Loseblattsammlung, Stand: August 1992;
Hitzler (Hrsg.), Europahandbuch, 2. Aufl. 1990;
von Borries (Hrsg.), Europarecht von A–Z, 2. Aufl. 1993 (dtv);
Weidenfeld/Wessels, Europa von A–Z, Taschenbuch der europäischen Integration, 1991.

6. Zeitschriften

Deutsche europarechtliche Fachzeitschriften:
Europäische Grundrechte-Zeitschrift (EuGRZ)
Europarecht (EuR)
Europäische Zeitschrift für Wirtschaftsrecht (EuZW)
Europäisches Wirtschafts- und Steuerrecht (EWS)
Praxis des Europäischen Rechts (PER)
Business Law Europe, Tax Letter Europe.
Behandlung europarechtlicher Themen auch in den allgemeinen juristischen Zeitschriften wie NJW, NVwZ, JuS, JZ, DÖV, DVBl. usw.

Erster Teil: Institutionelles Gemeinschaftsrecht

A. Entstehung und Entwicklung der europäischen Integration

Der Zweite Weltkrieg mit seinen Folgen stellte die Völker und Staaten in Europa vor die Aufgabe, sich eine neue, dauerhafte Friedensordnung zu geben und ihre durch den Krieg weithin zerstörte Wirtschaft wieder aufzubauen. Der Ausbruch des kalten Krieges zwischen den Machtblökken in Ost und West und dadurch bedingt die Teilung Europas in einen freien westlichen und einen kommunistisch beherrschten östlichen Teil machten jedoch gesamteuropäische Lösungsansätze zunichte.

Im westlichen Europa war die Auffassung weit verbreitet, daß man die anstehenden Probleme (Friedensordnung nach innen, Behauptung gegenüber dem kommunistischen Machtanspruch, wirtschaftlicher Wiederaufbau) nur durch eine enge überstaatliche Zusammenarbeit lösen könne. In einer Rede 1946 in Zürich schlug Winston Churchill vor, eine Art „Vereinigter Staaten von Europa" zu errichten (zu denen Großbritannien allerdings nicht gehören sollte). Der von führenden Europaverbänden einberufene Europakongreß in Haag 1948 forderte, „daß die europäischen Nationen einen Teil ihrer Souveränitätsrechte übertragen und verschmelzen müssen, um gemeinsames politisches und wirtschaftliches Handeln sicherzustellen". Im Zuge dieser Bestrebungen gründeten zehn europäische Staaten mit Vertrag vom 5. Mai 1949 den **Europarat** mit Sitz in Straßburg, um ihre Einheit in politischer und ideeller Hinsicht zu demonstrieren (zur Satzung des Europarates s. Textsammlung „Europa-Recht", Nr. 21). Gründungsmitglieder sind Belgien, Dänemark, Frankreich, Irland, Italien, Luxemburg, die Niederlande, Norwegen, Schweden und das Vereinigte Königreich von Großbritannien und Nordirland; die Bundesrepublik Deutschland ist 1951 Vollmitglied geworden. Mittlerweile gehören dem Europarat praktisch alle demokratischen europäischen Staaten an, auch politisch neutrale wie die Schweiz und Österreich und seit den politischen Umwälzungen im ehemaligen Ostblock auch Staaten wie Polen, Ungarn und die (ehemalige) Tschechoslowakei. Der Europarat hat zur Aufgabe, eine engere Verbindung zwischen seinen Mitgliedern zum Schutze und zur Förderung der Ideale und Grundsätze, die ihr gemeinsames Erbe bilden, herzustellen und ihren wirtschaftlichen und sozialen Fortschritt zu fördern. Zur Erfüllung dieser Aufgabe ist der Europarat nicht unmittelbar entscheidungsbefugt, sondern in seiner Funktion darauf beschränkt, über Fragen von gemeinsamen Interessen zu beraten, insbesondere Abkommen (Konventionen) auszuarbeiten, die zu ihrer Annahme von den Mitgliedern als völkerrechtliche Verträge abgeschlossen werden müssen. Das bedeutendste Abkommen dieser Art ist die Konvention zum Schutze der Menschenrechte und Grundfreiheiten (EMRK) vom 4. November 1950, deren rechtliche Kontrolle dem hierfür eingerichteten Europäischen Gerichtshof für Menschenrechte obliegt (Text der EMRK „Europa-Recht", Nr. 22). Daß der Europarat von vornherein so konstruiert wurde, daß er nur Anstöße geben kann, die von seinen Mitgliedern aufgegriffen werden müssen, zeigt, daß die Gründungsstaaten trotz aller dahin gehenden Appelle zu einem Souveränitätsverzicht nicht bereit waren.

Die vergleichsweise schwachen Befugnisse des Europarates, insbesondere aber die Ungewißheit, welche Rolle die neu entstandene Bundesrepublik Deutschland im Bereich der militärischen Sicherheit spielen würde, veranlaßte die französische Regierung zu einer politischen Initiative, welche die Beziehungen zwischen Frankreich und Deutschland auf eine neue und zukunftsweisende Grundlage stellen sollte. In einer Erklärung vom 9. Mai 1950 (s. „Europa-Recht", Nr. 8) schlug der französische Außenminister *Robert Schuman* vor, die gesamte französisch-deutsche Kohle- und Stahlproduktion einer gemeinsamen Hohen Behörde zu unterstellen im Rahmen einer Organisation, an der sich die anderen Länder Europas beteiligen konnten (Schuman-Plan). Die Zusammenlegung der Kohle- und Stahlproduktion war nicht nur wirtschaftlich motiviert, sondern ausdrücklich als „erste Etappe der europäischen Föderation" gedacht, die jeden Krieg zwischen Frankreich und Deutschland unmöglich machen sollte. Der Schuman-Plan wurde in Deutschland durch *Konrad Adenauer*, in Italien durch *Alcide de Gasperi* und in den Benelux-Staaten positiv aufgegriffen; Großbritannien hielt sich fern. Am 18. April 1951 schlossen Belgien, die Bundesrepublik Deutschland, Frankreich, Italien, Luxemburg und die Niederlande den Vertrag über die Gründung der Europäischen Gemeinschaft für Kohle und Stahl (EGKS, auch „Montanunion") mit Sitz in Luxemburg; der Vertrag ist 1952 in Kraft getreten. Zum ersten Präsidenten der Hohen Behörde wurde der geistige Vater des Schuman-Plans, der Franzose *Jean Monnet*, bestellt.

Der EGKS-Vertrag sollte seine Fortsetzung finden in dem Vertrag über die Europäische Verteidigungsgemeinschaft (EVG), der die Bildung integrierter deutsch-französischer Streitkräfte vorsah. Der bereits unterzeichnete EVG-Vertrag wurde jedoch 1954 von der französischen Nationalversammlung abgelehnt. Die militärische Integration der Bundesrepublik Deutschland vollzog sich daraufhin im Rahmen des Nordatlantischen Verteidigungsbündnisses (NATO). Diese Entwicklung, die durch den Austritt Frankreichs aus der NATO im Jahre 1966 noch verstärkt wurde, hat dazu geführt, daß sich die europäische Integration in ihrem weiteren Verlauf praktisch nicht auf den Bereich der Verteidigungspolitik erstreckt hat; erst in jüngster Zeit gibt es im Hinblick auf die angestrebte Europäische Union wieder Ansätze für eine gemeinsame Politik im Bereich der Verteidigung.

In Fortsetzung des mit der Montanunion eingeschlagenen Weges schlossen die Gründungsstaaten der EGKS am 25. März 1957 in Rom die Verträge zur Gründung der Europäischen Wirtschaftsgemeinschaft (EWG) und der Europäischen Atomgemeinschaft (Euratom); die römischen Verträge, zu denen der belgische Außenminister *Paul-Henri Spaak* die entscheidenden Vorarbeiten geleistet hat, sind am 1. Januar 1958 in Kraft getreten. Während die EWG mit der Errichtung eines gemeinsamen Marktes als Kernstück auf eine umfassende wirtschaftliche Integration der beteiligten Staaten angelegt ist, hat die Euratom zur Aufgabe, die Voraussetzungen für eine friedliche Nutzung der Kernenergie in den Mitgliedstaaten zu schaffen. Zum ersten Präsidenten der Kommission der EWG wurde der Deutsche *Walter Hallstein* bestellt.

Wie die EGKS war auch die Entstehung von EWG und Euratom politisch motiviert, denn, wie aus der Präambel des EWG-Vertrages hervorgeht, sollten durch die Gründung dieser Gemeinschaften „die Grundlagen für einen immer engeren Zusammenschluß der europäischen Völker" geschaffen werden. Durch Zusammenarbeit auf wirtschaftlichem Gebiet hoffte man, auch zu einer weiter gehenden politischen Einigung zu gelangen. Vielfach wurde die Auffassung vertreten, daß die wirtschaftliche Integration sogar zwangsläufig aufgrund sachlogischer Gegebenheiten zu einer politischen Integration führen werde (sog. funktionalistische Betrachtungsweise, Effekt des „spill-over"), und die Europäischen Gemeinschaften wurden unter diesem Aspekt als Vorstufe eines europäischen Bundesstaates betrachtet. Die nachfolgende Entwicklung hat jedoch gezeigt, daß dem Prozeß der wirtschaftlichen Integration nicht ohne weiteres die angenommene Zwangsläufigkeit zugrunde liegt.

Wie bei der EGKS war Großbritannien am Zustandekommen von EWG und Euratom nicht beteiligt, sondern hat als Gegenstück hierzu 1959/60 zusammen mit Dänemark, Norwegen, Österreich, Portugal, Schweden und der Schweiz die Europäische Freihandelsassoziation (EFTA) als Freihandelszone gegründet.

In ihrer Anfangsphase war es eine der wesentlichen Aufgaben der EWG, die Zollunion zu verwirklichen, d. h., die Zölle zwischen den Mitgliedstaaten abzuschaffen und einen gemeinsamen Zolltarif aufzustellen. Diese Aufgabe hat die Gemeinschaft erfolgreich bis Mitte 1968 gelöst. Zwischenzeitlich kam es jedoch zu einer krisenhaften Entwicklung in der Gemeinschaft, bedingt durch die Politik des französischen Staatspräsidenten *Charles de Gaulle*, dessen Politikverständnis ausgesprochen nationalstaatlich geprägt war (Doktrin des „Europa der Vaterländer"). De Gaulle verhinderte nicht nur den Beitritt von Großbritannien, Dänemark, Irland und Norwegen als neue Mitglieder der Gemeinschaft;

im Hinblick auf Vorschläge der EWG-Kommission, die Gemeinschaft mit eigenen Finanzmitteln auszustatten und die Befugnisse des Europäischen Parlaments zu verstärken, nahm seine Regierung 1965 auch nicht an den Beratungen im Ministerrat der Gemeinschaft teil („Politik des leeren Stuhls"). Die Krise wurde Anfang 1966 durch den sog. Luxemburger Kompromiß beigelegt, in welchem die Mitgliedstaaten übereinkamen, dann, wenn bei Mehrheitsbeschlüssen sehr wichtige Interessen eines oder mehrerer Partner auf dem Spiele stehen, sich auf dem Verhandlungswege um für alle Beteiligten annehmbare Lösungen zu bemühen. Der Luxemburger Kompromiß hat zu der Praxis im Ministerrat geführt, Entscheidungen im wesentlichen nur noch einstimmig zu treffen, obwohl der EWG-Vertrag ab Januar 1966 in vielen Fällen Mehrheitsentscheidungen vorsah.

Der Rücktritt de Gaulles im Jahre 1968 ermöglichte eine Fortentwicklung des europäischen Integrationsprozesses. Auf ihrer Gipfelkonferenz 1969 in Den Haag beschlossen die Staats- und Regierungschefs der Mitgliedstaaten an europapolitischen Zielsetzungen, die bisherigen nationalen Finanzbeiträge durch Eigenmittel der EG zu ersetzen, mit beitrittswilligen Ländern neu zu verhandeln, stufenweise eine Wirtschafts- und Währungsunion zu errichten und ihre Außenpolitik im Rahmen der Europäischen Politischen Zusammenarbeit (EPZ) zu koordinieren. Seit 1970 verfügt die Gemeinschaft über ein System von finanziellen Eigenmitteln. 1973 wurden im Zuge der sog. Norderweiterung Großbritannien, Dänemark und Irland als neue Mitglieder aufgenommen; ein Beitritt Norwegens scheiterte am ablehnenden Votum der norwegischen Bevölkerung.

Auf dem Gipfeltreffen der Staats- und Regierungschefs 1972 in Paris wurden als neue, im EWG-Vertrag nicht vorgesehene Aktionsfelder für die Gemeinschaft die Regional-, Umwelt- und Energiepolitik festgelegt und die Verwirklichung der Wirtschafts- und Währungsunion bis 1980 gefordert. Auf ihrem Treffen 1974 in Paris einigten sich die Staats- und Regierungschefs darauf, sich als „Europäischer Rat" jährlich dreimal zu treffen, und sprachen sich für eine Direktwahl des Europäischen Parlaments aus; der belgische Premierminister *Leo Tindemans* erhielt den Auftrag, einen Bericht über die Umwandlung der Gesamtheit der Beziehungen der Mitgliedstaaten in eine „Europäische Union" auszuarbeiten. Seit 1979 werden die Abgeordneten des Europäischen Parlaments direkt gewählt. Ebenfalls 1979 wurde unter maßgeblicher Beteiligung der Politiker *Helmut Schmidt* und *Valéry Giscard d'Estaing* auf währungspolitischem Gebiet das Europäische Währungssystem (EWS) mit der Europäischen Rechnungseinheit (ECU) und einem Wechselkurs- und Interventionsmechanismus als wesentlichen Elementen errichtet. Ein Durchbruch zur Europäischen Union auf der Grundlage des Tindemans-Berichts (1975) gelang jedoch nicht.

Im Rahmen der sog. Süderweiterung wurden 1981 Griechenland und 1986 Spanien und Portugal als neue Mitglieder aufgenommen. Diese Erweiterung stellte die Gemeinschaft vor die Aufgabe, sich stärker als bisher mit dem Ausgleich des wirtschaftlichen Gefälles zwischen ihren hochentwickelten Regionen im Norden und den weniger entwickelten Regionen im Süden zu befassen. Eine weitere Herausforderung ergab sich dadurch, daß sich, bedingt durch den wirtschaftlichen Niedergang traditioneller Wirtschaftszweige wie Kohle, Stahl, Schiffbau, Textil usw., die Mitgliedstaaten untereinander zunehmend protektionistisch verhielten, andererseits zukunftsträchtige Technologien wie Elektronik, Flugzeugbau, Weltraumfahrt, Biochemie usw. in Europa nicht in gleichem Maße entwickelt wurden wie in den USA und Japan. Unter dem Stichwort „Eurosklerose" kam die Befürchtung auf, daß die europäische Wirtschaft im Vergleich mit den Volkswirtschaften der USA und Japans auf Dauer ihre Wettbewerbsfähigkeit verlieren könnte. Um diesen Herausforderungen zu begegnen, nahm der Europäische Rat 1983 in Stuttgart nach Vorschlägen der Außenminister Deutschlands und Italiens, *Genscher* und *Colombo,* eine „Feierliche Deklaration zur Europäischen Union" mit Leitlinien für eine Stärkung und den weiteren Ausbau von EG und EPZ an. 1985 legte die Kommission ihr „Weißbuch" zur Vollendung des Binnenmarktes vor, das alle erforderlichen Maßnahmen enthielt, um bis Ende 1992 einen wirklichen einheitlichen Markt in der Gemeinschaft zu schaffen („Binnenmarkt 1992"). Vertraglich geregelt wurden die angestrebten Reformen durch die von den Mitgliedstaaten am 28. Februar 1986 unterzeichnete und am 1. Juli 1987 in Kraft getretene „Einheitliche Europäische Akte" (EEA). Die EEA schreibt die Vollendung des Binnenmarktes bis 1992 fest, verbessert auf der Grundlage des Mehrheitsprinzips die Entscheidungsbefugnisse des Ministerrates, erweitert die Mitwirkungsrechte des Europäischen Parlaments und stellt die europäische politische Zusammenarbeit (EPZ), d. h. die Zusammenarbeit der Mitgliedstaaten auf dem Gebiet der Außenpolitik, auf eine vertragliche Grundlage. Nach ihrer Präambel versteht sich die EEA als Weiterführung des bisherigen europäischen Einigungswerkes mit dem Ziel, die Gesamtheit der Beziehungen zwischen den Mitgliedstaaten in eine Europäische Union umzuwandeln.

Seit Inkrafttreten der EEA ist eine zentrale Aufgabe der Gemeinschaft die Vollendung des Binnenmarktes, der zum vorgesehenen Stichtag des 31. Dezember 1992 zwar nicht vollständig, aber doch weitgehend verwirklicht worden ist (s. dazu näher Teil II, Kapitel A). Einen wesentlichen Anteil an der Vollendung dieses Werkes hat der derzeitige Präsident der EG-Kommission, der Franzose *Jacques Delors.*

1988 wurden durch eine weitere Finanzreform die Eigenmittel der Gemeinschaft erhöht.

1990 wurde nach der deutschen Vereinigung die ehemalige DDR ohne

Beitrittsverhandlungen und ohne Änderung der Verträge in die Europäischen Gemeinschaften eingegliedert.

Auf politische Initiative insbesondere des deutschen Bundeskanzlers *Helmut Kohl* und des französischen Staatspräsidenten *François Mitterrand* beschloß der Europäische Rat auf seinem Treffen im Dezember 1990 in Rom, zwei Regierungskonferenzen über die Wirtschafts- und Währungsunion und die Politische Union einzusetzen. Den auf diesen Konferenzen ausgehandelten Vertrag über die Europäische Union haben die Mitgliedstaaten am 7. Februar 1992 in Maastricht unterzeichnet. Seinem wesentlichen Inhalt nach sieht der Vertrag die Einführung einer gemeinsamen europäischen Währung spätestens ab 1999 sowie eine intergouvernementale Zusammenarbeit auf dem Gebiet der Außen- und Sicherheitspolitik sowie in den Bereichen Justiz und innere Sicherheit vor. Mangels einer Ratifikation in Dänemark und Großbritannien ist der Vertrag nicht wie vorgesehen zum 1. Januar 1993 in Kraft getreten. Nachdem diese Staaten im Verlauf des Jahres 1993 zugestimmt haben und das Bundesverfassungsgericht durch Urteil vom 12. Oktober 1993 die deutschen Gesetze zum Zustandekommen des Unionsvertrages als mit dem Grundgesetz vereinbar beurteilt hat, ist der Vertrag aufgrund der Ratifikation durch die Bundesrepublik Deutschland am 1. November 1993 in Kraft getreten.

Parallel zum Unionsvertrag haben die EG und ihre Mitgliedstaaten 1992 mit den in der EFTA zusammengeschlossenen Staaten Österreich, Finnland, Island, Liechtenstein, Norwegen, Schweden und der Schweiz das Abkommen über den Europäischen Wirtschaftsraum (EWR) abgeschlossen, der für die EFTA-Staaten als Vorstufe für eine endgültige Mitgliedschaft in der EG gedacht ist. Ihren Beitritt zur EG haben beantragt Österreich, Zypern, Malta, Finnland, Norwegen, Schweden und die Schweiz, die allerdings aufgrund eines negativen Volksentscheids im Dezember 1992 den EWR-Vertrag nicht angenommen hat. Den 1987 gestellten Beitrittsantrag der Türkei hat die Gemeinschaft abgelehnt.

Die wichtigsten Daten in der Entwicklung der europäischen Integration ergeben sich aus dem Überblick in **Schaubild 2**.

Literatur: *Loth,* Der Weg nach Europa. Geschichte der europäischen Integration 1939–1957, 1990; *ders.,* Die Anfänge der europäischen Integration 1945–1950, 1990; *Herbst/Bührer/Sowade,* Vom Marshallplan zur EWG. Die Eingliederung der Bundesrepublik Deutschland in die westliche Welt, 1990; *Fontaine,* Eine neue Ordnung für Europa. 40 Jahre Schuman-Plan (1950–1990), Luxemburg, Amt für amtliche Veröffentlichungen der EG, 1990; *Oppermann/Moersch,* Europa-Leitfaden. Ein Wegweiser zum Europäischen Binnenmarkt 1992, 2. Aufl. 1990; *Wegner,* Die Entdeckung Europas: Die Wirtschaftspolitik der Europäischen Gemeinschaft, 1991; *Weidenfeld* (Hrsg.), Wie Europa verfaßt sein soll – Materialien zur Politischen Union, 1991; *Seidl-Hohenveldern/Schneider* (Hrsg.), Auf dem Weg nach Europa – Fragen zur europäischen Integration, 1991; *Prunskiene/von Habsburg* (Hrsg.), Europa: Ein Kontinent gewinnt Gestalt. Die geistige Auseinandersetzung um das neue Europa, 1992.
Weitere Literaturnachweise bei *Oppermann,* Europarecht, S. 1 ff.

Schaubild 2: Die europäische Integration im Überblick

1951/52	Gründung der Europäischen Gemeinschaft für Kohle und Stahl (EGKS)
1956/57	Gründung der Europäischen Wirtschaftsgemeinschaft (EWG) und der Europäischen Atomgemeinschaft (Euratom)
1966	Luxemburger Kompromiß
1968	Inkrafttreten der Zollunion der EWG
1970	Ersetzung der Finanzbeiträge der Mitgliedstaaten durch Eigenmittel der Gemeinschaften
1973	Beitritt von Großbritannien, Dänemark und Irland
1979	Erste Direktwahlen zum Europäischen Parlament
1979	Errichtung des Europäischen Währungssystems (EWS)
1981	Beitritt von Griechenland
1986	Beitritt von Spanien und Portugal
1986/87	Unterzeichnung und Inkrafttreten der Einheitlichen Europäischen Akte (EEA)
1988	Erhöhung der Eigenmittel der Gemeinschaften
1990	Eingliederung der ehemaligen DDR
1990	Einsetzung von zwei Regierungskonferenzen über die Wirtschafts- und Währungsunion und die Politische Union
1992	Unterzeichnung des Vertrages über die Europäische Union
1992	Unterzeichnung des Vertrages über den Europäischen Wirtschaftsraum (EWR)
31.12.1992	Vollendung des Binnenmarktes
1.11.1993	Inkrafttreten des Vertrages über die Europäische Union

B. Die Europäische Gemeinschaft (EG) als Kernelement der Europäischen Union

I. Die Europäischen Gemeinschaften EGKS, EG und Euratom als „EG"

Im öffentlichen Sprachgebrauch hat sich die Bezeichnung „EG" (als Abkürzung für „Europäische Gemeinschaft") eingebürgert. Rechtlich gibt es jedoch nicht eine oder „die" Europäische Gemeinschaft, sondern die drei europäischen Gemeinschaften EGKS, EG (ursprünglich EWG) und Euratom. Jede Gemeinschaft wurde durch einen eigenen völkerrechtlichen Vertrag gegründet, die EGKS durch den Vertrag über die Gründung der Europäischen Gemeinschaft für Kohle und Stahl vom 18. April 1951 (BGBl. 1952 II, S. 447 = Textsammlung „Europa-Recht", Nr. 9), die EWG durch den Vertrag zur Gründung der Europäischen Wirtschaftsgemeinschaft vom 25. März 1957 (BGBl. II, S. 766 = „Europa-Recht", Nr. 2) und die Euratom durch den Vertrag zur Gründung der Europäischen Atomgemeinschaft vom 25. März 1957 (BGBl. II, S. 1014 = „Europa-Recht", Nr. 7). Diese Verträge legen getrennt voneinander die von jeder Gemeinschaft wahrzunehmenden Aufgaben fest, was nicht ausschließt, daß die Verträge untereinander in einer engen Wechselbeziehung stehen. Auch die Änderungen der Gründungsverträge durch die Einheitliche Europäische Akte und den Vertrag über die Europäische Union halten an der rechtlichen Selbständigkeit und aufgabenmäßigen Trennung der drei Gemeinschaften fest und vereinigen sie nicht zu einer einzigen Gemeinschaft.

Allerdings sind die drei Gemeinschaften organisatorisch dadurch vereinheitlicht worden, daß sie aufgrund des Abkommens über gemeinsame Organe für die Europäischen Gemeinschaften vom 25. März 1957 (BGBl. II, S. 1156 = „Europa-Recht", Nr. 10) und des Vertrages zur Einsetzung eines gemeinsamen Rates und einer gemeinsamen Kommission der Europäischen Gemeinschaften vom 8. April 1967 (BGBl. II, S. 1454 = „Europa-Recht", Nr. 11) über gemeinsame Organe verfügen und ihre Einnahmen und Ausgaben nicht in getrennten, sondern in einem gemeinsamen Haushalt eingesetzt werden. Durch das Handeln ihrer gemeinsamen Organe sind die Gemeinschaften im öffentlichen Erscheinungsbild faktisch zu einer derartigen Einheit verschmolzen, daß der Gebrauch des Kürzels „EG" als Sammelbezeichnung für sie gerechtfertigt erscheinen mag. Das Vertragsrecht sanktioniert jedoch diesen Sprachgebrauch nicht, und der Vertrag über die Europäische Union ändert die „Europäische Wirtschaftsgemeinschaft" (EWG) in „Europäische Gemeinschaft" (EG), behält die Abkürzung „EG" also einer der drei Gemeinschaften vor.

Im Hinblick auf die Besonderheit, daß die drei Gemeinschaften aufgabenmäßig getrennt sind, organisatorisch aber eine Einheit bilden, läßt sich der Aufbau der „EG" schematisch so darstellen:

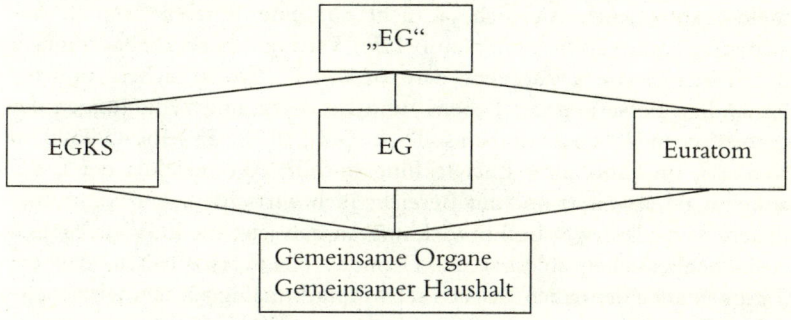

Von den drei Gemeinschaften wird nachfolgend nur die EG behandelt.

II. Grundsätze, Ziele und Aufgaben der EG

Die EG hat ihre wesentliche Rechtsgrundlage in dem Vertrag zur Gründung der Europäischen Gemeinschaft (EGV) in der Fassung, die er durch den Vertrag über die Europäische Union vom 7. Februar 1992 (BGBl. 1992 II S. 1253) erhalten hat. Der neue EG-Vertrag baut auf dem eingangs erwähnten Vertrag zur Gründung der Europäischen Wirtschaftsgemeinschaft (EWGV) mit den Änderungen auf, die der EWGV durch die Einheitliche Europäische Akte (EEA) vom 28. Februar 1986 (BGBl. 1986 II S. 1104) erfahren hat. Der EGV hat im Vergleich zum EWGV die Zielsetzungen und Aufgabenbereiche der EG erweitert, was symbolhaft in der Umbenennung von „EWG" in „EG" zum Ausdruck kommt.

Im ersten Teil des EGV sind in den Artikeln 1 bis 7c die Grundsätze der EG, insbesondere ihre Ziele und Aufgaben, festgelegt.

1. Die Europäische Gemeinschaft

Nach Art. 1 EGV wird durch den Vertrag eine **Europäische Gemeinschaft** gegründet. Aus dieser Bezeichnung folgt zunächst, daß die Gemeinschaft auf **Europa** beschränkt ist, demzufolge nach Art. O des Vertrages über die Europäische Union (EUV) nur **europäische** Staaten Mitglieder der Union, damit gleichzeitig der Gemeinschaft werden können.

Die geänderte Bezeichnung „Gemeinschaft" anstelle von „Europäischer **Wirtschafts**gemeinschaft" deutet an, daß die jetzigen Aufgaben der Gemeinschaft sowohl wirtschaftlicher wie nichtwirtschaftlicher Natur sind. Allerdings lagen auch die Aufgaben der Europäischen Wirtschaftsgemeinschaft nicht ausschließlich auf wirtschaftlichem Gebiet. Im Hinblick auf die Bestimmung des Art. 119 EWGV (jetzt Art. 119 EGV) hat der EuGH festgestellt, daß „diese Bestimmung den sozialen Zielen der Gemeinschaft (dient), die sich ja nicht auf eine Wirtschaftsunion beschränkt, sondern wie die Präambel des Vertrages hervorhebt, zugleich durch gemeinsames Vorgehen den sozialen Fortschritt sichern und die beständige Besserung der Lebens- und Beschäftigungsbedingungen der europäischen Völker anstreben soll" (EuGHE 1976, 455 – Rs. 43/75 „Defrenne"). Im Laufe ihrer Entwicklung sind die Aktionsfelder der EWG zunehmend erweitert und auf Bereiche nichtwirtschaftlicher Natur ausgedehnt worden, welche Entwicklung an den jetzt im EGV geregelten Aufgabenbereichen ablesbar ist. Dennoch bleibt festzuhalten, daß die Tätigkeit auch der neuen EG sich schwerpunktmäßig auf den wirtschaftlichen Betrieb konzentriert, insbesondere im Hinblick auf die vorgesehene Errichtung der Wirtschafts- und Währungsunion als Kernstück des neuen EG-Vertrages (s. dazu nachfolgend unter 4.).

2. Ziele und Aufgaben der EG

Art. 2 EGV legt in allgemeiner Weise die Ziele und Aufgaben der Gemeinschaft, Art. 3 und 3a EGV ihre konkrete(n) Tätigkeit(en) fest. Die Aufgabe der Gemeinschaft wird in Art. 2 EGV so umschrieben:

„Aufgabe der Gemeinschaft ist es, durch die Errichtung eines Gemeinsamen Marktes und einer Wirtschafts- und Währungsunion sowie durch die Durchführung der in den Artikeln 3 und 3a genannten gemeinsamen Politiken oder Maßnahmen eine harmonische und ausgewogene Entwicklung des Wirtschaftslebens innerhalb der Gemeinschaft, ein beständiges, nichtinflationäres und umweltverträgliches Wachstum, einen hohen Grad an Konvergenz der Wirtschaftsleistungen, ein hohes Beschäftigungsniveau, ein hohes Maß an sozialem Schutz, die Hebung der Lebenshaltung und der Lebensqualität, den wirtschaftlichen und sozialen Zusammenhalt und die Solidarität zwischen den Mitgliedstaaten zu fördern."

Das Wort „Aufgabe" in Art. 2 EGV ist im doppelten Sinn als die von der Gemeinschaft zu verfolgenden „Ziele" und als „Mittel" zur Erreichung dieser Ziele zu verstehen.

An **Zielen** im Sinne einer ständig herbeizuführenden Wirkung sind der Gemeinschaft aufgegeben

a) eine harmonische und ausgewogene Entwicklung des Wirtschaftslebens innerhalb der Gemeinschaft,

b) ein beständiges, nichtinflationäres und umweltverträgliches Wachstum,

c) ein hoher Grad an Konvergenz der Wirtschaftsleistungen,

d) ein hohes Beschäftigungsniveau,

e) ein hohes Maß an sozialem Schutz,

f) die Hebung der Lebenshaltung und Lebensqualität,

g) der wirtschaftliche und soziale Zusammenhalt und die Solidarität zwischen den Mitgliedstaaten.

Die **Mittel** zur Erreichung dieser Ziele sind

a) die Errichtung eines Gemeinsamen Marktes,

b) die Errichtung einer Wirtschafts- und Währungsunion,

c) die Durchführung der in den Art. 3 und 3a EGV genannten gemeinsamen Politiken oder Maßnahmen.

Die **Tätigkeit** der Gemeinschaft zur Erreichung der vertraglichen Ziele durch die vorgesehenen Mittel umfaßt nach Art. 3 EGV

a) die Abschaffung der Zölle und mengenmäßigen Beschränkungen bei der Ein- und Ausfuhr von Waren sowie aller sonstigen Maßnahmen gleicher Wirkung zwischen den Mitgliedstaaten;

b) eine gemeinsame Handelspolitik;

c) einen Binnenmarkt, der durch die Beseitigung der Hindernisse für den freien Waren-, Personen-, Dienstleistungs- und Kapitalverkehr zwischen den Mitgliedstaaten gekennzeichnet ist;

d) Maßnahmen hinsichtlich der Einreise in den Binnenmarkt und des Personenverkehrs im Binnenmarkt gemäß Art. 100c;

e) eine gemeinsame Politik auf dem Gebiet der Landwirtschaft und der Fischerei;

f) eine gemeinsame Politik auf dem Gebiet des Verkehrs;

g) ein System, das den Wettbewerb innerhalb des Binnenmarktes vor Verfälschungen schützt;

h) die Angleichung der innerstaatlichen Rechtsvorschriften, soweit dies für das Funktionieren des Gemeinsamen Marktes erforderlich ist;

i) eine Sozialpolitik mit einem Europäischen Sozialfonds;

j) die Stärkung des wirtschaftlichen und sozialen Zusammenhalts;

k) eine Politik auf dem Gebiet der Umwelt;

l) die Stärkung der Wettbewerbsfähigkeit der Industrie der Gemeinschaft;

m) die Förderung der Forschung und technologischen Entwicklung;

n) die Förderung des Auf- und Ausbaus transeuropäischer Netze;

o) einen Beitrag zur Erreichung eines hohen Gesundheitsschutzes;

p) einen Beitrag zu einer qualitativ hochstehenden allgemeinen und beruflichen Bildung sowie zur Entfaltung des Kulturlebens in den Mitgliedstaaten;

q) eine Politik auf dem Gebiet der Entwicklungszusammenarbeit;

r) die Assoziierung der überseeischen Länder und Hoheitsgebiete, um

den Handelsverkehr zu steigern und die wirtschaftliche und soziale Entwicklung durch gemeinsame Bemühungen zu fördern;
s) einen Beitrag zur Verbesserung des Verbraucherschutzes;
t) Maßnahmen in den Bereichen Energie, Katastrophenschutz und Fremdenverkehr.

Von den vorgenannten Tätigkeitsbereichen sind im Vergleich zum EWGV folgende Aufgaben neu durch den EGV geregelt worden:
– Einreise in und Personenverkehr im Binnenmarkt (Art. 3 d, 100 c EGV);
– Industriepolitik (Art. 3 l, 130 EGV);
– Transeuropäische Netze (Art. 3 n, 129 b bis 129 d EGV);
– Gesundheitswesen (Art. 3 o, 129 EGV);
– Allgemeine und berufliche Bildung und Jugend; Kultur (Art. 3 p, 126 bis 127, 128 EGV);
– Entwicklungszusammenarbeit (Art. 3 q, 130 u bis 130 y EGV);
– Verbraucherschutz (Art. 3 s, 129 EGV);
– Energie, Katastrophenschutz und Fremdenverkehr (Art. 3 t EGV).

Die übrigen in Art. 3 EGV aufgeführten Tätigkeiten sind von der Gemeinschaft bereits im Rahmen des EWGV wahrgenommen worden.

Ein neuer Tätigkeitsbereich der Gemeinschaft ist die Wirtschafts- und Währungspolitik gemäß Art. 3 a EGV als Mittel zur Errichtung der Wirtschafts- und Währungsunion; Einzelheiten dazu werden nachfolgend unter 4. behandelt.

3. Gemeinsamer Markt und Binnenmarkt

In der Errichtung eines **Gemeinsamen Marktes** liegt ein Mittel zur Erreichung der Ziele der Gemeinschaft. Nach einer Definition des EuGH bedeutet der Begriff Gemeinsamer Markt „die Beseitigung aller Hemmnisse im innergemeinschaftlichen Handel mit dem Ziel der Verschmelzung der nationalen Märkte zu einem einheitlichen Markt, dessen Bedingungen denjenigen eines wirklichen Binnenmarktes möglichst nahe kommen" (EuGH 1982, 1409 ff., Rs. 15/81, „Schul" = NJW 1983, 1252). Der Gemeinsame Markt wird geprägt durch **Einheitlichkeit nach außen** und **Freiheit nach innen**. Der Einheitlichkeit nach außen dient in erster Linie die Einführung eines Gemeinsamen Zolltarifs und einer gemeinsamen Handelspolitik gegenüber dritten Ländern gemäß Art. 3 b EGV sowie die im Rahmen der gemeinsamen Handelspolitik entwickelte Entwicklungspolitik der Gemeinschaft, jetzt in Art. 130 u bis 130 y EGV geregelt.

Die Freiheit des Gemeinsamen Marktes nach innen besteht aus den drei Elementen der **Marktfreiheit**, der **Marktgleichheit** und der **Wettbewerbsfreiheit** (vgl. *Grabitz*, in: *Grabitz*, EWGV, Art. 2, Rdnr. 15). Unter **Marktfreiheit** ist der ungehinderte Zugang zu den Märkten der

Mitgliedstaaten zu verstehen. **Marktgleichheit** bedeutet, daß die Markt-teilnehmer in der ganzen Gemeinschaft gleiche oder annähernd gleiche Wettbewerbsbedingungen vorfinden. Die **Wettbewerbsfreiheit** soll den Wettbewerb im Gemeinsamen Markt vor Verfälschungen durch Ein-griffe von staatlicher oder privater Seite schützen. Marktfreiheit, Markt-gleichheit und Wettbewerbsfreiheit werden im wesentlichen durch fol-gende Tätigkeiten verwirklicht (die sich untereinander teilweise über-schneiden):

a) Marktfreiheit: Abschaffung der Zölle und mengenmäßigen Beschränkungen bei der Ein- und Ausfuhr von Waren sowie aller sonstigen Maßnahmen glei-cher Wirkung zwischen den Mitgliedstaaten (Art. 3a EGV);

Beseitigung der Hindernisse für den freien Personen-, Dienstleistungs- und Kapitalver-kehr zwischen den Mitgliedstaaten (Art. 3c EGV).

b) Marktgleichheit: die Angleichung der innerstaatlichen Rechts-vorschriften, soweit dies für das ordnungsge-mäße Funktionieren des Gemeinsamen Mark-tes erforderlich ist (Art. 3h EGV).

c) Wettbewerbsfreiheit: Errichtung eines Systems, das den Wettbewerb innerhalb des Gemeinsamen Marktes vor Ver-fälschungen schützt (Art. 3g EGV).

Im Hinblick auf die Besonderheiten in diesen Bereichen sieht Art. 3e EGV die Einführung einer gemeinsamen Politik auf dem Gebiet der Landwirtschaft und Art. 3f EGV die Einführung einer solchen auf dem Gebiet des Verkehrs vor.

Nach Art. 7 EGV (Art. 8 EWGV) sollte der Gemeinsame Markt wäh-rend einer Übergangszeit von zwölf Jahren (gerechnet ab dem Inkrafttre-ten des Vertrages zum 1. Januar 1958) schrittweise verwirklicht werden. Dieses Ziel ist sowohl im vorgesehenen Zeitraum wie in der Zeit danach nur unvollkommen erreicht worden.

Im Hinblick auf den unvollendet gebliebenen Gemeinsamen Markt wurde durch die EEA Art. 8a in den EWGV (jetzt Art. 7a EGV) aufge-nommen, wonach die Gemeinschaft die erforderlichen Maßnahmen trifft, um bis zum 31. Dezember 1992 schrittweise den **Binnenmarkt** zu verwirklichen. Dieser wird in Art. 8a Abs. 2 EWGV (Art. 7a Abs. 2 EGV) als Raum ohne Binnengrenzen definiert, in dem der freie Verkehr von Waren, Personen, Dienstleistungen und Kapital gemäß den Bestim-mungen des Vertrages gewährleistet ist. Ohne an dieser Stelle näher auf das Verhältnis von Gemeinsamem und Binnenmarkt einzugehen, ist hierzu (vorläufig) zu bemerken, daß Gemeinsamer Markt und Binnen-markt sich inhaltlich nicht widersprechen, sondern die Vollendung des

Binnenmarktes das Mittel ist, das Konzept des Gemeinsamen Marktes
besser und schneller zu verwirklichen (zu Einzelheiten s. Teil II, Kapitel
A).

4. Die Wirtschafts- und Währungsunion

Während die Errichtung eines Gemeinsamen bzw. des Binnenmarktes
eine bereits von der EWG wahrzunehmende Aufgabe war, ist die ebenfalls in Art. 2 EGV vorgesehene Errichtung einer **Wirtschafts- und Währungsunion** eine der EG durch den Unionsvertrag neu übertragene Aufgabe. Ziel dieser Union ist es, die Wirtschaftspolitik der Mitgliedstaaten
derart anzugleichen, daß auf der Grundlage dieser Angleichung eine einheitliche europäische Währung eingeführt werden kann. Mit der Wirt-
schafts- und Währungsunion soll das Projekt des Binnenmarktes als eines
Raums ohne Binnengrenzen konsequent fortgesetzt werden. Die Tätigkeiten zur Errichtung der Wirtschafts- und Währungsunion sind in ihren
allgemeinen Grundsätzen in Art. 3a EGV und in ihren Einzelheiten in
dem neu eingefügten Titel VI in den Art. 102a bis 109m EGV geregelt.
Diese Tätigkeiten gliedern sich in die **Wirtschaftspolitik,** die im Kern in
der Zuständigkeit der Mitgliedstaaten verbleibt, und die schrittweise in
die Verantwortung der Gemeinschaft zu übertragende **Währungspolitik.**
    Nach Art. 3a Abs. 1 EGV umfaßt die Tätigkeit der Mitgliedstaaten
und der Gemeinschaft zur Errichtung einer Wirtschafts- und Währungsunion die Einführung einer Wirtschaftspolitik, die auf einer engen Koordinierung der Wirtschaftspolitik der Mitgliedstaaten, dem Binnenmarkt und der Festlegung gemeinsamer Ziele beruht und dem Grundsatz
einer offenen Marktwirtschaft mit freiem Wettbewerb verpflichtet ist.
Parallel dazu umfaßt diese Tätigkeit nach Art. 3a Abs. 2 EGV die un-
widerrufliche Festlegung der Wechselkurse im Hinblick auf die Einführung einer einheitlichen Währung, der ECU, sowie die Festlegung und
Durchführung einer einheitlichen Geld- sowie Wechselkurspolitik, die
beide vorrangig das Ziel der Preisstabilität verfolgen und unbeschadet
dieses Zieles die allgemeine Wirtschaftspolitik in der Gemeinschaft unter
Beachtung des Grundsatzes einer offenen Marktwirtschaft mit freiem
Wettbewerb unterstützen sollen. Bei der vorbeschriebenen Tätigkeit sind
nach Art. 3a Abs. 3 EGV folgende richtungsweisende Grundsätze einzu-
halten: stabile Preise, gesunde öffentliche Finanzen und monetäre
Rahmenbedingungen sowie eine dauerhaft finanzierbare Zahlungsbilanz. Die Mitgliedstaaten richten ihre Wirtschaftspolitik an diesen
Grundsätzen aus und koordinieren sie enger als bisher. Die Gemeinschaft
überwacht diese Politik, setzt Rahmenbedingungen und besitzt gewisse
Lenkungsinstrumente zur Einhaltung der wirtschaftspolitischen Grundsätze durch die Mitgliedstaaten (vgl. Art. 104c EGV). Die enge Koordinierung der Wirtschaftspolitik der Mitgliedstaaten unter Kontrolle der

Gemeinschaft soll zu einer Angleichung (Konvergenz) der Wirtschaftsleistungen der Mitgliedstaaten in dem Maße führen, daß auf der Grundlage dieser Konvergenz die gemeinsame Währung eingeführt werden kann.
Die gemeinsame Währung wird in drei Stufen eingeführt. Während
die erste Stufe bereits erreicht ist, sieht der EGV den Beginn der zweiten
Stufe für den 1. Januar 1994 vor. Zu Beginn der zweiten Stufe wird ein
Europäisches Währungsinstitut (EWI) errichtet, das in enger Zusammenarbeit mit den Zentralbanken der Mitgliedstaaten den Eintritt in die
dritte Stufe vorbereitet. Während der zweiten Stufe wird geprüft, welche
Mitgliedstaaten die sog. vier Konvergenzkriterien in Gestalt einer niedri-
gen Inflationsrate, einer nicht übermäßigen nichtöffentlichen Verschul-
dung, stabiler Wechselkurse und niedriger Zinssätze erfüllen (vgl. Art.
109 j EGV); die gemeinsame Währung wird nur in den Mitgliedstaaten
eingeführt, die **alle** Konvergenzkriterien erfüllen. Spätestens am 31. Dezember 1996 entscheidet der Rat der Gemeinschaft in der Zusammensetzung der Staats- und Regierungschefs der Mitgliedstaaten, ob die Voraussetzungen für den Eintritt in die dritte Stufe gegeben sind, und bestimmt ggf. hierfür den Zeitpunkt. Sofern kein früherer Zeitpunkt bestimmt wird, beginnt die dritte Stufe am 1. Januar 1999. Mit Eintritt in
die dritte Stufe werden die Wechselkurse der Mitgliedstaaten, welche die
Konvergenzkriterien erfüllen, im Verhältnis zueinander unwiderruflich
festgelegt und die nationalen Währungen dieser Staaten durch die ECU
als gemeinsame Währung ersetzt. Gleichzeitig wird unter Auflösung des
EWI das Europäische System der Zentralbanken (ESZB) und die Europäische Zentralbank (EZB) errichtet. Das ESZB setzt sich aus der EZB
und den nationalen Zentralbanken zusammen und ist zuständig dafür, in
bezug auf die eingeführte gemeinsame Währung weisungsunabhängig
eine einheitliche Geld- und Wechselkurspolitik festzulegen und durchzuführen. Für die Mitgliedstaaten, die bei Eintritt in die dritte Stufe die
Konvergenzkriterien nicht erfüllen, ist eine Ausnahmeregelung vorgesehen, die sie in gewisser Weise, aber nicht vollständig von den Bedingungen der dritten Stufe ausnimmt; in diesen Staaten kann zu einem späteren
Zeitpunkt die gemeinsame Währung eingeführt werden. Eine Sonder-
rolle nehmen Dänemark und Großbritannien ein, die auf Antrag vom
Eintritt in die dritte Stufe freigestellt werden (sog. Opting-out-Klausel).

5. Weitere Grundsätze

Zu den weiteren Grundsätzen im ersten Teil des EGV gehört die in Art. 5
EGV, an derselben Stelle im EWGV geregelte Pflicht der Mitgliedstaaten, die Gemeinschaft bei der Erfüllung ihrer Aufgaben zu unterstützen.
Welche Folgerungen sich im einzelnen aus dieser Loyalitätsverpflichtung
ergeben, wird im Zusammenhang mit der Umsetzung und dem Vollzug
des Gemeinschaftsrechts (nachfolgend Kapitel F) behandelt.

Art. 6 EGV (zuvor Art. 7 EWGV) enthält das allgemeine Diskriminierungsverbot in dem Sinne, daß im Anwendungsbereich des Vertrages jede Diskriminierung aus Gründen der Staatsangehörigkeit verboten ist. Die Aufnahme des Diskriminierungsverbots in die Grundsätze der Gemeinschaft hebt seine besondere Bedeutung im Gemeinschaftsrecht hervor und verleiht ihm den Rang eines gemeinschaftlichen Grundrechts. Das allgemeine Diskriminierungsverbot in Art. 6 EGV wird mehrfach in speziellen Bestimmungen des Vertrages konkretisiert, so daß auf das Verbot in seiner allgemeinen wie in seinen speziellen Versionen im jeweiligen Sachzusammenhang eingegangen wird.

Einen neuen, dem Gemeinschaftsrecht in seiner allgemeinen Reichweite bisher fremden Grundsatz stellt das in Art. 3 b EGV geregelte **Subsidiaritätsprinzip** dar. Es soll bewirken, daß in den Bereichen, in denen die Mitgliedstaaten wie die Gemeinschaft eine Handlungskompetenz besitzen, die Gemeinschaft nur dann handeln darf, wenn die Ziele einer beabsichtigten Maßnahme auf der Ebene der Mitgliedstaaten nicht ausreichend und auf gemeinschaftlicher Ebene besser verwirklicht werden können. Das Subsidiaritätsprinzip wurde eingeführt, damit im Bereich konkurrierender Zuständigkeiten zwischen Mitgliedstaaten und Gemeinschaft das gemeinschaftliche Handeln sich auf unabweisbar notwendige Maßnahmen beschränkt, um die Handlungsbefugnisse der Mitgliedstaaten nach Möglichkeit zu schonen. Zum Subsidiaritätsprinzip im einzelnen s. die Ausführungen nachfolgend unter D III 2 c.

III. Rechtliche Eigenart der Gemeinschaft

Die Frage nach der rechtlichen Eigenart der Gemeinschaft ist nicht einfach zu beantworten; sie steht in engem Zusammenhang mit der Rechtsnatur des Gemeinschaftsrechts (nachfolgend Kapitel E). Vom Ursprung her ist sie eine durch völkerrechtlichen Vertrag gegründete internationale Organisation. Sie ist nach Art. 210 EGV Subjekt des Völkerrechts und besitzt nach Art. 211 EGV für den privatrechtlichen Verkehr die Rechts- und Geschäftsfähigkeit einer juristischen Person in den Mitgliedstaaten. Nach dem Grundgesetz ist sie eine zwischenstaatliche Einrichtung im Sinne von Art. 24 Abs. 1 GG, auf die die Bundesrepublik Deutschland durch den Bund Hoheitsrechte übertragen kann (und übertragen hat). Die Einordnung in die Kategorien der „Internationalen Organisation" bzw. der „Zwischenstaatlichen Einrichtung" kennzeichnet die rechtliche Eigenart der Gemeinschaft jedoch nur unvollständig.

Bei den Bemühungen, diese Eigenart zu erfassen, dürfte heute feststehen, daß es sich bei der Gemeinschaft nicht um eine völker- oder staatsrechtliche Staatenverbindung im herkömmlichen Sinn (internationale

Organisation, Staatenbund, Bundesstaat), sondern um eine „neuartige zwischenstaatliche Verbindung" *(Oppermann)* handelt, in der sich in spezifischer Weise völker- und staatsrechtliche Elemente mischen. Als Zusammenschluß von Staaten, die trotz erheblicher Einschränkungen prinzipiell an ihrer Souveränität festhalten, ist die Gemeinschaft kein Staat, auch kein Bundesstaat, noch die Vorstufe zu einem solchen. Andererseits entspricht sie wegen ihrer Aufgabenfülle, der Intensität in der Wahrnehmung dieser Aufgaben und der spezifischen Wirkungen des Gemeinschaftsrechts nicht dem üblichen Erscheinungsbild internationaler Organisationen. Das Bundesverfassungsgericht charakterisiert sie als „eine im Prozeß fortschreitender Integration stehende Gemeinschaft eigener Art, . . . auf die die Bundesrepublik Deutschland – wie die übrigen Mitgliedstaaten – bestimmte Hoheitsrechte ‚übertragen' hat, (wodurch) eine neue öffentliche Gewalt entstanden ist, die gegenüber der Staatsgewalt der Mitgliedstaaten unabhängig und selbständig ist" (BVerfGE 22, 293 ff., 296). Auf der Grundlage dieser Definition läßt sich die Eigenart der Gemeinschaft so umschreiben, daß

(1) sie auf eine sich **ständig vertiefende Integration** hin angelegt ist,

(2) sie für diesen Integrationsprozeß mit einer **selbständigen Hoheitsgewalt** ausgestattet wurde,

(3) die ihr übertragenen Hoheitsbefugnisse andererseits **begrenzt** sind.

Im Vergleich zu anderen internationalen Organisationen weist die Gemeinschaft aufgrund folgender Elemente gewisse staatsähnliche Züge auf:

a) **breiter Aufgabenbereich,** der alle wirtschaftsrelevanten sowie weitere Politikbereiche umfaßt;

b) **selbständige Rechtsetzungsgewalt,** kraft derer die Gemeinschaft gegenüber und in den Mitgliedstaaten unmittelbar verbindliches Recht setzen kann;

c) **unabhängige Organe** zur Bildung des gemeinschaftlichen Willens;

d) **finanzielle Selbständigkeit** aufgrund eigener Einnahmequellen;

e) **umfangreiche gerichtliche Kontrolle** durch den Europäischen Gerichtshof unter Mitwirkung der Gerichte der Mitgliedstaaten im Hinblick auf die Anwendung des Gemeinschaftsrechts.

Andererseits ist die Gemeinschaft kein Staat, weil ihr die konstituierenden Elemente Staatsgebiet, Staatsvolk und Staatsgewalt in folgender Hinsicht fehlen:

a) **begrenzte Hoheitsgewalt:** Im räumlichen Geltungsbereich des EWGV übt die Gemeinschaft ihre Hoheitsgewalt nur begrenzt, d. h. in den ihr vertraglich zugewiesenen Bereichen aus. Ihren Hoheitsbereich kann die Gemeinschaft nicht von sich aus erweitern, sondern bedarf hierzu der Übertragung entsprechender Kompetenzen durch die Mitgliedstaaten;

b) **keine „EG-Staatsangehörigkeit":** Die Angehörigen der Mitgliedstaaten bilden in ihrer Gesamtheit nicht das „Volk" der Gemeinschaft, so daß es an einem mit der Staatsangehörigkeit vergleichbaren rechtlichen Band zwischen den Einzelpersonen und der Gemeinschaft fehlt. Auch die im Vertrag über die Europäische Union vorgesehene „Unionsbürgerschaft" bewirkt in dieser Beziehung keine entscheidende Änderung;

c) **Fehlen von Zwangsmitteln:** Der Gemeinschaft fehlen weitestgehend die Machtmittel militärischer, polizeilicher und justizieller Art, ihre Maßnahmen zwangsweise durchzusetzen, weshalb sie zur „Vollstreckung" (im weitesten Sinne) auf die Unterstützung der Mitgliedstaaten angewiesen ist. Aus diesem Grunde fehlt ihr auch als sog. Unterbau ein nachgeordneter Apparat zur Umsetzung und zum Vollzug ihrer Maßnahmen.

Durch diese charakteristische Mischung positiver wie negativer Elemente weist sich die Gemeinschaft als eine neuartige Form besonders intensiver zwischenstaatlicher Zusammenarbeit aus, ohne die Schwelle zu einer eigenen Staatlichkeit zu überschreiten.

IV. Die Europäische Union

1. Die Entwicklung zur Europäischen Union

Mit dem Stichwort „Europäische Union" verknüpfen sich Bestrebungen, die in den Europäischen Gemeinschaften prozeßhaft angelegte Integration zu Fortschritten in Richtung auf ein weiter gehendes europäisches Einigungswerk zu nutzen. Es wurde bereits darauf hingewiesen, daß die EGKS bei ihrer Gründung als „erster Grundstein für eine weitere und vertiefte Gemeinschaft" (Präambel des EGKS-Vertrages) und die EWG als „Grundlage für einen immer engeren Zusammenschluß der europäischen Völker" (Präambel des EWGV) betrachtet wurde. Allerdings hat sich die Annahme, aus den Europäischen Gemeinschaften würde sich schrittweise ein europäischer Bundesstaat entwickeln, als unrealistisch erwiesen. Seither ist nicht mehr der europäische Bundesstaat, sondern die in pragmatischer Weise bewußt offengehaltene Formel der „Europäischen Union" das Leitbild der Bemühungen um eine politische Einigung (*Oppermann*, Europarecht, S. 301/302).

Erste Ansätze in dieser Richtung sind die auf der Gipfelkonferenz 1969 in Den Haag beschlossene „Europäische politische Zusammenarbeit (EPZ)" in der Außenpolitik und die in der Folgezeit durchgeführten Reformen institutioneller und inhaltlicher Art (Europäischer Rat, Direktwahlen zum Europäischen Parlament, Europäisches Währungssystem, erweiterter Aktionskreis der EWG). Ein weiterer Schritt ist die Einheitliche Europäische Akte (EEA), bei deren Vereinheitlichung sich die Vertragsstaaten von dem Willen leiten ließen, „das von den Verträgen zur Gründung der Europäischen Gemeinschaft ausgehende Werk weiterzuführen und die Gesamtheit der Beziehung zwischen deren Staaten gemäß der feierlichen Deklaration von Stuttgart vom 19. Juni 1983 in eine Europäische Union umzuwandeln" (Präambel der EEA). Nach Art. 1 EEA verfolgen die Europäischen Gemeinschaften und die europäische politische Zusammenarbeit das Ziel, gemeinsam zu konkreten Schritten auf dem Wege zur Europäischen Union beizutragen. Die Gemeinschaften und die EPZ sind demnach nicht schon die Europäische Union, sondern werden als Elemente auf dem Wege zu einer solchen verstanden.

Den vorläufigen Abschluß in der Entwicklung bildet der am 7. Februar 1992 in Maastricht unterzeichnete Vertrag über die Europäische Union (Text in: Bulletin der Bundesregierung 1992 Nr. 16, S. 113; Textsammlung „Europäischer Unionsvertrag"). Zur Ratifikation des Vertrages hat die Bundesrepublik Deutschland das Gesetz zum Vertrag über die Europäische Union vom 28. Dezember 1992 (BGBl. II, S. 1251) erlassen und durch das Gesetz zur Änderung des Grundgesetzes vom 21. Dezember 1992 (BGBl. I, S. 2086) in das Grundgesetz Regelungen zur Annahme des Vertrages und zur Mitwirkung der Bundesrepublik bei der Entwicklung der Europäischen Union aufgenommen. In seinem Urteil vom 12. Oktober 1993 betreffend den Unionsvertrag hat das BVerfG die vorgenannten Gesetze als mit dem Grundgesetz vereinbar beurteilt und damit den Weg zur Ratifikation des Vertrages durch die Bundesrepublik Deutschland frei gemacht. (Zum Urteil s. nachfolgend unter 3.)

2. Der Vertrag über die Europäische Union (EUV)

Gemäß Art. A Abs. 1 EUV gründen die Vertragsparteien durch diesen Vertrag untereinander eine Europäische Union, abgekürzt „Union".

Nach Abs. 2 stellt dieser Vertrag eine neue Stufe bei der Verwirklichung einer immer engeren Union der Völker Europas dar, in der die Entscheidungen möglichst bürgernah getroffen werden. Nach Abs. 3 ist es Aufgabe der Union, die Beziehungen zwischen den Mitgliedstaaten sowie zwischen ihren Völkern kohärent und solidarisch zu gestalten.

Gemäß Art. B EUV setzt sich die Union folgende Ziele:
– die Förderung eines ausgewogenen und dauerhaften wirtschaftlichen und sozialen Fortschritts, insbesondere durch Schaffung eines Raumes ohne Binnengrenzen, durch Stärkung des wirtschaftlichen und sozialen Zusammenhalts und durch Errichtung einer Wirtschafts- und Währungsunion, die auf längere Sicht auch eine einheitliche Währung nach Maßgabe dieses Vertrages umfaßt;
– die Behauptung ihrer Identität auf internationaler Ebene, insbesondere durch eine gemeinsame Außen- und Sicherheitspolitik, wozu auf längere Sicht auch die Festlegung einer gemeinsamen Verteidigungspoli-

tik gehört, die zu gegebener Zeit zu einer gemeinsamen Verteidigung führen könnte;
- die Stärkung des Schutzes der Rechte und Interessen der Angehörigen ihrer Mitgliedstaaten durch Einführung einer Unionsbürgerschaft;
- die Entwicklung einer engen Zusammenarbeit in den Bereichen Justiz und Inneres;
- die volle Wahrung des gemeinschaftlichen Besitzstandes und seine Weiterentwicklung, wobei nach dem Verfahren des Art. N Abs. 2 EUV geprüft wird, inwieweit die durch diesen Vertrag eingeführten Politiken und Formen der Zusammenarbeit mit dem Ziel zu revidieren sind, die Wirksamkeit der Mechanismen und Organe der Gemeinschaft sicherzustellen (diese Revisionsklausel bezieht sich in erster Linie auf die einheitliche Währung und die gemeinsame Verteidigungspolitik).

Nach Art. B Abs. 2 EUV werden die Ziele der Union inhaltlich und zeitlich nach Maßgabe des EUV unter Beachtung des Subsidiaritätsprinzips gemäß Art. 3b des Vertrags zur Gründung der Europäischen Gemeinschaft (EGV) verwirklicht.

Grundlage der Union sind nach Art. A Abs. 3 EUV die Europäischen Gemeinschaften, ergänzt durch die mit dem EUV eingeführten Politiken und Formen der Zusammenarbeit. Mit letzteren sind die gemeinsame Außen- und Sicherheitspolitik (GASP) gemäß Art. J–J.11 EUV und die Zusammenarbeit in den Bereichen Justiz und Inneres gemäß den Artikeln K–K.11 EUV gemeint. Demzufolge setzt sich die Union aus den folgenden „drei Säulen" zusammen:

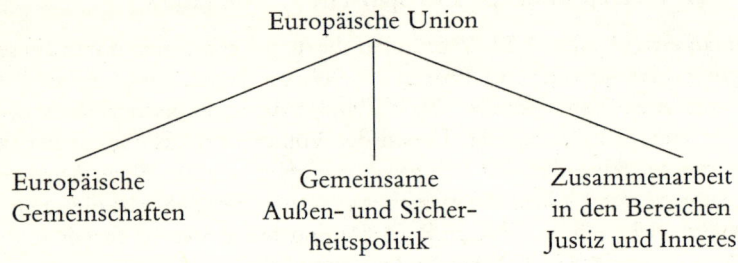

Europäische Union

| Europäische Gemeinschaften | Gemeinsame Außen- und Sicherheitspolitik | Zusammenarbeit in den Bereichen Justiz und Inneres |

Die Europäischen Gemeinschaften bilden den Kern der Union, wobei der Aufgabenbereich der EG (für EWG) im Hinblick auf die Ziele der Union nachhaltig erweitert wird (s. dazu nachfolgend unter 3.). Mit der gemeinsamen Außen- und Sicherheitspolitik wird die bereits in der EEA geregelte EPZ fortgesetzt und um den verteidigungspolitischen Bereich erweitert. Mit der Aufnahme der Zusammenarbeit in den Bereichen Justiz und Inneres wird eine bereits praktizierte Zusammenarbeit der Mitgliedstaaten auf eine vertragliche Grundlage gestellt. Nach Art. K.1

EUV erstreckt sich die Zusammenarbeit auf folgende Bereiche als Angelegenheiten von gemeinsamem Interesse:

(1) die Asylpolitik;
(2) die Vorschriften für das Überschreiten der Außengrenzen der Mitgliedstaaten durch Personen und die Ausübung der entsprechenden Kontrollen;
(3) die Einwanderungspolitik und die Politik gegenüber den Staatsangehörigen dritter Länder;
(4) die Bekämpfung der Drogenabhängigkeit;
(5) die Bekämpfung von Betrügereien im internationalen Maßstab;
(6) die justizielle Zusammenarbeit in Zivilsachen;
(7) die justizielle Zusammenarbeit in Strafsachen;
(8) die Zusammenarbeit im Zollwesen;
(9) die polizeiliche Zusammenarbeit zur Verhütung und Bekämpfung des Terrorismus, des illegalen Drogenhandels und sonstiger schwerwiegender Formen der internationalen Kriminalität, erforderlichenfalls einschließlich bestimmter Aspekte der Zusammenarbeit im Zollwesen, in Verbindung mit dem Aufbau eines unionsweiten Systems zum Austausch von Informationen im Rahmen eines Europäischen Polizeiamts (Europol).

Die gemeinsame Außen- und Sicherheitspolitik und die Zusammenarbeit in den Bereichen Justiz und Inneres werden **intergouvernemental** betrieben, d. h. durch Zusammenarbeit der Regierungen der Mitgliedstaaten unter Inanspruchnahme und durch Mitwirkung der Organe der Europäischen Gemeinschaften. Wenn nach Art. C EUV die Union zur Erreichung ihrer Ziele über einen **einheitlichen institutionellen Rahmen** verfügt, so sind mit diesem Rahmen nicht neue Organe und Einrichtungen der Union, sondern die (vorhandenen) Organe der Europäischen Gemeinschaften gemeint, auf die zum Zweck der Zusammenarbeit im außen- und innenpolitischen Bereich zurückgegriffen wird.

Die Union ist kein europäischer (Bundes-)Staat, da ihr das konstituierende Element eines „Volkes" fehlt. Der EUV bezeichnet die Völker der Mitgliedstaaten weder ausdrücklich als „Unionsvolk" oder „Europäisches Bundesvolk" noch faßt er sie unausgesprochen zu einem solchen zusammen. Zwar werden die Völker dadurch als neues Element eingeführt, daß der Vertrag eine neue Stufe bei der Verwirklichung einer immer engeren Union der **Völker** Europas darstellt und die Union die Aufgabe hat, neben den Beziehungen zwischen den **Mitgliedstaaten** auch die zwischen ihren **Völkern** kohärent und solidarisch zu gestalten (Art. A EUV). Damit weist der EUV eine weiter gehende Dimension auf als die EEA, die sich in ihrer Zielsetzung darauf beschränkt, die Gesamtheit der Beziehungen zwischen den **Mitgliedstaaten** in eine Europäische Union umzuwandeln. Der EUV führt jedoch die „immer engere Union" nicht selbst herbei, sondern konzipiert sie als Ziel, indem durch die Gestaltung der Beziehungen zwischen den Staaten und Völkern als „neuer Stufe" des europäischen Integrationsprozesses die Union der Völker „verwirklicht", d. h. erst herbeigeführt werden soll. Außerdem achtet nach Art. F Abs. 1 EUV die Union die nationale Identität ihrer Mitgliedstaaten, deren Regierungssysteme auf demokratischen Grundsätzen beruhen. Demnach kann der EUV nicht als die Verfassungsurkunde des Europäischen Bundesstaates betrachtet werden. Etwas Gegenteiliges ergibt sich auch nicht aus der Einführung einer „Unionsbürgerschaft", die entgegen einem rein wörtlichen Verständnis ihrer Bezeichnung die Staatsangehörigkeit als rechtliches Band zwischen den Mitgliedstaaten und ihren Angehörigen in keiner Weise aufhebt oder ändert, sondern diese um einige spezifische Rechte **ergänzt** (zur Unionsbürgerschaft im einzelnen s. Teil II, Kapitel C).

Positiv läßt sich die Union so umschreiben, daß sich die Mitgliedstaaten durch den EUV im Verhältnis zueinander auf bestimmte Ziele, Aufgaben und Verfahren festgelegt haben, um durch Entwicklung und Durchführung gemeinsamer Politiken in den vertraglich vorgesehenen Bereichen den europäischen Integrationsprozeß auf der Grundlage der bereits erzielten Fortschritte weiter zu intensivieren.

3. Das Urteil des BVerfG zum Unionsvertrag

Aufgrund mehrerer Verfassungsbeschwerden hat sich das Bundesverfassungsgericht in seinem Urteil vom 12. Oktober 1993 (NJW 1993, 3047 = EuZW 1993, 667) mit der Frage auseinandergesetzt, ob die Mitwirkung der Bundesrepublik Deutschland an der Gründung der Europäischen Union mit dem Grundgesetz vereinbar sei. Die Beschwerdeführer hatten in ihrer Eigenschaft als deutsche Wahlbürger das Zustimmungsgesetz zum Unionsvertrag und das Gesetz zur Änderung des Grundgesetzes als verfassungswidrig angegriffen. Nach ihrer Auffassung habe sich die Bundesrepublik mit der Zustimmung zum Unionsvertrag derart stark ihrer Staatlichkeit entäußert, daß die Beschwerdeführer als deutsche Bürger sich einer demokratisch nicht ausreichend legitimierten und am Grundgesetz nicht meßbaren fremden Hoheitsgewalt, nämlich derjenigen der Europäischen Union, ausgesetzt sähen, womit die Gewährleistungen des Grundgesetzes, insbesondere die Grundrechte, ins Leere liefen. Das Gericht hat lediglich die Beschwerde als zulässig angenommen, mit der ein Beschwerdeführer eine Verletzung seines Rechts aus Art. 38 GG gerügt hat; die auf die Verletzung von Grundrechten und weiteren Grundsätzen des Grundgesetzes abzielenden Beschwerden hat das Gericht als unzulässig verworfen. Im Hinblick auf Art. 38 GG als möglicherweise verletztes Recht hat das BVerfG ausgeführt, daß Art. 38 Abs. 1 und 2 GG den wahlberechtigten Deutschen das subjektive Recht gewährleiste, an der Wahl der Abgeordneten des Deutschen Bundestages teilzunehmen. Durch Art. 38 GG werde nicht nur das Wahlrecht als solches, sondern auch der grundlegende demokratische Gehalt dieses Rechts in dem Sinne verbürgt, daß den wahlberechtigten Deutschen das subjektive Recht gewährleistet werde, durch Teilnahme an der Wahl des Deutschen Bundestages an der Legitimation der Staatsgewalt durch das Volk auf Bundesebene mitzuwirken und auf ihre Ausübung Einfluß zu nehmen. Der demokratische Gehalt des Art. 38 GG werde berührt, wenn der Bundestag Aufgaben und Befugnisse aufgebe, insbesondere zur Gesetzgebung und zur Wahl und Kontrolle anderer Träger von staatlicher Gewalt. Durch den mit Blick auf die Europäische Union neu geschaffenen Art. 23 GG werde der Bundesgesetzgeber in Abs. 1 ermächtigt, der Europäischen Union die eigenständige Wahrnehmung von Hoheitsbefugnissen bis zur Grenze des Art. 79 Abs. 3 GG einzuräumen. Im Anwendungsbereich des Art. 23 GG schließe es Art. 38 GG aus, die durch die Wahl bewirkte Legitimation von Staatsgewalt und Einflußnahme auf deren Ausübung durch die Verlagerung von Aufgaben und Befugnissen des Bundestages so zu entleeren, daß das durch Art. 79 Abs. 3 i. V. mit Art. 20 Abs. 1 und 2 GG für unantastbar erklärte demokratische Prinzip verletzt werde.

Die unter diesen Gesichtspunkten zulässige Verfassungsbeschwerde hat das BVerfG als unbegründet zurückgewiesen, da das Zustimmungsgesetz zum Unionsvertrag nicht den Gewährleistungsinhalt des Art. 38 GG verletze; im Zusammenhang mit dem Unionsvertrag habe der Deutsche Bundestag sich seiner Entscheidungs- und Kontrollbefugnisse nicht in dem Maße begeben, daß das Demokratieprinzip in seinem nach Art. 79 Abs. 3 GG unantastbaren Gehalt verletzt sei. Zum unantastbaren Gehalt dieses Prinzips gehöre, daß die Wahrnehmung staatlicher Aufgaben und die Ausübung staatlicher Befugnisse sich auf das Staatsvolk zurückführen lassen und grundsätzlich ihm gegenüber verantwortet werden. Dieser notwendige Zurechnungszusammenhang lasse sich auf verschiedene Weise herstellen, sofern nur ein hinreichend effektiver Gehalt an demokratischer Legitimation erreicht werde. Unter diesem Gesichtspunkt hindere das Demokratieprinzip die Bundesrepublik Deutschland nicht, Mitglied in einer zu eigenem hoheitlichen Handeln befähigten zwischenstaatlichen Gemeinschaft wie der Europäischen Union zu werden, deren Entscheidungen die Bundesrepublik binden. Die Übertragung von Hoheitsrechten auf diese Gemeinschaft führe zwar zu einem Verlust von politischen Einflußmöglichkeiten des Bundestages und der wahlberechtigten Bürger und bewirke außerdem, daß die Wahrnehmung der übertragenen Hoheitsrechte nicht mehr allein vom Willen der Bundesrepublik als einzelnem Mitglied abhängig sei. Hierdurch das grundgesetzliche Demokratieprinzip als verletzt anzusehen, widerspreche jedoch nicht nur der im Grundgesetz angelegten Integrationsoffenheit, sondern mache einen demokratischen Staat jenseits des Einstimmigkeitsprinzips auch integrationsunfähig, da bei der Einstimmigkeit als durchgängigem Erfordernis der partikulare Wille eines einzelnen Mitgliedstaates über den gemeinschaftlichen Willen gestellt werde. Das Demokratieprinzip verlange jedoch, daß auch innerhalb der zwischenstaatlichen Gemeinschaft eine vom Volk ausgehende Legitimation und Einflußnahme gesichert sei. Mit Blick auf die Europäische Union hat das BVerfG dieses Erfordernis zusammengefaßt aus folgenden Gründen als erfüllt angesehen:

Der Unionsvertrag begründe einen Staatenverbund zur Verwirklichung einer immer engeren Union der Völker Europas, keinen sich auf ein europäisches Staatsvolk stützenden Staat. Der Staatenverbund der Europäischen Union diene den Mitgliedstaaten dazu, einen Teil ihrer Aufgaben gemeinsam wahrzunehmen und insoweit ihre Souveränität gemeinsam auszuüben. Entsprechend ihrem Selbstverständnis als Union der Völker Europas erfolge die demokratische Legitimation innerhalb der Union notwendigerweise durch die Rückkopplung des Handelns europäischer Organe an die Parlamente der Mitgliedstaaten, wobei die Legitimation durch das Europäische Parlament unterstützend hinzutrete. Bei einer derart vermittelten demokratischen Legitimation seien der Ausdehnung von Aufgaben und Befugnissen auf die Europäische Union Grenzen in dem Sinne gesetzt, daß die Mitgliedstaaten hinreichend bedeutsamer eigener Aufgabenfelder bedürften, auf denen sich das jeweilige Staatsvolk in einem von ihm legitimierten und gesteuerten Prozeß politischer Willensbildung entfalten und artikulieren könne. Dementsprechend müsse der Deutsche Bundestag weiterhin über Aufgaben und Befugnisse von substantiellem Gewicht verfügen, insbesondere über die Mitgliedschaft Deutschlands in der Europäischen Union, ihren Fortbestand und ihre Entwicklung bestimmen. Demnach sei Art. 38 GG dann verletzt, wenn der Bundestag im Zustimmungsgesetz zum Unionsvertrag die ausgelagerten Hoheitsrechte und das beabsichtigte Integrationsprogramm nicht hinreichend bestimmbar festgelegt habe, so daß im Rahmen der Europäischen Union nicht benannte Aufgaben und Befugnisse in Anspruch genommen werden könnten. Folglich gebiete es Art. 38 GG, daß die Mitgliedschaft Deutschlands in der Union und die sich daraus ergebenden Rechte und Pflichten für den Gesetzgeber voraussehbar im Vertrag umschrieben und durch ihn im Zustimmungsgesetz hinreichend bestimmbar normiert worden seien. Spätere wesentliche Änderungen des im Unionsvertrag angelegten Integrationsprogramms und seiner Handlungsermächtigungen seien vom Zustimmungsgesetz nicht mehr gedeckt, auf solchen Änderungen beruhende Rechtsakte für die Bundesrepublik nicht verbindlich. Im Hinblick darauf prüft das BVerfG, ob Rechtsakte der europäischen Einrichtungen und Organe sich künftig in den Grenzen der ihnen eingeräumten Hoheitsrechte halten oder aus ihnen ausbrechen.

Daran anschließend hat das BVerfG im einzelnen dargelegt, daß der Unionsvertrag dem Bundestag Aufgaben und Befugnisse von substantiellem Gewicht belasse. Der notwendige Einfluß des Bundestages sei zum einen dadurch gewährleistet, daß nach Art. 23 Abs. 1 GG für Änderungen der vertraglichen Grundlagen der Union ein vom Bundestag zu erlassendes Gesetz erforderlich sei; zum anderen beeinflusse der Bundestag die Willensbildung des Bundes in der europäischen Politik durch die parlamentarische Kontrolle der Bundesregierung sowie seine Mitwirkung nach Maßgabe des Art. 23 Abs. 2 und 3 GG und des in Ausführung hierzu erlassenen Gesetzes über die Zusammenarbeit von Bundesregierung und Deutschem Bundestag in Angelegenheiten der Europäischen Union vom 12. März 1993 (s. hierzu näher in Kapitel H III 1). Der Unionsvertrag genüge auch den Bestimmtheitsanforderungen an einen hinreichend voraussehbaren Vollzugsverlauf. Für diese Beurteilung hielt das BVerfG für ausschlaggebend, daß der Unionsvertrag das schon bisher für die Europäischen Gemeinschaften gültige Prinzip der begrenzten Einzelermächtigung aufgenommen und durch das neu eingeführte Subsidiaritätsprinzip verstärkt habe. Die Vorschrift des Art. F Abs. 2 EUV, wonach sich die Union mit den Mitteln ausstattet, die zum Erreichen ihrer Ziele und zur Durchführung ihrer Politiken erforderlich sind, begründet nach Auffassung des Gerichts keine sog. Kompetenz-Kompetenz der Union. Schließlich sei der Unionsvertrag parlamentarisch auch verantwortbar hinsichtlich der zu errichtenden Wirtschafts- und Währungsunion. In dieser Beziehung hat das Gericht allerdings hervorgehoben, daß die einheitliche europäische Währung nur unter strikter Beachtung der vertraglichen Konvergenzkriterien eingeführt werden dürfe, deren „Aufweichung" unzulässig sei. Der vertraglich vorgesehene Eintritt in die 3. Stufe der Wirtschafts- und Währungsunion spätestens am 1. Januar 1999 sei eher als Zielvorgabe denn als rechtlich durchsetzbares Datum zu verstehen. Zwar würden die Einflußmöglichkeiten des Bundestages und damit der Wähler auf einen gewichtigen Politikbereich dann nahezu vollständig zurückgenommen, wenn – wie vorgesehen – eine unabhängige Europäische Zentralbank mit der Verantwortung für die Währungspolitik errichtet werde. Diesen Verlust sieht das BVerfG aber unter dem Gesichtspunkt als vertretbar an, daß die Europäische Zentralbank ihre Aufgaben unabhängig erfüllen solle und das vorrangige Ziel ihrer Tätigkeit darin bestehe, die Preisstabilität zu gewährleisten.

Als Folge des Urteils hat die Bundesrepublik ihre Ratifikationsurkunde im Oktober 1993 bei der Regierung der Italienischen Republik hinterlegt, wodurch der Unionsvertrag gemäß Art. R Abs. 2 EUV am 1. November 1993 in Kraft getreten ist.

Literatur: (Grundsätze, Ziele und Aufgaben) *EG-Kommission* (Hrsg.), Vollendung des Binnenmarktes. Weißbuch der Kommission an den Europäischen Rat, 1985; *Steindorff*, Gemeinsamer Markt als Binnenmarkt, Zeitschrift für das gesamte Handelsrecht und Wirtschaftsrecht 1986, S. 687 ff.; *EG-Kommission* (Hrsg.), Das Europa ohne Grenzen auf dem Weg zu einem großen Binnenmarkt, 1987; *Meier,* Einheitliche Europäische Akte und freier EG-Warenverkehr, NJW 1987, S. 537 ff.; *Behrens,* Das Wirtschaftsrecht des Europäischen Binnenmarktes, Jura 1989, S. 561 ff.; *Wegner,* Die Entdeckung Europas: Die Wirtschaftspolitik der Europäischen Gemeinschaft, 1991; *van Scherpenberg,* Ordnungspolitik im EG-Binnenmarkt: Auftrag für die Politische Union, 1992; *Baur,* Der Europäische Binnenmarkt, Normative Grundlagen, JA 1992, S. 67 ff., S. 97 ff.; *Rengeling/von Borries* (Hrsg.), Aktuelle Entwicklungen in der Europäischen Gemeinschaft, 1992.

S. auch die Literaturhinweise in Teil 2, Kapitel A (Vollendung des Binnenmarktes)
(Rechtsnatur der Gemeinschaft) *Bernhardt,* Die EG als neuer Rechtsträger im Geflecht der traditionellen Rechtsbeziehungen, EuR 1983, S. 199 ff.; *Dagtoglou,* Die Rechtsnatur der Europäischen Gemeinschaft, in: Dreißig Jahre Gemeinschaftsrecht, Luxemburg, Amt für amtliche Veröffentlichungen der EG, 1983, S. 37 ff.; *Magiera,* Die Europäische Gemeinschaft auf dem Weg zu einem Europa der Bürger, DÖV 1987, S. 221 ff.; *Oppermann,* Europarecht, 1991, S. 67 ff.
(Europäische Union) *Knoche* (Hrsg.), Europa 1992, Durchbruch zur Europäischen Union, 1989; *Weidenfeld* (Hrsg.), Wie Europa verfaßt sein soll – Materialien zur Politischen Union, 1991; *Bleckmann,* Der Vertrag über die Europäische Union, DVBl. 1992, S. 335 ff.; *Wessels,* Maastricht: Ergebnisse, Bewertungen und Langzeittrends, Integration 1992, S. 2 ff.; *Nanz,* Der „3. Pfeiler der Europäischen Union": Zusammenarbeit in der Innen- und Justizpolitik, Integration 1992, S. 126 ff., *Fischer,* Der Vertrag von Maastricht über die Europäische Union, in: Euro-Guide, 1992; *Häde,* Die Europäische Wirtschafts- und Währungsunion, EuZW 1992, S. 171 ff.; *Seidel,* Zur Verfassung der Europäischen Gemeinschaft nach Maastricht, EuR 1992, S. 125 ff.; *Oppermann/Classen,* Die EG vor der Europäischen Union, NJW 1993, S. 5 ff.

C. Institutioneller Aufbau der EG
(Organe und Einrichtungen)

I. Überblick

Nach Art. 4 Abs. 1 EGV werden die Aufgaben der Gemeinschaft durch folgende Organe wahrgenommen:
- das Europäische Parlament
- den Rat
- die Kommission
- den Europäischen Gerichtshof
- den Rechnungshof.

Diese Organe sind zugleich auch Organe der anderen Europäischen Gemeinschaften und bilden den institutionellen Rahmen der Europäischen Union i. S. von Art. C Abs. 1 EUV. Kein Gemeinschaftsorgan ist der mit politischen Lenkungsaufgaben befaßte **Europäische Rat** (s. dazu unter VIII).

Im Gegensatz zum EWGV hat der Rechnungshof im EGV die Stellung eines Organs erhalten; Aufgabe und Zusammensetzung des Rechnungshofes sind in den Art. 188 a bis 188 c EGV näher geregelt. In institutioneller Hinsicht sind nunmehr auch Rat und Kommission im EGV geregelt; der Vertrag zur Einsetzung eines Gemeinsamen Rates und einer Gemeinsamen Kommission vom 8. April 1965 (Fusionsvertrag) wurde aufgehoben.

Zu den Einrichtungen der Gemeinschaft, die keine Organqualität besitzen, gehören der Wirtschafts- und Sozialausschuß, der Ausschuß der Regionen, die Europäische Investitionsbank sowie weitere vertraglich vorgesehene oder von der Gemeinschaft kraft ihrer Organisationsgewalt geschaffene Einrichtungen. Die im Rahmen des Europäischen Systems der Zentralbanken (ESZB) nach Art. 4 a EGV zu schaffende Europäische Zentralbank (EZB) dürfte eine zumindest organgleiche Position einnehmen, indem sie beispielsweise wie andere Organe der Gemeinschaft nach Art. 173 Abs. 3 EGV vor dem EuGH klagen kann.

Entgegen der Reihenfolge in Art. 4 EGV wird zunächst der **Rat** als wichtigstes Entscheidungsorgan der Gemeinschaft behandelt.

II. Der Rat

1. Zusammensetzung und Arbeitsweise

Nach Art. 146 Abs. 1 EGV besteht der Rat aus je einem Vertreter jedes Mitgliedstaats auf Ministerebene, der befugt ist, für die Regierung des Mitgliedstaats verbindlich zu handeln. Der Rat setzt sich demnach aus zwölf Ministern zusammen (daher auch Ministerrat). Die Bundesrepublik Deutschland wird im Regelfall durch Mitglieder der Bundesregierung im Rat vertreten; aufgrund einer eingeübten Praxis kann sie auch Staatssekretäre als Vertreter im Rat entsenden. Bei Vorhaben, die im Schwerpunkt ausschließliche Gesetzgebungsbefugnisse der deutschen Bundesländer betreffen, kann die Bundesrepublik nach Art. 23 Abs. 6 GG, § 6 Abs. 2 des Gesetzes über die Zusammenarbeit von Bund und Ländern in Angelegenheiten der Europäischen Union vom 12. März 1993 (BGBl. I S. 313) auch durch einen Vertreter der Länder im Ministerrang vertreten werden.

Die mitgliedstaatlichen Regierungen entscheiden, wen sie als Mitglied in den Rat entsenden. Es gibt keinen ständigen „Rats- oder Europaminister". Nach der jeweils zu behandelnden Frage wird der zuständige Fachminister entsandt, so daß der Rat in wechselnder Zusammensetzung als Rat der Finanz-, Agrar-, Verkehrsminister usw. tagt. Bei Angelegenheiten allgemeiner Art (z. B. institutionelle Fragen, Außenbeziehungen der Gemeinschaft) tagt der Rat der Außenminister als **allgemeiner** Rat. Der Rat kann in unterschiedlicher Zusammensetzung auch parallel tagen. Nach Art. 146 Abs. 2 EGV nehmen die Mitgliedstaaten nach einer genau festgelegten Reihenfolge im Wechsel für je sechs Monate den Vorsitz im Rat wahr (Präsidentschaft). Der Wechsel erfolgt jeweils zum 1. Januar und zum 1. Juli des laufenden Kalenderjahres. Der Ratspräsident hat u. a. die Aufgabe, die Sitzungen des Rates einzuberufen, vorzubereiten und zu leiten, den Rat gegenüber anderen EG-Organen zu vertreten und auch für die Gemeinschaft als solche aufzutreten, z. B. gegenüber dritten Staaten. In der Praxis benutzen die Mitgliedstaaten ihre Präsidentschaft dazu, im Rat schwerpunktmäßig bestimmte Angelegenheiten zu behandeln, um ihrem Vorsitz ein politisches Profil zu geben.

Der nach Art. 151 EGV eingerichtete Ausschuß der Ständigen Vertreter der Mitgliedstaaten (franz.: COREPER) hat die Aufgabe, die Arbeiten des Rates vorzubereiten und die vom Rat übertragenen Aufträge auszuführen. Jeder Mitgliedstaat entsendet einen Ständigen Vertreter im Rang eines Botschafters, der in der Praxis zugleich Leiter der Ständigen Vertretung der Mitgliedstaaten bei den Gemeinschaften ist. Aufgabe des Ausschusses ist es in der Hauptsache, unter Beteiligung der Kommission die Beschlußfassung des Rates vorzubereiten und den ständigen Informationsaustausch im Verhältnis Rat, Kommission und nationale Regierungen sicherzustellen.

Rat und Ausschuß werden in ihrer Arbeit von einem Generalsekretariat unterstützt, das mit einem Personalbestand von ca. 2000 Bediensteten den Umfang der zu bewältigenden Aufgaben verdeutlicht.

2. Aufgaben

Die Aufgaben des Rates werden allgemein in Art. 145 EGV aufgezählt und bestehen im wesentlichen aus folgenden:

a) Rechtsetzung

Die Rechtsakte des sekundären Gemeinschaftsrechts zur Durchführung des EGV wie Verordnungen, Richtlinien usw. werden in der Hauptsache vom Rat erlassen. Dieser ist das eigentliche Rechtsetzungsorgan der Gemeinschaft. Nach Art. 145 Unterabs. 3 EGV kann der Rat auf die Kommission Befugnisse zur Durchführung der von ihm erlassenen Vorschriften übertragen.

b) Abstimmung der Wirtschaftspolitik

Nach Art. 145 Unterabs. 1 EGV sorgt der Rat für die Abstimmung der Wirtschaftspolitik als Mittel zur Erreichung der Vertragsziele im Sinne von Art. 2 EGV.

c) Außenbeziehungen

Der Rat beschließt über den Beitritt europäischer Staaten zur Europäischen Union (Art. O Abs. 1 EUV) und ist zuständig für den Abschluß von Abkommen der Gemeinschaft mit Drittstaaten oder internationalen Organisationen (Art. 228 EGV) bzw. Assoziierungsabkommen mit Drittstaaten, Staatenverbindungen oder internationalen Organisationen (Art. 238 EGV).

d) Haushalt

Der Rat stellt auf Vorschlag der Kommission den Haushaltsplan auf, der durch das in Art. 203 EGV geregelte Verfahren zustande kommt.

e) Personalhoheit

Der Rat ernennt die Mitglieder des Wirtschafts- und Sozialausschusses (Art. 194 Abs. 2 EGV), des Ausschusses der Regionen (Art. 198 a Abs. 3 EGV) und des Rechnungshofes (Art. 188 b Abs. 3 EGV). Der Rat setzt nach Art. 154 EGV die Besoldung der Mitglieder der Kommission, der Richter, Generalanwälte und des Kanzlers des Gerichtshofes fest. Zur

Ernennung der Mitglieder der Kommission und des Gerichtshofes s. nachfolgend unter „Beschlußfassung".

3. Beschlußfassung

Nach Art. 148 EGV werden Beschlüsse im Rat einstimmig, mit qualifizierter Mehrheit oder mit Mehrheit gefaßt. Auf jeden Vertreter im Rat entfällt grundsätzlich eine Stimme. Welche Stimmenzahl jeweils erforderlich ist, ergibt sich aus den einzelnen Bestimmungen des Vertrages. So können beispielsweise Richtlinien nach Art. 100 EGV oder Vorschriften nach Art. 235 EGV nur einstimmig erlassen werden, Maßnahmen nach Art. 100a EGV hingegen mit qualifizierter Mehrheit.

Wird der Rat kraft des EGV in Zusammenarbeit mit dem Europäischen Parlament tätig, so gilt für die Beschlußfassung das in Art. 189c EGV geregelte Verfahren der Zusammenarbeit. Bei diesem Verfahren legt der Rat zunächst mit qualifizierter Mehrheit einen gemeinsamen Standpunkt fest, den das Parlament ablehnen oder an dem es Abänderungen vorschlagen kann, was zur Folge hat, daß der Rat anschließend nur noch einstimmig beschließen kann (zu diesem Verfahren im einzelnen s. Kapitel D III 2b).

Ist für einen Beschluß qualifizierte Mehrheit erforderlich, so werden nach Art. 148 Abs. 2 EGV die Stimmen der Mitgliedstaaten wie folgt gewogen:

Belgien	5
Dänemark	3
Deutschland	10
Griechenland	5
Spanien	8
Frankreich	10
Irland	3
Italien	10
Luxemburg	2
Niederlande	5
Portugal	5
Vereinigtes Königreich	10.

Die qualifizierte Mehrheit ist bei einer Mindeststimmenzahl von 54 Stimmen erreicht. Die vorgenommene Gewichtung der Stimmenzahlen beruht auf einem Kompromiß zwischen der unterschiedlichen Größe der Mitgliedstaaten und ihrer Gleichberechtigung.

Die Minister als Mitglieder der nationalen Regierungen können nicht nur als Rat, sondern auch außerhalb des Rates (wenn auch in dessen Zusammensetzung) als Vertreter ihrer Regierungen zusammenkommen. In diesem Fall halten sie eine Regierungskonferenz unter der Bezeichnung „Die im Rat vereinigten Vertreter der Regierungen der Mitgliedstaaten" ab. Beschlüsse dieser Konferenz werden als „uneigentliche

Ratsbeschlüsse" bezeichnet. Durch derartige Beschlüsse werden z. B. die Mitglieder der Kommission und die Richter und Generalanwälte des Europäischen Gerichtshofes ernannt, da sie nach Art. 158 Abs. 2 EGV bzw. Art. 167 Abs. 1 EGV von den Regierungen der Mitgliedstaaten im gegenseitigen Einvernehmen ernannt werden. Uneigentliche Ratsbeschlüsse ergehen ferner in Bereichen, die außerhalb des Gemeinschaftsrechts liegen.

III. Die Kommission

1. Zusammensetzung und Organisation

Nach Art. 157 Abs. 1 EGV besteht die Kommission aus **17 Mitgliedern**, die aufgrund ihrer allgemeinen Befähigung ausgewählt werden und volle Gewähr für ihre Unabhängigkeit bieten müssen. Nur Staatsangehörige der Mitgliedstaaten können Mitglieder der Kommission sein. Auf Deutschland, Frankreich, Großbritannien, Italien und Spanien als sog. große Mitgliedstaaten entfallen je zwei, auf die anderen Staaten je ein Mitglied.

Nach Art. 157 Abs. 1 EGV werden die Mitglieder der Kommission für eine Amtszeit von fünf Jahren ernannt; Wiederernennung ist zulässig. Sie sind **keine** Vertreter der nationalen Regierungen und daher nach Art. 157 Abs. 3 EGV gehalten, ihre Tätigkeit in voller Unabhängigkeit zum allgemeinen Wohl der Gemeinschaft auszuüben. Anweisungen von einer Regierung oder einer anderen Stelle dürfen sie weder anfordern noch entgegennehmen. Die Mitgliedstaaten sind verpflichtet, diesen Grundsatz zu achten und nicht zu versuchen, die Mitglieder der Kommission bei der Erfüllung ihrer Aufgaben zu beeinflussen.

Aus dem Kreis der Kommissionsmitglieder werden von den Regierungen der Mitgliedstaaten der **Präsident** der Kommission und **sechs Vizepräsidenten** für die Dauer von zwei Jahren ernannt; Wiederernennung ist möglich. In letzter Zeit wird der Präsident durch den Europäischen Rat ernannt, wozu eine Stellungnahme des Europäischen Parlaments eingeholt wird. Der Präsident sitzt der Kommission vor, indem er z. B. ihre Sitzungen leitet, und vertritt sie nach außen hin; weitere Sonderrechte besitzt er nicht. Faktisch prägt jedoch der Präsident (wie z. B. der derzeitige Präsident, der Franzose *Jacques Delors*) durch sein Auftreten nicht nur das Erscheinungsbild der Kommission, sondern der Gemeinschaft schlechthin, da ihm in der Öffentlichkeit vielfach die Rolle „des" Repräsentanten der Gemeinschaft zugeschrieben wird.

Als Kollegialorgan faßt die Kommission ihre Beschlüsse mit der Mehrheit ihrer Mitglieder, Art. 163 Abs. 1 EGV. Zur Erfüllung ihrer Aufgaben verfügt sie über einen ressortmäßig gegliederten Verwaltungs-

apparat, der sich in 23 Generaldirektionen und weitere Dienststellen auf-
teilt. Jedes Kommissionsmitglied steht weisungsbefugt einer oder mehreren Generaldirektionen und/oder Dienststellen vor und wird in seiner
Arbeit von einem Kabinett als einem Stab von Mitarbeitern mit einem
Kabinettschef an der Spitze unterstützt. Die Generaldirektionen (GD),
die in ihrer Funktion mit nationalen Ministerien vergleichbar sind, gliedern sich aufgabenmäßig wie folgt:

GD I   – Auswärtige Beziehungen
GD II   – Wirtschaft und Finanzen
GD III   – Binnenmarkt und gewerbliche Wirtschaft
GD IV   – Wettbewerb
GD V   – Beschäftigung, soziale Angelegenheiten und Bildung
GD VI   – Landwirtschaft
GD VII   – Verkehr
GD VIII   – Entwicklung
GD IX   – Personal und Verwaltung
GD X   – Information, Kommunikation und Kultur
GD XI   – Umwelt, Verbraucherschutz und nukleare Sicherheit
GD XII   – Wissenschaft, Forschung und Entwicklung
GD XIII   – Telekommunikation, Informationsindustrie und Innova-
             tion
GD XIV   – Fischerei
GD XV   – Finanzinstitution und Steuerfragen
GD XVI   – Regionalpolitik
GD XVII   – Energie
GD XVIII   – Kredit und Investitionen
GD XIX   – Haushalt
GD XX   – Finanzkontrolle
GD XXI   – Zollunion und indirekte Steuern
GD XXII   – Koordinierung der strukturpolitischen Instrumente
GD XXIII   – Unternehmenspolitik, Handel, Fremdenverkehr und So-
             zialwirtschaft.

Zu den weiteren Dienststellen gehören u. a. das Generalsekretariat, der
Juristische Dienst, ein Sprecherdienst für die Presse, ein gemeinsamer
Dolmetscher, ein Konferenzdienst, das Statistische Amt, Übersetzer-
dienst usw. Insgesamt verfügt die Kommission über Bedienstete in einer
Größenordnung von ca. 14000–15000 Personen, wobei wegen der neun
Amtssprachen der Gemeinschaft ca. 3000–3500 Personen als Dolmet-
scher und Übersetzer tätig sind.

Sitz der Kommission ist Brüssel.

2. Aufgaben

Entsprechend der Aufzählung in Art. 155 EGV nimmt die Kommission im wesentlichen folgende Aufgaben wahr:

a) Rechtsetzung

Bei der Rechtsetzung besitzt die Kommission ein **Initiativrecht**, d. h., im Regelfall kann der Rat sekundärrechtliche Rechtsakte nur auf **Vorschlag** der Kommission erlassen (vgl. z. B. Art. 100a Abs. 1 EGV). Mit diesem Initiativrecht hält die Kommission die Entwicklung des Gemeinschaftsrechts in Gang. Ggf. kann der Rat nach Art. 152 EGV die Kommission zu Vorschlägen auffordern (was in der Praxis aber äußerst selten vorkommt).

Die Kommission übt die Befugnisse aus, die ihr der Rat zur Durchführung der von ihm erlassenen Vorschriften gemäß Art. 145 Unterabs. 3 EGV überträgt, und kann zu diesem Zweck Durchführungsvorschriften erlassen. Neben diesen delegierten Befugnissen ermächtigt der Vertrag die Kommission in einzelnen Fällen auch direkt zur Rechtsetzung (vgl. z. B. Art. 97 Abs. 2 EGV).

b) Kontrolle des Gemeinschaftsrechts

Die Kommission überwacht die Einhaltung des primären und sekundären Gemeinschaftsrechts durch die Mitgliedstaaten, wozu sie ggf. eine staatengerichtete Aufsichtsklage gemäß Art. 169 EGV erheben kann. Sie kontrolliert die staatlichen Beihilfen (Art. 92f. EGV) und die Beachtung der gemeinschaftsrechtlichen Wettbewerbsregeln (Art. 85ff. EGV) und besitzt in diesen Bereichen eine Entscheidungsbefugnis.

c) Haushalt, Verwaltung der Fonds

Die Kommission stellt den Haushaltsplan im Vorentwurf auf (Art. 203 Abs. 2 EGV), führt ihn aus (Art. 205 EGV) und legt hierüber Rechnung (Art. 205a EGV). Sie verwaltet die ihr angegliederten Fonds.

d) Außenbeziehungen, Mitwirkung bei der EPZ

Im Bereich der Außenbeziehungen handelt die Kommission die internationalen Abkommen der Gemeinschaft aus (Art. 228 EGV) und vertritt die Gemeinschaft bei internationalen Organisationen (Art. 229 EGV). Gemäß Art. 30 Abs. 3b) EEA wurde die Kommission an der Arbeit der Europäischen Politischen Zusammenarbeit (EPZ) im Bereich der Außenpolitik in vollem Umfang beteiligt und war gemäß Art. 30 Abs. 5 EEA dafür verantwortlich, zusammen mit der Präsidentschaft der EPZ für die Kohärenz der auswärtigen Politik der Gemeinschaft und der im

Rahmen der EPZ vereinbarten Außenpolitiken der Mitgliedstaaten Sorge zu tragen.

Im Rahmen der Europäischen Union ist die Kommission nunmehr nach Art. C Abs. 2 EUV neben dem Rat verantwortlich für die Kohärenz der von der Union ergriffenen außenpolitischen Maßnahmen im Rahmen ihrer Außen-, Sicherheits-, Wirtschafts- und Entwicklungspolitik. Wie bei der EPZ wird sie gemäß Art. J 9 EUV in vollem Umfang an den Arbeiten im Bereich der gemeinsamen Außen- und Sicherheitspolitik beteiligt. Diese Beteiligung sieht der EUV in Art. K 4 Abs. 2 auch für die Zusammenarbeit in den Bereichen Justiz und Inneres vor.

IV. Das Europäische Parlament

Das Europäische Parlament (EP) übt seine Tätigkeit an den drei Arbeitsorten Straßburg, Luxemburg und Brüssel aus. Luxemburg ist Sitz seiner Verwaltung (Generalsekretariat mit Dienststellen). In Straßburg hält das Parlament seine Plenartagungen, in Brüssel Ausschuß- und Sondersitzungen sowie zusätzliche Plenartagungen ab. Das EP kann sich nicht selbst einen einheitlichen Amtssitz geben, um die lästige Aufteilung auf drei Arbeitsorte zu beenden, da nach Art. 216 EGV die Regierungen der Mitgliedstaaten den Sitz der Gemeinschaftsorgane bestimmen und die Regierungen Straßburg, Luxemburg und Brüssel zu (vorläufigen) Arbeitsorten der Gemeinschaften bestimmt und festgelegt haben, daß das Generalsekretariat des EP in Luxemburg bleibt (vgl. EuGHE 1983, 255 – Rs. 230/81 „Großherzogtum Luxemburg/Europäisches Parlament"; EuGHE 1984, 1945 – Rs. 108/83 „Großherzogtum Luxemburg/Europäisches Parlament"). Auf seiner Tagung am 11. und 12. Dezember 1992 in Edinburgh hat der Europäische Rat an der Aufteilung auf die drei Arbeitsorte des Parlamentes festgehalten.

1. Zusammensetzung und Arbeitsweise

Nach Art. 137 EGV besteht das EP aus Vertretern der Völker der Mitgliedstaaten. Es setzt sich aus 518 direkt in den Mitgliedstaaten gewählten Abgeordneten zusammen, von denen 81 Abgeordnete auf die Bundesrepublik Deutschland entfallen. Die Direktwahl wurde durch den Beschluß und Akt des Rates zur Einführung allgemeiner unmittelbarer Wahlen der Abgeordneten der Versammlung vom 20. September 1976 (BGBl. 1977 II, S. 734 = „Europa-Recht", Nr. 13) (Direktwahlakt) eingeführt und erstmals bei den Wahlen zum Europäischen Parlament 1979 praktiziert.

Das Verfahren zur Wahl der Abgeordneten bestimmt sich nach mitgliedstaatlichem Recht, da ein einheitliches Wahlverfahren bisher nicht geschaffen wurde; die Einführung eines solchen ist nach Art. 138 Abs. 3 EGV möglich. Die auf die Bundesrepublik Deutschland entfallenden Abgeordneten werden nach dem Europawahlgesetz (EuWG) i. d. F. vom 22. Dezember 1988 (BGBl. I, S. 2615 = „Europa-Recht", Nr. 27) und der Europawahlordnung vom 27. Juli 1988 (BGBl. I, S. 1453 mit Änderung vom 24. Februar 1989, BGBl. I, S. 340) gewählt. Die Wahl erfolgt nach den Grundsätzen der Verhältniswahl mit Listenvorschlägen, die als (verbindbare) Landeslisten oder als Bundesliste aufgestellt werden können; jeder Wähler hat eine Stimme. Den persönlichen Rechtsstatus der deutschen Abgeordneten regelt das Gesetz über die Rechtsverhältnisse der Mitglieder des Europäischen Parlaments aus der Bundesrepublik Deutschland (Europaabgeordnetengesetz) vom 6. April 1979 (BGBl. II, S. 413 mit Änderungen = „Europa-Recht", Nr. 28; letzte Änderung am 7. Januar 1992, BGBl. I, S. 2).

Die Gesamtzahl von 518 Abgeordneten teilt sich auf die einzelnen Mitgliedstaaten wie folgt auf:

Belgien	24
Dänemark	16
Deutschland	81
Griechenland	24
Spanien	60
Frankreich	81
Irland	15
Italien	81
Luxemburg	6
Niederlande	25
Portugal	24
Vereinigtes Königreich	81.

Nach der deutschen Vereinigung nehmen 18 in den neuen Bundesländern gewählte Vertreter als Beobachter ohne Stimm- und Wahlrecht an den Arbeiten des EP bis zur nächsten Wahl des Parlaments im Jahre 1994 teil (vgl. EuZW 1990, 527; 1991, 259). Forderungen des EP, im Rahmen des Vertrages über die Europäische Union die Zahl der deutschen Abgeordneten auf 99 zu erhöhen (vgl. EuZW 1991, 708), blieben unberücksichtigt. Auf seiner Tagung am 11. und 12. Dezember 1992 hat der Europäische Rat jedoch entschieden, daß die 18 Vertreter aus den neuen Bundesländern nach den nächsten Europawahlen 1994 im Parlament den vollen Abgeordnetenstatus erhalten und sich gleichzeitig die Abgeordnetensitze einiger anderer Mitgliedstaaten erhöhen. Danach setzt sich das EP künftig folgendermaßen zusammen:

Belgien	25	(+1)
Dänemark	16	(–)
Deutschland	99	(+18)
Griechenland	25	(+1)

Spanien	64	(+4)
Frankreich	87	(+6)
Irland	15	(–)
Italien	87	(+6)
Luxemburg	6	(–)
Niederlande	31	(+6)
Portugal	25	(+1)
Vereinigtes Königreich	87	(+6)
Gesamt	567	(+49).

Die Abgeordneten des EP werden auf fünf Jahre gewählt. Ihr Mandat beginnt und endet mit der Wahlperiode des Parlaments. Bei der Ausübung des Mandats sind die Abgeordneten an Aufträge und Weisungen nicht gebunden und genießen Indemnität und Immunität (vgl. §§ 2, 5 Europaabgeordnetengesetz). Die deutschen Abgeordneten des EP können zugleich Mitglied des Deutschen Bundestages sein (§ 1 Abs. 2 Europawahlgesetz). Mit der Mitgliedschaft im EP nicht vereinbar sind eine Reihe von Ämtern mit exekutiven und rechtsprechenden Funktionen auf europäischer wie nationaler Ebene (vgl. Art. 6 Direktwahlakt, § 7 Europaabgeordnetengesetz).

Im Parlament treten die Abgeordneten nicht als nationale Delegationen, sondern in nach parteipolitischen Gesichtspunkten gebildeten Fraktionen auf, wie z. B. die Sozialistische Fraktion, die Fraktion der Europäischen Volkspartei (Christdemokraten), die Liberale und Demokratische Fraktion usw. (hierzu näher *Läufer*, in: *Grabitz*, EWGV, Art. 140, Rdnr. 6). Aufgrund der spezifischen Aufgaben des EP ist das Verhältnis zwischen den Fraktionen weniger durch eine starre Konfrontation als durch Zusammenarbeit mit wechselnden Mehrheiten gekennzeichnet.

In Aufbau und Arbeitsweise entspricht das EP weitgehend dem Muster nationaler Parlamente. Die Arbeiten des EP leitet ein von ihm gewähltes Präsidium, das sich aus dem Präsidenten und 14 Vizepräsidenten zusammensetzt. Die vorbereitende Arbeit des Parlaments vollzieht sich in Ausschüssen. Das EP hält eine jährliche Sitzungsperiode jeweils ab März ab, die eine Reihe öffentlicher Plenartagungen von jeweils einer Arbeitswoche umfaßt. Soweit nichts anderes bestimmt ist, beschließt das Parlament gemäß Art. 141 EGV mit der absoluten Mehrheit der abgegebenen Stimmen.

2. Aufgaben (Befugnisse)

Im EWGV (Art. 137) wurden die Aufgaben des Parlaments mit „Beratungs- und Kontrollbefugnissen" umschrieben; Art. 137 EGV ist so formuliert, daß es „die Befugnisse ausübt, die ihm nach diesem Vertrag zustehen". Diese veränderte Formulierung deutet an, daß die Rechte des

EP durch den EUV gestärkt worden sind; gleichwohl verfügt es über die Rechte, die man bei der Bezeichnung „Parlament" erwartet, weiterhin nur in Ansätzen (zur Änderung der Befugnisse des EP aufgrund des EUV s. anschließend unter 3.).

a) Rechtsetzung

Bei der Rechtsetzung besitzt das EP generell kein Initiativrecht; dieses hat die Kommission inne. Die Kommission orientiert sich jedoch bei ihren Vorschlägen an sog. Initiativberichten des EP, in denen es die Kommission zu Initiativen bei der Rechtsetzung auffordert. Ein eigenes Vorschlagsrecht besitzt das EP gemäß Art. 13 Direktwahlakt im Hinblick auf den von ihm nach Art. 138 Abs. 3 EGV ausgearbeiteten Entwurf für ein einheitliches Wahlverfahren.

Die Beteiligung des EP an der Rechtsetzung war ursprünglich auf eine **Anhörung** in den vertraglich dafür vorgesehenen Fällen beschränkt (Beispiel: Art. 100 EGV). Neben der zwingend vorgeschriebenen (= obligatorischen) Anhörung hat sich die Praxis eingebürgert, das EP weiter gehend bei allen wesentlichen Rechtsakten und Programmen anzuhören (sog. fakultative Anhörung). Die Stellungnahmen des EP aufgrund der Anhörung binden den Rat rechtlich nicht. Will dieser jedoch bei Rechtsakten von allgemeiner Tragweite, insbesondere mit gewichtigen finanziellen Auswirkungen, von der Stellungnahme des EP abweichen, wird das 1975 eingeführte **Konzertierungsverfahren** angewandt, innerhalb dessen sich die Vertreter von Rat, Kommission und EP in einem gemeinsamen Gremium treffen, um die gegensätzlichen Standpunkte anzunähern.

Durch die EEA wurde das bereits erwähnte **Verfahren der Zusammenarbeit** eingeführt, welches die Letztentscheidung dem Rat überläßt, dem Parlament jedoch erweiterte Möglichkeiten der Einflußnahme gibt (Einzelheiten hierzu s. Kapitel D III 2 b). Das Verfahren der Zusammenarbeit wird bei der Rechtsetzung nicht generell, sondern nur in den vertraglich dafür vorgesehenen Fällen angewandt; in den übrigen Fällen verbleibt es bei der Anhörung des Parlaments.

Wird das Parlament nicht in der vertraglich vorgesehenen Weise an der Rechtsetzung beteiligt, ist der erlassene Rechtsakt **nichtig**. Diese Rechtsfolge dient dazu, im Verhältnis der Organe zueinander, insbesondere zugunsten des Parlaments, das sog. **institutionelle Gleichgewicht** zu wahren (s. anschließend unter VI.).

b) Haushalt

Für die Befugnisse des EP im Verfahren zur Feststellung des Haushalts nach Art. 203 EGV ist der Unterschied zwischen obligatorischen und nicht obligatorischen Ausgaben von Bedeutung. Obligatorische Ausgaben sind solche, die sich zwingend aus dem Vertrag oder den aufgrund des Vertrages erlassenen Rechtsakten ergeben. Obligatorische Ausgaben betreffen in erster Linie den Agrarbereich und betragen in etwa zwei Drittel der gesamten Ausgaben.

Nach Art. 203 Abs. 4 EGV kann das EP dem ihm zugeleiteten Entwurf des Haushaltsplanes zustimmen, der dann endgültig festgestellt ist. Das EP ist auch berechtigt, den Entwurf des Haushaltsplans mit der Mehrheit der Stimmen seiner Mitglieder abzuändern und mit der absoluten Mehrheit der abgegebenen Stimmen dem Rat Änderungen des Entwurfs in bezug auf die obligatorischen Ausgaben vorzuschlagen. Im Hinblick auf diese Ausgaben entscheidet endgültig der Rat, der sich demnach über die Änderungsvorschläge des EP hinwegsetzen kann. Demgegenüber kann das EP, wenn sich der Rat den vom Parlament abgeänderten Entwurf des Haushaltsplans nicht zu eigen macht, die nicht obligatorischen Ausgaben innerhalb eines von der Kommission festgelegten Höchstsatzes erhöhen. In dieser Beziehung besitzt das EP demnach eine (echte) Entscheidungsbefugnis.

Nach Maßgabe des Art. 203 Abs. 8 EGV kann das EP aus wichtigen Gründen den Entwurf des Haushaltsplans ablehnen und die Vorlage eines neuen Entwurfs verlangen. In diesem Fall, der bisher nur vereinzelt praktiziert wurde, beginnt das Haushaltsverfahren von vorn.

c) Außenbeziehungen

Im Bereich der Außenbeziehungen der Europäischen Union bzw. der Gemeinschaft ist das EP insoweit entscheidungsbefugt, als die Aufnahme neuer Mitglieder nach Art. O Abs. 1 EUV der **Zustimmung** des EP bedarf; unter den in Art. 228 Abs. 3 EGV geregelten Voraussetzungen ist die Zustimmung des EP auch erforderlich bei Abkommen der Gemeinschaft mit dritten Staaten oder internationalen Organisationen.

d) Kontrollrechte

Gegenüber der **Kommission** räumt der Vertrag dem EP folgende Kontrollrechte ein: nach Art. 140 Abs. 3 EGV beantwortet die Kommission mündliche oder schriftliche Anfragen aus dem EP; dieses Fragerecht nutzt das EP in der Praxis sehr intensiv (jährlich ca. 4000–5000 Anfragen). Nach Art. 143 EGV erörtert es den jährlichen Gesamtbericht der Kommission. Nach Art. 144 EGV kann das EP durch einen Mißtrauensantrag die Kommission geschlossen zum Rücktritt zwingen. Dieser Antrag bedarf zu seiner Annahme einer Mehrheit von zwei Dritteln der abgegebenen Stimmen und der Mehrheit der Mitglieder des Parlaments; wegen dieser Mehrheitsverhältnisse ist bisher kein derartiger Antrag angenommen worden.

Vergleichbare Kontrollrechte gegenüber dem **Rat** besitzt das EP nach

dem Vertrag nicht. Aufgrund einer selbst auferlegten Verpflichtung beantwortet der Rat jedoch mündliche und schriftliche Anfragen aus dem
EP. Durch Art. 30 Abs. 4 EEA wurde eine Beteiligung des EP an der
europäischen politischen Zusammenarbeit im Bereich der Außenpolitik
eingeführt.

Weitere Kontrollmöglichkeiten bestehen darin, daß das EP gegenüber
Rat oder Kommission Untätigkeitsklage nach Art. 175 EGV und die in
Art. 173 Abs. 3 EGV vorgesehene Nichtigkeitsklage erheben kann, um
seine Mitwirkungsbefugnisse bei der Rechtsetzung zu sichern (s. dazu
unter VI.).

3. Stellung des EP nach dem Vertrag über die Europäische Union

Der EUV verbessert die Befugnisse des EP im Entscheidungsprozeß der
Gemeinschaften und stärkt seine Stellung in den anderen Bereichen der
Union, ohne ihm jedoch den Rang eines „Vollparlaments" nach dem
Muster der nationalen Parlamente in den Mitgliedstaaten zu geben.

In Art. 138a EGV werden die **Politischen Parteien** auf europäischer
Ebene als wichtiger Integrationsfaktor und als Instrumente zur politischen Willensbildung erstmals vertraglich erwähnt.

Bei der **Rechtsetzung** werden die bisherigen Verfahren zur Annahme
von Gemeinschaftsakten um das in Art. 189b EGV geregelte Verfahren
erweitert, inoffiziell als „Kodezisionsverfahren" bezeichnet. Dieses Verfahren ist prinzipiell nach dem Muster des Verfahrens der Zusammenarbeit gestaltet und sieht als neues Element die Einberufung eines **Ver-
mittlungsausschusses** zur Annäherung der Standpunkte von EP und Rat
vor (dazu näher ebenfalls Kapitel D III 2 b). Die bisherige Praxis des EP,
die Kommission zu Initiativen bei der Rechtsetzung aufzufordern, wird
durch Art. 138b Abs. 2 EWGV vertraglich verankert.

Nach Art. 138c EGV kann das EP einen nicht ständigen **Untersu-
chungsausschuß** einsetzen, der behauptete Verstöße gegen das Gemeinschaftsrecht oder Mißstände bei dessen Anwendung prüft. Das bisher
vom Parlament auf der Grundlage seiner Geschäftsordnung praktizierte
Petitionsrecht wird in Art. 138d EGV vertraglich geregelt, und nach
Art. 138e EGV kann das Parlament einen **Bürgerbeauftragten** zur Entgegennahme von Beschwerden über die Tätigkeit von Organen und
Institutionen der Gemeinschaft ernennen.

Der Vertrag über die Europäische Union gewährleistet eine Beteiligung des EP an der gemeinsamen Außen- und Sicherheitspolitik und der
Zusammenarbeit in den Bereichen Justiz und Inneres nach näherer Maßgabe der Art. J.7 bzw. Art. K.6 EUV.

V. Der Europäische Gerichtshof

1. Zusammensetzung und Organisation

Nach Art. 165 Abs. 1 EGV besteht der Gerichtshof aus 13 Richtern. Die Richter werden von den Regierungen der Mitgliedstaaten im gegenseitigen Einvernehmen auf sechs Jahre ernannt. Alle drei Jahre findet eine teilweise Neubesetzung der Richterstellen statt, die abwechselnd je sieben und sechs Richter betrifft. Wiederernennung ist möglich und wird im Interesse der Kontinuität der Rechtsprechung auch praktiziert. Die Richter üben ihr Amt in völliger Unabhängigkeit und zu den Bedingungen aus, welche die Satzungen des Gerichtshofs für die drei Gemeinschaften festlegen (vgl. z. B. Protokoll über die Satzung des Gerichtshofs der Europäischen Wirtschaftsgemeinschaft vom 17. April 1957, BGBl. II, S. 1166 mit Änderung = „Europa-Recht", Nr. 14).

Die Richter wählen aus ihrer Mitte den **Präsidenten** des Gerichtshofs für die Dauer von drei Jahren (Art. 167 Abs. 5 EGV). Zu seiner Unterstützung ernennt der Gerichtshof nach Art. 168 EGV einen (weisungsgebundenen) **Kanzler**.

Nach Art. 166 EGV wird der Gerichtshof von **sechs Generalanwälten** unterstützt. Die Unterstützung besteht darin, daß die Generalanwälte zu den beim Gerichtshof anhängigen Rechtssachen öffentlich in völliger Unparteilichkeit und Unabhängigkeit **Schlußanträge** stellen, in welchen sie die Rechtssache aus ihrer Sicht beurteilen, und abschließend beantragen, diese in bestimmter Weise zu entscheiden. Die Schlußanträge sind für den Gerichtshof nicht bindend, der ihnen in der Praxis jedoch meistens folgt. Die Institution des Generalanwalts hat eine vergleichbare Einrichtung des französischen Rechts zum Vorbild. Die Generalanwälte werden nach den für die Richter geltenden Grundsätzen ernannt.

Nach Art. 165 Abs. 2 und 3 EGV entscheidet der Gerichtshof entweder in der Besetzung als **Plenum** (Vollsitzung) oder als **Kammer** mit je drei oder fünf Richtern. Die Kammer als Spruchkörper, deren Urteile uneingeschränkt Urteile des Gerichtshofs sind wie die des Plenums, ermöglicht eine schnellere Entscheidungsfindung. Außer in den durch Art. 165 Abs. 3 EGV vorgeschriebenen Fällen tagt der Gerichtshof in Vollsitzungen nur bei Rechtssachen von grundlegender Bedeutung (vgl. hierzu näher *Klinke*, Gerichtshof der Europäischen Gemeinschaften, 1989, S. 34 ff.).

Nach Art. 168a EGV (und gleichlautenden Bestimmungen in den anderen Gründungsverträgen) kann der Rat dem Gerichtshof ein Gericht beiordnen, das in erster Instanz für bestimmte Gruppen von Klagen natürlicher und juristischer Personen zuständig ist und gegen dessen Entscheidungen ein auf Rechtsfragen beschränktes Rechtsmittel beim

Gerichtshof eingelegt werden kann. Durch Beschluß des Rates zur Errichtung eines Gerichts erster Instanz der Europäischen Gemeinschaften vom 24. Oktober 1988 (Amtsblatt 1989, Nr. C 215, S. 1 ff. = „Europa-Recht", Nr. 15 a) ist dieses Gericht zur Entlastung des Gerichtshofs geschaffen worden. Das Gericht ist kein weiteres Organ der Gemeinschaft, sondern ein dem Gerichtshof beigeordneter selbständiger Spruchkörper. Nach Art. 2 Ratsbeschluß besteht das Gericht aus zwölf Mitgliedern, die aus ihrer Mitte den Präsidenten wählen. Generalanwälte wie beim Gerichtshof sind nicht vorgesehen, jedoch können Mitglieder des Gerichts in einer Rechtssache dazu bestellt werden, die Tätigkeit eines Generalanwalts auszuüben; im Falle einer solchen Bestellung sind sie von der Mitwirkung an der Entscheidung in der Rechtssache ausgeschlossen. Das Gericht tagt in Kammern mit drei oder fünf Richtern, ausnahmsweise auch in Vollsitzungen. (Zur Zuständigkeit des Gerichts erster Instanz s. unter 2).

Der Gerichtshof mitsamt dem Gericht erster Instanz hat seinen Sitz in Luxemburg.

2. Aufgaben

Nach Art. 164 EGV ist es Aufgabe des Gerichtshofs, die Wahrung des Rechts bei der Auslegung und Anwendung dieses Vertrages zu sichern. Aus dem Hinweis auf den EWG-Vertrag folgt, daß sich der Gerichtshof nur mit Fragen des **Gemeinschaftsrechts** beschäftigt, nicht mit solchen des nationalen Rechts der Mitgliedstaaten. Andererseits befaßt er sich mit dem **gesamten** Gemeinschaftsrecht, d. h. neben dem im Vertrag geregelten oder ungeschriebenen **Primärrecht** auch mit dem von den Gemeinschaftsorganen gesetzten **Sekundärrecht**, wie sich u. a. aus Art. 177 Abs. 1 b EGV ergibt, wonach der Gerichtshof im Wege der Vorabentscheidung über die Gültigkeit und die Auslegung der Handlungen der Organe der Gemeinschaft entscheidet; unter diese „Handlungen" fallen die Rechtsakte des sekundären Gemeinschaftsrechts.

Die Zuständigkeit des Gerichtshofs ergibt sich nicht aus einer generalklauselartigen Beschreibung, sondern wird durch eine Reihe enumerativ aufgeführter Einzelzuständigkeiten festgelegt. Außerhalb der zugewiesenen Kompetenzen ist der Gerichtshof nicht zuständig. Seine Einzelzuständigkeiten und die daraus abzuleitenden Verfahrensarten lassen sich in „verfassungsrechtliche", „verwaltungsrechtliche" und „sonstige Verfahren" einteilen (*Schweitzer/Hummer*, Europarecht, S. 94/95). **Verfassungsrechtliche Verfahren** betreffen Streitigkeiten zwischen Mitgliedstaaten, zwischen Mitgliedstaaten und Organen der Gemeinschaft oder zwischen den Organen der Gemeinschaft. **Verwaltungsrechtliche Verfahren** haben Streitigkeiten zwischen Gemeinschaftsorganen und Einzelpersonen oder Streitigkeiten zwischen den Gemeinschaften und ihren Bediensteten zum Gegenstand. **Sonstige Verfahren** weisen Elemente von verfassungs- und verwaltungsrechtlichen Verfahren auf oder lassen sich einer dieser Verfahrensarten zuordnen. Hinzu kommt als **Rechtsmittelverfahren** das Verfahren bei Rechtsmitteln gegen Entscheidungen des Gerichts erster Instanz.

Im Überblick setzen sich die Verfahren vor dem EuGH aus folgenden Gruppen zusammen (ein − nahezu − vollständiger Katalog der Verfahrensarten bei: *Hummer/Simma/Vedder/Emmert*, Europarecht in Fällen, S. 4/6):

(1) **Verfassungsrechtliche Verfahren:**
Verfahren betreffend
(a) Streitigkeiten zwischen Mitgliedstaaten,
(b) Streitigkeiten zwischen Mitgliedstaaten und Organen der Gemeinschaft,
(c) Streitigkeiten zwischen Organen der Gemeinschaft.
(2) **Verwaltungsgerichtliche Verfahren:**
Verfahren betreffend
(a) Streitigkeiten zwischen Gemeinschaftsorganen und Einzelpersonen,
(b) Streitigkeiten zwischen den Gemeinschaften und ihren Bediensteten.
(3) **Sonstige Verfahren:**
(a) Vorabentscheidungsverfahren,
(b) inzidente Normenkontrolle,
(c) Amtshaftungsverfahren,
(d) Verfahren besonderer Art (Gutachten, einstweilige Anordnungen, Aussetzung einer Zwangsvollstreckung usw.).

Auf einzelne Verfahren wird im Zusammenhang mit dem gerichtlichen Rechtsschutz bei der Anwendung des Gemeinschaftsrechts eingegangen (Kapitel G II).

Das Gericht erster Instanz ist gemäß Art. 3 des Ratsbeschlusses zur Errichtung dieses Gerichts zuständig

a) bei Streitsachen zwischen den Gemeinschaften und deren Bediensteten;
b) bei Klagen von Unternehmen oder Verbänden gegen individuelle Entscheidungen der Kommission im Anwendungsbereich des EGKS-Vertrages;
c) bei Klagen natürlicher oder juristischer Personen gemäß Art. 173 Abs. 4 und Art. 175 Abs. 3 EGV, welche die Anwendung der für Unternehmen geltenden Wettbewerbsvorschriften zum Gegenstand haben;
d) bei Schadensersatzklagen natürlicher und juristischer Personen, die im Anschluß an eins der in a) bis c) aufgeführten Verfahren erhoben werden.

VI. Das institutionelle Gleichgewicht

Angesichts der begrenzten (Mitwirkungs-)Befugnisse des Parlaments und der Konzentration der Entscheidungsbefugnisse beim Rat sind die Zuständigkeiten der Organe im Verhältnis zueinander nicht oder zumindest nicht in vollem Umfang nach dem Grundsatz der Gewaltenteilung in dem Sinne aufgeteilt, daß die gesetzgebende Gewalt durch die Volksvertretung, die vollziehende Gewalt durch Regierung und Verwaltung und die rechtsprechende Gewalt durch unabhängige Gerichte ausgeübt werden. Aufgrund der den einzelnen Organen zugewiesenen Befugnisse hat die Gemeinschaft jedoch einen institutionellen Aufbau erhalten, der für das gegenseitige Verhältnis der Organe eine spezifische Machtbalance aufstellt. Diese Machtbalance liegt dem vom EuGH entwickelten Begriff des „institutionellen Gleichgewichts" zugrunde, mit dessen Hilfe er insbesondere die Befugnisse des Europäischen Parlaments festlegt und sichert. Im Hinblick auf diese Befugnisse hat der EuGH ausgeführt, daß

„diese Befugnisse (...) jedoch Bestandteil des von den Verträgen gewollten institutionellen Gleichgewichts (sind). Die Verträge haben nämlich ein System der Zuständigkeitsverteilung zwischen den verschiedenen Organen der Gemeinschaft geschaffen, das jedem Organ seinen Auftrag innerhalb des institutionellen Gefüges der Gemeinschaft und bei der Erfüllung der dieser übertragenen Aufgaben zuweist.
    Die Wahrung des institutionellen Gleichgewichts gebietet es, daß jedes Organ seine Befugnisse unter Beachtung der Befugnisse der anderen Organe ausübt. Sie verlangt auch, daß eventuelle Vertöße gegen diesen Grundsatz geahndet werden können.
    Dem Gerichtshof obliegt es nach den Verträgen, über die Wahrung des Rechts bei deren Auslegung und Anwendung zu wachen. Er muß daher in der Lage sein, die Aufrechterhaltung des institutionellen Gleichgewichts und folglich die richterliche Kontrolle der Beachtung der Befugnisse des Parlaments, wenn dieses ihn zu diesem Zweck anruft, durch einen Rechtsbehelf sicherzustellen, der ihm die Erfüllung seiner Aufgabe ermöglicht" (EuGH, Urteil vom 22. 5. 1990 – RsC – 70/88 „Parlament/Rat", EuZW 1990, 221).

In dem Verfahren, in dem das zitierte Urteil ergangen ist, hatte das Parlament Nichtigkeitsklage gemäß Art. 173 Abs. 1 EWGV gegen eine Verordnung des Rates erhoben, der sie auf einer Rechtsgrundlage erlassen hatte, die nur die **Anhörung** des Parlaments vorsieht, während nach dessen Auffassung der Rechtsakt auf Art. 100a EWGV hätte gestützt werden müssen, der für die Mitentscheidung des Parlaments das **Verfahren der Zusammenarbeit** nach Art. 149 Abs. 2 EWGV vorsieht. Nach dem Wortlaut der Vorschrift können nur die Mitgliedstaaten, der Rat und die Kommission klagen nach Art. 173 Abs. 1 EWGV erheben, weshalb der EuGH ursprünglich eine Klagebefugnis des EP nach dieser Vorschrift verneint hat (EuGHE 1988, 5615 – Rs. 302/87 „Europäisches Parlament/Rat"). Zur Wahrung des institutionellen Gleichgewichts hat der EuGH durch das zitierte Urteil dem Parlament das Klagerecht nach Art. 173 Abs. 1 EWGV zugestanden, allerdings mit der Einschränkung, daß die Klage nur auf den Schutz der Befugnisse des Parlaments gerichtet sein darf und nur auf Klagegründe gestützt wird, mit denen die Verletzung dieser Befugnisse geltend gemacht wird. Dieses aus der Rechtsprechung des EuGH heraus entwickelte Klagerecht des Parlaments ist jetzt in Art. 173 Abs. 3 EGV verankert.

Ein weiteres Beispiel zur Wahrung des institutionellen Gleichgewichts ergibt sich aus dem Urteil des EuGH betreffend die Richtlinie 89/428/ EWG des Rates vom 21. Juni 1989 betreffend die Abfälle der Titandioxyd-Industrie (Urteil vom 11. 6. 1991 – Rs. C – 300/89 „Kommission/ Rat", EuZW 1991, 473). Der Rat hatte die Richtlinie auf der Grundlage von Art. 130s EWGV erlassen, der nur eine Anhörung des Parlaments vorsieht, während nach Ansicht der klagenden Kommission Art. 100a EWGV mit dem Verfahren der Zusammenarbeit als Rechtsgrundlage hätte gewählt werden müssen. Wegen der unterschiedlichen Beteiligung des Parlaments in beiden Vorschriften entschied der EuGH, daß die Richtlinie statt auf Art. 130s EWGV auf Art. 100a EWGV hätte gestützt werden müssen, und erklärte sie aus diesem Grunde für nichtig.

VII. Einrichtungen der EG

Zu den zentralen Einrichtungen der Gemeinschaft, die nicht die Eigenschaft eines Organs besitzen, gehört der Wirtschafts- und Sozialausschuß, der gemäß Art. 4 Abs. 2 EGV Rat und Kommission mit beratender Aufgabe unterstützt. Der Ausschuß ist näher in den Art. 193–198 EGV geregelt. Er besteht aus den Vertretern der verschiedenen Gruppen des wirtschaftlichen und sozialen Lebens (Erzeuger, Landwirte, Arbeitnehmer, Kaufleute usw.) und setzt sich nach dem in Art. 194 EGV niedergelegten Schlüssel zusammen. Der Ausschuß wird von Rat und Kommission in den vertraglich vorgesehenen und freiwillig auch in weiteren Fällen angehört, damit die spezifischen Interessen und Erfahrungen der im Ausschuß vertretenen Gruppen beim Entscheidungsprozeß in der Gemeinschaft berücksichtigt werden.

Eine Einrichtung vergleichbarer Art ist der durch den Vertrag über die Europäische Union geschaffene vorgesehene **Ausschuß der Regionen**, der sich aus Vertretern der regionalen und lokalen Gebietskörperschaften in den Mitgliedstaaten zusammensetzt (näher geregelt in den Art. 198a–198c EGV). Wie der Wirtschafts- und Sozialausschuß übt der Ausschuß der Regionen eine beratende Funktion durch Anhörung von Rat und Kommission aus. In der Errichtung dieses Ausschusses kommt der wachsende Einfluß von Recht und Politik der Gemeinschaft auf die mittlere und untere Verwaltungsebene in den Mitgliedstaaten zum Ausdruck.

Der **Rechnungshof** nimmt nach Maßgabe der Art. 188a bis 188c EGV die Aufgabe der Rechnungsprüfung wahr und hat im EGV die Stellung

Schaubild 3

Organe und Einrichtungen der EG

| Organ/Einrichtung | Funktion (bei Rechtsetzung, Rechtsaufsicht Rechtskontrolle) |

Organ/Einrichtung

Funktion
(bei Rechtsetzung, Rechtsaufsicht
Rechtskontrolle)

Ministerrat

12 Mitglieder

– Erlaß von Rechtsakten
– Übertragung von Durchführungs-
  befugnissen auf die Kommission

Kommission

17 Mitglieder

– Vorschläge für Rechtsakte
– Erlaß von Durchführungsrecht
– Erlaß von Rechtsakten
– Rechtsaufsicht

**Europäisches
Parlament**

518 Abgeordnete

– Mitwirkung an Rechtsetzung durch
  – Anhörung
  – Verfahren der Zusammenarbeit

Wirtschafts- und
Sozialausschuß,
Ausschuß der
Regionen

– Anhörung

**Europäischer
Gerichtshof**

13 Richter
6 Generalanwälte

Gericht 1. Instanz
12 Richter

– Richterliche Kontrolle

eines Organs der Gemeinschaft erhalten (Art. 4 Abs. 1 EGV). Die nach
Maßgabe der Artikel 4b, 198d–198e EGV errichtete **Europäische Investitionsbank**, deren Mitglieder die Mitgliedstaaten sind, finanziert durch
Bürgschaften und Darlehen förderungswürdige Vorhaben in den Mitgliedstaaten, insbesondere zur Erschließung unterentwickelter Gebiete
und zur Modernisierung von Unternehmen.

Neben diesen Einrichtungen zentraler Art verfügt die Gemeinschaft
zur Erfüllung ihrer Aufgaben in Form von Ausschüssen, Ämtern und
juristischen Personen über weitere Einrichtungen, die wegen ihrer Vielzahl und ihrer spezifischen Funktionen hier nicht näher behandelt werden
können (vgl. hierzu *Oppermann*, Europarecht, S. 145 ff.).

Zu den Organen/Einrichtungen der EG vgl. die zusammenfassende
Übersicht in **Schaubild 3.**

VIII. Der Europäische Rat

Der Europäische Rat tagt seit 1975 und hat durch die EEA eine vertragliche Regelung gefunden. Nach Art. 2 EEA kommen im Europäischen
Rat die Staats- und Regierungschefs der Mitgliedstaaten sowie der Präsident der Kommission zusammen, die von den Außenministern der Mitgliedstaaten und einem Mitglied der Kommission unterstützt werden.
Der Europäische Rat tritt mindestens zweimal jährlich zusammen.

Die Aufgabe des Europäischen Rates besteht in der Hauptsache in der
Vorgabe allgemeiner Zielsetzungen und Leitlinien für den Fortgang der
europäischen Integration in allen Bereichen. Seine richtungsweisenden
Stellungnahmen und Entschließungen (z. B. zur Einberufung der Regierungskonferenzen über die Politische und die Wirtschafts- und Währungsunion) stellen politische Aufträge dar, die von Rat, Kommission
und den mitgliedstaatlichen Regierungen auszuführen sind. Als Instrument zur politischen Lenkung des europäischen Integrationsprozesses ist
der Europäische Rat kein Organ der Europäischen Gemeinschaften,
kann jedoch im Bedarfsfall die Funktionen des (Minister-)Rates wahrnehmen. Im Vertrag über die Europäische Union wird seine Aufgabe in
Art. D EUV dahin gehend umschrieben, daß der Europäische Rat der
Union die für ihre Entwicklung erforderlichen Impulse gibt und die allgemeinen politischen Zielvorstellungen für diese Entwicklung festlegt.

IX. Anhang: Die Finanzordnung der Gemeinschaft

Über die Finanzordnung der Gemeinschaft wird hier nur ein kurzgefaß-
ter Überblick gegeben, um einen Eindruck von der Aufbringung der
Mittel und ihrer Verwendung zu vermitteln (nähere Darstellung z. B. bei

Oppermann, Europarecht, S. 266 ff.; *Schweitzer/Hummer*, Europarecht, S. 203 ff.).

Nach Art. 199 EGV werden alle Einnahmen und Ausgaben der Gemeinschaft für jedes Haushaltsjahr veranschlagt und in den Haushaltsplan eingesetzt. Wie aus Art. 200 EWGV ersichtlich, beruhten die Einnahmen des Haushalts ursprünglich auf nach einem bestimmten Aufbringungsschlüssel gestaffelten Finanzbeiträgen der Mitgliedstaaten. In Art. 201 EWGV war jedoch von Anfang an vorgesehen, diese Beiträge durch eigene Mittel, insbesondere durch Einnahmen aus dem Gemeinsamen Zolltarif, zu ersetzen. Nachdem durch den sog. Fusionsvertrag von 1965 die drei Haushalte der Gemeinschaften zu einem Haushalt zusammengefaßt worden waren, wurde durch den Beschluß des Rates vom 21. April 1970 über die Ersetzung der Finanzbeiträge der Mitgliedstaaten durch eigene Mittel der Gemeinschaften (ABl. 1971 Nr. L 271 ff.) ein System der Eigenmittel geschaffen, um die Finanzbeiträge schrittweise abzulösen. Vorgesehene Eigenmittel waren Agrarabschöpfungen, Zölle sowie ein Anteil von ursprünglich 1 % aus dem Mehrwertsteueraufkommen der Mitgliedstaaten. Auf diese Weise ist der Gesamthaushalt seit 1980 im wesentlichen aus Eigenmitteln finanziert worden. Der Anteil an der Mehrwertsteuer wurde mit Wirkung ab 1. Januar 1986 auf 1,4 % erhöht.

Im Zusammenhang mit der Vertragsreform durch die Einheitliche Europäische Akte hat der Europäische Rat auf seiner Tagung am 11.–13. Februar 1988 die Eigenfinanzierung der Gemeinschaften auf eine neue, mittelfristig bis 1992 geltende Grundlage gestellt (EG-Finanzreform 1988). Rechtlich geregelt wurde diese Reform durch den Beschluß des Rates über das System der eigenen Mittel der Gemeinschaften vom 24. Juni 1988 (ABl. 1988 Nr. L 185/24; „Europa-Recht", Nr. 12), der rückwirkend zum 1. Januar 1988 in Kraft getreten ist. Kernelemente der Finanzreform sind einerseits eine Erweiterung der Eigenmittel, um neue Aufgaben, insbesondere im Bereich der Regionalpolitik, erfüllen zu können, andererseits Maßnahmen zur Haushaltsdisziplin, um die bisher unkontrolliert wachsenden Ausgaben im Agrarbereich zu begrenzen. Aus Gründen der Haushaltssicherung wurde eine Obergrenze für alle Eigenmittel in Höhe von 1,2 % des gesamten jährlichen Bruttosozialprodukts (BSP) der Mitgliedstaaten zu Marktpreisen festgelegt. Nach Art. 2 des Ratsbeschlusses stehen den Gemeinschaften folgende Eigenmittel zu:

a) Abschöpfungen, Prämien, Zusatz- oder Ausgleichsbeträge, zusätzliche Teilbeträge und andere Abgaben, die im Agrarhandel mit Drittstaaten erhoben werden, und Abgaben, die im Rahmen der gemeinsamen Marktorganisation für Zucker vorgesehen sind;

b) Zölle, die aufgrund des Gemeinsamen Zolltarifs der EG im Handel mit Drittstaaten erhoben werden, sowie Zölle auf die unter den EGKS-Vertrag fallenden Erzeugnisse;

c) Einnahmen aus der in den Mitgliedstaaten erhobenen Mehrwertsteuer zu einem

Anteil von 1,4% einer einheitlichen MwSt.-Bemessungsgrundlage; jedoch darf – hierin liegt eine Neuerung gegenüber dem bisherigen System – die Bemessungsgrundlage des jeweiligen Mitgliedstaates 55% seines BSP nicht übersteigen;

d) Einnahmen, die sich aus der Anwendung eines festzulegenden Satzes auf den Gesamtbetrag des BSP aller Mitgliedstaaten ergeben. Dieses Eigenmittel wurde durch die Finanzreform 1988 neu geschaffen, darf jedoch nur ergänzend herangezogen werden, wenn der Finanzbedarf nicht durch die übrigen Eigenmittel gedeckt werden kann.

Die Abschöpfungen, Zölle und die Mehrwertsteuer werden von den Mitgliedstaaten erhoben und an die Gemeinschaften abgeführt, wobei die Mitgliedstaaten bei den Abschöpfungen und Zöllen 10% an Erhebungskosten einbehalten. Mit einer Größenordnung von ca. 60% – der gesamten Einnahmen – stellt der Anteil an der Mehrwertsteuer die wichtigste Finanzierungsquelle dar.

Bei den Ausgaben dominiert mit einem Anteil von über 50% nach wie vor der Agrarbereich (Europäischer Ausrichtungs- und Garantiefonds für die Landwirtschaft, Abteilung Garantie); die hierauf entfallenden Ausgaben sind jedoch kontinuierlich verringert worden. Gesteigert wurden demgegenüber die Ausgaben in anderen Bereichen, insbesondere im Bereich der sog. Strukturfonds (Europäischer Ausrichtungs- und Garantiefonds für die Landwirtschaft, Abteilung Ausrichtung, Europäischer Sozialfonds, Europäischer Fonds für regionale Entwicklung). Im Haushaltsjahr 1993 besteht der Gesamthaushaltsplan nach den aus **Schaubild 4** ersichtlichen Einnahmen und Ausgaben (Einnahmen und Ausgaben in ECU; 1 ECU = in etwa 2 DM).

Der Haushaltsplan wird für jedes Haushaltsjahr aufgestellt; das Haushaltsjahr ist das Kalenderjahr, Art. 203 Abs. 1 EGV. Der Haushaltsplan wird in dem in Art. 203 EGV geregelten Verfahren festgestellt, worauf im Zusammenhang mit den Aufgaben der Gemeinschaftschaftsorgane bereits eingegangen wurde. Die Ausführung des Haushaltsplans obliegt nach Art. 205 EGV der Kommission, die Rechnungsprüfung nach Art. 188 a EGV dem Rechnungshof.

Im Zusammenhang mit dem Vertrag über die Europäische Union hat der Präsident der EG-Kommission, *Jacques Delors,* einen Rahmenplan für die Entwicklung des Haushalts für die Jahre 1993–1997 vorgeschlagen, wonach der Haushalt bis 1997 um 20 Milliarden ECU wachsen soll, was eine durchschnittliche jährliche Steigerung von etwa fünf Prozent bedeutet (sog. Delors-II-Paket). Die zusätzlichen Mittel sollen hauptsächlich drei Schwerpunkten zugute kommen: der Strukturpolitik, wozu insbesondere die Einrichtung des in Art. 130d Abs. 2 EGV vorgesehenen Kohäsionsfonds gehört, durch den zu Vorhaben in den Bereichen der Umwelt und der transeuropäischen Netze auf dem Gebiet der Verkehrsinfrastruktur finanziell beigetragen werden soll; der Verbesserung der Wettbewerbsfähigkeit der europäischen Wirtschaft durch zusätzliche Ausbildungs- und Technologieprogramme; der Bereitstellung von Mit-

Schaubild 4: Haushaltsplan für das Jahr 1993 (Beträge in ECU)

Einnahmen	Beträge	Ausgaben	Beträge
Eigene Mittel	65 064 911 276	Landwirtschaft (Ausrichtungs- u. Garantiefonds, Abtl. Grantie)	35 052 000 000
davon			
– Abschöpfungen	1 263 700 000	Strukturmaßnahmen	20 709 827 000
– Abgaben für Zucker	388 851 000		
– Zölle	14 576 200 000		
– MwSt	35 677 077 486	Allgemeine u.	470 052 000
– Bsp-Eigenmittel	13 029 901 867	berufliche Bildung, Jugendpolitik,	
Abzüglich Anteil für Verwaltungskosten der Mitgliedstaaten		Kultur, audivisueller Bereich, Information u. sonstige Sozialmaßnahmen	
Sonstige Abzüge u. Gebühren	348 780 876	Energie, Euratom, Umwelt	242 566 000
Einnahmen aus lfd. Verwaltungstätigkeit der Organe	77 571 500	Verbraucherschutz Binnenmarkt, Industrie transeuropäische Netze	298 515 000
Beiträge zu den Gemeinschaftsprogrammen, Erstatt., Vergütungen	12 934 000	Forschung u. technologische Entwicklung	2 351 543 000
Anleihe, Darlehen	14 648 000	Zusammenarbeit mit Entwicklungs- und Drittländern	2 997 277 000
Sonstige Einnahmen	3 793 000	Verwaltungsausgaben (alle Organe)	3 400 859 052
Gesamtbetrag	**65 522 639 052**	**Gesamtbetrag**	**65 522 639 052**

teln für die im Unionsvertrag vorgesehene gemeinsame Außen- und Sicherheitspolitik. Nach dem Plan wäre die Eigenmittelobergrenze von derzeit 1,20% des BSP auf 1,37% angehoben worden. Eine derartige Steigerung erschien dem Europäischen Rat jedoch nicht akzeptabel, der auf seiner Tagung am 11. und 12. Dezember 1992 in Edinburgh folgende finanzielle Rahmenplanung für die Gemeinschaftsausgaben bis 1999 vereinbart hat (vgl. *Schmuck*, Integration 1993, S. 33 ff.):

Finanzielle Vorausschau Mittel für Verpflichtungen (Mio. ECU-Preise 1992)		
	1993	1999
1. Agrarleitlinie	35 230	38 389
2. Strukturpolitik – Kohäsionsfonds – Strukturfonds	21 277 1 500 19 777	30 000 2 600 27 400
3. Interne Politikbereiche	3 940	5 100
4. Ext. Ausgaben insg.	4 450	6 200
5. Verwaltungsausgaben	3 280	3 900
Eigenmittel-Obergrenze (% BSP)	1,20	1,27
Mittel insgesamt	69 177	84 089

Literatur (ausführliche Darstellung des institutionellen Aufbaus der EG mit weiter
führenden Literaturhinweisen in den einschlägigen Lehrbüchern, z. B. *Oppermann,*
Europarecht, S. 89 ff.):

(Institutionelles System i. allg.) *EG-Kommission/Europ. Parlament* (Hrsg.), Die
Institution der EG, 1989; *Hailbronner,* Europa 1992: Das institutionelle System der
Europäischen Gemeinschaften, JuS 1990, S. 263 ff., S. 439 ff.; *Borchmann,* Das institutionelle System der Europäischen Gemeinschaften, VR 1991, S. 105 ff.; *Schäfer,* Die
institutionelle Weiterentwicklung der Europäischen Gemeinschaft: Überlegungen zu
neuen Strukturen der EG-Institutionen, DÖV 1991, S. 261 ff.

(Organe) a) *Rat: Edwards/Pearson,* Der Ministerrat, in: Jahrbuch der Europäischen
Integration 1990/91, 1991, S. 63 ff.; *Wieland,* Ein Markt – zwölf Regierungen?, 1992;
b) *Kommission: Hay,* Die EG-Kommission und die Verwaltung der Gemeinschaft,
Luxemburg, Amt für amtliche Veröffentlichungen der EG, 1989; *Wolf,* Die Kommis-
sion, in: Jahrbuch der Europäischen Integration 1990/91, 1991, S. 71 ff.; c) *Europäisches*
Parlament: EG-Kommission (Hrsg.), Ein Parlament in voller Entfaltung 1952–1988, 3.
Aufl. 1989; *Europäisches Parlament* (Hrsg.), Zuständigkeiten und Befugnisse des EP,
1989; *Hrbek,* Das EP nach der Direktwahl, Integration 1989, S. 107 ff.; *Schmuck,* Das
Europäische Parlament, in: Jahrbuch der Europäischen Integration 1990/91, 1991,
S. 79 ff.; *Fleuter,* Mandat und Status der Abgeordneten im Europäischen Parlament,
1991; d) *Europäischer Gerichtshof: Rasmussen,* Der Gerichtshof, in: Dreißig Jahre Euro-
päisches Gemeinschaftsrecht, Luxemburg, Amt für amtliche Veröffentlichungen der
EG, 1983, S. 167 ff.; *Klinke,* Der Gerichtshof der EG, 1989; *Rabe,* Das Gericht 1.
Instanz der EG, NJW 1989, S. 3041 ff.; *Iglesias,* Der Gerichtshof der Europäischen
Gemeinschaften als Verfassungsgericht, EuR 1992, S. 225 ff.; *Jung,* Das Gericht erster
Instanz der Europäischen Gemeinschaften, EuR 1992, S. 246 ff.; e) *Europäischer Rat:*
Engel, Der Europäische Rat, in: Jahrbuch der Europäischen Integration 1990/91, 1991,
S. 55 ff.

(Finanzsystem) *Hölscheidt,* Das Haushaltsrecht der EG, DÖV 1989, S. 537 ff.; *EG-Kommission* (Hrsg.): Die öffentlichen Finanzen der Gemeinschaft. Der Gemeinschaftshaushalt nach der Reform von 1988, Luxemburg, Amt für amtliche Veröffentlichungen der EG, 1990; *Carl,* Finanzverfassung und Haushalt der Europäischen Gemeinschaft, Steuer und Studium 1991, S. 180 ff.; *Schmidhuber,* Die Notwendigkeit einer neuen Finanzverfassung der EG, EuR 1991, S. 329 ff.

D. Das Gemeinschaftsrecht (Arten, Zustandekommen)

I. Arten des Gemeinschaftsrechts (Überblick)

Beim Gemeinschaftsrecht ist folgendermaßen zu unterscheiden:

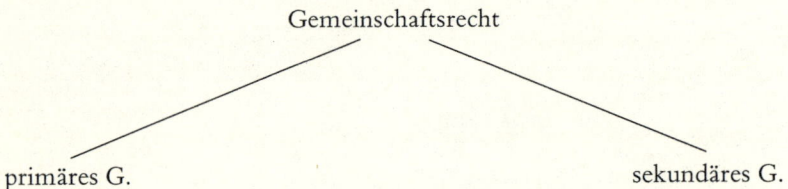

Gemeinschaftsrecht

primäres G.   sekundäres G.

Das **primäre** Gemeinschaftsrecht besteht aus den Gründungsverträgen und den sie ändernden und ergänzenden Rechtsakten.

Das **sekundäre** Gemeinschaftsrecht ist das von den Organen der Gemeinschaft zur Durchführung der Verträge gesetzte Recht und wird daher auch als **abgeleitetes** Gemeinschaftsrecht bezeichnet.

Weiterhin ist zwischen **geschriebenem** und **ungeschriebenem** Gemeinschaftsrecht zu unterscheiden. Ungeschriebenes Gemeinschaftsrecht besteht neben Gewohnheitsrecht hauptsächlich aus den **allgemeinen Rechtsgrundsätzen,** zu denen insbesondere die Grundrechte zählen. Die allgemeinen Rechtsgrundsätze gehören überwiegend dem Bereich des Primärrechts an.

Im **Rang** geht das primäre dem sekundären Recht vor (dieser Vorrang ist nicht mit dem Vorrang des Gemeinschaftsrechts vor dem Recht der Mitgliedstaaten zu verwechseln).

II. Primäres Gemeinschaftsrecht

1. Die Gemeinschaftsverträge als „Verfassung" der Gemeinschaft

Der Begriff „Verfassung" ist in den Gemeinschaftsverträgen nicht enthalten. Dennoch werden diese zusammen mit weiteren Teilen des Primärrechts als Verfassung der Gemeinschaft verstanden. Da die Gemeinschaft kein Staat ist, ist diese Verfassung nicht im staatsrechtlichen Sinne, sondern als die **rechtliche Grundordnung** der Gemeinschaft zu verstehen (*Bernardt,* Quellen des Gemeinschaftsrecht: Die „Verfassung" der

Gemeinschaft, in: 30 Jahre Gemeinschaftsrecht, S. 77). Der EuGH hat den EWG-Vertrag als die „grundlegende Verfassungsurkunde" der Gemeinschaft als Rechtsgemeinschaft bezeichnet (EuGH, Gutachten 1/91 vom 14. Dezember 1991, erstellt auf Antrag der Kommission, EuR 1992, 163ff., 172). Der Vertrag ist demnach die Verfassung der Gemeinschaft im **formellen** Sinne. Die Verfassung im **materiellen** Sinne (zu verstehen als das System der grundlegenden Prinzipien) setzt sich aus weiten Teilen des Vertrages, besonders qualifizierten Akten der Gemeinschaftsorgane (z. B. der gemeinsamen Grundrechtserklärung von Europäischem Parlament, Rat und Kommission vom 5. April 1977) und allgemeinen Rechtsgrundsätzen mit grundsätzlicher Bedeutung, wie z. B. den Grundrechten, zusammen. Die wesentlichen Merkmale der so verfaßten Rechtsordnung der Gemeinschaft sind ihr Vorrang vor dem Recht der Mitgliedstaaten und die unmittelbare Wirkung zahlreicher für ihre Staatsangehörigen und für sie selbst geltender Bestimmungen (EuGH, a. a. O., S. 172).

2. Geschriebenes Primärrecht

Das geschriebene Primärrecht besteht in der Hauptsache aus den Gemeinschaftsverträgen wie dem EG-Vertrag. Dazu gehören auch die dem Vertrag als Anhang beigefügten Protokolle (z. B. Protokoll über die Satzung des Gerichtshofs der Europäischen Wirtschaftsgemeinschaft), da sie gemäß Art. 239 EGV Bestandteil dieses Vertrages sind. Zum geschriebenen Primärrecht zählen weiterhin die nachträglich zur Änderung oder Ergänzung der Gemeinschaftsverträge erlassenen Rechtsakte, wie z. B. das Abkommen über gemeinsame Organe, der Fusionsvertrag, der Direktwahlbeschluß, die Einheitliche Europäische Akte usw. Auch die nach Gründung der Gemeinschaften mit neuen Mitgliedern geschlossenen Beitrittsverträge gehören zum vertraglich geregelten Primärrecht.

Adressaten des vertraglichen Primärrechts in dem Sinne, daß es für sie unmittelbar Rechte und Pflichten erzeugt, sind die Gemeinschaften und die Mitgliedstaaten sowie Einzelpersonen. Zu den vertraglichen Bestimmungen, auf die sich Einzelpersonen gegenüber der Hoheitsgewalt der Gemeinschaften und der Mitgliedstaaten berufen können, gehören insbesondere die Vorschriften über die **Grundfreiheiten**. Zu den Grundfreiheiten, die wegen ihres grundrechtsähnlichen Rechtscharakters auch in die Kategorie der Grundrechte des Gemeinschaftsrechts eingeordnet werden, gehören:

- das Diskriminierungsverbot gem. Art. 6 EGV und in seiner jeweiligen speziellen Ausformung, wie z. B. in Art. 48 Abs. 2 EGV,
- die Freizügigkeit der Arbeitnehmer gem. Art. 48ff. EGV,
- die Niederlassungsfreiheit gem. Art. 52ff. EGV,
- die Freiheit des Dienstleistungsverkehrs gem. Art. 59ff. EGV,

– die Freiheit des Kapital- und Zahlungsverkehrs gem. Art. 67 ff. EGV,
– die Lohngleichheit von Mann und Frau gem. Art. 119 EGV,
– der Schutz von Berufs- und Geschäftsgeheimnissen gem. Art. 214
  EGV (die hier statuierte Pflicht zur Geheimhaltung betrifft nur amtliche Tätigkeiten im Dienste der Gemeinschaften).

Zu den Rechten des einzelnen gehören auch die mit der **Unionsbürgerschaft** verbundenen Rechte, die im Rahmen des EUV in den EG-Vertrag
eingeführt worden ist (s. dazu näher in Teil II, Kapitel C).

3. Ungeschriebenes Primärrecht
(Allgemeine Rechtsgrundsätze)

Ungeschriebenes Primärrecht besteht hauptsächlich aus den **allgemeinen Rechtsgrundsätzen**. Hierunter sind Rechtssätze zu verstehen, die
den Rechtsordnungen der Mitgliedstaaten gemeinsam sind. Ausdrücklich erwähnt werden sie in Art. 215 Abs. 2 EGV, wonach die Gemeinschaft im Bereich der außervertraglichen Haftung Schäden nach den
allgemeinen Rechtsgrundsätzen ersetzt, die den Rechtsordnungen der
Mitgliedstaaten gemeinsam sind. Über diese Haftungsregelung hinaus
werden sie jedoch auch in anderen Bereichen des Gemeinschaftsrechts
gebildet, um Lücken im geschriebenen Recht zu schließen. Sie aufzufin-
den und verbindlich festzulegen ist in erster Linie Aufgabe des Gerichtshofes als Wahrer des Gemeinschaftsrechts. Methodisch geht er dabei so
vor, daß er die Rechtsordnungen der Mitgliedstaaten wertend miteinander vergleicht und auf dieser Grundlage unter Berücksichtigung der
Struktur und der Ziele der Gemeinschaft die zur Lückenfüllung best-
mögliche Lösung herausarbeitet (zur Methode vgl. näher *Pernice*, in:
Grabitz, EWGV, Art. 164, Rdnr. 42 ff., *Oppermann*, Europarecht,
S. 158). Auf diese Weise hat der EuGH an allgemeinen Rechtsgrundsätzen (individuelle) **Grundrechte** und (objektive) **rechtsstaatliche
Prinzipien** verbindlich formuliert. Die allgemeinen Rechtsgrundsätze
erfüllen im Gemeinschaftsrecht die Funktion von Auslegungs- und Gültigkeitskriterien in dem Sinne, daß sie geschriebenes Recht ausfüllen
und rechtliche Schranken für die Hoheitsgewalt der Gemeinschaft bilden, insbesondere dann, wenn sie Sekundärrecht setzt. Daraus folgt,
daß die individuellen Rechte und rechtlichen Garantien nach allgemeinen Rechtsgrundsätzen gegen die Hoheitsgewalt der Gemeinschaft gerichtet sind und keine Rechtspositionen darstellen, die der einzelne als
solche, d. h. losgelöst vom übrigen Gemeinschaftsrecht, gegenüber der
öffentlichen Gewalt der Mitgliedstaaten geltend machen kann. Nur insoweit, als die Mitgliedstaaten Gemeinschaftsrecht durchführen oder
vollziehen, sind die allgemeinen Rechtsgrundsätze als immanenter Bestandteil des Gemeinschaftsrechts von ihnen zu beachten (s. dazu näher
Kapitel E III 2).

Als allgemeine Rechtsgrundsätze sind anerkannt Grundrechte (a) und rechtsstaatliche Prinzipien (b) (nähere Darstellung der allgemeinen Rechtsgrundsätze mit Nachweis der Rechtsprechung des EuGH durch *Pernice,* in: *Grabitz,* EWGV, Art. 164, Rdnr. 62ff.; *Schweizer/Hummer,* Europarecht, S. 216ff.; Wiedergabe einschlägiger Urteile des EuGH in: *Hummer/Simma/Vedder/Emmert,* Europarecht in Fällen, S. 144ff.).

a) Grundrechte

Die Existenz (ungeschriebener) Grundrechte im Gemeinschaftsrecht hat der EuGH erstmals in einem Urteil im Jahre 1969 anerkannt (EuGHE 1969, 419 – Rs. 29/69 „Stauder/Stadt Ulm") und auf dieser Grundlage einzelne Grundrechte entwickelt. Aufschlußreich für seine Vorgehensweise und die Funktion der Grundrechte im Gemeinschaftsrecht sind die Ausführungen des Gerichtshofes in seinem Urteil in der Rechtssache „Hauer" (EuGHE 1979, 3727 – Rs. 44/79). In diesem Fall ging es darum, daß die zuständige Behörde in Rheinland-Pfalz aufgrund einer EWG-Verordnung über Maßnahmen zur Anpassung des Weinbaupotentials an die Marktbedürfnisse der Winzerin Frau Lieselotte Hauer nicht die Genehmigung erteilt hatte, auf ihrem Grundstück in Bad Dürkheim Weinreben anzupflanzen. Im Rahmen ihrer Klage vor dem Verwaltungsgericht Neustadt/Weinstraße machte Frau Hauer geltend, das Verbot der Anpflanzung verletze sie in ihren Grundrechten aus Art. 12 und Art. 14 GG. Auf die Vorlage des Gerichts, das die Vereinbarkeit der Verordnung mit den genannten Grundrechten bezweifelte, stellte der EuGH zunächst fest, daß die Rechtmäßigkeit eines Rechtsaktes der Gemeinschaft sich nicht nach dem nationalen Recht eines Mitgliedstaates, auch nicht nach seinem Verfassungsrecht beurteile:

„Wie der Gerichtshof (. . .) ausgeführt hat, kann die Frage einer etwaigen Verletzung der Grundrechte durch eine Handlung der Gemeinschaftsorgane nicht anders als im Rahmen des Gemeinschaftsrechts selbst beurteilt werden. Die Aufstellung besonderer, von der Gesetzgebung oder der Verfassungsordnung eines bestimmten Mitgliedstaates abhängiger Beurteilungskriterien würde die materielle Einheit und die Wirksamkeit des Gemeinschaftsrechts beeinträchtigen und hätte daher unausweichlich die Zerstörung der Einheit des Gemeinsamen Marktes und eine Gefährdung des Zusammenhalts der Gemeinschaft zur Folge."

Zum Schutz der Grundrechte im Gemeinschaftsrecht führte er dann aus:

„Der Gerichtshof hat (. . .) hervorgehoben, daß die Grundrechte zu den allgemeinen Rechtsgrundsätzen gehören, die der Gerichtshof zu wahren hat. Bei der Gewährleistung dieser Rechte hat der Gerichtshof von den gemeinsamen Verfassungsüberlieferungen der Mitgliedstaaten auszugehen, so daß in der Gemeinschaft keine Maßnahmen als rechtens anerkannt werden, die unvereinbar sind mit den von den Verfassungen dieser Staaten geschützten Grundrechten. Auch die internationalen Verträge über den Schutz der Menschenrechte, an deren Abschluß die Mitgliedstaaten beteiligt waren oder denen sie beigetreten sind, können Hinweise geben, die im Rahmen des Gemeinschaftsrechts zu berücksichtigen sind. Diese Auffassung ist später in der gemeinsamen Erklärung der Versammlung, des Rates und der Kommission vom 5. April 1977 anerkannt worden, die – nach einer Bezugnahme auf die Rechtsprechung des Gerichtshofes – zum einen auf die durch die Verfassung der Mitgliedstaaten garantierten Rechte und zum anderen auf die Europäische Konvention zum Schutze der Menschenrechte und Grundfreiheiten vom 4. November 1950 verweist (ABl. 1977 C 103, S. 1).

Unter diesen Umständen sind die vom Verwaltungsgericht geäußerten Zweifel an der Vereinbarkeit der Verordnung (...) mit den Vorschriften über den Grundrechtsschutz so zu verstehen, daß damit die Gültigkeit der Verordnung im Hinblick auf das Gemeinschaftsrecht in Frage gestellt wird. Hierbei ist zwischen einer etwaigen Verletzung des Eigentumsrechts und einer etwaigen Beschränkung der Berufsfreiheit zu unterscheiden."

Der EuGH stellte dann fest, daß das Gemeinschaftsrecht das Eigentumsrecht und die freie Berufsausübung gewährleiste, diese Rechte jedoch nach den Verfassungsordnungen und der Verfassungspraxis der Mitgliedstaaten aus im Allgemeininteresse liegenden Gründen beschränkbar seien. Im Hinblick auf die mit der Verordnung verfolgten Ziele beurteilte er das aus ihr resultierende Verbot der Anpflanzung von Reben als eine derartige durch das Allgemeininteresse gerechtfertigte Beschränkung.

An Grundrechten, die im vorgenannten Sinne eine rechtliche Schranke für die Gemeinschaftsgewalt bilden, hat der EuGH anerkannt:
– Gleichheitssatz,
– Eigentumsschutz,
– Freiheit der Berufsausübung,
– freier Zugang zur Beschäftigung,
– Vereinigungsfreiheit,
– Meinungs- und Veröffentlichungsfreiheit,
– Achtung der Privatsphäre und des Briefwechsels,
– Unverletzlichkeit der Wohnung,
– Achtung des Familienlebens,
– Religionsfreiheit,
– Anspruch auf effektiven gerichtlichen Schutz.

In der schrittweisen Herausbildung von Grundrechten im Gemeinschaftsrecht liegt u. a. die juristische Antwort des EuGH auf die Rechtsprechung des Bundesverfassungsgerichts, das in seiner „Solange-I"-Entscheidung den Vorrang des sekundären Gemeinschaftsrechts vor den Grundrechten des Grundgesetzes verneint hat (s. dazu Kapitel E VII 2). Der darin liegenden Gefährdung der Einheit des Gemeinschaftsrechts ist der EuGH durch den Aufbau eines eigenen Grundrechtsschutzes auf gemeinschaftlicher Ebene begegnet, wobei dieser Aufbau mangels eines Grundrechtskataloges nach dem Muster der EMRK oder des Grundgesetzes nur auf der Grundlage allgemeiner Rechtsgrundsätze erfolgen konnte. Geschriebene Grundrechte (mit Ausnahme der Grundfreiheiten) weist das Gemeinschaftsrecht (bis heute) nicht auf. Die EEA betont zwar in ihrer Präambel (3. Erwägungsgrund) die Grundrechte als Grundlage der Demokratie, regelt sie jedoch selbst nicht. Auch der Vertrag über die Europäische Union sieht keinen Grundrechtskatalog vor. Allerdings achtet nach Art. F Abs. 2 EUV die Union die Grundrechte, wie sie in der Europäischen Menschenrechtskonvention gewährleistet sind und wie sie sich aus den gemeinsamen Verfassungsüberlieferungen der Mitgliedstaaten als allgemeine Grundsätze des Gemeinschaftsrechts ergeben. Damit führt der EUV eine **vertragliche** Bindung an die Grundrechte in dem vorbezeichneten Sinne herbei.

b) Rechtsstaatliche Prinzipien

Zu den rechtsstaatlichen Prinzipien als Ausprägungen des Rechtsstaats gehören an materiellen Gewährleistungen u. a.:
– der Grundsatz der Gesetzmäßigkeit der Verwaltung,
– das Gebot der Rechtssicherheit,
– der Vertrauensschutz,
– das Verbot rückwirkender Gesetze,
– der Bestimmtheitsgrundsatz,
– der Grundsatz der Verhältnismäßigkeit.
Rechtsstaatliche gebotene Verfahrensgarantien sind u. a.
– der Anspruch auf rechtliches Gehör,
– das Recht auf Akteneinsicht,
– der Grundsatz der Vertraulichkeit bei der Rechtsberatung.

III. Sekundäres Gemeinschaftsrecht

1. Handlungsformen

Das **sekundäre** (auch abgeleitete) Gemeinschaftsrecht ist das von den Organen der Gemeinschaft gesetzte Recht. Art. 189 EGV nennt an möglichen Handlungsformen:
– Verordnungen
– Richtlinien
– Entscheidungen
– Empfehlungen und Stellungnahmen.
Hinzu kommen noch sog. ungekennzeichnete Rechtshandlungen.

a) Verordnungen

Nach Art. 189 Abs. 2 EGV hat die Verordnung (VO) **allgemeine** Geltung. Das bedeutet, daß sie eine unbestimmte Anzahl von Sachverhalten in abstrakt-genereller Weise regelt, somit Rechtssatzqualität hat (*Schweitzer/Hummer*, Europarecht, S. 112). Sie ist in allen ihren Teilen verbindlich und gilt unmittelbar in jedem Mitgliedstaat. Durch die Verbindlichkeit

in allen ihren Teilen unterscheidet sich die Verordnung von der Richtlinie, die nur hinsichtlich des zu erreichenden **Zieles** verbindlich ist (dieser Unterschied ist in der Praxis allerdings häufig geringer als der Wortlaut vermuten läßt). Die Verordnung gilt in jedem Mitgliedstaat **unmittelbar**. Das bedeutet, daß es für die innerstaatliche Geltung der Verordnung keiner wie immer gearteten gesetzgeberischen Tätigkeit der Mitgliedstaaten in Form eines Anwendungsbefehls oder einer Umwandlung
in nationales Recht bedarf. Soweit eine Verordnung die Mitgliedstaaten
verpflichtet, Vorschriften zu ihrer Durchführung zu erlassen, stellen
diese nicht die Geltung, sondern die Anwendung der Verordnung sicher.
Als **in** den Mitgliedstaaten geltendes Recht ist die Verordnung nicht nur
von den innerstaatlichen Behörden und Gerichten unmittelbar anzuwenden, sondern kann auch unmittelbar Rechte und Pflichten des einzelnen
begründen. Adressaten einer Verordnung können demnach neben den
Mitgliedstaaten auch Einzelpersonen sein. Durch Erlaß anderslautenden
nationalen Rechts kann ein Mitgliedstaat im nachhinein weder die Gültigkeit noch den Inhalt einer Verordnung in Frage stellen (EuGHE 1973,
981 – Rs. 34/73 „Variola").

Beispiel für eine Verordnung: Verordnung (EWG) Nr. 1612/68 über die Freizügigkeit
der Arbeitnehmer innerhalb der Gemeinschaft vom 15. Oktober 1968 (ABl. 1968 L
257/2 mit Änderungen = Textsammlung „Europäisches Wirtschaftsrecht", Nr. 740).

b) Richtlinien

Nach Art. 189 Abs. 3 EGV ist die Richtlinie für jeden Mitgliedstaat,
an den sie gerichtet ist, hinsichtlich des zu erreichenden Ziels verbindlich, überläßt jedoch den innerstaatlichen Stellen die Wahl der Form und
der Mittel. Dadurch, daß Richtlinien an die Mitgliedstaaten gerichtet
werden, sind diese ihre Adressaten (in der Regel werden Richtlinien an
alle Mitgliedstaaten gerichtet). Für die Mitgliedstaaten sind Richtlinien
in dem Sinne verbindlich, daß sie sie auf ein bestimmtes Ziel festlegen
und sie verpflichten, den Regelungsinhalt der Richtlinie in nationales
Recht umzusetzen. Im Gegensatz zur Verordnung wirkt die Richtlinie in
den Mitgliedstaaten nicht unmittelbar, sondern es bedarf eines mitgliedstaatlichen Umsetzungsaktes, damit ihr Inhalt in den Mitgliedstaaten
rechtlich verbindlich wird. Die Richtlinie ist somit als zweistufiger
Rechtsakt angelegt, indem sie zunächst an die Mitgliedstaaten gerichtet
wird, die sie anschließend in ihr nationales Recht umsetzen.

Beispiele für Richtlinien und ihre Umsetzung in das Recht der Bundesrepublik
Deutschland:
Richtlinie 85/337/EWG des Rates vom 27. Juni 1985 über die Umweltverträglich-
keitsprüfung bei bestimmten öffentlichen und privaten Projekten (ABl. 1985 L 175/40
= NVwZ 1987, 305); Umsetzung durch Gesetz zur Umsetzung der Richtlinie über die
Umweltverträglichkeitsprüfung vom 12. Februar 1990 (BGBl. I, S. 205).

Richtlinie 89/48/EWG des Rates vom 21. Dezember 1988 über eine allgemeine Regelung zur Anerkennung der Hochschuldiplome, die eine mindestens dreijährige Berufsausbildung abschließen (Hochschuldiplom-Richtlinie) (ABl. 1988 Nr. L 19/16 = „Europäisches Wirtschaftsrecht", Nr. 706); Umsetzung u. a. durch Gesetz zur Umsetzung der Hochschuldiplom-Richtlinie für die Berufe des Rechtsanwalts und des Patentanwalts vom 6. Juli 1990 (BGBl. I, S. 1349) mit Verordnung vom 18. Dezember 1990 (BGBl. I, S. 2881) zur Ausgestaltung der Eignungsprüfung.

Dadurch, daß den innerstaatlichen Stellen die Wahl der Form und der Mittel zur Erreichung der Ziele der Richtlinien überlassen bleibt, haben die Mitgliedstaaten einen Gestaltungsspielraum, wie sie das Ziel in ihrer innerstaatlichen Rechtsordnung verwirklichen. Das innerstaatliche Recht muß jedoch eine vollständige und eindeutige Umsetzung des Richtlinienbefehls gewährleisten, so daß im Einzelfall, insbesondere bei detaillierten Vorgaben durch eine Richtlinie, der Spielraum bei der Umsetzung erheblich eingeengt sein kann oder sogar überhaupt entfällt. Die Anforderungen des Gemeinschaftsrechts an eine ordnungsgemäße Umsetzung von Richtlinien werden in anderem Zusammenhang näher erörtert (Kapitel F II 2).

Für die Umsetzung der Richtlinie wird den Mitgliedstaaten in ihr selbst eine angemessene Frist eingeräumt (z. B. bei der Richtlinie über die Umweltverträglichkeitsprüfung eine Frist von drei Jahren). Im Rahmen ihrer Aufgabe zur Kontrolle des Gemeinschaftsrechts nach Art. 155 EGV überwacht die Kommission die Durchführung der Richtlinien durch die Mitgliedstaaten und kann bei einer nicht rechtzeitigen oder unvollständigen Umsetzung der Richtlinie das Vertragsverletzungsverfahren nach Art. 169 EGV einleiten. Um diese Umsetzungskontrolle zu erleichtern, werden die Mitgliedstaaten durch die Richtlinien regelmäßig verpflichtet, die von ihnen erlassenen innerstaatlichen Rechtsvorschriften der Kommission im Wortlaut mitzuteilen.

Zu der praktisch sehr bedeutsamen Frage, ob bei einer nicht rechtzeitigen oder unvollständigen Umsetzung einer Richtlinie ihre Bestimmungen in den Mitgliedstaaten unmittelbar wirken, siehe die Ausführungen in Kapitel E V.

c) Entscheidungen

Nach Art. 189 Abs. 4 EGV ist die Entscheidung in allen ihren Teilen für diejenigen verbindlich, die sie bezeichnen.

Die Entscheidung hat individuelle Geltung, d. h., sie bindet wie ein Verwaltungsakt den individuell bezeichneten Adressaten. Dieser kann ein Mitgliedstaat oder jede natürliche oder juristische Person sein. Ein Beispiel für ersteres ist die von der Kommission nach Art. 93 Abs. 2 EGV an einen Mitgliedstaat gerichtete Entscheidung, die einem Unternehmen unter Verstoß gegen Art. 92, 93 EGV gewährte Beihilfe aufzuheben oder umzugestalten. Entscheidungen gegenüber Privatpersonen (in diesem Fall Unternehmen oder Unternehmer) kommen hauptsächlich im Bereich des Kartellrechts nach Art. 85 ff. EGV als Festsetzung von Geldbußen, Anordnung von Prüfungen, Durchsuchungen u. ä. vor. Die Betroffenen können die Entscheidungen mit Hilfe der Klage nach Art. 173 Abs. 4 EGV angreifen.

d) Empfehlungen und Stellungnahmen

Empfehlungen und Stellungnahmen, die sich an Mitgliedstaaten, natürliche und juristische Personen richten können, sind nach Art. 189 Abs. 5 EGV unverbindlich. Sie erzeugen also keine rechtlichen Wirkungen für die Adressaten. Dennoch können auch Empfehlungen und Stellungnahmen rechtliche Auswirkungen haben, wodurch sie sich als **Rechts**handlungen qualifizieren. So kann beispielsweise die Kommission im Rahmen der Aufsichtsklage nach Art. 169 EGV den Gerichtshof nur anrufen, wenn sie zuvor eine mit Gründen versehene Stellungnahme abgegeben und dem betroffenen Mitgliedstaat zuvor Gelegenheit zur Äußerung gegeben hat. Die Abgabe der Stellungnahme ist in diesem Zusammenhang eine Prozeßvoraussetzung, ohne deren Beachtung die Klage unzulässig ist.

Im übrigen bedienen sich die Organe der Gemeinschaft der Empfehlungen und Stellungnahmen als Mittel zur Meinungsäußerung und zur politisch-psychologischen Beeinflussung der Mitgliedstaaten in bestimmten Fragen.

e) Ungekennzeichnete Rechtshandlungen

Neben den in Art. 189 EGV aufgeführten Rechtshandlungen zeichnet sich die Gemeinschaftspraxis durch eine Vielzahl sonstiger Handlungen aus, die wegen ihrer wechselnden Bezeichnungen wie „Entscheidungen", „Entschließungen", „Aktionen" usw. einer systematischen Einordnung nur schwer zugänglich sind. Der zutreffende Oberbegriff in dieser Hinsicht dürfte „Beschluß" lauten (vgl. *Oppermann*, Europarecht, S. 184). Als Beispiele für ungekennzeichnete Rechtshandlungen kommen die sog. uneigentlichen Ratsbeschlüsse sowie Beschlüsse der Gemeinschaftsorgane zur inneren Organisation der Gemeinschaft in Betracht.

2. Die Rechtsetzung von sekundärem Gemeinschaftsrecht

Beim Erlaß von sekundärem Gemeinschaftsrecht ist zwischen der **Zuständigkeit** der Gemeinschaftsorgane hierzu (a) und dem hierbei zu beachtenden **Verfahren** (b) zu unterscheiden. Ein bestimmender Einfluß auf die rechtsetzende Tätigkeit der Gemeinschaft ergibt sich aus dem in Art. 3 b EGV geregelten **Subsidiaritätsprinzip** (c).

Schaubild 5

Rechtsakte des Sekundärrechts nach Art. 189 EGV

Art	Rechtsetzendes Organ* (*fett gedruckt: hauptsächlich befaßtes Organ)	Rechtswirkung	Adressaten (potentiell)
Verordnung	**Rat** Kommission (DurchführungsVO)	allgemeine und unmittelbare Geltung, Verbindlichkeit in allen Teilen	Mitgliedstaaten; Einzelpersonen
Richtlinie	**Rat** Kommission	Verbindlich hinsichtlich des Zieles; Wahlfreiheit hinsichtlich Form und Mitteln	Mitgliedstaaten; bei unmittelbarer Wirkung auch Einzelpersonen
Entscheidung	Rat **Kommission**	Verbindlich in allen Teilen für den Adressaten	Mitgliedstaaten; Einzelpersonen
Empfehlungen/ Stellungnahmen	Rat Kommission	Nicht verbindlich	Grundsätzlich Mitgliedstaaten; auch Einzelpersonen oder Personengruppen

a) Das Prinzip der begrenzten Ermächtigung

Nach Art. 3b Abs. 1 EGV wird die Gemeinschaft innerhalb der Grenzen der ihr in diesem Vertrag zugewiesenen Befugnisse und gesetzten Ziele tätig. Die Vorschrift bringt das Prinzip der begrenzten Ermächtigung zum Ausdruck. Dieses Prinzip besagt, daß die Gemeinschaft keine generelle Handlungsbefugnis besitzt, sondern nur auf der Grundlage vertraglich eingeräumter Einzelzuständigkeiten handeln, insbesondere rechtsetzend tätig werden darf. Deshalb bedarf jeder Rechtsakt einer ausdrücklichen oder zumindest einer durch Auslegung ermittelbaren Rechtsgrundlage im Vertrag. In vertraglich nicht geregelten oder vertraglich ausdrücklich ausgeschlossenen Bereichen (z. B. die Eigentumsordnungen der Mitgliedstaaten nach Art. 222 EGV) darf die Gemeinschaft nicht rechtsetzend tätig werden. Art. 189 Abs. 1 EGV greift das Prinzip der begrenzten Ermächtigung auf, indem Europäisches Parlament, Rat und Kommission die in dieser Vorschrift aufgeführten Rechtshandlungen nur „nach Maßgabe dieses Vertrages" erlassen können.

Die Zuständigkeit ergibt sich aus Einzelbestimmungen des Vertrages, die das Sachgebiet festlegen, auf dem gehandelt werden darf. Das Sachgebiet wird beispielsweise in Art. 57 Abs. 1 EGV dahin gehend gekennzeichnet, daß der Rat Richtlinien für die gegenseitige Anerkennung der Diplome, Prüfungserzeugnisse und sonstigen Befähigungsnachweise erläßt, um die Aufnahme und Ausübung selbständiger Tätigkeiten zu erleichtern. Neben dem Sachgebiet legt die Zuständigkeitsnorm auch die zulässige Handlungsform fest. So darf der Rat nach Art. 57 Abs. 1 EGV **nur** Richtlinien und nicht auch andere Rechtsakte, wie z. B. Verordnungen, erlassen. Sofern er „Maßnahmen" erlassen kann (z. B. im Anwendungsbereich von Art. 100a Abs. 1 EGV) oder über sein „Tätigwerden" auf einem bestimmten Gebiet beschließt (z. B. bei Art. 130s EGV), stehen ihm alle Handlungsformen des Sekundärrechts zur Verfügung. Das Prinzip der begrenzten Ermächtigung bestimmt sowohl den Handlungsbereich wie auch die Art des Handelns.

Ungeschriebene Kompetenzen besitzt die Gemeinschaft nach der sog. „implied-powers"-Lehre dann, wenn derartige Kompetenzen zur Wahrnehmung vertraglich zugewiesener Aufgaben unerläßlich sind. Es handelt sich um eine Zuständigkeit kraft Sachzusammenhangs, die bisher vorwiegend so in Erscheinung getreten ist, daß die Gemeinschaft in Bereichen, in denen sie intern zur Rechtsetzung befugt ist (Verkehrs-, Fischereipolitik), implizit auch zum Abschluß völkerrechtlicher Abkommen berechtigt ist (vgl. EuGHE 1971, 263 – Rs. 22/70 in „AETR"; EuGHE 1976, 1279 – verb. Rs. 3, 4 und 6/76 „Cramer").

Das Prinzip der begrenzten Ermächtigung wird ergänzt durch die **Generalermächtigung** in Art. 235 EGV mit folgendem Wortlaut:

„Erscheint ein Tätigwerden der Gemeinschaft erforderlich, um im Rahmen des gemeinsamen Marktes eines ihrer Ziele zu verwirklichen, und sind in diesem Vertrag die hierfür erforderlichen Befugnisse nicht vorgesehen, so erläßt der Rat einstimmig auf Vorschlag der Kommission und nach Anhörung der Versammlung die geeigneten Vorschriften."

Art. 235 EGV gilt für die Fälle, in denen die Ziele der Gemeinschaft und die Einzelzuständigkeiten zum Erlaß von Rechtshandlungen nicht übereinstimmen. Die „Ziele" in Art. 235 EGV sind die vertraglichen Zielsetzungen in Art. 2 EGV, wobei streitig und noch nicht abschließend geklärt ist, ob die „Ziele" des Art. 235 EGV sich auch auf die vertragliche Präambel erstrecken (zum Meinungsstand vgl. *Grabitz, in: Grabitz,* EWGV, Rdnr. 12 ff., insb. 25). Auf jeden Fall erlaubt Art. 235 EGV kein Tätigwerden der Gemeinschaft auf Gebieten, die außerhalb ihrer Ziele liegen, und ist somit kein Instrument, in beliebiger Weise die Zuständigkeiten der Gemeinschaft zu erweitern. Weiterhin setzt die Anwendung von Art. 235 EGV voraus, daß für die Verwirklichung der Ziele die erforderlichen Befugnisse (sprich Einzelzuständigkeiten) im Vertrag fehlen. Demnach darf auf Art. 235 EGV weder alternativ noch kumulativ zurückgegriffen werden, wenn eine vertraglich geregelte Einzelzuständigkeit die ausreichende Rechtsgrundlage für den Erlaß eines Rechtsaktes bietet (EuGHE 1987, 1493 – Rs. 45/86 „APS"; EuGHE 1989, 1425 – Rs. 242/87 „Erasmus"). Ein exzessiver Gebrauch von Art. 235 EGV als Rechtsgrundlage findet in dem Erfordernis der Einstimmigkeit seine natürliche Grenze. Andererseits bietet Art. 235 EGV die Möglichkeit, gerade in nicht vertraglich geregelten Bereichen zu rechtlichen Regelungen zu gelangen, wenn ein dahin gehender politischer Wille besteht. Auf ihrem Gipfel 1972 in Paris forderten die Staats- und Regierungschefs der Mitgliedstaaten die Gemeinschaftsorgane zu einem großzügigen Gebrauch von Art. 235 EGV auf, um in neuen Aktionsbereichen wie z. B. dem Umweltschutz die für erforderlich gehaltenen Maßnahmen zu treffen. Als Folge davon sind im Umweltbereich bis zum Inkrafttreten der EEA 1987 zahlreiche Rechtsakte, darunter auch die Richtlinie über die Umweltverträglichkeitsprüfung, erlassen worden, die sich ausschließlich oder zumindest auch auf Art. 235 EGV als Rechtsgrundlage stützen. Gerade das Beispiel des Umweltschutzes zeigt aber auch, daß Art. 235 dann seine Bedeutung als Rechtsgrundlage verliert, wenn ein ursprünglich nicht geregelter Aufgabenbereich nachträglich in den Vertrag aufgenommen wird.

b) Verfahren bei der Rechtsetzung

Über das verfahrensmäßige Zustandekommen von Sekundärrecht soll hier nur ein Überblick gegeben werden. Im Regelfall, d. h., wenn kein besonderes Verfahren anzuwenden ist, beschließt der Rat auf Vorschlag der Kommission und nach Anhörung des Europäischen Parlaments und des Wirtschafts- und Sozialausschusses; die Art seiner Beschlußfassung (Einstimmigkeit, qualifizierte Mehrheit, Mehrheit) ergibt sich aus der anzuwendenden Zuständigkeitsnorm. Nach der Anhörung von Parlament und Ausschuß kann die Kommission ihren Vorschlag ändern. Will der Rat von dem (ursprünglichen oder geänderten) Vorschlag der Kommission abweichen, muß er nach Art. 189a Abs. 1 EGV einstimmig beschließen.

Das ursprünglich in Art. 149 Abs. 2 EWGV geregelte Verfahren der Zusammenarbeit wurde für die Rechtsetzung zur Verwirklichung des Binnenmarktes durch die EEA in den EWG-Vertrag eingeführt; es ist jetzt in Art. 189c EGV geregelt. Dieses Verfahren weist, stichwortartig zusammengefaßt, folgenden Ablauf auf:

(1) Vorschlag der Kommission

(2) Anhörung des EP

(3) Beschluß des Rates über einen gemeinsamen Standpunkt mit qualifizierter Mehrheit

(4) Billigung des gemeinsamen Standpunktes durch das EP oder Nichtäußerung; Beschluß des Rates über den Rechtsakt entsprechend dem gemeinsamen Standpunkt mit einfacher Mehrheit

(5) Ablehnung des gemeinsamen Standpunktes durch das EP; Beschluß des Rates über den Rechtsakt mit Einstimmigkeit. Faßt der Rat keinen Beschluß, gilt der Vorschlag der Kommission als nicht angenommen.

(6) Änderungsvorschläge des EP zum gemeinsamen Standpunkt und Weiterleitung an die Kommission; Übernahme oder Nichtübernahme der Änderungsvorschläge des EP durch die Kommission und Weiterleitung an den Rat

(7) Entscheidungsmöglichkeiten des Rates:

   a) bei Nichtübernahme der Änderungsvorschläge der Kommission Annahme des Rechtsaktes durch den Rat mit Einstimmigkeit,

   b) bei Übernahme der Änderungsvorschläge der Kommission Annahme des Rechtsaktes durch Abschluß mit qualifizierter Mehrheit,

   c) Annahme des Rechtsaktes durch Beschluß mit Einstimmigkeit, wenn die Kommission die Änderungsvorschläge des EP übernommen hat, der Rat jedoch von dem Vorschlag der Kommission abweichen will,

   d) kein Beschluß des Rates; Vorschlag der Kommission gilt als nicht angenommen.

Ein weiteres Verfahren bei der Rechtsetzung ist das durch den EUV neu eingeführte Verfahren nach Art. 189b EGV. Dieses Verfahren ist im Grundsatz nach dem Muster des Verfahrens der Zusammenarbeit gestaltet, stärkt jedoch in mancherlei Hinsicht die Rechte des Europäischen Parlaments. Das Parlament kann in verschiedenen Varianten den ge-

meinsamen Standpunkt des Rates mit der absoluten Mehrheit seiner
Mitglieder ablehnen, womit der vorgeschlagene Rechtsakt als nicht angenommen gilt; damit wird dem Parlament, wenn auch nur in negativer
Hinsicht, das Recht auf eine Letztentscheidung eingeräumt. Weiterhin ist
vorgesehen, bei Differenzen zwischen Parlament und Rat über vorgeschlagene Rechtsakte einen Vermittlungsausschuß einzuberufen, der sich
aus Vertretern des Parlaments und des Rates zusammensetzt und die
Aufgabe hat, unter Beteiligung der Kommission eine Einigung über
einen gemeinsamen Entwurf zu erzielen. Kommt im Vermittlungsausschuß keine Einigung zustande, gilt der vorgeschlagene Rechtsakt als
nicht angenommen, sofern der Rat nicht nachträglich gemäß den Vorstellungen des Parlaments beschließt (zu Einzelheiten vgl. *Nentwich*,
EuZW 1992, 235 ff., 241).

c) Das Subsidiaritätsprinzip

Der Vertrag über die Europäische Union sieht das Subsidiaritätsprinzip
als allgemeinen Handlungsgrundsatz vor (vgl. Präambel, Art. B Abs. 2
EUV), mit dessen Hilfe die Entscheidungen in der Union möglichst
bürgernah getroffen werden sollen (vgl. Art. A Abs. 2 EUV). In Art.
3b EGV wird das Subsidiaritätsprinzip als Rechtsgrundsatz für die Ausübung der Kompetenzen der Gemeinschaft verankert. Der Hinweis auf
das Prinzip der begrenzten Ermächtigung in Art. 3b Abs. 1 EGV verdeutlicht, daß das Subsidiaritätsprinzip eine Regel zur Ausübung **beste-
hender** Kompetenzen der Gemeinschaft ist.
  Das Subsidiaritätsprinzip im eigentlichen Sinne wird in Art. 3 Abs. 2
EGV geregelt. Danach wird die Gemeinschaft in den Bereichen, die
nicht in ihre ausschließliche Zuständigkeit fallen, nach dem Subsidiaritätsprinzip nur tätig, sofern und soweit die Ziele der in Betracht gezogenen Maßnahmen auf Ebenen der Mitgliedstaaten nicht ausreichend erreicht werden können und daher wegen ihres Umfangs und ihrer Wirkungen besser auf Gemeinschaftsebene erreicht werden können. Danach
gilt das Subsidiaritätsprinzip nur im Bereich der **nicht ausschließlichen**
Zuständigkeiten. Welche Zuständigkeiten ausschließlicher und nicht ausschließlicher Natur sind, legt der Vertrag nicht fest; ein Zuständigkeits-
katalog, wie ihn das Grundgesetz in den Artikeln 70 ff. in bezug auf die
Gesetzgebungszuständigkeit des Bundes und der Länder aufweist, ist
dem Vertrag fremd. Nach der Rechtsprechung des EuGH bestehen ausschließliche Zuständigkeiten der Gemeinschaft im Bereich der **gemeinsamen Handelspolitik** (vgl. EuGHE 1975, 1355, GA 1/75) und der **Fischereipolitik** (vgl. EuGHE 1981, 1045 – Rs. 804/79 „Kommission/
Großbritannien"). Ausschließliche Zuständigkeit ist ferner anzunehmen
bei Änderungen des Zolltarifs nach Art. 28 EGV, der Beihilfenaufsicht
nach Art. 92 ff. EGV, Teilen des Kartellrechts sowie in solchen Berei-

chen, in denen die Gemeinschaft einen Handlungsauftrag besitzt und sie von ihren Handlungsbefugnissen Gebrauch gemacht hat, wie z. B. bei der Landwirtschaftspolitik. Die Frage der ausschließlichen Zuständigkeit bedarf aber noch weiterer Klärung.

Die Gemeinschaft darf ihre Kompetenzen nur unter der **doppelten** Voraussetzung ausüben, daß die Ziele der in Betracht gezogenen Maßnahmen nicht ausreichend auf der Ebene der Mitgliedstaaten erreicht werden können **und** daher wegen ihres Umfangs oder ihrer Wirkungen besser auf Gemeinschaftsebene erreicht werden können. Beide Kriterien müssen **kumulativ** erfüllt sein, d. h., es genügt nicht, daß das Handeln der Gemeinschaft **effizienter** ist; es muß zugleich auch **notwendig** sein. Damit hat das Subsidiaritätsprinzip in Art. 3b EGV als ein alle nicht ausschließliche Kompetenzen betreffender Grundsatz einen weiter reichenden Inhalt als die ursprüngliche Regelung in Art. 130r Abs. 4 EWGV, wonach im Umweltbereich die Gemeinschaft tätig werden durfte, wenn durch ihre Maßnahmen die Ziele der Umweltpolitik **besser** als auf der Ebene der Mitgliedstaaten erreicht werden konnten.

Art. 3b Abs. 3 EGV, wonach die Maßnahmen der Gemeinschaft nicht über das für die Erreichung der Ziele dieses Vertrages erforderliche Maß hinausgehen, beinhaltet den Grundsatz der **Verhältnismäßigkeit**, der mit dem Subsidiaritätsprinzip in Abs. 2 in engem Zusammenhang steht. Während Abs. 2 regelt, **ob** die Gemeinschaft tätig werden darf, bestimmt Abs. 3 das **Wie** ihres Handelns (einschließlich desjenigen im Bereich ausschließlicher Zuständigkeiten), d. h. die Wahl der Rechtshandlung und die Intensität der Regelung.

Das Subsidiaritätsprinzip ist von allen Organen der Gemeinschaft zu beachten und gilt für ihre gesamte Tätigkeit, also nicht nur für rechtsetzendes Handeln. Als **Rechts**grundsatz ist das Subsidiaritätsprinzip **justitiabel**, wobei jedoch erwartet werden kann, daß nach seiner bisherigen Rechtsprechung der EuGH den Organen der Gemeinschaft einen weiten Spielraum bei der Beurteilung der Kriterien des Subsidiaritätsprinzips einräumen wird, so daß der Gerichtshof nur bei einer grob fehlerhaften Beurteilung dieser Kriterien den angenommenen Rechtsakt wegen Verstoß gegen Art. 3b EGV für nichtig erklären wird (vgl. EuGHE 1979, 777 – Rs. 92/78 „Simmenthal/Kommission").

Das Subsidiaritätsprinzip soll bewirken, daß die Gemeinschaft von ihren Kompetenzen zurückhaltenden Gebrauch macht, damit die Entscheidungsspielräume der Mitgliedstaaten nicht unnötig eingeengt werden. Ob dieses Ziel erreicht wird, hängt davon ab, wie die sehr allgemein gehaltenen Kriterien des Subsidiaritätsprinzips konkretisiert und praktisch gehandhabt werden (vgl. hierzu *Pipkorn*, EuZW 1992, 697; *Schmidhuber/Hitzler*, NVwZ 1992, 720). Zur Handhabung des Subsidiaritätsprinzips hat der Europäische Rat am 12. Dezember 1992 in Edinburgh ein „Grundprinzipien", „Leitlinien" und Verfahrensregeln enthaltendes Gesamtkonzept für die Anwendung des Subsidiaritätsprinzips und des Art. 3b EGV durch den Rat beschlossen (näher zu diesem Gesamtkonzept s. *von Borries*, Europarecht von A–Z, Stichwort „Subsidiarität").

Literatur (Rechtsordnung der Gemeinschaft): *Bernhardt*, Quellen des Gemeinschaftsrechts: Die „Verfassung" der Gemeinschaft, in: Dreißig Jahre Gemeinschaftsrecht, Luxemburg, Amt für amtliche Veröffentlichungen der EG, 1983, S. 77 ff.; *Mögele*, Grundzüge der Rechtsordnung der Europäischen Gemeinschaften, BayVBl. 1989, S. 577 ff.; *Louis*, Die Rechtsordnung der „Europäischen Gemeinschaften", 2. Aufl., Luxemburg, Amt für amtliche Veröffentlichungen der EG, 1990; *Lenz/Erhard*, Das Gemeinschaftsrecht – System, Entstehung, Anwendung, in: EG-Handbuch Recht im Binnenmarkt, 1991, S. 45 ff.

(Primärrecht: Allgemeine Rechtsgrundsätze, Grundrechte)
a) *Allgemeine Rechtsgrundsätze: Riegel*, Zum Problem der allgemeinen Rechtsgrundsätze und Grundrechte im Gemeinschaftsrecht, NJW 1974, S. 1585 ff.; *Rengeling*, Die Entwicklung verwaltungsrechtlicher Grundsätze durch den Europäischen Gerichtshof der Europäischen Gemeinschaften, EuR 1984, S. 331 ff.; *Schwarze*, Der Schutz des Gemeinschaftsbürgers durch allgemeine Verwaltungsrechtsgrundsätze im EG-Recht, NJW 1986, S. 1067 ff.; s. auch die Hinweise zum Europäischen Verwaltungsrecht in Kapitel F.

b) *Grundrechte: Bleckmann*, Zur Entwicklung europäischer Grundrechte, DVBl. 1978, S. 457 ff.; *Pernice*, Gemeinschaftsverfassung und Grundrechtsschutz – Grundlagen, Bestand und Perspektiven, NJW 1990, S. 2049 ff.; *Ressl/Ukrow*, Neue Aspekte des Grundrechtsschutzes in der Europäischen Gemeinschaft, EuZW 1990, S. 499 ff.; *Hilf*, Ein Grundrechtskatalog für die Europäische Gemeinschaft, EuR 1991, S. 31 ff.; *Weidenfeld* (Hrsg.), Der Schutz der Grundrechte in der Europäischen Gemeinschaft, 1992; *Rengeling*, Grundrechtsschutz in der Europäischen Gemeinschaft, 1993 (umfassend, mit zahlreichen Nachweisen).

(Sekundärrecht) *Grabitz*, Quellen des Gemeinschaftsrechts: Rechtshandlungen der Gemeinschaftsorgane, in: Dreißig Jahre Gemeinschaftsrecht, Luxemburg, Amt für amtliche Veröffentlichungen der EG, 1983, S. 91 ff.; *Magiera*, Die Rechtsakte der EG-Organe, Jura 1989, S. 595 ff.; *Scherzberg*, Verordnung – Richtlinie – Entscheidung. Zum System der Handlungsformen im Gemeinschaftsrecht, in: Europäische Integration und nationalstaatliche Verwaltung. Deutsche Vereinigung und institutionelle Weiterentwicklung der Europäischen Gemeinschaft, hrsg. von *Siedentopf*, 1991; *Götz*, Europäische Gesetzgebung durch Richtlinien – Zusammenwirken von Gemeinschaft und Staat, NJW 1992, S. 1849 ff.

(Rechtsetzung) a) *Kompetenz: Steindorff*, Grenzen der EG-Kompetenzen, 1990; *Krausser*, Das Prinzip begrenzter Ermächtigung im Gemeinschaftsrecht als Strukturprinzip des EWG-Vertrages, 1991; b) *Verfahren: Bruha/Kindermann*, Rechtsetzung in der Europäischen Gemeinschaft, Zeitschrift für Gesetzgebung 1986, S. 293 ff.; *Bieber*, Das Gesetzgebungsverfahren der Zusammenarbeit gemäß Art. 149 EWGV, NJW 1989, S. 1395 ff.; *von Wogau*, Das Gesetzgebungsverfahren in der neuen Europäischen Gemeinschaft, Zeitschrift für Gesetzgebung 1991, S. 334 ff.; *Nentwich*, Institutionelle und verfahrensrechtliche Neuerungen im Vertrag über die Europäische Union, EuZW 1992, S. 235 ff.; *Boest*, Ein langer Weg zur Demokratie in Europa – Die Beteiligungsrechte des Europäischen Parlaments bei der Rechtsetzung nach dem Vertrag über die Europäische Union, EuR 1992, S. 182 ff.; *Rabe*, Europäische Gesetzgebung – das unbekannte Wesen, NJW 1993, S. 1 ff.; c) *Subsidiaritätsprinzip: Heintzen*, Subsidiaritätsprinzip und Europäische Gemeinschaft, JZ 1991, S. 317 ff.; *Stewing*, Subsidiarität und Föderalismus in der Europäischen Union, 1992; *Schmidthuber/Hitzler*, Die Verankerung des Subsidiaritätsprinzips im EWG-Vertrag, NVwZ 1992, S. 720 ff.; *Pipkorn*, Das

Subsidiaritätsprinzip im Vertrag über die Europäische Union – rechtliche Bedeutung und gerichtliche Überprüfbarkeit, EuZW 1992, S. 697 ff.; *von Borries,* Gedanken zur Tragweite des Subsidiaritätsprinzips im Europäischen Gemeinschaftsrecht, in: Festschrift für Arved Deringer, 1993, S. 22 ff.

E. Die innerstaatliche Wirkung des Gemeinschaftsrechts

I. Einführung

Die innerstaatliche Wirkung des Gemeinschaftsrechts äußert sich darin, daß es in den Mitgliedstaaten **unmittelbar anwendbar** ist und im **Rang** dem nationalen Recht der Mitgliedstaaten **vorgeht**; diese Wirkung kommt sowohl primärem wie sekundärem Gemeinschaftsrecht zu (s. näher unter III wie IV). Soweit Gemeinschaftsrecht unmittelbar anwendbar ist, haben die innerstaatlichen Behörden und Gerichte das Gemeinschaftsrecht direkt zu vollziehen. Der Vorrang des Gemeinschaftsrechts bedeutet, daß es im Konfliktfall, d. h. dann, wenn Gemeinschaftsrecht und nationales Recht denselben Gegenstand unterschiedlich regeln, mit Vorrang vor den Bestimmungen des nationalen Rechts anzuwenden ist mit der Folge, daß diese Bestimmungen nicht angewandt werden dürfen (daher Anwendungs-, nicht Geltungsvorrang). Weiterhin kommt Gemeinschaftsrecht innerstaatlich dadurch zum Tragen, daß nationales Recht im Lichte des Gemeinschaftsrechts, d. h. EG-rechtskonform **auszulegen** ist; unter diesem Aspekt ist nationales Recht insbesondere richtlinienkonform auszulegen. Auf die EG-rechtskonforme Auslegung wird hauptsächlich im Zusammenhang mit dem **Vollzug** von Gemeinschaftsrecht eingegangen (s. Kapitel F III 4).

II. Rechtsnatur des Gemeinschaftsrechts

Nach ständiger Rechtsprechung des EuGH (grundlegend EuGHE 1963, 1 – Rs. 26/62 „van Gend & Loos" = NJW 1963, 974; EuGHE 1964, 1251 – Rs. 6/64 „Costa/ENEL" = NJW 1964, 2371; Gutachten 1/91 vom 14. 12. 1991, EuR 1992, 163 ff., 172) ist der (ursprüngliche) EWG-Vertrag zwar als völkerrechtliches Abkommen geschlossen worden, jedoch mehr als ein Vertrag, der nur wechselseitige Verpflichtungen zwischen den vertragsschließenden Staaten begründet. Im Unterschied zu gewöhnlichen internationalen Verträgen hat der EWG-Vertrag eine eigene (neue) Rechtsordnung geschaffen, zu deren Gunsten die Mitgliedstaaten in immer weiteren Bereichen ihre Souveränitätsrechte eingeschränkt haben und deren Rechtssubjekte nicht nur die Mitgliedstaaten, sondern auch deren Bürger sind. Die wesentlichen Merkmale dieser Rechtsordnung sind ihr Vorrang vor dem Recht der Mitgliedstaaten und die unmittelbare Wirkung zahlreicher für ihre Staatsangehörigen und für sie selbst geltender Bestimmungen.

Von gewissen Vorbehalten abgesehen, teilt das Bundesverfassungsgericht in seiner Rechtsprechung die Ansicht des EuGH zur Rechtsnatur des Gemeinschaftsrechts. Ansatzpunkt seiner Beurteilung ist Art. 24 Abs. 1 GG, wonach der Bund durch Gesetz Hoheitsrechte auf zwischenstaatliche Einrichtungen übertragen kann. Die durch den EWG-Vertrag gegründete und durch ihn mit Hoheitsrechten ausgestattete Gemeinschaft ist eine Einrichtung im Sinne von Art. 24 Abs. 1 GG (st. Rspr., vgl. BVerfGE 22, 293; 31, 145 – Lütticke; 37, 271 = NJW 1974, 1697 – Solange I; 73, 339 = NJW 1987, 577 – Solange II). Die Gemeinschaft verkörpert eine von der Staatsgewalt der Mitgliedstaaten selbständige und unabhängige öffentliche Gewalt, deren kompetenzmäßig gesetztes Recht eine eigene Rechtsordnung bildet, deren Normen weder Völkerrecht noch nationales Recht der Mitgliedstaaten sind. Durch die „Übertragung" nach Art. 24 Abs. 1 GG hat die Bundesrepublik Deutschland den ausschließlichen Herrschaftsanspruch für ihren Hoheitsbereich zurückgenommen und der unmittelbaren Geltung und Anwendung des aus anderer Quelle fließenden Gemeinschaftsrechts Raum gelassen. Durch Erlaß der Zustimmungsgesetze zu den Gemeinschaftsverträgen gemäß Art. 24 Abs. 1, 59 Abs. 2 GG hat die Bundesrepublik Deutschland den erforderlichen innerstaatlichen Rechtsanwendungsbefehl dafür erteilt, daß die Gemeinschaftsverträge und das auf ihrer Grundlage von den Gemeinschaftsorganen gesetzte Recht im Hoheitsbereich der Bundesrepublik unmittelbar gelten und mit Vorrang vor deutschem Recht anzuwenden sind (BVerfG, NJW 1987, 577, 579/80).

Daraus folgt, daß im Hoheitsbereich der Bundesrepublik zwei Rechtsordnungen nebeneinander und unabhängig voneinander existent und anwendbar sind, das nationale Recht der Bundesrepublik und das Gemeinschaftsrecht. Soweit die Bundesrepublik im Sinne von Art. 24 Abs. 1 GG ihren Herrschaftsanspruch zurückgenommen hat, wird der dadurch geschaffene freie Raum durch das Gemeinschaftsrecht ausgefüllt. Der innerstaatliche Vollzug von Gemeinschaftsrecht läßt dessen Charakter als **eigene** Rechtsordnung unberührt. Deshalb darf bei diesem Vollzug über Gültigkeit und Auslegung von Gemeinschaftsrecht nicht nach den Maßstäben des deutschen Rechts, sondern nur nach den Kriterien des Gemeinschaftsrechts selbst verfahren werden, wobei die hierzu vom Gemeinschaftsrecht aufgestellten Verfahren und Entscheidungsbefugnisse, insbesondere des Europäischen Gerichtshofes, zu beachten sind.

III. Unmittelbare Anwendung von Primärrecht

1. Vertragsrecht

Nach der Rechtsprechung des EuGH (grundlegend EuGH „van Gend & Loos" a. a. O.; EuGHE 1966, 257 – Rs. 57/65 „Lütticke" = NJW 1966, 1630) sind Normen des EWG-Vertrages dann unmittelbar anwendbar, wenn sie „vollständig und rechtlich vollkommen" sind. Das ist unter folgenden Voraussetzungen der Fall:

a) die Vorschrift ist so formuliert, daß sie für die Mitgliedstaaten ein klares und uneingeschränktes Gebot oder Verbot enthält, also für sie die Verpflichtung zu einem Tun oder Unterlassen begründet;

b) die Verpflichtung ist an keine Bedingung geknüpft;

c) sie bedarf zu ihrer Durchführung oder Wirksamkeit keiner Maßnahmen der Gemeinschaften oder interner Rechtsetzungsakte der Mitgliedstaaten.

Erfüllt eine Vertragsnorm diese Voraussetzungen, dann erzeugt sie unmittelbare Wirkungen in den Rechtsbeziehungen zwischen den Mitgliedstaaten und den Einzelpersonen, d. h., sie ist von den innerstaatlichen Behörden und Gerichten unmittelbar zugunsten des einzelnen anzuwenden. Diese Anwendbarkeit besteht auch dann, wenn die Norm nicht die Einzelperson, sondern lediglich die Mitgliedstaaten als Adressaten der Handlungs- oder Unterlassungspflicht bezeichnet, wie das z. B. in den Art. 12 und 95 EGV der Fall ist (EuGH „van Gend & Loos", „Lütticke", a. a. O.).

Zu den unmittelbar anwendbaren Vertragsnormen gehören im wesentlichen:

- Art. 6 EGV (= Art. 7 EWGV)   Allgemeines Diskriminierungsverbot (vgl. EuGHE 1985, 593 – Rs. 293/83 „Gravier" = NJW 1985, 2085)

- Art. 12. EGV   Verbot neuer Ein- und Ausfuhrzölle oder Abgaben gleicher Wirkung (EuGHE „van Gend & Loos", a. a. O.)

- Art. 30 EGV   Verbot mengenmäßiger Einfuhrbeschränkungen oder Maßnahmen gleicher Wirkung (vgl. EuGH, EuZW 1990, 222 – Rs. C – 362/85 „GB-INNO-BM")

- Art. 48 EGV   Freizügigkeit der Arbeitnehmer (vgl. EuGHE 1976, 1185 – Rs. 118/75 „Watson and Belmann" = NJW 1976, 2076 [Leitsatz])

- Art. 52, 58 EGV   Niederlassungsfreiheit (vgl. EuGHE 1974, 631 – Rs. 2/74 „Reyners" = NJW 1975, 513)

– Art. 59, Abs. 1, 60 EGV	Freiheit des Dienstleistungsverkehrs (vgl. EuGHE 1974, 1299 – Rs. 33/4 „van Binsbergen" = NJW 1975, 1095)
– Art. 93 Abs. 3 EGV	Durchführungsverbot für Beihilfen (vgl. EuGHE 1973, 1471 – Rs. 121/73 „Lorenz" = NJW 1974, 439, s. auch EuGH, EuZW 1993, 62 – Rs. C 354/90 „Fédération Nationale"). Die Vorschrift des Art. 92 EWGV ist als solche nicht unmittelbar anwendbar (vgl. EuGHE 1977, 595 – Rs. 78/76 „Steinike u. Weinberg" = NJW 1977, 1005).
– Art. 95 EGV	Verbot höherer inländischer Abgaben auf Waren aus anderen Mitgliedstaaten (EuGH „Lütticke", a. a. O.)
– Art. 106 Abs. 1 EWGV (jetzt: Art. 73h EGV)	freier Zahlungsverkehr im Rahmen des Dienstleistungsverkehrs (EuGHE 1984, 377, verb. Rs. 286/82 u. 26/83 „Luisi und Carbone" = NJW 1984, 1288)
– Art. 119 EGV	gleiches Entgelt für Männer und Frauen bei gleicher Arbeit (EuGHE 1976, 455 – Rs. 43/75 „Defrenne II" = NJW 1976, 2065)

Während sich aus diesen Vorschriften **Rechte** des einzelnen ergeben, welche die innerstaatlichen Behörden und Gerichte zu wahren haben, enthält der EWG-Vertrag auch Normen, die für einzelne Personen unmittelbare **Pflichten** begründen. Dazu zählen in erster Linie die an Unternehmen gerichteten Verbote im Bereich des Wettbewerbsrechts nach den Art. 85, 86 EGV.

2. Allgemeine Rechtsgrundsätze

Die Allgemeinen Rechtsgrundsätze treten im Gemeinschaftsrecht als Grundrechte und rechtsstaatliche Prinzipien in Erscheinung (zusammengefaßt hier als ‚Grundrechte' bezeichnet). Sie sollen die Hoheitsgewalt der Gemeinschaft bei der rechtsetzenden, verwaltenden und rechtsprechenden Tätigkeit ihrer Organe einbinden und ihr rechtliche Schranken setzen (*Rengeling,* Grundrechte, S. 14f.). Sie liefern demnach **Gültigkeitskriterien** für das hoheitliche Handeln der Gemeinschaft, insbesondere im Hinblick auf die von ihr gesetzten sekundärrechtlichen Rechtsakte. Dementsprechend prüft der EuGH diese Rechtsakte auf ihre Vereinbarkeit mit den Grundrechten und stellt im Falle eines Verstoßes ihre Ungültigkeit fest (vgl. die oben unter D II 3a auszugsweise wiedergegebenen Ausführungen des Gerichtshofes in der Rechtssache „Hauer"; als weiteres Beispiel vgl. EuGH, EuZW 1992, 120 – Rs. C. 44/89 „van Deetzen", in welcher Entscheidung der Gerichtshof die Normen einer EWG-VO anhand der gemeinschaftsrechtlichen Grundsätze des Vertrauensschutzes, der Gleichbehandlung und des Eigentumsschutzes geprüft und im Ergebnis ihre Übereinstimmung mit diesen Grundsätzen festgestellt hat). Weiterhin sind die Grundrechte bei der **Auslegung** des Gemeinschaftsrechts zu beachten, und zwar bei der Auslegung sowohl des Primär- wie des Sekundärrechts.

Aufgrund ihrer Funktion als Gültigkeits- und Auslegungskriterien des **Gemeinschaftsrechts** sind die Mitgliedstaaten außerhalb des Gemeinschaftsrechts nicht an die Grundrechte gebunden. Nationales Recht außerhalb des Gemeinschaftsrechts unterliegt nicht der Kontrolle durch die gemeinschaftlichen Grundrechte (EuGHE 1985, 2605 – verb. Rs. 60 und 61/84 „Cinéthèque" = NJW 1986, 1421; EuGHE 1987, 3719 – Rs. 12/86 „Demirel" = NJW 1988, 1442; *Pernice,* NJW 1990, 2409, 2416). Eine Grundrechtsbindung besteht jedoch dann, wenn die Mitgliedstaaten Gemeinschaftsrecht anwenden und durchführen. In dieser Hinsicht haben sie und die innerstaatlichen Behörden und Gerichte die Grundrechte zu beachten bei der **Auslegung** von Gemeinschaftsrecht (a), bei dessen **Durchführung** (b) und bei der Inanspruchnahme von **Schutzklauseln** (c).

a) Auslegung von Gemeinschaftsrecht

Die Mitgliedstaaten haben das für sie verbindliche Gemeinschaftsrecht (z. B. EWG-VO'en) grundrechtskonform auszulegen, d. h. dann, wenn dieses Recht auslegungsbedürftig ist, seinen Inhalt mit Hilfe der Grundrechte zu bestimmen.

Beispiel: Nach Art. 10 der EWG-VO Nr. 1612/68 über die Freizügigkeit der Arbeitnehmer sind die Familienangehörigen eines Wanderarbeitnehmers berechtigt, bei diesem Wohnung zu nehmen. Voraussetzung dafür ist, daß der Arbeitnehmer für seine Familie eine Wohnung besitzt, die den für inländische Arbeitnehmer am Aufenthaltsort geltenden normalen Anforderungen entspricht. Die Bestimmungen der Verordnung sind im Lichte des in Art. 8 EMRK erwähnten Anspruchs auf Achtung des Familienlebens als eines im Gemeinschaftsrecht anerkannten Grundrechts auszulegen (EuGH NVwZ 1989, 745 – Rs. 249/86 – Kommission/Bundesrepublik Deutschland –). Mit Rücksicht auf dieses Grundrecht ist Art. 10 der Verordnung dahin auszulegen, daß eine angemessene Wohnung nur Voraussetzung für die **Aufnahme** der Familienangehörigen bei dem Wanderarbeitnehmer ist, dieser jedoch, sobald seine Familie zusammengeführt ist, keinen anderen Anforderungen an die Wohnung gerecht werden muß als ein nationaler Arbeitnehmer. Mit Art. 10 der Verordnung in dieser Auslegung war es dementsprechend nicht vereinbar, daß nach einer ursprünglichen Regelung im deutschen Recht die Aufenthaltserlaubnis von Familienangehörigen eines Wanderarbeitnehmers nicht verlängert oder nachträglich zeitlich beschränkt werden konnte, wenn die Familie im nachhinein nicht mehr über eine angemessene Wohnung verfügte, während gegenüber eigenen Staatsangehörigen Sanktionen vergleichbarer Härte nicht vorgesehen waren (EuGH, a. a. O.) (zur Freizügigkeit der Arbeitnehmer, auch im Hinblick auf das Aufenthaltsrecht ihrer Angehörigen, näher in Teil II, Kapitel C).

Behörden und Gerichte in Deutschland haben das Gemeinschaftsrecht in der vorbezeichneten Weise auszulegen und anzuwenden, sofern deutsches Recht dazu in Widerspruch steht, dieses Recht unangewendet zu lassen. Im Hinblick darauf, ob sich sekundärrechtliche Rechtsakte innerhalb der durch die Grundrechte gesetzten Schranken bewegen, besitzen die Behörden und Gerichte lediglich eine Prüfungs-, jedoch keine Verwerfungsbefugnis. Stimmt aus ihrer Sicht Sekundärrecht nicht mit den Grundrechten überein, so dürfen sie nicht von sich aus das Sekundärrecht unangewendet lassen, da gemäß Art. 177 Abs. 1 b EGV ausschließlich der Europäische Gerichtshof dazu berufen ist, die aus dem Grundrechtsverstoß resultierende Ungültigkeit des Sekundärrechts festzustellen. Behörden haben daher stets von der Gültigkeit sekundärrechtlicher Rechtsakte auszugehen, Gerichte trifft bei Zweifeln an der Gültigkeit eine Vorlage**pflicht** (dazu näher in Kapitel F).

b) Durchführung von Gemeinschaftsrecht

Die Durchführung von Gemeinschaftsrecht besteht in der Anwendung von Gemeinschaftsrecht im Einzelfall (aa) und dem Erlaß gesetzlicher Regelungen zur Umsetzung von Richtlinien (bb).

aa) Anwendung im Einzelfall

Während die **Auslegung** bezweckt, dem auslegungsbedürftigen Sekundärrecht einen grundrechtskonformen Inhalt zu geben, geht es bei der **Anwendung** darum, das (ausgelegte) Gemeinschaftsrecht so anzuwenden, daß weitere grundrechtliche Vorgaben beachtet werden.

Beispiel: Räumt eine EWG-VO den nationalen Verwaltungsbehörden Ermessen ein, so ist bei der Ausübung dieses Ermessens der Grundsatz der Verhältnismäßigkeit als allgemeiner Rechtsgrundsatz der Gemeinschaft zu beachten (EuGHE 1980, 1979 – verb. Rs. 41, 121 und 796/79 „Testa").

Hat die Kommission in einer Entscheidung die Bundesrepublik dazu aufgefordert, die einem Unternehmen gewährte Beihilfe zurückzufordern, so darf bei Erlaß des Rückforderungsbescheides zur Durchführung dieser Entscheidung der in § 48 Verwaltungsverfahrensgesetz (VwVfG) verankerte Grundsatz des Vertrauensschutzes zugunsten des Leistungsempfängers nur innerhalb der vom Gemeinschaftsrecht gesetzten Grenzen berücksichtigt werden (vgl. EuGH EuZW 1990, 387 – Rs. 94/87 – Kommission/Bundesrepublik Deutschland–).

bb) Umsetzung von Richtlinien

Sind Richtlinien durch Erlaß innerstaatlicher Vorschriften durchgeführt worden, stellt sich die Frage nach der Grundrechtsbindung in doppelter Hinsicht. Zum einen liefern die Grundrechte die Gültigkeits- und Auslegungskriterien für die Richtlinie selbst, so daß sich die Beurteilung in dieser Hinsicht nach den unter a) dargestellten Grundsätzen richtet. Da die von der Bundesrepublik Deutschland zur Durchführung erlassenen

Bestimmungen **deutsches** Recht sind, sind die deutschen Behörden und Gerichte bei der Anwendung dieses Rechts gemäß Art. 20 Abs. 3 GG an die Grundrechte des Grundgesetzes gebunden. Damit stellt sich die Frage, ob bei der Anwendung von Durchführungsrecht zugleich auch eine Bindung an die Grundrechte des Gemeinschaftsrechts besteht, also im Hinblick auf das Durchführungsrecht die Grundrechte beider Rechtsordnungen in Konkurrenz treten. Die gestellte Frage wird nachfolgend im Zusammenhang mit dem Vorrang des Gemeinschaftsrechtes beantwortet (s. unter VII 3).

c) Schutzklauseln

Die **Grundfreiheiten** können durch innerstaatliche Rechtsvorschriften eingeschränkt werden, die aus Gründen der öffentlichen Ordnung, Sicherheit und Gesundheit gerechtfertigt sind (vgl. Art. 36, 48 Abs. 3, 56 Abs. 1, 66 EGV). Eine Einschränkung auf dieser Grundlage muß jedoch dem **Grundsatz der Verhältnismäßigkeit** Rechnung tragen (vgl. z. B. für die Freizügigkeit der Arbeitnehmer EuGHE 1976, 1185 – Rs. 118/8575 Watson und Belmann = NJW 1976, 2067 [Leitsatz]).

IV. Unmittelbare Anwendung von Sekundärrecht

1. Verordnungen

Aufgrund ihrer unmittelbaren Geltung in den Mitgliedstaaten sind Verordnungen von den innerstaatlichen Stellen unmittelbar anzuwenden.

2. Richtlinien

Als umsetzungsbedürftige Rechtsakte sind Richtlinien grundsätzlich nicht unmittelbar anwendbar. Diese Anwendbarkeit besteht jedoch unter den Voraussetzungen und im Umfang ihrer **unmittelbaren Wirksamkeit** (s. nachfolgend unter V.).

3. Entscheidungen

Die Entscheidung ist gegenüber dem verbindlich, den sie bezeichnet. Ist sie an einen Mitgliedstaat gerichtet, so ist ihr Inhalt innerstaatlich nicht direkt anwendbar, da die Entscheidung durch eine entsprechende innerstaatliche Maßnahme (z. B. durch Erlaß eines Verwaltungsaktes) durchgeführt werden muß. Das schließt nicht aus, daß auch Entscheidungen wie Richtlinien unmittelbar wirksam sein können (dazu unter VI.).

Die an Einzelpersonen (natürliche und juristische Personen) gerichteten Entscheidungen sind für diese unmittelbar verbindlich, ohne daß es hierzu eines innerstaatlichen Ausführungsaktes bedarf. Die innerstaatlichen Stellen wirken allerdings an der **Durchsetzung** der Entscheidung mit (z. B. Bekanntgabe an den Adressaten, Vollstreckung).

V. Unmittelbare Wirkung von Richtlinien

1. Einführung

Richtlinien sind von den Mitgliedstaaten innerhalb der ihnen gesetzten Frist durchzuführen, damit der Inhalt der Richtlinien innerstaatlich wirksam wird. Bei ordnungsgemäßer Durchführung treffen demnach den einzelnen die Wirkungen der Richtlinie auf dem Wege über das innerstaatliche Recht. Diese Wirkung entfällt, wenn ein Mitgliedstaat seine Umsetzungspflicht nicht erfüllt, indem er die Richtlinie überhaupt nicht oder nur unvollständig durchführt oder sich unzulässiger Mittel zu ihrer Durchführung bedient. Im Hinblick auf dieses pflichtwidrige Verhalten von Mitgliedstaaten hat der EuGH im Wege der richterlichen Rechtsfortbildung den Richtlinien rechtliche Wirkungen zuerkannt, die es erlauben, daß sich der einzelne gegenüber dem säumigen Staat unmittelbar auf Bestimmungen nicht durchgeführter Richtlinien berufen kann. Diese Wirkungen bezeichnet der EuGH im Vergleich zu den Wirkungen von EWG-VO'en als „ähnliche" Wirkungen; es hat sich jedoch eingebürgert, in diesem Zusammenhang von „unmittelbarer oder Direktwirkung" von Richtlinien zu sprechen. Die Rechtsprechung des EuGH ist zum Teil heftig kritisiert worden; der deutsche Bundesfinanzhof (BFH) hat ihr ursprünglich die Gefolgschaft verweigert (vgl. BFH DVBl. 1986, 343). Hauptsächlich wurde bemängelt, daß bei einer Direktwirkung von Richtlinien in unzulässiger Weise der Unterschied zur unmittelbaren Geltung von Verordnungen verwischt werde. Spätestens seitdem das Bundesverfassungsgericht (BVerfGE 75, 223 = NJW 1988, 1459) die Rechtsprechung des EuGH zur unmittelbaren Wirkung von Richtlinien als eine vom Grundgesetz her nicht zu beanstandende Fortentwicklung des Gemeinschaftsrechts beurteilt hat, ist der Rechtsanwender in Deutschland an diese Rechtsprechung gebunden. Unmittelbar wirksame Bestimmungen von Richtlinien sind innerstaatlich unmittelbar anwendbares Recht und gehen im Rang anders lautendem deutschen Recht vor.

2. Zur unmittelbaren Wirkung im allgemeinen

Festzuhalten ist zunächst, daß Richtlinien **vor** Ablauf der Umsetzungsfrist keine Direktwirkungen erzeugen (EuGHE 1979, 1629 – Rs. 148/78 „Ratti" = NJW 1979, 1764, 1766, s. auch BVerwG, NVwZ 1992, 1093 im Hinblick auf die Umsetzung der UVP-Richtlinie).

Zur Rechtslage **nach** Ablauf der Umsetzungsfrist hat sich der EuGH grundlegend in der nachstehend geschilderten Rechtssache geäußert.

Fall „Becker": Die Sechste Richtlinie 77/388/EWG des Rates vom 17. Mai 1977 zur Harmonisierung der Rechtsvorschriften der Mitgliedstaaten über die Umsatzsteuern – gemeinsames Mehrwertsteuersystem: einheitliche steuerpflichtige Bemessungsgrundlage – (ABl. 1977 Nr. L 145/1 mit Änderungen = „Europäisches Wirtschaftsrecht", Nr. 601) sieht in Art. 13 Teil B d Nr. 1 die Umsatzsteuerfreiheit der Umsätze aus der Vermittlung von Krediten vor. Die Richtlinie war von der Bundesrepublik Deutschland bis zum 1. Januar 1979 in nationales Recht umzusetzen, was jedoch aufgrund des Umsatzsteuergesetzes von 1980 erst mit Wirkung zum 1. Januar 1980 geschehen ist. Unter Berufung auf die einschlägige Bestimmung der Richtlinie beantragte die Kreditvermittlerin Frau Becker beim Finanzamt Münster-Innenstadt Steuerbefreiung für ihre im Jahre 1979 erzielten Umsätze. Das Finanzamt lehnte den Antrag ab und unterwarf Frau Becker für 1979 der Umsatzsteuer. Auf die Klage von Frau Becker gegen den Steuerbescheid vor dem Finanzgericht Münster rief dieses den EuGH zur Beantwortung der Frage an, ob die fragliche Bestimmung der Richtlinie über die Steuerfreiheit für Umsätze aus Kreditvermittlung ab dem 1. Januar 1979 in der Bundesrepublik Deutschland unmittelbar gelte.

In seinem Urteil vom 19. Januar 1982 (EuGHE 1982, 53 – Rs. 8/81 „Bekker" = NJW 1982, 499) hat der Gerichtshof zunächst festgestellt, daß bei ordnungsgemäßer Durchführung einer Richtlinie ihre Wirkungen den einzelnen auf dem Wege über die vom Mitgliedstaat ergriffenen Durchführungsmaßnahmen treffen, und dann weiter ausgeführt:

„Besondere Probleme ergeben sich dagegen, wenn ein Mitgliedstaat eine Richtlinie nicht ordnungsgemäß durchgeführt hat, insbesondere, wenn die Bestimmungen einer Richtlinie bei Ablauf der für ihre Durchführung gesetzten Frist noch nicht durchgeführt worden sind.

Aus der ständigen Rechtsprechung des Gerichtshofs (...) ergibt sich, daß zwar nach Art. 189 Verordnungen unmittelbar gelten und infolgedessen schon wegen ihrer Rechtsnatur unmittelbare Wirkungen erzeugen können, daß hieraus indessen nicht folgt, daß andere in diesem Artikel genannte Kategorien von Rechtsakten niemals ähnliche Wirkungen erzeugen könnten.

Mit der den Richtlinien durch Art. 189 zuerkannten verbindlichen Wirkung wäre es folglich unvereinbar, grundsätzlich auszuschließen, daß sich betroffene Personen auf die durch die Richtlinie auferlegte Verpflichtung berufen können.

Insbesondere in den Fällen, in denen etwa die Gemeinschaftsbehörden die Mitgliedstaaten durch Richtlinie zu einem bestimmten Verhalten verpflichten, würde die praktische Wirksamkeit einer solchen Maßnahme abgeschwächt, wenn die einzelnen sich vor Gericht hierauf nicht berufen und die staatlichen Gerichte sie nicht als Bestandteil des Gemeinschaftsrechts berücksichtigen könnten.

Daher kann ein Mitgliedstaat, der die in der Richtlinie vorgeschriebenen Durchführungsmaßnahmen nicht fristgerecht erlassen hat, den einzelnen nicht entgegenhalten, daß er die aus dieser Richtlinie erwachsenen Verpflichtungen nicht erfüllt hat.

Demnach können sich die einzelnen in Ermangelung von fristgemäß erlassenen Durchführungsmaßnahmen auf Bestimmungen einer Richtlinie, die inhaltlich als unbedingt und hinreichend genau erscheinen, gegenüber allen innerstaatlichen, nicht richtlinienkonformen Vorschriften berufen; einzelne können sich auf diese Bestimmungen auch berufen, soweit diese Rechte festlegen, die dem Staat gegenüber geltend gemacht werden können."

Nach weiterer Prüfung stellte der EuGH fest, daß sich Kreditvermittler ab 1. Januar 1979 auf die in der Richtlinie vorgesehene Steuerbefreiung berufen können, wenn die Richtlinie zu dem genannten Zeitpunkt innerstaatlich nicht durchgeführt worden ist.

Die unmittelbare Wirkung von Richtlinienbestimmungen leitet der EuGH aus Art. 189 Abs. 3 EGV i. V. mit Art. 5 EGV her (vgl. EuGH, DVBl. 1989, 24 – Rs. 190/87 „Borken"). Sie beruht auf dem Grundgedanken, daß ein Mitgliedstaat, der eine Richtlinie nicht fristgerecht umsetzt, aus seiner Säumnis keine Vorteile ziehen darf. Hieraus ergibt sich als Konsequenz, daß die Bestimmungen einer nicht umgesetzten Richtlinie nur **zugunsten**, nicht jedoch zu **Lasten** des einzelnen angewandt werden düfen (EuGHE 1986, 723 – Rs. 152/84 „Marshall"; EuGHE 1987, 3969 – Rs. 80/86 „Kolpinghuis" = EuR 1988, 391). Weiterhin entfalten Richtlinien eine unmittelbare Wirkung nur im Verhältnis zwischen dem Staat und dem einzelnen (sog. **vertikale** Wirkung), nicht jedoch in den Rechtsbeziehungen der einzelnen untereinander (sog. **horizontale** Wirkung). Im Ergebnis soll also die unmittelbare Wirkung von Bestimmungen einer Richtlinie dem einzelnen die Vorteile sichern, die er über das innerstaatliche Recht erhalten würde, wenn der Mitgliedstaat seine Pflicht zur fristgerechten und vollständigen Umsetzung erfüllt hätte.

Nach den vorgenannten Grundsätzen setzt die unmittelbare Wirkung der Vorschriften einer Richtlinie voraus, daß diese inhaltlich unbedingt und hinreichend bestimmt sind und den einzelnen günstiger stellen als das nationale Recht.

3. Inhaltliche Unbedingtheit und hinreichende Bestimmtheit der Bestimmungen von Richtlinien

a) Inhaltliche Unbedingtheit

Eine Richtlinie ist dann **bedingt**, wenn sie den Mitgliedstaaten einen Entscheidungsspielraum hinsichtlich des Setzens von Rechtsfolgen eröffnet; der EuGH spricht hier von „Gestaltungsspielraum" oder „Ermessen" der Mitgliedstaaten (vgl. EuGH, EuZW 1991, 758 = NJW 1992, 165 – Rs. C 6/90 „Francovich"). Ein derartiger Spielraum besteht dann, wenn es die Richtlinie den Mitgliedstaaten freistellt, ihre Regelungen in nationales Recht zu übernehmen (bei den nachstehend aufgeführten Beispielen wird der Spielraum **halbfett** hervorgehoben).

Beispiele: Nach Art. 4 Abs. 3 der Richtlinie über die Umweltverträglichkeitsprüfung werden Projekte der in Anhang II aufgezählten Klassen nur dann einer Prüfung unterzogen, **wenn ihre Merkmale nach Auffassung der Mitgliedstaaten dies erfordern**.

Die Richtlinie 90/313/EWG des Rates vom 7. Juni 1990 über den freien Zugang zu Informationen über die Umwelt (ABl. 1990 Nr. L 158/56 = NVwZ 1990, 844) hat nach Art. 1 zum Ziel, den freien Zugang zu den bei den Behörden vorhandenen Informationen über die Umwelt sowie die Verbreitung dieser Informationen zu gewährleisten. Nach Art. 3 Abs. 1 der Richtlinie gewährleisten die Mitgliedstaaten, daß die Behörden verpflichtet werden, allen natürlichen und juristischen Personen auf Antrag ohne Nachweis eines Interesses Informationen über die Umwelt zur Verfügung zu stellen. Nach Art. 3 Abs. 2 **können die Mitgliedstaaten vorsehen, daß ein Antrag auf Zugang zu einer derartigen Information** in bestimmten Fällen **abgelehnt** wird.

Räumt die Richtlinie den Mitgliedstaaten ein Ermessen in bezug auf die **Mittel** ein, legt jedoch das zu erreichende **Ziel** hinreichend deutlich fest, dann ist sie hinsichtlich des **Zieles** inhaltlich unbedingt. Haben beispielsweise die Mitgliedstaaten aufgrund einer Richtlinie sicherzustellen, daß in ihrem Regelungsbereich die mit dem Grundsatz der Gleichbehandlung unvereinbaren innerstaatlichen Rechts- und Verwaltungsvorschriften beseitigt werden, dann ist die Beseitigung dieser Vorschriften als Ziel so genau und unbedingt, daß als Folge hiervon jede den Grundsatz der Gleichbehandlung verletzende innerstaatliche Vorschrift nicht angewendet werden darf (vgl. EuGHE 1986, 3855 – Rs. 71/85 „Niederlande/Federatie"). Schreibt eine Richtlinie als Ziel vor, Arbeitnehmern bei Zahlungsunfähigkeit des Arbeitgebers die Befriedigung ihrer nicht erfüllten Ansprüche zu garantieren, überläßt jedoch den Mitgliedstaaten, aus mehreren Zeitpunkten denjenigen auszuwählen, von dem an die Befriedigung der Ansprüche garantiert sein muß, dann ist die Richtlinie hinsichtlich des Zeitpunktes unbedingt, aus dem sich eine Mindestgarantie ableiten läßt (EuGH „Francovich" a. a. O.). Diese Unbedingtheit ist jedoch nicht gegeben, wenn die Mitgliedstaaten nach ihrer Wahl den Schuldner dieser Garantieansprüche bestimmen können, ohne daß die Richtlinie Vorgaben dieser Wahl enthält (EuGH „Francovich" a. a. O.).

Die Richtlinie muß nicht im Hinblick auf **alle** Bestimmungen unbedingt sein; die Unbedingtheit (und daraus folgend die unmittelbare Wirkung) kann sich auch auf **einzelne** Bestimmungen beschränken, sofern sie angesichts ihres Gegenstandes geeignet sind, aus dem Gesamtzusammenhang gelöst und gesondert angewendet zu werden (vom EuGH in der Rs. „Becker" bejaht für die Bestimmungen über die Steuerfreiheit für Umsätze aus Kreditvermittlung). Verpflichtet eine Richtlinie wie z. B. die Informationsrichtlinie in Art. 3 Abs. 1 die Mitgliedstaaten, die praktischen Regeln zu ihrer Durchführung festzulegen, wird hierdurch kein Gestaltungsspielraum eröffnet, da diese „Bedingung" den Inhalt der Richtlinienbestimmungen nicht in Frage stellt (EuGH „Becker", a. a. O.).

b) Hinreichende Bestimmtheit

Das Erfordernis der hinreichenden Bestimmtheit bezieht sich auf den sachlichen Regelungsgegenstand und den erfaßten Personenkreis. Zur

Annahme von Rechten des einzelnen genügt es, wenn das durch die Richtlinie vorgeschriebene Ziel die Verleihung von Rechten an einzelne beinhaltet und sich der Inhalt dieser Rechte auf der Grundlage der Richtlinie bestimmen läßt (EuGH „Francovich", a. a. O.). Der Inhalt unbestimmter Rechtsbegriffe ist durch Auslegung zu bestimmen (ein derartiger Begriff ist beispielsweise der in Art. 1 Abs. 1 der Richtlinie über die Umweltverträglichkeitsprüfung verwandte Begriff der „erheblichen Auswirkung auf die Umwelt"). Solange ein Begriff noch auslegungsfähig ist, fehlt es an der hinreichenden Bestimmtheit nicht (*Jarass,* NJW 1990, 2420, 2424). Dies ist erst dann anzunehmen, wenn die Vorgaben der Richtlinie so allgemein gehalten sind, daß es zu ihrer Anwendung normkonkretisierender Ausführungsmaßnahmen der Gemeinschaft oder der Mitgliedstaaten bedarf (vgl. EuGH NVwZ 1990, 353 – Rs. 31/87 „Beentjes").

4. Anwendung zugunsten, nicht zu Lasten des einzelnen

a) Allgemeines

Bestimmungen von Richtlinien wirken nur dann unmittelbar, wenn sie den einzelnen begünstigen, nicht belasten. Eine unmittelbare Wirkung ist ausgeschlossen, wenn die Richtlinie für den einzelnen Pflichten begründet oder seinen Pflichtenkreis erweitert. Es ist daher unzulässig, eine nicht umgesetzte Richtlinie strafbegründend oder strafschärfend heranzuziehen (EuGHE 1987, 3969 – Rs. 80/86 „Kolpinghuis").

Bestimmungen von Richtlinien wirken begünstigend, wenn sie den einzelnen im Vergleich zu geltendem innerstaatlichem Recht besserstellen oder ihm Rechte verleihen. Dieser Unterschied in der Begünstigung geht aus der Formulierung des EuGH hervor, daß „sich die einzelnen in Ermangelung von fristgemäß erlassenen Durchführungsmaßnahmen auf Bestimmungen einer Richtlinie, die inhaltlich als unbedingt und hinreichend genau erscheint, gegenüber allen innerstaatlichen, nicht richtlinienkonformen Vorschriften berufen können; einzelne können sich auf diese Bestimmungen **auch** berufen, soweit diese **Rechte** festlegen, die dem Staat gegenüber geltend gemacht werden können" (Hervorhebung durch Verf.). Im Hinblick auf die unmittelbare Wirkung besteht zwischen diesen beiden Kategorien begünstigend wirkender Richtlinienbestimmungen kein Unterschied. Bestimmungen, die Rechte festlegen, unterscheiden sich jedoch von sonstigen Bestimmungen dadurch, daß sie eine Schadensersatzpflicht des säumigen Mitgliedstaates für den Fall begründen, daß der einzelne mangels unmittelbarer Wirkung der Richtlinie seine Rechte nicht gegenüber dem Staat geltend machen kann (EuGH „Francovich", a. a. O.). Bei Richtlinien, die Rechte einzelner begründen, muß das innerstaatliche Recht ferner gewährleisten, daß die Begünstigten in der Lage sind, von allen ihren Rechten Kenntnis zu erlangen und diese ggf. vor den nationalen Gerichten geltend zu machen (EuGH EuZW 1991, 440 – Rs. C – 361/88 – Kommission/Bundesrepublik Deutschland –).

Unter die Kategorie der „sonstigen" Bestimmungen, die keine Rechte des einzelnen festlegen, fallen solche, die den Staat zu einem bestimmten Verhalten verpflichten. Es handelt sich um Bestimmungen, welche die hoheitlichen Befugnisse des Staates im Verhältnis zum einzelnen im Bereich der Eingriffsverwaltung einschließlich der überwachenden Verwaltung regeln. Ein typisches Beispiel ist, daß eine Richtlinie wie im Fall „Becker" eine bestimmte Art der Besteuerung vorschreibt. Weist die Richtlinie im Vergleich zu geltendem innerstaatlichem Recht für den einzelnen einen günstigeren Inhalt auf, kann dieser verlangen, daß sich der Staat ihm gegenüber nur nach Maßgabe der Richtlinie betätigt, und hat der einzelne nur die Bestimmungen der Richtlinie zu beachten. Schreibt beispielsweise eine Richtlinie eine bestimmte Kennzeichnungspflicht vor, die geringere Anforderungen stellt als das innerstaatliche Recht, trifft den einzelnen nur die Kennzeichnungspflicht nach der Richtlinie (vgl. EuGH 1979, 1629 – Rs. 148/78 „Ratti" = NJW 1979, 1764). Ist eine Verhaltensweise nach innerstaatlichem Recht verboten, nach der Richtlinie aber erlaubt, dann handelt der einzelne **rechtmäßig**, wenn er sich richtlinienkonform verhält. Dementsprechend ist es unzulässig, bei Nichtbeachtung der innerstaatlichen Ge- oder Verbote die im nationalen Recht vorgesehenen Zwangs- und Sanktionsmaßnahmen (Maßnahmen der Verwaltungsvollstreckung, Strafen, Geldbußen) einzusetzen.

Beispiel: Das LG Bonn verurteilte einen Angeklagten zu einer Freiheitsstrafe u. a. wegen fortgesetzter Hinterziehung von Umsatzsteuer, auch soweit es die Umsätze aus Kreditvermittlung für die Jahre 1978 bis 1980 betraf; das Gericht schloß aus, „daß die deutsche Steuergesetzgebung durch europäische Gemeinschaftsrichtlinien außer Kraft gesetzt werde". Hinsichtlich des Schuldspruchs wegen Steuerhinterziehung hat der BGH das Urteil wegen der unmittelbaren Wirkung der Sechsten Mehrwertsteuer-Richtlinie (s. Fall „Becker") aufgehoben (BGH NJW 1991, 1622).

Die Direktwirkung von Richtlinien führt demnach dazu, daß von den innerstaatlichen Eingriffs- und Sanktionsbefugnissen nur richtlinienkonform Gebrauch gemacht werden darf.

b) Bestimmungen, die Rechte des einzelnen festlegen

Zu den Bestimmungen, die Rechte einzelner begründen, gehören zunächst diejenigen, aus deren Inhalt sich unmißverständlich ein solches Recht ergibt. Solches besteht beispielsweise aufgrund der behördlichen Pflicht nach Art. 3 Abs. 1 der Umwelt-Informationsrichtlinie, allen natürlichen oder juristischen Personen auf Antrag ohne Nachweis eines Interesses Informationen über die Umwelt zur Verfügung zu stellen. Zur

Begründung von Rechten genügt es weiterhin, daß eine Richtlinie die Verleihung von Rechten zum Ziel hat und sich deren Inhalt auf der Grundlage der Richtlinie ermitteln läßt, wie etwa in dem bereits erwähnten Beispiel, daß eine Richtlinie zum Ziel die Gleichbehandlung in einem bestimmten Bereich hat und das vorgeschriebene Mittel in der Außerkraftsetzung aller diese Gleichbehandlung vereitelnder innerstaatlicher Vorschriften besteht. Rechte aus Richtlinien können schließlich unter den Voraussetzungen entstehen, unter denen allgemein das Gemeinschaftsrecht subjektive Rechte hervorbringt. Das ist dann der Fall, wenn die Vorschriften des Gemeinschaftsrechts den Mitgliedstaaten klare uneingeschränkte Verpflichtungen auferlegen, die unbedingt sind und keiner konkretisierenden Tätigkeit der Gemeinschaft oder der Mitgliedstaaten bedürfen, um günstige Rechtsfolgen für den einzelnen deutlich festzulegen. Diese Voraussetzungen erstrecken sich auch auf Richtlinien (vgl. EuGHE 1977, 113 – Rs. 51/76 „Verbond van Nederlande Onderneming/Inspecteur der Invoerrechten" = NJW 1977, 2022). Auf diese Weise begründen z. B. Richtlinien im Umweltbereich Rechte des einzelnen, wenn der Schutz bestimmter Güter (z. B. Schutz der Luft vor Verunreinigung, Schutz des Grundwassers gegen Verschmutzung) dem Schutz der menschlichen Gesundheit dient und die Richtlinie deutliche Vorgaben für die Art des Schutzes enthält. Im Hinblick auf die Richtlinie 80/68/EWG des Rates vom 17. Dezember 1979 über den Schutz des Grundwassers gegen Verschmutzung durch bestimmte gefährliche Stoffe (ABl. 1980 Nr. L 20/43) hat der Gerichtshof ausgeführt: „Die in Rede stehende Richtlinie soll einen wirksamen Schutz des Grundwassers der Gemeinschaft sicherstellen, indem sie die Mitgliedstaaten durch genaue und detaillierte Vorschriften verpflichtet, eine zusammenhängende Regelung von Verboten, Genehmigungen und Überwachungsverfahren zu erlassen, um Ableitungen bestimmter Stoffe zu verhindern oder zu begrenzen. **Die Vorschriften der Richtlinie sollen also Rechte und Pflichten des einzelnen begründen** (EuGH EuZW 1991, 405 – Rs. C – 131/88 – Kommission/Bundesrepublik Deutschland–) (Hervorhebung durch Verf.).

In diesem Sinn hat der EuGH auch zwei Richtlinien zur Reinhaltung der Luft beurteilt (EuGH EuZW 1991, 440 – Rs. C – 361/88 – Kommission/Bundesrepublik Deutschland; EuZW 1991, 442 – Rs. C – 59/89 – Kommission/Bundesrepublik Deutschland) und in allen drei Fällen antragsgemäß eine Vertragsverletzung der Bundesrepublik festgestellt, weil diese die Richtlinie nicht so umgesetzt habe, daß die Rechte des einzelnen im innerstaatlichen Recht gewährleistet seien.

Ohne Anspruch auf Vollständigkeit lassen sich die Rechte der einzelnen in folgende Gruppen einteilen (hierzu näher *Winter*, DVBl. 1991, 657, 660 ff.):

– Leistungsrechte   (z. B. Recht der Arbeitnehmer auf Garantie, ihre nicht erfüllten Ansprüche bei Zahlungsunfähigkeit des Arbeitnehmers zu befriedigen, aufgrund der Richtlinie 80/987/EWG des Rates vom 20. Oktober 1980 zur Angleichung der Rechtsvorschriften der Mitgliedstaaten über den Schutz der Arbeitnehmer bei Zahlungsunfähigkeit des Arbeitgebers, ABl. 1980 Nr. L 283/23; dazu EuGH „Francovich", a. a. O.),

– Schutzrechte (z. B. Recht auf Schutz der menschlichen Gesundheit aufgrund der Richtlinie 80/779/EWG des Rates vom 15. Juli 1980 über Grenzwerte und Leitwerte der Luftqualität für Schwefeldioxyd und Schwebestaub, ABl. 1980, Nr. L 229/30, dazu EuGH EuZW 1991, 440),

– Beteiligungsrechte (z. B. Recht auf Beteiligung an Verfahren zur Vergabe öffentlicher Bauaufträge aufgrund der Richtlinie 71305/EWG des Rates vom 26. Juli 1971 über die Koordinierung der Verfahren zur Vergabe öffentlicher Bauaufträge, ABl. 1971 Nr. L 185/5; dazu EuGH NVwZ 1990, 649 – Rs. 103/88 „Costanzo"),

– Informationsrechte (z. B. Recht auf freien Zugang zu Informationen aufgrund der Umwelt-Informationsrichtlinie),

– Freiheits-(Abwehr)- (z. B. Aufenthaltsrecht aufgrund der Richtlinie 90/
rechte 365/EWG des Rates über das Aufenthaltsrecht der aus dem Erwerbsleben ausgeschiedenen Arbeitnehmer und selbständig Erwerbstätigen vom 28. Juni 1990, ABl. 1990 Nr. L 180/28 = „Europäisches Wirtschaftsrecht", Nr. 751).

Nicht abschließend geklärt ist bisher die Frage der Direktwirkung von Richtlinien, wenn diese bestimmte Personen begünstigen, gleichzeitig dritte Personen **belasten**. Sieht beispielsweise eine Richtlinie höhere Schutzanforderungen an den Betrieb einer Anlage vor als das innerstaatliche Recht, könnte ein Nachbar unter Berufung auf die (nicht umgesetzte) Richtlinie von den Behörden ein Einschreiten gegenüber dem Betreiber der Anlage verlangen (vorstellbar ist auch der umgekehrte Fall, daß die Richtlinie niedrigere Anforderungen stellt und der Betreiber die Genehmigung der Anlage auf dieser Grundlage zu Lasten Dritter verlangt). Die Mitgliedstaaten müssen in derartigen Fällen ihr innerstaatliches Recht so gestalten, daß die durch die Richtlinie Begünstigten zu ihrem Recht gelangen (*Zuleeg,* NJW 1993, 31, 37). Die Frage der Direktwirkung wird damit aber nicht gelöst. Gegen eine Direktwirkung spricht, daß Richtlinien nicht zum Nachteil einzelner angewandt werden dürfen. Andererseits liegt der Sinn der unmittelbaren Wirkung von

Richtlinien gerade darin, den einzelnen zu den Rechten zu verhelfen, die ihnen das innerstaatliche Recht mangels Umsetzung der Richtlinie vorenthält, so daß unter diesem Aspekt auch bei Richtlinien mit Drittwirkung eine direkte Anwendbarkeit zu bejahen ist (so auch *Jarass*, NJW 1991, 2665, 2667f.; kritisch: *Winter*, DVBl. 1991, 657, 663).

5. Vertikale Wirkung von Richtlinien

a) Zur Reichweite der vertikalen Wirkung

Mit der unmittelbaren Wirkung von Richtlinien wird das rechtsmißbräuchliche Verhalten des Mitgliedstaates kompensiert, daß er die Richtlinie nicht fristgerecht in nationales Recht umgesetzt hat. Deshalb tritt diese Wirkung nur im Verhältnis zwischen Staat und einzelnen (vertikale Wirkung), nicht aber im Verhältnis der einzelnen untereinander ein (horizontale Wirkung). Unter „Staat" sind in der Bundesrepublik Deutschland alle Hoheitsträger einschließlich der Gemeinden und Gemeindeverbände und der sonstigen juristischen Personen des öffentlichen Rechts zu verstehen. Zum Staat als Adressat der vertikalen Wirkung gehören auch solche Einrichtungen, die aus innerstaatlicher Sicht nicht förmlich in die staatliche Verwaltungsorganisation eingegliedert sind, jedoch aufgrund staatlichen Auftrags eine öffentliche Aufgabe unter staatlicher Aufsicht wahrnehmen (EuGH, NVwZ 1990, 353 „Beentjes" im Hinblick auf die örtliche Flurbereinigungskommission in den Niederlanden). Zum Staat in diesem Sinne gehören demnach auch die sog. beliehenen Unternehmer.

Die vertikale Wirkung tritt nicht nur bei **hoheitlichem** Handeln des Staates ein, sondern auch im Rahmen **privatrechtlicher** Rechtsbeziehungen, z. B. bei privatrechtlichen Beschäftigungsverhältnissen oder der Vergabe öffentlicher Aufträge unter Abschluß von Kauf- oder Werkverträgen. Ausschlaggebend ist hier der Gedanke, daß der Staat unabhängig von der Art seines Handelns aus der Nichtbeachtung des Gemeinschaftsrechts keinen Nutzen ziehen soll (EuGHE 1986, 723 – Rs. 152/84 „Marshall" = NJW 1986, 2178). Das bedeutet, daß der Staat auch bei **fiskalischem** Handeln der unmittelbaren Wirkung von Richtlinien unterworfen ist (*Jarass*, NJW 1991, 2665, 2666). Zu den Rechtssubjekten, denen auch im Rahmen privatrechtlicher Rechtsbeziehungen Vorschriften von Richtlinien entgegengehalten werden können, gehören nach der Rechtsprechung des EuGH schließlich auch Einrichtungen, die unabhängig von ihrer Rechtsform kraft staatlichen Rechtsaktes unter staatlicher Aufsicht eine Dienstleistung im öffentlichen Interesse zu erbringen haben und die hierzu mit Rechten ausgestattet sind, die über das hinausgehen, was für die Beziehungen unter Privaten gilt (EuGH, EuZW 1990, 424 – Rs. C – 188/89 „Forster"; in dieser Rechtssache handelte es sich um die

British Gas-Cooperation als eine durch Gesetz errichtete Körperschaft, welche die Aufgabe hat, in Form eines Monopols und unter Aufsicht und Leitung des zuständigen Ministers ein Gasversorgungssystem für Großbritannien zu errichten und zu unterhalten). Zu derartigen Einrichtungen gehören in der Bundesrepublik die privatrechtlich organisierten Unternehmen, die zur Daseinsvorsorge Energie, Wasser, Verkehrsmittel als öffentliche Aufgabe bereitstellen und wegen dieser Aufgabe öffentlich-rechtlichen Bindungen, insbesondere an die Grundrechte, unterliegen (sog. Verwaltungsprivatrecht; vgl. dazu u. a. BGHZ 52, 328; 65, 287; *Ehlers,* DVBl. 1983, 422; *von Zezschwitz,* NJW 1983, 1873). Die bloße Beteiligung des Staates am Kapital eines Unternehmens, das sich erwerbswirtschaftlich betätigt, reicht demgegenüber nicht aus.

b) Anwendungspflicht von Stellen der öffentlichen Verwaltung

Ursprünglich und über längere Zeit hinweg beschränkte sich der EuGH auf die Feststellung, daß sich der einzelne vor den nationalen **Gerichten** auf inhaltlich als unbedingt und hinreichend genau erscheinende Bestimmungen einer Richtlinie berufen könne. Nach seiner Entscheidung in der Rechtssache „Costanzo" (NVwZ 1990, 649 – Rs. 103/88) sind aber auch Behörden, und zwar alle Behörden des Mitgliedstaates, Adressaten unmittelbar wirkender Richtlinienbestimmungen. Konkret ging es darum, daß die Stadt Mailand einen öffentlichen Bauauftrag unter Verstoß gegen die Vorschriften der Richtlinie 71/305/EWG des Rates vom 26. Juli 1971 über die Koordinierung der Verfahren zur Vergabe öffentlicher Bauaufträge (ABl. 1971 Nr. L 185/5) vergeben hatte; Italien hatte die Richtlinie nicht in innerstaatliches Recht umgesetzt. Auf die Vorlagefrage des mit dem Ausgangsrechtsstreit bereits befaßten italienischen Gerichts, ob die Verwaltung – auch auf kommunaler Ebene – ebenso wie ein nationales Gericht verpflichtet sei, die Bestimmungen der Richtlinie anzuwenden und diejenigen des nationalen Rechtes unangewendet zu lassen, die damit nicht in Einklang stehen, hat der EuGH geantwortet:

„Es ist darauf hinzuweisen, . . ., daß sich die einzelnen in all den Fällen, in denen Bestimmungen einer Richtlinie inhaltlich als unbedingt und hinreichend genau erscheinen, vor einem nationalen Gericht gegenüber dem Staat auf diese Bestimmungen berufen können, wenn der Staat die Richtlinie nicht fristgemäß oder nur unzulänglich in nationales Recht umgesetzt hat.

Wenn sich die einzelnen unter den genannten Voraussetzungen vor den nationalen Gerichten auf die Bestimmungen berufen können, so deshalb, weil die Verpflichtungen, die sich aus diesen Bestimmungen ergeben, für alle Behörden der Mitgliedstaaten gelten.

Es wäre im übrigen widersprüchlich, zwar zu entscheiden, daß die einzelnen sich vor den nationalen Gerichten auf die Bestimmungen einer Richtlinie, die die oben herausgestellten Voraussetzungen erfüllen, berufen können, um das Verhalten der Verwaltung beanstanden zu lassen, trotzdem aber die Auffassung zu vertreten, daß die Verwaltung nicht verpflichtet ist, die Bestimmungen der Richtlinie dadurch einzuhal-

ten, daß sie die Vorschriften des nationalen Rechts unangewendet läßt, die damit nicht
im Einklang stehen. Wenn die nach der Rechtsprechung des Gerichtshofes einzuhaltenden Voraussetzungen dafür erfüllt sind, daß die einzelnen sich vor den nationalen
Gerichten auf die Bestimmungen einer Richtlinie berufen können, **sind folglich alle
Träger der Verwaltung einschließlich der Gemeinden und der sonstigen Gebietskörperschaften verpflichtet, diese Bestimmungen anzuwenden.**" (Hervorhebung durch Verf.)

Aufgrund dieser Ausführungen sind die Behörden **verpflichtet,** unmittelbar wirkende Bestimmungen einer Richtlinie anzuwenden. Die in diesem Zusammenhang verwandte Formulierung, daß sich der einzelne auf
derartige Bestimmungen **berufen** könne, ist daher nicht als **Antrag** (so
aber FG München EuZW 1990, 582), sondern so zu verstehen, daß die
Bestimmungen die Eigenschaft haben, innerstaatlich zugunsten des einzelnen anwendbar zu sein (*Fischer,* EuZW 1991, 557, 560).

Anwendungspflichtig sind die Behörden aller Verwaltungsträger einschließlich der Einrichtungen, die nach den unter a) dargestellten Kriterien dem „Staat" zuzurechnen sind.

6. Praktisches Beispiel zur Direktwirkung: Die Umwelt-Informationsrichtlinie

Die unmittelbare Wirkung soll anhand der Umwelt-Informationsrichtlinie als praktischem Beispiel demonstriert werden. Die Richtlinie war
bis zum 31. Dezember 1992 umzusetzen, ohne daß die Bundesrepublik
bis zu diesem Zeitpunkt nationale Ausführungsbestimmungen erlassen
hat. Die Richtlinie ist nachfolgend links im Wortlaut abgedruckt (ohne
Erwägungsgründe) mit kurzgefaßten Hinweisen zur unmittelbaren Wirkung und Anwendung auf der rechten Seite (näher zur Richtlinie *Erichsen,* NVwZ 1992, 409; *v. Schwanenflügel,* DVBl. 1991, 93; *Engel,* NVwZ
1992, 111).

Art. 1. Ziel dieser Richtlinie ist es, den freien Zugang zu bei den Behörden vorhandenen Informationen über die Umwelt sowie die Verbreitung
dieser Informationen zu gewährleisten und die
grundlegenden Voraussetzungen festzulegen, unter denen derartige Informationen zugänglich gemacht werden sollen.

Anspruch erfaßt nur Informationen, die bei **Behörden** vor-
handen sind.

Art. 2. Im Sinne dieser Richtlinie gelten als
a) „Informationen über die Umwelt" alle in
Schrift-, Bild-, Ton- oder DV-Form vorliegenden
Informationen über den Zustand der Gewässer,
der Luft, des Bodens, der Tier- und Pflanzenwelt
und der natürlichen Lebensräume sowie über Tätigkeiten (einschließlich solcher, von denen Belä-
stigungen wie beispielsweise Lärm ausgehen) oder
Maßnahmen, die diesen Zustand beeinträchtigen

Begriff „Informationen über
die Umwelt" hinreichend bestimmt. Umweltbegriff **weit**
zu verstehen; umfaßt den Zustand der Umweltmedien, der
Tier- und Pflanzenwelt und der
natürlichen Lebensräume, deren Wechselwirkungen untereinander, ihre Auswirkungen

oder beeinträchtigen können, und über Tätigkeiten oder Maßnahmen zum Schutz dieser Umweltbereiche einschließlich verwaltungstechnischer Maßnahmen und Programme zum Umweltschutz.

b) „Behörden" die Stellen der öffentlichen Verwaltung, die auf nationaler, regionaler oder lokaler Ebene Aufgaben im Bereich der Umweltpflege wahrnehmen und über diesbezügliche Informationen verfügen, mit Ausnahme der Stellen, die im Rahmen ihrer Rechtsprechungs- oder Gesetzgebungszuständigkeit tätig werden.

auf den Menschen sowie auf Kultur- und Sachgüter (*Erichsen*, a. a. O., S. 411).

Alle Stellen i. S. von § 1 Abs. 4 VwVfG, die im staatlichen oder kommunalen Bereich primär oder in Ausführung anderer Aufgaben Umweltbelange wahrnehmen. Ausgenommen oberste Bundes- und Landesbehörden, soweit sie an der Gesetzgebung mitwirken oder RechtsVO erlassen, sowie Gerichte, Strafverfolgungs- und Disziplinarbehörden bei Wahrnehmung von Aufgaben der Rechtspflege.

Art. 3. (1) Vorbehaltlich der Absätze 2, 3 und 4 gewährleisten die Mitgliedstaaten, daß die Behörden verpflichtet werden, allen natürlichen oder juristischen Personen auf Antrag ohne Nachweis eines Interesses Informationen über die Umwelt zur Verfügung zu stellen. Die Mitgliedstaaten legen die praktischen Regeln fest, nach denen derartige Informationen tatsächlich zugänglich gemacht werden.

Recht des einzelnen, da klare und uneingeschränkte Verpflichtung, die keiner weiteren Konkretisierung bedarf; keine bedingte Regelung, da Gestaltungsspielraum nur hinsichtlich der Modalitäten, wie Informationen zur Verfügung gestellt werden. Modalitäten im Ermessen der Behörde (Auskunft, Akteneinsicht, Übermittlung von Unterlagen usw.). Anspruchsberechtigt **jede** natürliche und juristische Person, d. h. nicht nur Deutsche und Angehörige der Mitgliedstaaten der Gemeinschaft, sondern auch Angehörige von Drittstaaten. Anspruch setzt kein rechtlich geschütztes Interesse voraus. Keine Beschränkung auf Beteiligte im Rahmen von Verwaltungsverfahren (§§ 9 ff. VwVfG).

(2) Die Mitgliedstaaten können vorsehen, daß ein Antrag auf Zugang zu einer derartigen Information abgelehnt wird, wenn diese folgendes berührt:
– die Vertraulichkeit der Beratungen von Behörden, die internationalen Beziehungen und die Landesverteidigung;
– die öffentliche Sicherheit;
– Sachen, die bei Gericht anhängig oder Gegen-

Da Wahlfreiheit der Mitgliedstaaten, kein Informationsanspruch bei **allen** in Abs. 2 genannten Ausschlußgründen; Ausschlußgründe jedoch keine Bedingung für den Anspruch in Abs. 1.

stand von Ermittlungsverfahren (einschließlich
Disziplinarverfahren) sind oder waren oder die
Gegenstand von Vorverfahren sind;
– Geschäfts- und Betriebsgeheimnisse einschließlich des geistigen Eigentums;
– die Vertraulichkeit personenbezogener Daten
oder Akten;
– Unterlagen, die von einem Dritten übermittelt
worden sind, der dazu nicht gesetzlich verpflichtet war;
– Informationen, deren Bekanntgabe die Wahrscheinlichkeit einer Schädigung der Umwelt in
dem betreffenden Bereich noch erhöhen würde.

Informationen, die sich im Besitz der Behörden
befinden, werden auszugsweise übermittelt, sofern es möglich ist, Informationen zu Fragen, die
die oben aufgeführten Interessen berühren, auszu-
sondern.

(3) Ein Antrag auf Zugang zu Informationen
kann abgelehnt werden, wenn er sich auf die
Übermittlung noch nicht abgeschlossener
Schriftstücke oder noch nicht aufbereiteter Daten
oder interner Mitteilungen bezieht oder wenn der
Antrag offensichtlich mißbräuchlich ist oder zu
allgemein formuliert ist.

> Ablehnung im behördlichen
> Ermessen

(4) Eine Behörde erteilt dem Antragsteller so
bald wie möglich, spätestens jedoch innerhalb von
zwei Monaten eine Antwort. Die Ablehnung eines
Antrags auf Information ist zu begründen.

> Bei Ablehnung Bescheidung
> durch VA

Art. 4. Eine Person, die der Ansicht ist, daß ihr
Informationsersuchen zu Unrecht abgelehnt oder
nicht beachtet worden ist, oder die von einer Behörde eine unzulängliche Antwort erhalten hat,
kann den Bescheid auf dem Gerichts- oder Ver-
waltungsweg gemäß der einschlägigen einzelstaatlichen Rechtsordnung anfechten.

> § 44a VwGO nicht anwendbar,
> da keine **verfahrensrechtliche**
> Entscheidung, sondern selb-
> ständig anfechtbarer VA

Art. 5. Die Mitgliedstaaten können für die Übermittlung der Informationen eine Gebühr erheben,
die jedoch eine angemessene Höhe nicht überschreiten darf.

> Nicht unmittelbar wirksam, da
> für den einzelnen von Nachteil

Art. 6. Die Mitgliedstaaten ergreifen die erforderlichen Maßnahmen, um sicherzustellen, daß Stellen, die öffentliche Aufgaben im Bereich der Umweltpflege wahrnehmen und die der Aufsicht von
Behörden unterstellt sind, die bei ihnen vorliegenden Informationen über die Umwelt unter den Bedingungen der Art. 3, 4 und 5 entweder über die
zuständige Behörde oder selbst unmittelbar zugänglich machen.

> Unmittelbar wirksam, da hin-
> reichend genau. „Stellen" sind
> natürliche und juristische Per-
> sonen des Privatrechts, deren
> sich Behörden zur Erfüllung
> ihrer hoheitlichen Aufgaben im
> Umweltbereich bedienen (z. B.
> Labors, Gutachter). „Belie-
> hene" Private unterfallen dem
> Behördenbegriff.   Mindest-

anspruch dahin gehend, daß Informationen bei den privaten Personen über die zuständigen Behörden zugänglich gemacht werden.

Art. 7. Die Mitgliedstaaten ergreifen die erforderlichen Maßnahmen, um der Öffentlichkeit allgemeine Informationen über den Zustand der Umwelt, z. B. durch die regelmäßige Veröffentlichung von Zustandsbehörden, zur Verfügung zu stellen.

Keine Regelung zugunsten des **einzelnen**

Art. 8. Vier Jahre nach dem in Art. 9 Absatz 1 genannten Datum erstatten die Mitgliedstaaten der Kommission Bericht über ihre Erfahrungen; auf dieser Grundlage erstellt die Kommission einen Bericht an das Europäische Parlament und den Rat und fügt ihm etwaige Änderungsvorschläge bei, die sie für zweckmäßig hält.

Art. 9. (1) Die Mitgliedstaaten erlassen die Rechts- und Verwaltungsvorschriften, die erforderlich sind, um dieser Richtlinie spätestens am 31. 12. 1992 nachzukommen. Sie setzen die Kommission unverzüglich davon in Kenntnis.

(2) Die Mitgliedstaaten teilen der Kommission den Wortlaut der wichtigsten innerstaatlichen Rechtsvorschriften mit, die sie auf dem unter diese Richtlinie fallenden Gebiet erlassen.

Richtlinie ab diesem Datum unmittelbar wirksam. Informationsanspruch erfaßt auch die **vor** diesem Datum eingeleiteten und abgeschlossenen Verwaltungsvorgänge.

Art. 10. Diese Richtlinie ist an die Mitgliedstaaten gerichtet.

7. Staatshaftung bei mangelnder Umsetzung von Richtlinien

Hat ein Mitgliedstaat eine Richtlinie nicht fristgerecht umgesetzt, deren Bestimmungen jedoch innerstaatlich nicht anwendbar sind, weil sie inhaltlich als nicht unbedingt und hinreichend genau erscheinen, dann ist der säumige Staat nach dem Urteil des EuGH in der Rechtssache „Francovich" (EuZW 1991, 758 = NJW 1992, 165) aufgrund einer im Gemeinschaftsrecht verankerten Haftung verpflichtet, dem einzelnen den aus der unterlassenen Umsetzung resultierenden Schaden zu ersetzen. Durch diesen Ersatzanspruch wird die Säumnis des Staates für den Fall kompensiert, daß dem einzelnen die ihm in der Richtlinie zugedachten Vorteile nicht über die unmittelbare Anwendung der Richtlinie zugute kommen. Auf den Inhalt des Urteils und die daraus abzuleitenden Folgerungen wird im Zusammenhang mit der Umsetzung und dem Vollzug von Gemeinschaftsrecht im innerstaatlichen Bereich näher eingegangen (Kapitel F VI).

VI. Unmittelbare Wirkung von Entscheidungen

Neben Richtlinien können auch die an die Mitgliedstaaten gerichteten **Entscheidungen** unmittelbare Wirkung zugunsten der einzelnen entfalten. Es gelten im Prinzip dieselben Grundsätze wie bei Richtlinien, wie überhaupt der EuGH die Durchgriffswirkung sekundärrechtlicher Rechtsakte erstmals am Beispiel einer Entscheidung entwickelt hat (EuGHE 1970, 825 – Rs. 9/70 „Grad" = NJW 1970, 2182). Danach können Bestimmungen einer an einen Mitgliedstaat gerichteten Entscheidung diesem entgegengehalten werden, wenn sie ihrem Adressaten eine unbedingte und hinreichend klare und genaue Verpflichtung auferlegen. Legt eine Entscheidung fest, in welcher Höhe Gebühren für die gesundheitsbehördliche Untersuchung und Kontrolle von Schlachttieren zu erheben sind, kann sich der Gebührenschuldner unter Berufung auf die Entscheidung mit Erfolg dagegen wehren, zu höheren Gebühren auf der Grundlage innerstaatlichen Rechts herangezogen zu werden (EuGH NJW 1993, 315 – Rs. C – 156/91 „Hansa-Fleisch/Landrat Kreis Schleswig-Flensburg"). Räumt die Entscheidung den Mitgliedstaaten zu ihrer Durchführung eine Frist ein, ist eine Berufung auf die Entscheidung vor Ablauf dieser Frist ausgeschlossen.

VII. Das Verhältnis von Gemeinschaftsrecht und deutschem Recht

1. Der Vorrang des Gemeinschaftsrechts

Das Verhältnis zwischen Gemeinschafts- und deutschem Recht wird durch den Vorrang des Gemeinschaftsrechts bestimmt, d. h.: sind die Bestimmungen beider Rechtsordnungen inhaltlich nicht miteinander in Einklang zu bringen, geht das Gemeinschaftsrecht (primäres wie sekundäres) im Rang dem deutschen Recht vor. Dieser Vorrang ist grundsätzlich anerkannt, auch in der Rechtsprechung deutscher Gerichte, insbesondere der des Bundesverfassungsgerichts (s. 3.). Nach der weit überwiegend vertretenen Auffassung (vgl. BVerfGE 75, 223 [224]; *Oppermann,* Europarecht, S. 200 f.) handelt es sich um einen **Anwendungs-,** nicht um einen **Geltungs**vorrang. Im Konfliktfall setzt das Gemeinschaftsrecht das deutsche Recht nicht außer Kraft, sondern verdrängt es in seiner Anwendung; in den Bereichen, in denen Gemeinschaftsrecht keine Anwendung findet, bleibt das deutsche Recht gültig und anwendbar. Der Vorrang des Gemeinschaftsrechts vor einfachem Gesetzesrecht steht außer Streit. Die schwierige Frage nach dem Vorrang im Verhältnis zwischen Gemeinschaftsrecht und Verfassungsrecht hat das Bundesverfassungsgericht im Rahmen seiner Solange-Rechtsprechung weitgehend, aber noch nicht endgültig geklärt; die Grundpositionen dieser Rechtsprechung werden nachfolgend erläutert.

2. Der EuGH zur Rangfrage

Der EuGH leitet den Vorrang des Gemeinschaftsrechts aus den Gemeinschaftsverträgen ab, die im Unterschied zu gewöhnlichen völkerrechtlichen Verträgen eine eigene (autonome) Rechtsordnung geschaffen haben, die für die Mitgliedstaaten und ihre Angehörigen verbindlich ist. In dem grundlegenden Urteil in der Rechtssache „Costa/ENEL" (EuGHE 1964, 1251 = NJW 1964, 2371) hat er festgestellt, „daß dem vom Vertrag geschaffenen, somit aus einer autonomen Rechtsquelle fließenden Recht wegen dieser seiner Eigenständigkeit keine wie immer gearteten innerstaatlichen Rechtsvorschriften vorgehen können, wenn ihm nicht sein Charakter als Gemeinschaftsrecht aberkannt und wenn nicht die Rechtsgrundlage der Gemeinschaft selbst in Frage gestellt werden soll". Da dem Gemeinschaftsrecht **keine wie immer gearteten innerstaatlichen Rechtsvorschriften** vorgehen können, geht der EuGH von einem Vorrang des Gemeinschaftsrechts auch vor dem **Verfassungsrecht** der Mitgliedstaaten aus (s. auch EuGHE 1979, 3727 – Rs. 44/79 „Hauer"; EuGHE 1980, 3881 und 1982, 1845 – Rs. 149/79 „Kommission/Belgien"). Mit dieser sog. europarechtlichen Lösung will der EuGH **Einheit und Wirksamkeit** des Gemeinschaftsrechts in allen Mitgliedstaaten sichern.

3. Die Rangfrage in der Rechtsprechung deutscher Gerichte, insbesondere des BVerfG

Im Gegensatz zum EuGH leitet das BVerfG den Vorrang des Gemeinschaftsrechts nicht aus den Gemeinschaftsverträgen, sondern aus dem innerstaatlichen Rechtsanwendungsbefehl der Zustimmungsgesetze zu diesen Verträgen ab (BVerfGE 73, 339 = NJW 1987, 577). Mit der Ratifizierung dieser Verträge habe der deutsche Gesetzgeber von der Befugnis in Art. 24 Abs. 1 GG Gebrauch gemacht, den ausschließlichen Herrschaftsanspruch der Bundesrepublik für ihren Hoheitsbereich zurückzunehmen und dem Gemeinschaftsrecht als eigenständige Rechtsordnung unmittelbare Geltung und Anwendungsvorrang vor dem innerstaatlichen Recht einzuräumen. Auf dieser Rechtsgrundlage „müssen seit dem Inkrafttreten des Gemeinsamen Marktes die deutschen Gerichte" (ebenso Behörden) „auch solche Rechtsvorschriften anwenden, die zwar (der) eigenständigen außerstaatlichen Hoheitsgewalt (der Gemeinschaft) zuzurechnen sind, aber dennoch aufgrund ihrer Auslegung durch den EuGH im innerstaatlichen Raum unmittelbare Wirkung entfalten und entgegenstehendes nationales Recht überlagern und verdrängen" (BVerfGE 22, 293). Damit ist festgestellt, daß Gemeinschaftsrecht uneingeschränkt Vorrang vor einfachem Gesetzesrecht hat.

Mit dem Verhältnis zwischen Gemeinschaftsrecht und den Normen des GG hat sich das BVerfG im Rahmen seiner Solange-Rechtsprechung auseinandergesetzt. Die hier vorgenommene Klärung betrifft allerdings bisher nur das Verhältnis zwischen **sekundärem** Gemeinschaftsrecht und den **Grundrechten** des Grundgesetzes, nicht die Frage, ob Sekundärrecht mit dem Grundgesetz **außerhalb** des Katalogs der Grundrechte vereinbar ist (das BVerfG hält sich dafür für prüfungsbefugt, vgl. BVerfG NJW 1990, 974). Anhaltspunkte dafür, daß die Gemeinschaftsverträge, also **Primärrecht**, mit dem Grundgesetz kollidieren könnten, hat das BVerfG bisher nicht gesehen (vgl. BVerfGE 37, 271 [277] = NJW 1974, 1697 – Solange I).

Zum Verhältnis von Gemeinschaftsrecht und Grundgesetz äußert sich das BVerfG bei der Beurteilung seiner **Zuständigkeit**. Da es nur Akte **deutscher** Staatsgewalt verfassungsrechtlich überprüfen kann, ist das Gemeinschaftsrecht als solches seiner verfassungsgerichtlichen Kontrolle entzogen. Deshalb sind Verfassungsbeschwerden deutscher Bürger, die unmittelbar gegen EWG-VO'en als Akte nicht deutscher Hoheitsgewalt gerichtet sind, unzulässig (BVerfGE 22, 293). Im „Solange-I-Beschluß" vom 29. Mai 1974 (BVerfG, NJW 1974, 1697) ging es um die Vorlage eines Verwaltungsgerichts im Wege der konkreten Normenkontrolle nach Art. 100 Abs. 1 GG, ob bestimmte EWG-VO'en mit den Grundrechten des GG vereinbar seien. Das BVerfG erachtete die Vorlage für zulässig, da im Vollzug der Verordnungen durch deutsche Behörden oder in deren Handhabung durch deutsche Gerichte die Ausübung deutscher Staatsgewalt liege und der durch Art. 24 GG eingeräumte Vorrang des Gemeinschaftsrechts nicht so weit gehe, daß es sich auch gegenüber zwingendem Verfassungsrecht durchsetze. Art. 24 GG ermächtige nicht dazu, durch Übertragung von Hoheitsrechten die Identität der geltenden Verfassung der Bundesrepublik Deutschland durch Einbruch in die sie konstituierenden Strukturen aufzugeben. Ein unaufgebbares Essentiale der geltenden Verfassung sei der Grundrechtsteil des Grundgesetzes, der durch Art. 24 G nicht vorbehaltlos relativiert werden könne. Bei ihrem derzeitigen Integrationsstand gewährleiste die Gemeinschaft keinen dem Grundrechtsstandard des Grundgesetzes adäquaten Grundrechtsschutz, was aber künftig erreichbar sei. Demzufolge setzten sich in einem Normenkonflikt die Grundrechte des Grundgesetzes gegenüber dem sekundären Gemeinschaftsrecht durch, solange dieser Konflikt nicht durch entsprechende Maßnahmen auf Gemeinschaftsebene ausgeräumt sei. Die Kernaussage lautet:

„Solange der Integrationsprozeß der Gemeinschaft nicht so weit fortgeschritten ist, daß das Gemeinschaftsrecht auch einen von einem Parlament beschlossenen und in Geltung stehenden formulierten Katalog von Grundrechten enthält, der dem Grundrechtskatalog des GG adäquat ist, ist nach Einholung der in Art. 177 des Vertrags geforderten Entscheidung des EuGH die Vorlage eines Gerichts der Bundesrepublik Deutschland an das BVerfG im Normenkontrollverfahren zulässig und geboten, wenn das Gericht die für es entscheidungserhebliche Vorschrift des Gemeinschaftsrechts in der vom EuGH gegebenen Auslegung für unanwendbar hält, weil und soweit sie mit einem der Grundrechte des Grundgesetzes kollidiert."

Die aufgrund der **zulässigen** Vorlage vorgenommene materielle Überprüfung ergab keine Kollision der EWG-VO'en mit Grundrechten des Grundgesetzes.

Die Entscheidung über die Zulässigkeit der Vorlage erging mit 5:3 Richterstimmen. Die abweichenden Richter waren der Auffassung, daß der Kernbestand der Grundrechte bereits auf Gemeinschaftsebene durch die als allgemeine Rechtsgrundsätze gewonnenen Grundrechte gewährleistet werde und deshalb sekundäres Gemeinschaftsrecht nicht auf seine Vereinbarkeit mit den Grundrechten des GG geprüft werden könne (BVerfG NJW 1974, 1697, 1700). Diese Auffassung wurde auch überwiegend im rechtswissenschaftlichen Schrifttum vertreten (Zusammenstellung der Fundstellen bei *Hummer/Simma/Vedder/Emmert*, Europarecht in Fällen, S. 95).

In der Folgezeit hat das BVerfG sich mit dem „Vielleicht-Beschluß" (BVerfG 52, 202 = NJW 1980, 519), den beiden Eurocontrol-Entscheidungen (BVerfG 58, 1 = NJW 1982, 507; BVErfGE 59, 63 = NJW 1982, 512) und dem „Mittlerweile-Beschluß" (NJW 1983, 1258) schrittweise vom Solange-I-Beschluß entfernt und mit dem Solange-II-Beschluß vom 22. Oktober 1986 eine Umkehr vollzogen (BVerfGE 73, 339 = NJW 1987, 577). Dieser Beschluß erging auf die (zulässige) Verfassungsbeschwerde eines deutschen Unternehmens gegen ein klageabweisendes Urteil des Bundesverwaltungsgerichts. Das BVerfG wiederholt zunächst, daß die Ermächtigung in Art. 24 GG zur Übertragung von Hoheitsrechten aufgrund der Grundstruktur der Verfassung, zu der jedenfalls die dem Grundrechtsteil des Grundgesetzes zugrundeliegenden Rechtsprinzipien gehören, begrenzt sei; das Gericht bleibt also bei dem Ansatz in der Solange-I-Entscheidung. Die Kehre besteht darin, daß nach Auffassung des Gerichts mittlerweile im Hoheitsbereich der Europäischen Gemeinschaften ein Maß an Grundrechtsschutz erwachsen ist, das nach Konzeption, Inhalt und Wirkungsweise dem Grundrechtsstandard des Grundgesetzes im wesentlichen gleichzuachten ist; der europäische Grundrechtsstandard werde insbesondere durch die Rechtsprechung des EuGH gewährleistet. Auf dieser Grundlage gelangt das BVerfG zu folgender Feststellung:

„Solange die Europäischen Gemeinschaften, insbesondere die Rechtsprechung des Gerichtshofs der Gemeinschaften einen wirksamen Schutz der Grundrechte gegenüber der Hoheitsgewalt der Gemeinschaften generell gewährleisten, der dem vom Grundgesetz als unabdingbar gebotenen Grundrechtsschutz im wesentlichen gleichzuachten ist, zumal den Wesensgehalt der Grundrechte generell verbürgt, wird das BVerfG seine Gerichtsbarkeit über die Anwendbarkeit von abgeleitetem Gemeinschaftsrecht, das als Rechtsgrundlage für ein Verhalten deutscher Gerichte oder Behörden im Hoheitsbereich der Bundesrepublik Deutschland in Anspruch genommen wird, nicht mehr ausüben und dieses Recht mithin nicht mehr am Maßstab der Grundrechte des Grundgesetzes überprüfen; entsprechende Vorlagen nach Art. 100 Abs. 1 GG sind somit unzulässig."

Das BVerfG nimmt also seine Gerichtsbarkeit gegenüber sekundärem Gemeinschaftsrecht zurück und hat konsequenterweise eine Verfassungsbeschwerde, die dagegen gerichtet war, daß der Bundesminister der Justiz für ein Urteil des EuGH gemäß Art. 192 Abs. 2 Satz 2 EGV die Vollstreckungsklausel erteilt hatte, nicht zur Prüfung angenommen (Beschluß vom 10. April 1987, NJW 1987, 3077). In diesem Beschluß hat das Gericht festgestellt, daß **Fachgerichte und Behörden der Bundesrepublik nicht befugt oder verpflichtet sind, Akte der Organe der Europäischen Gemeinschaften auf ihre Vereinbarkeit mit den Grundrechtsverbürgungen des Grundgesetzes zu überprüfen** (Hervorhebung durch Verf.).

Nach den Ausführungen im Beschluß vom 12. Mai 1989 (NJW 1990, 974) bejaht das BVerfG allerdings die Möglichkeit, das zur Umsetzung einer Richtlinie ergangene **deutsche Ausführungsrecht** einer verfassungsrechtlichen Überprüfung zu unterziehen. In dem Beschluß hat das BVerfG es abgelehnt, im Wege der einstweiligen Anordnung nach § 32 BVerfGG der Bundesregierung die Zustimmung im Rat zur EG-Richtlinie über die Etikettierung von Tabakerzeugnissen zu untersagen, weil die beabsichtigte Verfassungsbeschwerde unzulässig wäre; die Unzulässigkeit folge daraus, daß die Zustimmung der Bundesregierung kein den Antragsteller unmittelbar beschwerender Hoheitsakt sei. Zulässig wäre die Verfassungsbeschwerde auch nicht deshalb, weil die Richtlinie möglicherweise (deutsche) Grundrechte verletze, da ihre Regelungen den Grundrechtsträger erst durch einen selbständig angreifbaren Rechtsetzungsakt der deutschen Staatsgewalt erreichten. Zu dessen Angreifbarkeit äußert sich das Gericht dann wie folgt:

„Die Etikettierungs-Richtlinie verpflichtet die Mitgliedstaaten, ihren Inhalt in nationales Recht umzusetzen, und eröffnet dabei einen erheblichen Gestaltungsspielraum. Der nationale Gesetzgeber ist bei der Umsetzung an die Vorgaben des Grundgesetzes gebunden. Die Frage, ob er bei der Umsetzung im Rahmen des ihm von der Richtlinie eingeräumten Gestaltungsspielraums Grundrechte oder grundrechtsgleiche Rechte der Antragstellerinnen verletzt, unterliegt in vollem Umfang der verfassungsgerichtlichen Überprüfung.
Soweit die Richtlinie den Grundrechtsstandard des Gemeinschaftsrechts verletzen sollte, gewährt der EuGH Rechtsschutz. Wenn auf diesem Wege der vom Grundgesetz als unabdingbar gebotene Grundrechtsstandard nicht verwirklicht werden sollte, kann das BVerfG angerufen werden."

Nach diesen Ausführungen ist nicht völlig eindeutig, ob das BVerfG die Möglichkeit einer Grundrechtskontrolle hinsichtlich der **gesamten** Richtlinie annimmt oder nur hinsichtlich des Teils, den umzusetzen der innerstaatliche Gesetzgeber die **Wahl** hat. Nach der Richtlinie sind bestimmte Vorgaben **zwingend**, andere **können** umgesetzt werden. Die Formulierung, daß der Gesetzgeber bei der Umsetzung **im Rahmen des ihm eingeräumten Gestaltungsspielraums** an die Vorgabe des Grundgesetzes gebunden sei (Hervorhebung durch Verf.), spricht dafür, eine Bindung nur hinsichtlich der zur Wahl gestellten Vorgaben anzunehmen. Würde nämlich der EuGH bei einer gerichtlichen Überprüfung der Richtlinie diese hinsichtlich ihrer zwingenden Vorgaben als mit den **europäischen** Grundrechten vereinbar beurteilen, das BVerfG hingegen den diese Vorgabe aufnehmenden Umsetzungsakt wegen eines Verstoßes gegen **deutsche** Grundrechte verwerfen, wäre die innerstaatliche Wirkung der Richtlinie vereitelt, womit sich entgegen dem Solange-II-Beschluß doch wieder die Grundrechte des Grundgesetzes gegenüber sekundärem Gemeinschaftsrecht durchsetzen würden. Die in diesem Zusammenhang erhobene Forderung, durch einen „Solange-III-Beschluß" den Schutz der deutschen Grundrechte gegenüber dem Gemeinschaftsrecht wieder stärker zur Geltung zu bringen (so *Scholz*, NJW 1990, 941 ff.), erscheint angesichts des vom BVerfG selbst als angemessen beurteilten Grundrechtsschutzes durch den EuGH nicht gerechtfertigt (*Everling*, EuR 1990, 195 ff.; *Tomuschat*, EuR 1990, 340 ff.). Da das BVerfG nach den dargestellten Grundsätzen bezüglich der Grundrechte keine Kontrolle mehr ausübt, dürfte die Identität der geltenden Verfassung, die gegen einen Einbruch durch das Gemeinschaftsrecht gesichert ist, sich aus den in Art. 79 Abs. 3 GG geschützten Bereichen ergeben (*Ehlers*, DVBl. 1991, 605 ff., 608). Inwieweit auf diese Weise die Bundesrepublik gegen eine Aushöhlung ihrer Staatlichkeit geschützt ist, insbesondere was Kompetenzverluste der Länder und Gemeinden durch Zuwachs an Kompetenzen der Gemeinschaft angeht, wird in anderem Zusammenhang behandelt (Kapitel H).

Auch die deutschen Fachgerichte bejahen den Vorrang des Gemeinschaftsrecht vor deutschem Recht (vgl. u. a. BVerwGE 45, 72; 49, 60).

Der Vorrang des Gemeinschaftsrechts läßt sich dahin gehend zusammenfassen:

a) Unmittelbar anwendbares Gemeinschaftsrecht (primäres wie sekundäres) verdrängt einfaches Gesetzesrecht in der Anwendung;

b) sekundärrechtliche Rechtsakte sind nur an den Grundrechten des Gemeinschaftsrechts zu messen; dies gilt auch für Richtlinien und Entscheidungen im Falle ihrer unmittelbaren Wirkung;

c) deutsches Recht, das Sekundärrecht durchführt, ist nur insoweit an den Grundrechten des Grundgesetzes zu messen, als dem innerstaatlichen Gesetzgeber bei der Umsetzung eine Wahlfreiheit (ein Gestaltungsspielraum) eingeräumt wurde.

VIII. Gemeinschaftsrecht und deutsche Vereinigung

Mit der staatsrechtlichen Vereinigung der beiden deutschen Staaten aufgrund des Einigungsvertrages vom 31. August 1990 (BGBl. II 1990, 889) ist das Gebiet der ehemaligen DDR in die Europäische Gemeinschaft eingegliedert worden, ohne daß es einer Änderung der Gemeinschaftsverträge bedurfte. Dies ergibt sich aus dem früheren Art. 227 EWGV, wonach der Vertrag für die Bundesrepublik Deutschland in ihrem jeweiligen Gebietsbestand verbindlich war. Somit ist das gesamte Gemeinschaftsrecht seit dem Tage der Vereinigung im Gebiet der neuen Bundesländer Brandenburg, Mecklenburg-Vorpommern, Sachsen, Sachsen-Anhalt und Thüringen unmittelbar anwendbar geworden, vorbehaltlich bestimmter vorübergehender Regelungen der Gemeinschaftsorgane in bezug auf das sekundäre Gemeinschaftsrecht. Die unmittelbare Geltung des Gemeinschaftsrechts wird in Art. 10 des Einigungsvertrages in deklaratorischer Weise festgehalten:

Art. 10 (1) Mit dem Wirksamwerden des Beitritts gelten in dem in Art. 3 genannten Gebiet (= Gebiet der neuen Bundesländer) die Verträge über die Europäischen Gemeinschaften nebst Änderungen und Ergänzungen sowie die internationalen Vereinbarungen, Verträge und Beschlüsse, die in Verbindung mit diesen Verträgen in Kraft getreten sind.

(2) Die auf der Grundlage der Verträge über die Europäischen Gemeinschaften ergangenen Rechtsakte gelten mit dem Wirksamwerden des Beitritts in dem in Art. 3 genannten Gebiet, soweit nicht die zuständigen Organe der Europäischen Gemeinschaften Ausnahmeregelungen erlassen. Diese Ausnahmeregelungen sollen den verwaltungsmäßigen Bedürfnissen Rechnung tragen und der Vermeidung wirtschaftlicher Schwierigkeiten dienen.

(3) Rechtsakte der Europäischen Gemeinschaften, deren Umsetzung oder Ausführung in die Zuständigkeit der Länder fällt, sind von diesen durch landesrechtliche Vorschriften umzusetzen oder auszuführen.

Zur Eingliederung der neuen Bundesländer hat der Rat am 4. Dezember 1990 ein Bündel von Verordnungen und Richtlinien als Übergangs- und Ausnahmeregelungen erlassen (ABl. 1990 Nr. L 353, S. 1–80; s. auch EuZW 1991, 99; ferner *Priebe,* EuZW 1991, 113), deren Geltung prinzipiell am 31. Dezember 1992 endet. Vorbehaltlich fortdauernder Sonderregelungen ist somit das Gemeinschaftsrecht nunmehr uneingeschränkt in den neuen Bundesländern anwendbar.

Literatur: (Innerstaatliche Wirkung von EG-Recht) *a) Allgemein: Klein,* Unmittelbare Geltung, Anwendbarkeit und Wirkung von Europäischem Gemeinschaftsrecht, 1988; *Groß,* Europa 1992: Einwirkungen des Europäischen Rechtes in den innerstaatlichen Bereich der Bundesrepublik Deutschland, JuS 1990, S. 522ff.; *b) unmittelbare Wirkung von Richtlinien: Bach,* Direkte Wirkung von EG-Richtlinien, JZ 1990, S.

1108 ff.; *Pieper,* Die Direktwirkung von Richtlinien der Europäischen Gemeinschaft, DVBl. 1990, S. 684 ff.; *Jarass,* Voraussetzungen der innerstaatlichen Wirkung des EG-Rechts, NJW 1990, S. 2420 ff.; *ders.,* Folgen der innerstaatlichen Wirkung von EG-Richtlinien, NJW 1991, S. 2665 ff.; *Winter,* Direktwirkung von Richtlinien, DVBl. 1991, S. 657 ff.; *Fischer,* Sind vertragswidrig nicht umgesetzte Richtlinien innerstaatlich nur auf Antrag anwendbar?, EuZW 1991, S. 557 ff.; *ders.,* Zur unmittelbaren Anwendung von EG-Richtlinien in der öffentlichen Verwaltung, NVwZ 1992, S. 635 ff.; *Emmert,* Horizontale Drittwirkung von Richtlinien, EWS 1992, S. 56 ff.; *Classen,* Zur Bedeutung von EWG-Richtlinien für Privatpersonen, EuZW 1993, S. 83 ff.

(Vorrang des Gemeinschaftsrechts) *a) Allgemein:* Kovar, Das Verhältnis des Gemeinschaftsrechts zum nationalen Recht, in: Dreißig Jahre Gemeinschaftsrecht, Luxemburg, Amt für amtliche Veröffentlichungen der EG, 1983, S. 119 ff.; *Everling,* Zum Vorrang des EG-Rechts vor nationalem Recht, DVBl. 1985, S. 195 ff.; *Hoppe,* Das Verhältnis des Europäischen Gemeinschaftsrechts zum nationalen Recht, Deutsche Verwaltungspraxis 1991, S. 265 ff.; *b) Verhältnis EG-Recht–Grundgesetz:* Streinz, Bundesverfassungsgerichtlicher Grundrechtsschutz und Europäisches Gemeinschaftsrecht, 1989; *Scholz,* Wie lange bis „Solange III", NJW 1990, S. 941 ff.; *Everling,* Brauchen wir „Solange III"?, EuR 1990, S. 195 ff.; *Tomuschat,* Aller guten Dinge sind III? Zur Diskussion um die Solange-Rechtsprechung des Bundesverfassungsgerichts, EuR 1990, S. 340 ff.; *Friauf/Scholz,* Europarecht und Grundgesetz, 1990; *Schilling,* Die deutsche Verfassung und die europäische Einigung, AöR 1991, S. 32 ff.; *Scholz,* Grundgesetz und europäische Einigung, NJW 1992, S. 2593 ff.; *Simson/Schwarze,* Europäische Integration und Grundgesetz – Maastricht und die Folgen für das deutsche Verfassungsrecht, 1992.

(EG und deutsche Vereinigung) *Giegerich,* Europa 1992: Die europäische Dimension der deutschen Wiedervereinigung – Rechtliche Bewältigung der Integration der ehemaligen DDR in die EG, JuS 1991, S. 996; *Hailbronner,* Das vereinte Deutschland in der Europäischen Gemeinschaft, Deutsch-deutsche Rechts-Zeitschrift 1991, S. 321 ff.; *Priebe,* Die Beschlüsse des Rates zur Eingliederung der neuen Bundesländer in die Europäischen Gemeinschaften, EuZW 1991, S. 113 ff.

F. Umsetzung und Vollzug von Gemeinschaftsrecht in der Bundesrepublik Deutschland

I. Die Pflicht zur Zusammenarbeit nach Art. 5 EGV

Von zentraler Bedeutung für die Umsetzung und den Vollzug von Gemeinschaftsrecht in der Bundesrepublik Deutschland ist die in Art. 5 EGV geregelte Pflicht zur loyalen Zusammenarbeit mit der Gemeinschaft und ihren Organen. Nach Art. 5 Abs. 1 EGV treffen die Mitgliedstaaten alle geeigneten Maßnahmen allgemeiner oder besonderer Art zur Erfüllung der Verpflichtungen, die sich aus dem Vertrag oder aus Handlungen der Organe der Gemeinschaft ergeben, und erleichtern der Gemeinschaft die Erfüllung ihrer Aufgabe; nach Abs. 2 unterlassen die Mitgliedstaaten alle Maßnahmen, welche die Verwirklichung der Ziele des Vertrags gefährden könnten. Aus Art. 5, insbesondere Abs. 1, hat der EuGH eine Reihe konkreter Einzelpflichten abgeleitet, die sich im Hinblick auf das Verhalten innerstaatlicher Organe im wesentlichen so zusammenfassen lassen (Nachweis der Rechtsprechung des EuGH bei *Grabitz*, in: *Grabitz*, EWGV, Art. 5, Rdnr. 5, 9 und 14):

– Pflicht zur normativen Durchführung von Gemeinschaftsrecht, insbesondere Pflicht zur ordnungsgemäßen Umsetzung von Richtlinien;
– Pflicht zum verwaltungsmäßigen Vollzug von Gemeinschaftsrecht;
– Pflicht zur Beachtung des Gemeinschaftsrechts, insbesondere durch Einräumung des Vorrangs und der Auslegung des nationalen Rechts im Lichte des Gemeinschaftsrechts;
– Pflicht, alle Maßnahmen zu unterlassen, welche die praktische Wirksamkeit des Gemeinschaftsrechts in Frage stellen können;
– Pflicht zur Gewährung effektiven Rechtsschutzes bei Verletzung unmittelbar anwendbaren Gemeinschaftsrechts;
– Pflicht, die Organe der Gemeinschaft bei der Erfüllung ihrer Aufgaben zu unterstützen, insbesondere Pflicht zur Konsultation.

Bei Nichterfüllung dieser Pflichten verhält sich ein Mitgliedstaat vertragswidrig, wobei ihm das Verhalten **jedes** innerstaatlichen Organs im Bereich der Legislative, Exekutive und Judikative zugerechnet wird. Die Verantwortlichkeit der Mitgliedstaaten besteht unabhängig davon, welches Staatsorgan durch sein Verhalten den Vertragsverstoß verursacht hat; die Mitgliedstaaten können sich nicht auf Bestimmungen, Übungen und Umstände des innerstaatlichen Rechts berufen, um die Nichtbeachtung gemeinschaftsrechtlicher Pflichten zu rechtfertigen (EuGHE 1976, 277 – Rs. 52/75 – Kommission/Italien).

Mit Hilfe von Art. 5 EGV (teilweise i. V. mit anderen Bestimmungen des Vertrages) legt der EuGH das Gemeinschaftsrecht so aus, daß eine wirksame Durchführung dieses Rechts in den Mitgliedstaaten gesichert ist. Auf dieser rechtlichen Grundlage beruht beispielsweise seine Rechtsprechung zur unmittelbaren Wirkung von Richtlinien (vgl. EuGH DVBl. 1988, 24 – Rs. 190/87 „Borken"), zu den Anforderungen an eine ordnungsmäßige Umsetzung von Richtlinien (vgl. EuGH EuZW 1991, 405 – Rs. C – 131/88 – Kommission/Bundesrepublik) und zur Staatshaftung bei der Nichtumsetzung von Richtlinien (vgl. EuGH EuZW 1991, 758 = NJW 1992, 165 – Rs. C 6/90 „Francovich").

Soweit sich aus dem Gemeinschaftsrecht nichts Gegenteiliges ergibt, führt die Bundesrepublik das Gemeinschaftsrecht nach Maßgabe ihres nationalen Rechts durch. Daher bestimmt sich nach deutschem Recht, welche innerstaatlichen Stellen (Parlamente, Behörden und Gerichte) das Gemeinschaftsrecht normativ, verwaltungsmäßig oder justitiell durchführen. Um den bundesstaatlichen Aufbau der Bundesrepublik und das sich daraus ergebende Kompetenzgefüge kümmert sich das Gemeinschaftsrecht nicht. Aus seiner Sicht kommt es nur darauf an, daß die Bundesrepublik als **Mitgliedstaat** ihre Vertragspflicht erfüllt, so daß der bundesstaatliche Aufbau weder durch das Gemeinschaftsrecht in Frage gestellt wird noch der Bundesrepublik dazu dienen kann, die Nichterfüllung vertraglicher Pflichten zu rechtfertigen. Der verwaltungsmäßige Vollzug von Gemeinschaftsrecht einschließlich seiner gerichtlichen Kontrolle durch nationale Gerichte richtet sich nach deutschem Verwaltungsverfahrens- und Verwaltungsprozeßrecht, soweit das Gemeinschaftsrecht einschließlich der allgemeinen gemeinschaftsrechtlichen Grundsätze für diesen Vollzug keine eigenen Vorschriften enthält (vgl. EuGHE 1983, 2633 – Rs. 205 – 2125/82 „Deutsche Milchkontor" = NJW 1984, 2024). Stößt die Bundesrepublik bei der Durchführung von Gemeinschaftsrecht auf unvorhergesehene Schwierigkeiten, die ihr die Erfüllung der gemeinschaftsrechtlichen Verpflichtungen absolut unmöglich machen, hat sie (wie jeder andere Mitgliedstaat auch) diese Probleme der Kommission zu unterbreiten und ihr dabei geeignete Lösungen vorzuschlagen. In einem derartigen Fall verpflichtet Art. 5 EGV die Kommission und die Bundesrepublik, nach Treu und Glauben zusammenzuarbeiten, um die Schwierigkeiten unter voller Beachtung der Bestimmungen des Vertrages zu überwinden (EuGH EuZW 1990, 384 [386] – Rs. C – 217/88 „Tafelwein"). Die Pflicht zur loyalen Zusammenarbeit nach Art. 5 EGV ist also eine gegenseitige.

Zur Durchführung des Gemeinschaftsrechts können deutsche Behörden auch verpflichtet sein, mit den Behörden anderer Mitgliedstaaten zusammenzuarbeiten. Der konkrete Inhalt dieser Pflichten ergibt sich nicht unmittelbar aus Art. 5 EGV, sondern folgt aus speziellen gemeinschaftsrechtlichen Regelungen oder allgemeinen rechtlichen Grundsätzen wie dem Prinzip der gegenseitigen Anerkennung (s. dazu unter III 7).

II. Normative Umsetzung von Gemeinschaftsrecht

Hauptanwendungsfall der normativen Durchführung von Gemeinschaftsrecht ist die Umsetzung von Richtlinien. Verordnungen bedürfen wegen ihrer unmittelbaren Geltung einer solchen Umsetzung nicht, jedoch können sie den Erlaß von nationalen Durchführungsvorschriften vorsehen, um ihre innerstaatliche Anwendung zu sichern (was hauptsächlich bei Verordnungen im Agrarbereich vorkommt). Je nach ihrem Inhalt sind auch Entscheidungen normativ umzusetzen. Im folgenden wird nur auf die Umsetzung von Richtlinien eingegangen, da für die Durchführung der anderen Rechtsakte prinzipiell nichts anderes gilt.

1. Zuständigkeit

Die Zuständigkeit zum Erlaß von Durchführungsrecht richtet sich in entsprechender Anwendung der Art. 70 ff. GG nach der Verteilung der Gesetzgebungskompetenzen im Verhältnis zwischen Bund und Ländern. Die Art. 70 ff. GG sind nicht unmittelbar anwendbar, da es sich nicht um eine originäre deutsche Gesetzgebung, sondern um eine solche zur Erfüllung gemeinschaftsrechtlicher Verpflichtungen handelt. Eine alleinige Zuständigkeit des Bundes hierfür läßt sich weder aus Art. 24 Abs. 1 GG noch anderen Kompetenznormen des Grundgesetzes herleiten (*Grabitz,* AöR 111 [1986], 1 ff.; *Weber,* Rechtsfragen der Durchführung des Gemeinschaftsrechts in der Bundesrepublik, 1987, S. 27 ff.). Demnach ist der Bund zuständig, wenn es sich bei der umzusetzenden Richtlinie um einen Gegenstand der ausschließlichen, der konkurrierenden, der Rahmen- oder der Gesetzgebung kraft ungeschriebener Zuständigkeit des Bundes handelt (zu letzterer vgl. *Badura,* Staatsrecht, 1986, S. 373 f.). Im übrigen liegt die Gesetzgebungskompetenz bei den Ländern.

Beispiel: Aufgrund seiner Zuständigkeit für die Gebiete der Rechtsanwaltschaft und der Rechtsberatung nach Art. 74 Nr. 1 GG hat der Bund die Richtlinie über die gegenseitige Anerkennung der Hochschuldiplome für die Berufe der Rechtsanwälte und Patentanwälte durch Gesetz vom 6. Juli 1990 (BGBl. I S. 1349), für Wirtschaftsprüfer durch Gesetz vom 20. Juli 1990 (BGBl. I S. 1462) und für Steuerberater durch Gesetz vom 13. Dezember 1990 (BGBl. I S. 2756) umgesetzt.

Aufgrund der Zuständigkeit der Länder für den Bereich des Schulwesens hat z. B. das Land Nordrhein-Westfalen die Richtlinie über die gegenseitige Anerkennung der Hochschuldiplome für die Berufe der Lehrer durch Verordnung vom 21. Mai 1991 (GVBl. NRW S. 246) umgesetzt.

Die Länder sind dem Bund nach dem **Grundsatz der Bundestreue** zur Umsetzung von Richtlinien verpflichtet (*Weber,* Rechtsfragen, S. 31).

2. Gemeinschaftsrechtliche Anforderungen an die Umsetzung von Richtlinien

Richtlinien müssen so umgesetzt werden, daß dem Erfordernis der Rechtssicherheit voll entsprochen wird. Dieses verlangt eine Umsetzung derart, daß aufgrund nationaler Vorschriften tatsächlich eine vollständige Anwendung der Richtlinie in hinreichend bestimmter und klarer Weise gewährleistet ist (EuGHE 1987, 1733 – Rs. 363/85 – Kommission/Italien; st. Rspr.). In der Bundesrepublik werden Richtlinien üblicherweise durch förmliche (parlamentarische) Gesetze oder durch Rechtsverordnungen i. S. von Art. 80 GG in nationales Recht umgesetzt. Sofern auf diese Weise eine **vollständige** Anwendung der Richtlinie gewährleistet ist, ist dem Erfordernis der Rechtssicherheit Genüge getan.

a) Umsetzung durch Rückgriff auf vorhandene Gesetze

Für die Umsetzung einer Richtlinie in innerstaatliches Recht ist nicht notwendigerweise erforderlich, ihre Bestimmungen förmlich und wörtlich in einer ausdrücklichen Gesetzesvorschrift wiederzugeben; je nach ihrem Inhalt kann ein allgemeiner rechtlicher Rahmen genügen, sofern er die volle Anwendung der Richtlinie garantiert (EuGHE 1987, 1733). Mit diesem allgemeinen rechtlichen Rahmen sind bereits vorhandene nationale Vorschriften gemeint, so daß der Gesetz- oder Verordnungsgeber untätig bleiben kann, wenn das bereits geltende Recht eine volle Anwendung gewährleistet. In dieser Hinsicht gelten jedoch verschärfte Anforderungen, soweit die Richtlinie Ansprüche des einzelnen begründen soll. In diesem Fall muß der allgemeine gesetzliche Rahmen, also das bereits vorhandene nationale Recht, so bestimmt, klar und durchschaubar sein, daß die Begünstigten von allen ihren Rechten Kenntnis erlangen und diese vor den nationalen Gerichten geltend machen können; durch den gesetzlichen Rahmen muß die volle Anwendung der Richtlinie nicht nur in **tatsächlicher**, sondern auch in **rechtlicher** Hinsicht gewährleistet sein (EuGH EuZW 1991, 405 – Rs. C – 131/88 – Kommission/Bundesrepublik Deutschland).

In der vorbezeichneten Rechtssache hat der EuGH entschieden, daß die Bundesrepublik Deutschland die Richtlinie 80/68/EWG des Rates vom 17. Dezember 1979 über den Schutz des Grundwassers gegen Verschmutzung durch bestimmte gefährliche Stoffe (ABl. 1980 Nr. L 20/43) nicht in der erforderlichen Weise in nationales Recht umgesetzt hat. Die Richtlinie enthält u. a. ein allgemeines und uneingeschränktes Verbot der direkten Ableitung bestimmter Stoffe in das Grundwasser und schreibt diesbezüglich eine bestimmte behördliche Prüfung vor. Zur Umsetzung der Richtlinie hatte die Bundesrepublik keine besonderen gesetzlichen Vorschriften erlassen, sondern sich darauf berufen, daß die Richtlinie durch einschlägige Fachgesetze (Wasserhaushaltsgesetz, Abfallgesetz)

und die Verwaltungsverfahrensgesetze des Bundes und der Länder ordnungsgemäß umgesetzt worden sei; diese Gesetze würden in der Praxis
richtlinienkonform ausgelegt und angewendet, so daß damit die Richtlinie durchgeführt sei. Dieses Vorbringen wies der EuGH zurück, weil
die Übereinstimmung einer **Praxis** mit den zwingenden Schutzerfordernissen einer Richtlinie deren Anwendung nur tatsächlich, nicht aber auch
rechtlich garantiere. Rechtlich sei die volle Anwendung nur bei einer
Umsetzung durch **Vorschriften** gewährleiset. Weiterhin meinte der
EuGH, daß durch die von der Bundesrepublik angeführten nationalen
Vorschriften nicht die erforderliche Klarheit und eindeutige Rechtslage
zugunsten des einzelnen geschaffen worden sei. Nach Ansicht der Bundesrepublik war das Verbot der direkten Ableitung bestimmter Stoffe
durch die Vorschrift des § 34 Abs. 1 Wasserhaushaltsgesetz (WasserHG)
umgesetzt worden, wonach eine Erlaubnis für das Einleiten von Stoffen
nur erteilt werden darf, wenn eine schädliche Verunreinigung des
Grundwassers oder eine sonstige nachteilige Veränderung seiner Eigenschaft nicht zu besorgen ist. Nach Auffassung des EuGH verlangt ein
vollständiger und wirksamer Schutz des Grundwassers, daß das betreffende Verbot ausdrücklich in den nationalen Rechtsvorschriften vorgesehen ist; diesem Erfordernis entspreche § 34 Abs. 1 WasserHG nicht, weil
die Vorschrift kein allgemeines Verbot enthalte, sondern es der zuständigen Behörde gestatte, auf der Grundlage recht unbestimmter Kriterien
eine Erlaubnis für das Einleiten von Stoffen in das Grundwasser zu erteilen. Das Erfordernis der vorgeschriebenen Prüfung sah die Bundesrepublik dadurch als erfüllt an, daß nach den §§ 24 und 26 VwVfG die Behörden in Verwaltungsverfahren den Sachverhalt von Amts wegen zu ermitteln und sich aller erforderlichen Beweismittel zu bedienen haben.
Auch hier vermißte der EuGH eine klare und eindeutige Rechtslage mit
Rücksicht auf den in der Richtlinie näher beschriebenen Gegenstand der
Prüfung und die dabei durchzuführenden Untersuchungen.

Legt eine Richtlinie zwingende Erfordernisse fest, auf deren Beachtung der einzelne einen Anspruch hat, so ist nach den Ausführungen des
EuGH in der vorbezeichneten Rechtssache nur dann eine ordnungsgemäße Umsetzung der Richtlinie anzunehmen, wenn diese Erfordernisse
sich ausdrücklich aus den Vorschriften des nationalen Rechts ergeben;
das erfordert im Regelfall eine gesonderte Regelung und schließt praktisch den Rückgriff auf bereits vorhandene Gesetze i. S. eines allgemeinen rechtlichen Rahmens aus.

b) Umsetzung durch Verwaltungsvorschriften

Eine weitere Frage, die der EuGH einer Klärung zugeführt hat, betrifft
die Umsetzung von Richtlinien durch **Verwaltungsvorschriften**. Streitig war, ob die Bundesrepublik zwei Richtlinien zur Reinhaltung der

Luft (Richtlinie 80/779/EWG des Rates vom 15. Juli 1980 über Grenz-werte und Leitwerte der Luftqualität für Schwefeldioxyd und Schwebe-staub, ABl. 1980 Nr. L 229/30; Richtlinie 82/884/EWG des Rates vom 3. Dezember 1982 betreffend einen Grenzwert für den Bleigehalt in der Luft, ABl. 82 Nr. L 378/15) rechtlich korrekt in deutsches Recht umge-setzt hatte. Die Bundesrepublik hatte die in den Richtlinien vorgeschrie-benen Grenzwerte in der Technischen Anleitung zur Reinhaltung der Luft – TA Luft – festgelegt, die auf der Grundlage von § 48 Bundes-immissionsschutzgesetz als Verwaltungsvorschrift erlassen worden war. Der EuGH stellte fest, daß die betreffenden Richtlinien wegen des von ihnen bezweckten Schutzes der menschlichen Gesundheit Rechte des einzelnen begründen, im Hinblick auf diese Rechte die TA Luft aber nicht den Erfordernissen der Rechtssicherheit genüge, weil auf ihrer Grundlage der einzelne seine Rechte nicht vor den nationalen Gerichten geltend machen könne; die Bundesrepublik habe im konkreten Fall der TA Luft keine nationale Gerichtsentscheidung angeführt, mit der dieser Verwaltungsvorschrift über ihre Verbindlichkeit für die Verwaltung hin-aus unmittelbare Wirkung gegenüber Dritten zuerkannt würde (EuGH EuZW 1991, 440 – Rs. C – 361/88; EuZW 1991, 442 – Rs. C – 59/89, beide Kommission/Bundesrepublik Deutschland). Danach sind Verwal-tungsvorschriften nicht generell zur Umsetzung ungeeignet, dann je-doch, wenn sie im Verhältnis Staat–Bürger keine rechtlichen Wirkungen erzeugen (Außenwirkung). Abgesehen von dem Sonderfall der atom-rechtlichen Genehmigung (vgl. BVerwGE 72, 300, 316 f.) rufen Verwal-tungsvorschriften diese Außenwirkung nicht hervor (vgl. BVerfG, DVBl. 1989, 94). Zwar können sog. ermessenslenkende Verwaltungs-vorschriften aufgrund der dadurch bewirkten Selbstbindung der Verwal-tung anspruchsbegründende Wirkungen im Verhältnis zwischen Verwal-tung und Bürger hervorrufen (vgl. BVerwGE 34, 278); da von dieser Selbstbindung aber im Einzelfall abgewichen werden kann, sie also nicht ausnahmslos gilt, dürften ermessenslenkende Vorschriften nicht den vom EuGH im Interesse der Rechtssicherheit aufgestellten strengen Kri-terien für eine ordnungsgemäße Umsetzung entsprechen. Soweit der Inhalt einer Richtlinie für das Verhältnis Staat–Bürger maßgebend ist, genügen daher Verwaltungsvorschriften für eine Umsetzung nicht. Sie sind aber ausreichend, wenn Richtlinien ohne Auswirkungen auf den Bürger nur Festlegungen in bezug auf den Staat selbst treffen (z. B. Pflicht, eine bestimmte innerstaatliche Stelle einzurichten, Konsulta-tionspflichten u. ä.).

Zur Umsetzung genügt auf keinen Fall eine **tatsächliche** Übung der Verwaltung, da sie jederzeit abänderbar ist (vgl. EuGHE 1986, 3645 – Rs. 239/85 – Kommission/Belgien).

3. Normative Anpassung an die Rechtsprechung des EuGH

Die Bundesrepublik Deutschland ist verpflichtet, ihr Recht normativ der Rechtsprechung des EuGH anzupassen, wenn es inhaltlich nicht mehr den dadurch festgelegten Anforderungen des Gemeinschaftsrechts entspricht.

Beispiel: Von der im deutschen Ausländerrecht vorgesehenen Möglichkeit, Ausländer zu bestrafen, die sich nicht im Besitz gültiger Ausweispapiere befinden, wurde ursprünglich auch gegenüber Angehörigen anderer Mitgliedstaaten Gebrauch gemacht. Der EuGH entschied, daß auch gegenüber den unter dem Schutz des Gemeinschaftsrechts stehenden Personen Sanktionen verhängt werden können, wenn sie nicht über die im Gemeinschaftsrecht vorgeschriebenen Ausweispapiere verfügen, daß jedoch die verhängte Sanktion nicht außer Verhältnis zu der Art des begangenen Verstoßes stehen darf (EuGHE 1977, 1495 – Rs. 8/77 „Sagulo" = NJW 1977, 1579). Daraufhin wurde das Gesetz über Einreise und Aufenthalt von Staatsangehörigen der Mitgliedstaaten der Europäischen Wirtschaftsgemeinschaft (AufenthG/EWG) i.d.F. der Bekanntmachung vom 31. Januar 1980 (BGBl. I, S. 116, zuletzt geändert durch das Gesetz zur Neuregelung des Ausländerrechtes vom 9. Juli 1990, BGBl. I, S. 1354) durch § 12a AufenthG/EWG dahin gehend geändert, daß der mangelnde Besitz der Ausweispapiere (nur) eine mit Geldbuße zu ahndende Ordnungswidrigkeit darstellt.

4. Folgen unterbliebener oder unzureichender Umsetzung

Die unterbliebene oder unzureichende Umsetzung stellt einen Vertragsverstoß dar. Die Kommission kann unter den Voraussetzungen des Art. 169 EGV gegen die Bundesrepublik Aufsichtsklage vor dem EuGH erheben, der, wenn die Klage begründet ist, den Vertragsverstoß durch Urteil feststellt. Ungeachtet dieses Verfahrens sind die deutschen Verwaltungsbehörden und Gerichte verpflichtet, nach Ablauf der Umsetzungsfrist die Bestimmungen von Richtlinien unter der Voraussetzung ihrer unmittelbaren Wirkung direkt und mit Vorrang vor deutschem Recht anzuwenden.

III. Der Vollzug von Gemeinschaftsrecht

1. Arten des Vollzuges

Beim verwaltungsmäßigen Vollzug des Gemeinschaftsrechts ist zwischen dem **gemeinschaftseigenen** (direkten) Vollzug und dem **mitgliedstaatlichen** (indirekten) Vollzug zu unterscheiden. Der Schwerpunkt liegt beim Vollzug durch die Mitgliedstaaten.

Der gemeinschaftseigene Vollzug ist auf bestimmte Bereiche beschränkt. Dazu gehören neben der Anwendung des europäischen Dienstrechts auf die Bediensteten der Gemeinschaft hauptsächlich der Vollzug des Kartellrechts nach den Art. 85 ff. EGV und dem dazu gehörenden Sekundärrecht, die Beihilfenaufsicht (Art. 92 ff. EGV), die Verwaltung der Strukturfonds (vgl. Art. 130 b bis d EGV) und die Mittelvergabe im Bereich der beruflichen Bildung (Art. 127 EGV) und der Forschungs- und Technologiepolitik (Art. 130 f ff. EGV). (Zum Verwaltungsvollzug durch die Gemeinschaft s. näher *Schwarze*, Europäisches Verwaltungsrecht, Band I, S. 25 ff.) Die Zuständigkeiten sind bei der Kommission konzentriert. Das Verwaltungsverfahren ist nur in Teilbereichen (z. B. im Kartellrecht), jedoch nicht allgemein geregelt, so daß auf rechtsstaatliche Grundsätze des Verwaltungshandelns als allgemeine Rechtsgrundsätze zurückgegriffen werden muß (s. o. Kapitel D II 3 b).

Der Vollzug des Gemeinschaftsrechts durch die Mitgliedstaaten teilt sich in **unmittelbaren** und **mittelbaren** Vollzug auf. Unmittelbarer Vollzug liegt bei der Anwendung unmittelbar anwendbaren, also nicht umsetzungsbedürftigen Gemeinschaftsrechts vor, mittelbarer Vollzug, wenn die zur Umsetzung des Gemeinschaftsrechts erlassenen nationalen Vorschriften angewendet werden.

2. Verwaltungsorganisation

Die Verwaltungsorganisation in den Mitgliedstaaten, d. h. der Aufbau ihrer Verwaltung und damit verbunden die Verteilung der Aufgaben auf die einzelnen Verwaltungsträger und ihre Behörden, ist im allgemeinen Angelegenheit der Mitgliedstaaten selbst. Diese sind gehalten, ihre Verwaltung so zu organisieren, daß ein effektiver Vollzug des Gemeinschaftsrechts gewährleistet ist (vgl. EuGHE 1982, 153 – Rs. 68/81 – Kommission/Belgien). Eigene Vorgaben zur Einrichtung bestimmter Stellen durch die Mitgliedstaaten erteilt das (sekundäre) Gemeinschaftsrecht nur in verhältnismäßig wenigen Fällen, vorwiegend im Bereich der Gemeinsamen Agrarpolitik (vgl. *Weber*, Rechtsfragen, S. 46 f.). Ein einschlägiges Beispiel im Bereich des öffentlichen Auftragswesens enthält die Richtlinie 89/665/EWG des Rates vom 21. Dezember 1989 zur Koordinierung der Rechts- und Verwaltungsvorschriften der Mitgliedstaaten für die Anwendung der Nachprüfungsverfahren im Rahmen der Vergabe öffentlicher Liefer- und Bauaufträge (ABl. 1989 Nr. L 395/33 = „Europäisches Wirtschaftsrecht", Nr. 186). Die Richtlinie schreibt vor, daß die Entscheidungen der Vergabestellen auf Verstöße gegen das Gemeinschaftsrecht im Bereich des öffentlichen Auftragswesens durch eine von den Mitgliedstaaten zu bestimmende Instanz überprüfbar sein müssen. Ist diese Instanz kein Gericht, dann ist nach Art. 2 Abs. 8 der Richtlinie, sofern gegen die Maßnahmen der Grundinstanz nicht die staatlichen Gerichte angerufen werden können, eine unabhängige, mit richterlichen Funktionen ausgestattete weitere Instanz einzurichten, die als Revisionsinstanz die Maßnahmen der Grundinstanz nachprüft (zum öffentlichen Auftragswesen näher in Teil II. Kapitel E).

Im übrigen übt das Gemeinschaftsrecht eher mittelbar einen Einfluß aus, als seine Durchführung in den Mitgliedstaaten zu Veränderungen der innerstaatlichen Verwaltungsorganisation führen kann. Das trifft in der gegenwärtigen Phase in besonderem Maße für die Maßnahmen zur Verwirklichung des Binnenmarktes zu. So hat beispielsweise die Bundesrepublik Deutschland die Dienststellen ihrer Zollverwaltung an den Binnengrenzen der Gemeinschaft aufgelöst, da ab dem 1. Januar 1993 an diesen Grenzen Waren aus steuerlichen und gesundheitspolizeilichen Gründen nicht mehr kontrolliert werden.

3. Zuständigkeit

Die Zuständigkeit zum Verwaltungsvollzug im Verhältnis zwischen Bund und Ländern beurteilt sich nach der Aufteilung der Verwaltungskompetenzen in den Art. 83 ff. GG. Wird deutsches Durchführungsrecht angewendet (mittelbarer Vollzug), richtet sich die Zuständigkeit direkt nach diesen Vorschriften. Bei der Anwendung von Gemeinschaftsnormen (unmittelbarer Vollzug) können die Art. 83 ff. GG nur sinngemäß herangezogen werden, da die Normen des Gemeinschaftsrechts eine eigenständige Rechtsordnung bilden, auf welche die innerstaatliche Kompetenzverteilung nur entsprechend übertragbar ist (*Weber*, Rechtsfragen, S. 47/48). Demnach sind die Länder zum Vollzug von Gemeinschaftsrecht direkt oder analog zuständig unter dem Aspekt des landeseigenen Vollzugs von Bundesrecht (Art. 83 GG), der Bundesauftragsverwaltung (Art. 84 GG) oder dem Vollzug von Landesrecht. Im Agrarbereich konzentriert sich die Zuständigkeit beim Bund aufgrund der Einrichtung der Bundesanstalt für landwirtschaftliche Marktordnung als selbständige Bundesoberbehörde nach Art. 87 Abs. 3 GG. Nach Art. 108 Abs. 1 GG verwalten die Bundesfinanzbehörden die Zölle und die sonstigen Abgaben im Rahmen der Europäischen Gemeinschaften. Da die Aktivitäten der Gemeinschaft ursprünglich und über längere Zeit hinweg vorwiegend auf die Bereiche der Zölle (Zollunion, gemeinsamer Zolltarif) und der gemeinsamen Agrarmärkte ausgerichtet waren, ergab sich daraus für den Vollzug des Gemeinschaftsrechts faktisch ein Schwerpunkt beim Bund. Aufgrund der vielfältigen Regelungen zur Verwirklichung des Binnenmarktes und solcher in anderen Politikbereichen, wie z. B. dem Umweltschutz, werden die Verwaltungszuständigkeiten der Länder jedoch in erheblich stärkerem Maße angesprochen, als dies bisher der Fall war.

Die Zuständigkeit der Behörden richtet sich nach den ihnen nach innerstaatlichem Recht übertragenen Aufgabenbereichen.

4. Die Anwendung von Gemeinschaftsrecht durch Verwaltungsbehörden (Prüfungs- und Verwerfungskompetenz der Verwaltung)

Die Behörden sind verpflichtet, in ihrem Zuständigkeitsbereich Gemeinschaftsrecht zu vollziehen (anzuwenden) bzw. bei der Anwendung von deutschem Recht zu beachten. Dies folgt aus der Pflicht zur Durchführung des Gemeinschaftsrechts nach Art. 5 EGV bzw. dem sich aus den Zustimmungsgesetzen zu den EG-Verträgen ergebenden innerstaatlichen Rechtsanwendungsbefehl. Für die Anwendung von Gemeinschaftsrecht haben die Behörden die nachstehend beschriebenen Prüfungs- und Verwerfungskompetenzen. Dabei ist zwischen unmittelbarem und mittelbarem Vollzug zu unterscheiden.

a) Unmittelbarer Vollzug

Der unmittelbare Vollzug besteht im Vollzug unmittelbar anwendbaren Gemeinschaftsrechts. Dazu zählen unmittelbar geltende Normen und Rechtsgrundsätze des Primärrechts, Verordnungen sowie Richtlinien und Entscheidungen im Fall ihrer unmittelbaren Wirkung. Dieses Recht ist in der Auslegung durch die Rechtsprechung des EuGH anzuwenden.

Beispiel: Nach der Definition des EuGH ist jemand Arbeitnehmer i. S. von Art. 48 EGV, wenn er während einer bestimmten Zeit für einen anderen nach dessen Weisung Leistungen erbringt, für die er als Gegenleistung eine Vergütung erhält (EuGHE 1986, 2121 – Rs. 66/85 „Lawrie-Blum" = NVwZ 1987, 41). Diese Definition erfaßt auch die Tätigkeit von Beamten, selbst wenn sie nach deutschem Recht nicht in einem Arbeits-, sondern in einem öffentlich-rechtlichen Dienst- und Treueverhältnis stehen.

Sind Gemeinschaftsnormen durch den EuGH bisher nicht ausgelegt worden (was hauptsächlich bei Normen des Sekundärrechts vorkommt), dann sind die deutschen Behörden berechtigt wie verpflichtet, die betreffenden Normen unter Rückgriff auf vom EuGH vorgegebene Auslegungskriterien selbst auszulegen. Hieran werden die Behörden nicht dadurch gehindert, daß der EuGH in bezug auf das Gemeinschaftsrecht ein Auslegungsmonopol besitzt. Dieses Monopol besagt, daß die Auslegung durch den EuGH **verbindlich** ist (sich also gegenüber jeder anderen Auslegung durchsetzt); es führt jedoch nicht zu einer **Anwendungssperre** von bisher durch den EuGH nicht ausgelegtem Gemeinschaftsrecht. Bei Schwierigkeiten und Unsicherheiten in der Auslegung dürfen die Behörden das Gemeinschaftsrecht daher nicht unangewendet lassen, sondern müssen versuchen, ihm einen EG-rechtskonformen Inhalt zu geben.

Beispiel: Ob eine nicht oder unvollständig umgesetzte Richtlinie nach Ablauf der Umsetzungsfrist unmittelbare Wirkung entfaltet, ist anhand der vom EuGH vorgegebenen Kriterien der Unbedingtheit und hinreichenden Genauigkeit ihrer Bestimmungen zu beurteilen. Dieser Prüfung dürfen sich die Behörden nicht deshalb entziehen, weil sich der EuGH zu der unmittelbaren Wirkung der Richtlinie selbst noch nicht geäußert hat.

Eine Überprüfung, ob sekundärrechtliche Rechtsakte mit den Grundrechten des Grundgesetzes vereinbar sind, ist, wie dargelegt, nach der Rechtsprechung des Bundesverfassungsgerichts ausgeschlossen. Die Behörden sind aber befugt, Sekundärrecht auf Vereinbarkeit mit den Grundrechten des Gemeinschaftsrechts zu prüfen, und können ihm bei auslegungsfähigem Inhalt eine grundrechtskonforme Auslegung geben. Zur Verwerfung sind die Behörden aber nicht berechtigt, da aufgrund des Entscheidungsmonopols des EuGH in bezug auf die Gültigkeit sekundärrechtlicher Rechtsakte diese so lange als wirksam zu behandeln sind, bis der EuGH als zuständiges Gericht sie für ungültig erklärt hat (EuGHE 1987, 4199 – Rs. 314/85 „Foto-Frost" = NJW 1987, 1451).

Im Hinblick auf den Anwendungsvorrang des Gemeinschaftsrechts haben die Behörden weiterhin die Vereinbarkeit von deutschem und Gemeinschaftsrecht zu überprüfen. Insbesondere bei unmittelbar wirkenden Richtlinien und Entscheidungen ist dabei zunächst zu versuchen, deutsches Recht, soweit möglich, gemeinschaftsrechtskonform **auszulegen**, um die Nichtanwendung deutscher Vorschriften zu vermeiden (s. anschließend b). Lassen sich jedoch die Vorschriften beider Rechtsordnungen auch im Wege der Auslegung inhaltlich nicht mehr in Einklang bringen, ist nur Gemeinschaftsrecht anzuwenden und das entgegenstehende deutsche Recht unangewendet zu lassen. In dieser Hinsicht haben die Behörden nicht nur ein Verwerfungs**recht**, sondern auch eine Verwerfungs**pflicht** (*Weber*, Rechtsfragen, S. 73). Entscheidet eine Behörde im Einzelfall nur nach Maßgabe des deutschen Rechts und läßt das vorrangig anwendbare Gemeinschaftsrecht außer acht, ist ihr Handeln rechtswidrig.

Beispiel: Nach Art. 7 Abs. 2 der VO (EWG) Nr. 1612/68 über die Freizügigkeit der Arbeitnehmer innerhalb der Gemeinschaft genießen Arbeitnehmer mit der Staatsangehörigkeit eines Mitgliedstaates bei ihrem Aufenthalt in einem anderen Mitgliedstaat dort die gleichen sozialen Vergünstigungen wie die inländischen Arbeitnehmer. Unter den Begriff der „sozialen Vergünstigung" fallen alle Vergünstigungen, die – ob sie an einen Arbeitsvertrag anknüpfen oder nicht – den inländischen Arbeitnehmern hauptsächlich wegen ihrer objektiven Arbeitnehmereigenschaft oder einfach wegen ihres Wohnorts im Inland gewährt werden und deren Ausdehnung auf die Arbeitnehmer mit der Staatsangehörigkeit eines anderen Mitgliedstaates deshalb als geeignet erscheint, deren Mobilität innerhalb der Gemeinschaft zu erleichtern (EuGHE 1988, 3161 – Rs. 39/86 „Lair" = NJW 1988, 2165). Das Land Niedersachsen gewährte aufgrund von Richtlinien des Ministers für Sozialordnung einkommensschwachen Familien bei der Geburt eines Kindes eine einmalige Geldleistung (sog. Babygeld). Für Ausländer war diese Leistung nur vorgesehen, wenn sie bei Geburt ihres Kindes im Besitz einer Aufenthaltsberechtigung oder einer unbefristeten Aufenthaltserlaubnis waren. Mangels dieser Voraussetzungen lehnte die zuständige Behörde den Antrag eines in der Bundesrepublik ansässigen italienischen Arbeitnehmers auf Gewähr des Babygeldes ab. In dem daraufhin durchgeführten Rechtsstreit beurteilte das BVerwG (NJW 1988, 2195) die vorenthaltene Leistung als soziale Vergünstigung i. S. von Art. 7

Abs. 2 der VO Nr. 1612/68, so daß die ablehnende behördliche Entscheidung keinen Bestand hatte.

Legt der EuGH Gemeinschaftsrecht erstmalig in einer Weise aus, daß Vorschriften des deutschen Rechts mit dieser Auslegung nicht mehr in Einklang zu bringen sind, dann sind diese Vorschriften bereits bei Vorliegen des Urteils und nicht erst dann unangewendet zu lassen, wenn der innerstaatliche Gesetzgeber eine normative Anpassung an die Rechtsprechung des EuGH vorgenommen hat.

b) Mittelbarer Vollzug

Mittelbarer Vollzug liegt vor, wenn die zur Umsetzung von Sekundärrecht erlassenen innerstaatlichen Rechtsvorschriften angewendet werden. In der Hauptsache werden **Richtlinien** in nationales Recht umgesetzt.

Die Vorschriften des deutschen Rechts sind im Lichte des Wortlauts und des Zwecks der jeweiligen Richtlinie **auszulegen**. Hierzu hat der EuGH ausgeführt:

„Klarzustellen (ist), daß die sich aus einer Richtlinie ergebende Verpflichtung der Mitgliedstaaten, das in dieser vorgesehene Ziel zu erreichen, sowie die Pflicht der Mitgliedstaaten gemäß Art. 5 EWGV, alle zur Erfüllung dieser Verpflichtung geeigneten Maßnahmen allgemeiner oder besonderer Art zu treffen, allen Trägern öffentlicher Gewalt in den Mitgliedstaaten obliegen, und zwar im Rahmen ihrer Zuständigkeit auch den Gerichten. Daraus folgt, daß das nationale Gericht bei der Anwendung des nationalen Rechts, insbesondere auch der Vorschrift eines speziell zur Durchführung der Richtlinie (...) erlassenen Gesetzes, dieses nationale Recht im Lichte des Wortlauts und des Zwecks der Richtlinie auszulegen hat, um das in Art. 189 Abs. 3 EWGV genannte Ziel zu erreichen (EuGHE 1984, 1891 – Rs. 14/83 „von Colson und Kaman" = NJW 1984, 2021; s. auch EuGH EuZW 1990, 381 – Rs. 125/88 „Nijman")."

Da die aus Art. 5 EGV abgeleitete Auslegungspflicht **allen Trägern öffentlicher Gewalt** in den Mitgliedstaaten obliegt, sind neben Gerichten auch Verwaltungsbehörden zur Auslegung verpflichtet. Ferner ist nicht nur das speziell zur Durchführung der Richtlinie erlassene, sondern das **gesamte** nationale (deutsche) Recht im Lichte der Richtlinie auszulegen.

Richtlinien sind unabhängig davon zur Auslegung heranzuziehen, ob ihren Vorschriften unmittelbare Wirkung zukommt oder nicht. Die Auslegung ist weder auf Richtlinien mit unmittelbarer Wirkung beschränkt (so aber *die Fabio*, NJW 1990, 953 ff.; dagegen mit Recht *Jarass*, EuR 1991, 211 ff.) noch erübrigt sich aufgrund der unmittelbaren Wirkung der Richtlinie eine Auslegung des zu ihrer Durchführung ergangenen sowie des übrigen nationalen Rechts. Richtlinien ohne unmittelbare Wirkung unterscheiden sich von Richtlinien mit einer solchen dadurch, daß sie nur zur **Auslegung** herangezogen werden können, während Richtlinien mit unmittelbarer Wirkung weiter gehend zur **Nichtanwendung** innerstaatlichen Rechts führen, wenn sich dieses Recht im Wege der Auslegung nicht mehr mit der Richtlinie in Einklang bringen läßt.

Ein Beispiel dafür, daß eine Richtlinie mangels unmittelbarer Wirkung ihrer Bestimmungen nur für Auslegungszwecke herangezogen werden kann, bietet die Richtlinie 76/207/EWG des Rates vom 9. Februar 1976 zur Verwirklichung des Grundsatzes der Gleichbehandlung von Männern und Frauen hinsichtlich des Zugangs zur Beschäftigung, zur Berufsausbildung und zum beruflichen Aufstieg sowie in bezug auf die Arbeitsbedingungen (ABl. 1976, Nr. L 39/40). Die Richtlinie wurde durch die Vorschrift des § 611a BGB in deutsches Recht umgesetzt. Danach dürfen Arbeitgeber (also auch in dieser Eigenschaft handelnde Verwaltungsträger) Arbeitnehmer u. a. bei der Begründung von Arbeitsverhältnissen nicht wegen des Geschlechts benachteiligen. Die Richtlinie verlangt, daß denjenigen, die sich durch eine Ungleichbehandlung beschwert fühlen, effektiver Rechtsschutz zuteil wird, überläßt jedoch den Mitgliedstaaten die Art der Wiedergutmachung für den Fall einer Ungleichbehandlung. Wegen dieser Wahlfreiheit erachtete der EuGH die Richtlinie in diesem Punkte als nicht unbedingt und hinreichend genau. Nach § 611a Abs. 2 BGB ist der Arbeitgeber, wenn er unter Verstoß gegen das Gebot der Gleichbehandlung ein Arbeitsverhältnis nicht begründet, dem abgewiesenen Bewerber zum Ersatz des Vertrauensschadens verpflichtet, was praktisch den Ersatz der mit der Bewerbung verbundenen Kosten bedeutet (vgl. BAG, NJW 1990, 65, 67). Zu dieser Regelung hat der EuGH bemerkt, daß, wenn sich die Bundesrepublik für eine Entschädigung als Wiedergutmachung entschieden habe, diese Entschädigung in einem angemessenen Verhältnis zu dem erlittenen Schaden stehen und über einen rein symbolischen Schadensersatz, wie etwa die bloße Erstattung der Bewerbungskosten, hinausgehen müsse, um abschreckend zu wirken. Es sei Sache des nationalen Gerichts, das zur Durchführung der Richtlinie erlassene Gesetz (hier: § 611a BGB) unter voller Ausschöpfung des Beurteilungsspielraums, den ihm das nationale Recht einräume, in Übereinstimmung mit den Anforderungen des Gemeinschaftsrechts auszulegen und anzuwenden. Da § 611a Abs. 2 BGB selbst keine weiter gehenden Ansprüche vermittelt, billigen die deutschen Arbeitsgerichte in ihrer Rechtsprechung dem unter Verstoß gegen § 611a BGB abgewiesenen Bewerber gemäß §§ 823, 847 BGB einen Schadensersatzanspruch wegen Verletzung des allgemeinen Persönlichkeitsrechts in Höhe eines Monatslohns zu (BAG, a. a. O.). Ob eine Sanktion in dieser Höhe abschreckend wirkt und damit den Anforderungen des Gemeinschaftsrechts entspricht, erscheint allerdings zweifelhaft (kritisch zur BAG-Rechtsprechung *Abele*, EuR 1990, 371 ff.).

Die richtlinienkonforme Auslegung deutschen Rechts unterliegt nicht den für die unmittelbare Wirkung von Richtlinien geltenden Grenzen. Deshalb kommt auch eine Auslegung zu **Lasten** des einzelnen in Betracht, wie auch eine solche im Verhältnis der einzelnen untereinander, also in **horizontaler** Hinsicht (vgl. *Jarass,* EuR 1992, 211, 222; *Classen,* EuZW 1993, 83, 86). Allerdings sind Richtlinien bei der Auslegung nur insoweit zu berücksichtigen, als das innerstaatliche Recht auch **auslegungsfähig** ist. Die Auslegung findet dort ihre Grenze, wo sie mit dem Wortlaut der Norm und dem klar erkennbaren Willen des Gesetzgebers in Widerspruch treten würde (vgl. BVerfGE 18, 97 = NJW 1964, 1563 zu den Grenzen verfassungskonformer Auslegung von Gesetzen). Die richtlinienkonforme Auslegung darf daher nicht dazu führen, Normen des innerstaatlichen Rechts **unangewendet** zu lassen.

Zu den Grundrechtsbindungen bei mittelbarem Vollzug s. die Ausführungen oben in Kapitel E VII 3.

c) Folgen fehlerhaften Vollzugs

Wird Gemeinschaftsrecht nach den dargestellten Grundsätzen nicht oder fehlerhaft vollzogen, ist das Handeln der Verwaltungsbehörden rechtswidrig und vor den innerstaatlichen Gerichten anfechtbar. Der unterbliebene oder mangelhafte Vollzug von Gemeinschaftsrecht stellt zugleich eine Vertragsverletzung dar, so daß die Kommission das in Art. 169 EWGV vorgesehene Verfahren einleiten kann. Inwieweit Mängel beim Vollzug Schadensersatzpflichten der Behörden auslösen, wird nachfolgend unter IV. behandelt.

5. Verwaltungsverfahren

Für die von den Behörden durchzuführenden Verwaltungsverfahren enthält das Gemeinschaftsrecht im allgemeinen nur vereinzelt Vorgaben. Im Bereich des öffentlichen Auftragswesens sind die von den Auftraggebern einzuhaltenden Verfahren allerdings ausführlich geregelt (dazu näher in Teil II, Kapitel E). Hierbei handelt es sich aber nicht um Verwaltungsverfahren i. S. öffentlich-rechtlichen Verwaltungshandelns, da nach deutschem Recht die Vergabe öffentlicher Aufträge auf privatrechtlicher Grundlage erfolgt.

Soweit sich aus dem Gemeinschaftsrecht nichts Gegenteiliges ergibt, vollziehen die deutschen Behörden das Gemeinschaftsrecht nach deutschem Verwaltungsverfahrens- und Verwaltungsprozeßrecht. Maßgebend sind also (sofern nicht besondere Verfahrensgesetze gelten) die Verwaltungsverfahrensgesetze des Bundes und der Länder (VwVfG) und die Verwaltungsgerichtsordnung (VwGO). Die verfahrensrechtlichen Vorschriften sind so anzuwenden, daß ein effektiver Vollzug des Gemeinschaftsrechts gewährleistet ist. Schreibt das Gemeinschaftsrecht im Rahmen der gemeinsamen Marktordnung für Wein die Destillation von Tafelwein vor und haben die deutschen Behörden gegenüber den Erzeugern entsprechende Heranziehungsbescheide erlassen, dann ist die sofortige Vollziehung der Bescheide nach § 80 Abs. 2 Nr. 4 VwGO anzuordnen, damit durch die aufschiebende Wirkung des Widerspruchs nach § 80 Abs. 1 VwGO nicht die marktpolitische Zielsetzung des Gemeinschaftsrechts vereitelt wird (EuGH EuZW 1990, 384 – Rs. C – 217/88 „Tafelwein").

Grundsätzlich nach deutschem Verwaltungsverfahrensrecht vollzieht sich insbesondere die Rückforderung gemeinschaftsrechtswidrig gewährter Beihilfen, sowohl solcher aus Mitteln der Gemeinschaft wie auch staatlicher Beihilfen. Da Beihilfen regelmäßig durch Verwaltungsakt bewilligt werden, ist zu ihrer Rückforderung die Rücknahme des Bewilligungsbescheides nach § 48 VwVfG erforderlich. Dabei sind jedoch die vom Gemeinschaftsrecht gezogenen Grenzen zu beachten. Danach darf das deutsche Verwaltungsverfahrensrecht nicht so angewendet werden, daß die Rückforderung der Beihilfe praktisch ausgeschlossen wird; außerdem ist das deutsche Recht im Vergleich zu Verfahren, in denen über gleichartige, rein nationale Angelegenheiten entschieden wird, ohne Diskriminierung anzuwenden (EuGHE 1983, 2633 – Rs. 205/215/82 „Deutsche Milchkontor" = NJW 1984, 2024; EuGH EuZW 1990, 224 – Rs. C – 142/87 – Belgien/Kommission). Diese Grenzen wirken sich insbesondere auf den in § 48 Abs. 2 VwVfG verankerten Grundsatz des Vertrauensschutzes aus. Nach § 48 Abs. 2 VwVfG darf ein rechtswidriger Verwaltungsakt, der eine einmalige oder laufende Geldleistung oder teilbare Sachleistung gewährt oder hierfür Voraussetzung ist, nicht zurückgenommen werden, soweit der Begünstigte auf den Bestand des Verwaltungsaktes vertraut hat und sein Vertrauen unter Abwägung mit dem öffentlichen Interesse schutzwürdig ist. Da der Grundsatz des Vertrauensschutzes selbst Bestandteil der Rechtsordnung der Gemeinschaft ist, stellt es keinen Widerspruch zu dieser Rechtsordnung dar, wenn § 48 Abs. 2 VwVfG im Hinblick auf die Rückforderung gemeinschaftsrechtswidrig gewährter Beihilfen berechtigtes Vertrauen und Rechtssicherheit schützt; jedoch ist bei der Abwägung zwischen dem Interesse des Beihilfeempfängers am Bestand des Verwaltungsaktes und dem öffentlichen Interesse an seiner Rücknahme das Interesse der Gemeinschaft voll zu berücksichtigen (EuGH „Deutsche Milchkontor", a. a. O.; EuGH EuZW 1990, 387 – Rs. 94/87 – Kommission/Deutschland). Dementsprechend kann sich der Empfänger einer staatlichen Beihilfe gegenüber der Rückforderung grundsätzlich nur dann auf Vertrauensschutz berufen, wenn er sich vergewissert hat, daß die Beihilfe unter Beachtung des in Art. 93 Abs. 3 EWGV vorgeschriebenen Verfahrens gewährt wurde (EuGH EuZW 1990, 481 = NVwZ 1990, 1161 – Rs. C – 5/89 – Kommission/Bundesrepublik Deutschland; OVG Münster, EuZW 1992, 286). Nach dem in Art. 93 Abs. 3 EGV geregelten Verfahren haben die nationalen Behörden vor Gewähr einer Beihilfe diese der Kommission mitzuteilen (zu notifizieren), damit die Kommission eine wirksame Beihilfe-kontrolle ausüben kann; bei Nichtbeachtung dieses Verfahrens wird die Beihilfe formell rechtswidrig gewährt. Ein sorgfältiger Gewerbetreibender sei regelmäßig in der Lage, sich zu vergewissern, ob das Verfahren beachtet wurde (EuGH, a. a. O.). Damit wird der aus § 48 Abs. 2 Satz 3 VwVfG abzuleitende Gedanke, daß Unkenntnis der Rechtslage grundsätzlich den Vertrauensschutz des Leistungsempfängers nicht in Frage stellt, durch die Anforderungen des Gemeinschaftsrechts praktisch in sein Gegenteil verkehrt (vgl. OVG Münster, a. a. O.).

Weitere verfahrensrechtliche Fragen im Zusammenhang mit der Rückforderung von Beihilfen werden bei der Darstellung des Beihilferechts behandelt (s. Teil II, Kapitel I.).

6. Aufsicht über den Verwaltungsvollzug von Gemeinschaftsrecht

Die Aufsicht über den Verwaltungsvollzug von Gemeinschaftsrecht in der Bundesrepublik liegt (nicht ausschließlich, aber hauptsächlich) in den Händen der deutschen Aufsichtsbehörden. Entsprechend den Verwaltungskompetenzen im Verhältnis zwischen Bund und Ländern beaufsichtigt der Bund den Vollzug durch bundeseigene Behörden, Körperschaften oder Anstalten des öffentlichen Rechts, die Länder den Vollzug durch Landesbehörden, kommunale Selbstverwaltungskörperschaften oder sonstige landeseigene juristische Personen des öffentlichen Rechts. Führen die Länder zur Umsetzung von Gemeinschaftsrecht erlassene Bundesgesetze oder sinngemäß als Bundesrecht einzustufendes Gemeinschaftsrecht aus, hat der Bund die in Art. 84 Abs. 2 bis 5 GG vorgesehenen Aufsichtsbefugnisse gegenüber den Ländern in Form allgemeiner Verwaltungsvorschriften, Mängelrügen oder Einzelweisungen. Beim Vollzug landesrechtlichen Durchführungsrechts kann der Bund unter Berufung auf den Grundsatz der Bundestreue ggf. mit Hilfe des Bundeszwangs nach Art. 37 GG ein gemeinschaftskonformes Verhalten der Länder erzwingen (*Ehlers*, DVBl. 1991, 605, 611).

Zu einer direkten Kontrolle des Verwaltungsvollzugs in den Mitgliedstaaten ist die Gemeinschaft generell nicht berechtigt. Zwar kontrolliert die Kommission nach Art. 155 Unterabsatz 1 EGV die Anwendung des Gemeinschaftsrechts, zu welchem Zweck sie ein allgemeines Auskunftsrecht auf der Grundlage von Art. 5 Abs. 1 Satz 2 EGV besitzt (vgl. *Hummer*, in *Grabitz*, EWGV, Art. 213, Rdnr. 3). Da die Kommission ihre Kontrolle gegenüber den **Mitgliedstaaten**, nicht jedoch gegenüber den Behörden **in** den Mitgliedstaaten ausübt, kann sie aufgrund ihres allgemeinen Auskunftsrechts nur Auskünfte bei den Zentralregierungen der Mitgliedstaaten, nicht jedoch bei nachgeordneten Stellen einholen. Auskünfte und Nachprüfungen derartiger Stellen kann sie nur verlangen, wenn entsprechende Ermächtigungen durch das Sekundärrecht vorliegen, wie das z. B. beim Rechnungsabschlußverfahren im Rahmen der Finanzierung der gemeinsamen Agrarpolitik oder bei der Kontrolle der Mitgliedstaaten im Hinblick auf die von ihnen verwalteten Eigenmittel der Gemeinschaft der Fall ist (vgl. *Weber*, Rechtsfragen, S. 50 f., 64 f.).

Weisungsbefugnisse gegenüber den Mitgliedstaaten und ihren Behörden zum Vollzug des Gemeinschaftsrechts besitzt die Kommission grundsätzlich nicht. Aus dem Gemeinschaftsrecht kann sich aber auch das Gegenteil ergeben. Ein Beispiel hierfür bietet die sog. Überwachungsrichtlinie im Bereich des öffentlichen Auftragswesens (Richtlinie 89/665/EWG vom 21. Dezember 1989, ABl. 1989 Nr. L 395/33 = „Europäisches Wirtschaftsrecht", Nr. 186). Nach Art. 3 Abs. 2 der Richtlinie kann die Kommission, wenn nach ihrer Auffassung ein klarer und eindeutiger Verstoß gegen die Gemeinschaftsvorschriften für das öffentliche Auftragswesen vorliegt, vom Mitgliedstaat **und der Vergabebehörde** die Beseitigung des Verstoßes verlangen (Hervorhebung durch Verf.).

Weisungsbefugnisse der Kommission sieht auch die Richtlinie 92/59/EWG des Rates vom 29. Juni 1992 über die allgemeine Produktsicherheit vor (ABl. 1992 Nr. L 228/24). Die Richtlinie dient dem Verbraucherschutz in dem Sinne, daß von den Herstellern und Händlern keine Produkte in den Verkehr gebracht werden dürfen, welche die Gesundheit und die Sicherheit der Verbraucher gefährden. Gefährliche Produkte müssen von den Mitgliedstaaten durch geeignete Maßnahmen (z. B. durch Verbote) aus dem Markt genommen werden. Geht von einem Produkt eine ernste und unmittelbare Gefahr für Gesundheit und Sicherheit der Verbraucher aus, der nur durch gemeinschaftsweites Vorgehen angemessen begegnet werden kann, ist die Kommission nach Art. 9 der Richtlinie berechtigt, die Mitgliedstaaten zu vorläufigen Maßnahmen zum Schutz der Verbraucher anzuweisen. Auf diese Weise könnte beispielsweise die Bundesrepublik verpflichtet werden, auf Weisung der Kommission ein bestimmtes inländisches Produkt vorübergehend vom Markt zu entfernen. Die Bundesrepublik sieht in dieser Handlungsmöglichkeit der Kommission einen unzulässigen Eingriff in die Verwaltungskompetenzen der Bundesrepublik als Mitgliedstaat und hat gemäß Art. 173 Abs. 2 EGV Klage auf Nichtigerklärung von Art. 9 der Richtlinie gegen den Rat erhoben, welche Klage unter dem Az. C-359/92 beim Europäischen Gerichtshof anhängig ist.

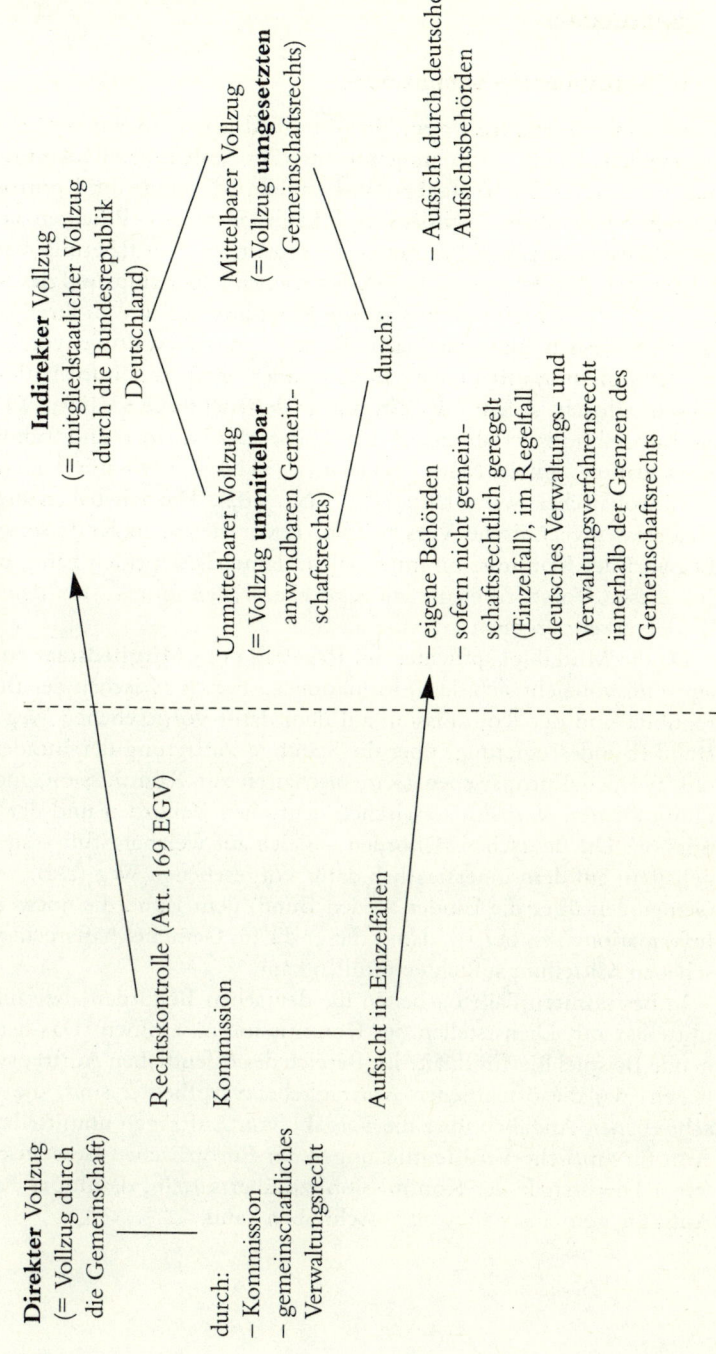

Schaubild 6

Vollzug des Gemeinschaftsrechts

Direkter Vollzug
(= Vollzug durch
die Gemeinschaft)

durch:
− Kommission
− gemeinschaftliches
Verwaltungsrecht

Rechtskontrolle (Art. 169 EGV)

Kommission

Aufsicht in Einzelfällen

Indirekter Vollzug
(= mitgliedstaatlicher Vollzug
durch die Bundesrepublik
Deutschland)

Unmittelbarer Vollzug
(= Vollzug **unmittelbar**
anwendbaren Gemein-
schaftsrechts)

Mittelbarer Vollzug
(=Vollzug **umgesetzten**
Gemeinschaftsrechts)

durch:

− eigene Behörden
− sofern nicht gemein-
schaftsrechtlich geregelt
(Einzelfall), im Regelfall
deutsches Verwaltungs- und
Verwaltungsverfahrensrecht
innerhalb der Grenzen des
Gemeinschaftsrechts

− Aufsicht durch deutsche
Aufsichtsbehörden

7. Kooperations-, insbesondere Mitteilungspflichten der Mitgliedstaaten

a) Im Verhältnis zur Kommission

Das Gemeinschaftsrecht legt den Mitgliedstaaten in einer nicht mehr übersehbaren Fülle Mitteilungspflichten im Verhältnis zur Kommission auf, damit diese ihre Aufgaben, insbesondere diejenige der Kontrolle des Gemeinschaftsrechts, wahrnehmen kann. Derartige Pflichten ergeben sich teilweise aus dem Vertrag (z. B. Pflicht zur Notifizierung von Beihilfen nach Art. 93 Abs. 3 EGV), vorwiegend aber aufgrund des Sekundärrechts. So schreibt praktisch jede Richtlinie vor, die zu ihrer Umsetzung erlassenen innerstaatlichen Rechts- und Verwaltungsvorschriften der Kommission mitzuteilen. Ein besonders intensiver Informationsaustausch vollzieht sich auf der Grundlage der Richtlinie 83/189/EWG über ein Informationsverfahren auf dem Gebiet der Normen und technischen Vorschriften vom 28. März 1983 (ABl. 1983 Nr. L 109/8 mit Änderungen = „Europäisches Wirtschaftsrecht", Nr. 102). Danach haben die Mitgliedstaaten technische Vorschriften, bevor sie in Kraft setzen, im Entwurf der Kommission mitzuteilen, damit diese prüfen kann, ob sich aus diesen Vorschriften unzulässige Handelshemmnisse für den freien Warenverkehr ergeben.

Da die Mitteilungspflichten im Regelfall vom **Mitgliedstaat** zu erfüllen sind, vollzieht sich der Informationsaustausch zwischen der Bundesrepublik und der Kommission auf dem dafür vorgesehenen Wege vom Bund (Bundesregierung) über die Ständige Vertretung der Bundesrepublik bei den Europäischen Gemeinschaften zur Kommission, nicht im unmittelbaren Verhältnis zwischen deutschen Behörden und der Kommission. Die deutschen Behörden – gleich auf welcher Stufe – sind aber gehalten, auf dem innerstaatlich dafür vorgesehenen Weg (z. B. von den Gemeinden über die Länder an den Bund) dem Bund die notwendigen Informationen zu liefern, damit dieser die im Gemeinschaftsrecht vorgesehenen Mitteilungspflichten erfüllen kann.

In bestimmten Fällen arbeiten die deutschen Behörden aber auch unmittelbar mit Dienststellen der Kommission zusammen. Das herausragende Beispiel hierfür dürfte im Bereich des öffentlichen Auftragswesens liegen, wo die öffentlichen Auftraggeber verpflichtet sind, die vorgeschriebenen Angaben über die Vergabe von Aufträgen unmittelbar dem Amt für amtliche Veröffentlichungen der Europäischen Gemeinschaften (einer Dienststelle der Kommission) zu übermitteln, damit das Amt die Aufträge gemeinschaftsweit ausschreiben kann.

b) Gegenüber Behörden anderer Mitgliedstaaten

Nach Gemeinschaftsrecht sind die Behörden der Mitgliedstaaten gegenseitig zur Amtshilfe nicht generell, sondern nur in bestimmten Bereichen verpflichtet. Ein Beispiel hierfür bietet die Richtlinie 77/799/EWG vom 19. Dezember 1977 über die gegenseitige Amtshilfe zwischen den zuständigen Behörden der Mitgliedstaaten im Bereich der direkten Steuern und der Mehrwertsteuer (ABl. 1977 Nr. L 336/15 mit Änderungen = „Europäisches Wirtschaftsrecht", Nr. 690), die den Informationsaustausch auf den genannten Gebieten sicherstellen soll, um Steuerflucht und -hinterziehung entgegenzuwirken. Die Richtlinie wurde durch das EG-Amtshilfe-Gesetz vom 19. Dezember 1985 (BGBl. I S. 2436, 2441) in deutsches Recht umgesetzt. Den Besonderheiten, die sich aus dem Wegfall der Grenzkontrollen im EG-Binnenmarkt auf die Erhebung der Umsatzsteuer ergeben, trägt die Verordnung (EWG) Nr. 218/92 des Rates vom 27. Januar 1992 über die Zusammenarbeit der Verwaltungsbehörden auf dem Gebiet der indirekten Besteuerung (MwSt) (ABl. 1992 Nr. L 24/1) Rechnung (Einzelheiten dazu in „Die Vollendung des Binnenmarktes", Teil II, Kapitel A).

Eine grenzüberschreitende Zusammenarbeit der nationalen Behörden auf dem Gebiet der inneren Sicherheit sieht das als „Schengen II" bezeichnete Abkommen vom 13. Juni 1990 vor, das Belgien, Deutschland, Frankreich, Luxemburg und die Niederlande abgeschlossen haben, um das Übereinkommen von Schengen vom 14. Juni 1985 betreffend den schrittweisen Abbau der Kontrollen an den gemeinsamen Grenzen („Schengen I") durchzuführen. Dem Abkommen „Schengen II" sind weitere Mitgliedstaaten (nicht alle) beigetreten. Dieses Abkommen regelt im Hinblick auf den Wegfall der Personenkontrollen an den Binnengrenzen der Gemeinschaft die erforderlichen Ausgleichsmaßnahmen zur Gewährleistung der inneren Sicherheit und sieht zu diesem Zweck eine Zusammenarbeit namentlich der Polizei u. a. in der Weise vor, daß zum Datenaustausch ein einheitliches Informationssystem (Europol) geschaffen wird und die Beamten eines Mitgliedstaates unter bestimmten Voraussetzungen im Hoheitsgebiet eines anderen Mitgliedstaates verdächtige Personen observieren und verfolgen dürfen (sog. Nacheile), wobei sie allerdings grundsätzlich das Einverständnis der Behörden dieses Staates benötigen (näher zu den Abkommen von Schengen in „Freier Personenverkehr", Teil II, Kapitel C).

Soweit das Gemeinschaftsrecht bzw. Zielen der Gemeinschaft dienende Abkommen wie die von Schengen die Zusammenarbeit der Behörden der Mitgliedstaaten nicht regeln, richtet sich diese nach den internationalen Abkommen, welche die Mitgliedstaaten untereinander bi- oder multilateral zur gegenseitigen Rechts- und Amtshilfe abgeschlossen haben.

IV. Staatliche Haftung bei Verstößen gegen das Gemeinschaftsrecht

1. Vorbemerkung

Bei Verstößen gegen das Gemeinschaftsrecht durch die Mitgliedstaaten und ihre nationalen Organe können den einzelnen Schäden einmal aus der mangelnden oder unvollständigen **Umsetzung** von Sekundärrecht oder dadurch entstehen, daß die innerstaatlichen Stellen unmittelbar anwendbares Gemeinschaftsrecht nicht oder fehlerhaft **anwenden**. Eine Haftung der Mitgliedstaaten für derartige Verstöße sehen der EG-Vertrag und die übrigen Gründungsverträge nicht vor. Die in Art. 215 EGV geregelte Haftung richtet sich gegen die **Gemeinschaft**. Demzufolge konnte der einzelne Schadensersatz bisher nur auf der Grundlage nationalen Haftungsrechts erlangen, in der Bundesrepublik Deutschland aufgrund des Amtshaftungsanspruchs nach § 839 BGB i. V. mit Art. 34 GG.

2. Der Amtshaftungsanspruch nach § 839 BGB i. V. mit Art. 34 GG

Bei Verstößen gegen das Gemeinschaftsrecht durch deutsche Stellen können die einzelnen Schadensersatz wegen Amtspflichtverletzung nach Maßgabe des in § 839 BGB i. V. mit Art. 34 GG geregelten Anspruchs verlangen. Anspruchsberechtigt sind Deutsche und alle unter dem Schutz des Gemeinschaftsrechts stehenden Personen, also Personen mit der Staatsangehörigkeit eines Mitgliedstaates der Gemeinschaft und ihre Familienangehörigen. Zu dem Recht, dessen Nichtbeachtung eine Amtspflichtverletzung begründen kann, fällt auch das Gemeinschaftsrecht als im Hoheitsbereich der Bundesrepublik anwendbares Recht (*Ossenbühl*, Staatshaftungsrecht, 4. Aufl. [1991], S. 38; *Papier*, in: Münch-Komm, 2. Aufl. [1986], § 839 Rdnr. 165). Der Haftungsanspruch setzt allerdings voraus, daß der Amtsträger gerade eine ihm gegenüber dem Geschädigten obliegende Amtspflicht verletzt hat, d. h., die vom Amtsträger verletzte Norm muß zumindest auch dem Schutz individueller Interessen dienen (*Ossenbühl*, a. a. O., S. 46 ff.; *Papier*, a. a. O., § 839 Rdnr. 191 ff.). Folglich können nur solche Normen des Gemeinschaftsrechts einen Haftungsanspruch auslösen, auf die sich (nach der Terminologie des Gerichtshofs) der einzelne vor den innerstaatlichen Stellen berufen kann, die also zu seinen Gunsten anwendbar sind.

Nach der Rechtsprechung deutscher Gerichte, insbesondere des Bundesgerichtshofs, sind Ausländer, auch solche aus EG-Staaten, von Amtshaftungsansprüchen ausgeschlossen, wenn das deutsche Staatshaftungs-

recht die Verbürgung der Gegenseitigkeit verlangt, diese Gegenseitigkeit
jedoch gegenüber dem Herkunftsstaat des Ausländers nicht verbürgt ist
(vgl. BGH NJW 1980, 1567; BGH NJW 1985, 1287). Das Erfordernis
der Verbürgung der Gegenseitigkeit ergibt sich aus dem als Bundesrecht
fortgeltenden Reichsbeamtenhaftungsgesetz (RBHG) oder dem z. B. in
Nordrhein-Westfalen als Landesrecht fortgeltenden Preußischen Staatshaftungsgesetz (PrStHG); nach § 7 PrStHG steht den Angehörigen ausländischer Staaten ein Anspruch wegen Amtspflichtverletzung nur insoweit zu, als nach einer im Gesetzblatt veröffentlichten Bekanntmachung
durch die Gesetzgebung des ausländischen Staates oder durch Staatsver-
trag die Gegenseitigkeit verbürgt ist (Regelungen wie diese gelten jedoch
nicht in allen Bundesländern, vgl. *Ossenbühl*, a. a. O., S. 82). Soweit die
verlangte Gegenseitigkeit nicht verbürgt ist, sind nach der Rechtsprechung des BGH auch Angehörige anderer Mitgliedstaaten von der
Staatshaftung ausgeschlossen. In diesem Ausschluß sieht der BGH keinen Verstoß gegen das Diskriminierungsverbot in Art. 6 EGV (früher
Art. 7 EWGV, weil die Regelung des Staatshaftungsrechts nicht zum
Anwendungsbereich des EG-Vertrages gehöre und im übrigen der Haftungsausschluß weder gegen Art. 3 GG verstoße noch eine Diskriminierung i. S. von Art. 6 EGV darstelle (BGH NJW 1985, 1287 [1288]). Art.
6 EGV ist jedoch nicht nur in Bereichen anwendbar, in denen die Gemeinschaft eine Regelungsbefugnis besitzt, sondern stets dann, wenn
sich jemand im Anwendungsbereich des EG-Vertrages bewegt, insbesondere wenn er eine der vier Grundfreiheiten in Anspruch nimmt (vgl.
EuGHE 1989, 195 – Rs. 186/87 „Cowan" = NJW 1989, 2183; s. auch
Hauschka, NVwZ 1990, 1155). In der vorbezeichneten Rechtssache hat
der EuGH entschieden, daß der Angehörige eines Mitgliedstaates, der als
Dienstleistungsempfänger in einen anderen Mitgliedstaat eingereist war
und dort das Opfer einer Gewalttat wurde, im Hinblick auf die Opferentschädigung nach nationalem Recht aufgrund von Art. 6 EGV (= Art.
7 EWGV) wie ein Inländer zu behandeln sei und die Opferentschädigung
nicht davon abhängig gemacht werden dürfe, ob im Verhältnis zum
Herkunftsstaat des Geschädigten die Gegenseitigkeit verbürgt sei.

Nach ständiger Rechtsprechung des BGH ist eine Haftung nach § 839
BGB i. V. mit Art. 34 GG weiterhin ausgeschlossen bei sog. legislativem
Unrecht, d. h. dann, wenn die Schädigung des einzelnen ihre Ursache in
einem Verhalten des **Gesetzgebers**, insbesondere seiner Untätigkeit, hat
(vgl. BGH NJW 1988, 478; NJW 1989, 101). Dies gilt auch dann, wenn
die Untätigkeit des Gesetzgebers gemeinschaftsrechtswidrig ist, indem
er z. B. pflichtwidrig eine Richtlinie nicht umsetzt. Dieser Haftungsausschluß betrifft sowohl deutsche wie nichtdeutsche Anspruchsteller. Er
bezieht sich allerdings nur auf das Verhalten des **Gesetzgebers**, nicht auf
die Amtstätigkeit der **Behörden**.

Fall (nach OLG Köln, EuZW 1991, 574): Die Klägerin, eine in Frankreich ansässige Brauerei, hatte ihr Bier früher in einer Größenordnung von über 100000 hl jährlich in die Bundesrepublik exportiert. Später ging dieser Export zurück und kam schließlich ganz zum Erliegen. Ursache hierfür waren nach Behauptung der Klägerin verstärkte Einfuhrkontrollen der deutschen Behörden im Hinblick auf das in den §§ 9 und 10 Biersteuergesetz (BierStG) verankerte Reinheitsgebot für Bier. Die Erzeugnisse der Klägerin waren in dieser Hinsicht mehrfach von den deutschen Behörden beanstandet und gegen die Mitarbeiter ihrer deutschen Vertriebsfirma ein Bußgeldbescheid erlassen worden. Diese Firma stellte später ihre Tätigkeit für die Klägerin ein. Wegen des Reinheitsgebots kam es auf Betreiben der EG-Kommission zu einem Verfahren vor dem EuGH, der entschied, daß die Bundesrepublik dadurch gegen ihre Verpflichtungen aus Art. 30 EWGV verstoßen hat, daß sie das Inverkehrbringen von in einem anderen Mitgliedstaat rechtmäßig hergestelltem und in den Verkehr gebrachte Bier untersagt hat, wenn dieses Bier nicht den §§ 9 und 10 BierStG entspricht (EuGHE 1987, 1227 – Rs. 178/84 „Reinheitsgebot für Bier" = NJW 1987, 1133). Die Klägerin verlangt von der Bundesrepublik Ersatz des ihr durch die Einfuhrbeschränkungen entstandenen Schadens.

Das angerufene Landgericht hat die Klage abgewiesen und das OLG Köln durch Urteil vom 20. 6. 1991 (nicht rechtskräftig) die dagegen gerichtete Berufung zurückgewiesen. Wegen des Haftungsausschlusses bei legislativem Unrecht hatte das OLG Köln einen Anspruch der Klägerin auf Amtspflichtverletzung nach § 839 BGB i. V. mit Art. 34 GG im Hinblick darauf verneint, daß die gesetzgebenden Organe der Bundesrepublik es versäumt hätten, die nationalen deutschen Vorschrifen über die Herstellung und den Vertrieb von Bier an das Recht der Europäischen Gemeinschaft anzupassen. Hierzu ist anzumerken, daß die nach Behauptung der Klägerin aus den Einfuhrbeschränkungen resultierenden Schäden nicht notwendigerweise ihre Ursache in der mangelnden gesetzgeberischen Anpassung des deutschen an das Gemeinschaftsrecht haben müssen, sondern auch dadurch verursacht sein können, daß die deutschen **Behörden** die unmittelbar und mit Vorrang vor deutschem Recht anwendbare Vorschrift des Art. 30 EGV nicht **vollzogen** haben, indem sie bei der Kontrolle des importierten französischen Biers ausschließlich deutsches Recht anwandten. Nach dem Bier-Urteil des EuGH ist eine Neuregelung des deutschen Rechts nur erforderlich im Hinblick auf die Verwendung von **Zusatzstoffen** im Bier, nicht aber, soweit ausländisches Bier in seiner **Beschaffenheit** (Rezeptur) nicht dem deutschen Reinheitsgebot entspricht. Auf einen fehlerhaften **Vollzug** des Gemeinschaftsrechts als mögliche Ursache für den von der Klägerin geltend gemachten Schaden ist das OLG Köln jedoch nicht eingegangen (s. auch die kritische Urteilsanmerkung von *Meyer*, EuZW 1991, 576).

3. Staatshaftung nach Gemeinschaftsrecht (das „Francovich"-Urteil des EuGH)

In seinem Urteil vom 19. November 1991 (EuZW 1991, 758 = NJW 1992, 165 – Rs. C – 6/90 „Francovich") hat der EuGH entschieden, daß die Mitgliedstaaten nach gemeinschaftsrechtlichen Grundsätzen zum Ersatz der Schäden verpflichtet sind, die den einzelnen durch Verstöße gegen das Gemeinschaftsrecht entstehen, die den Staaten zurechenbar sind; insbesondere hat ein Mitgliedstaat die Schäden zu ersetzen, die den einzelnen aus der mangelnden Umsetzung einer Richtlinie entstehen. Konkret ging es um die Ansprüche von Arbeitnehmern aufgrund der Richtlinie 80/987/EWG des Rates vom 20. Oktober 1980 zur Angleichung der Rechtsvorschriften der Mitgliedstaaten über den Schutz der Arbeitnehmer bei Zahlungsunfähigkeit des Arbeitgebers (ABl. 1980 Nr. L 283/23). Dieser Schutz besteht im wesentlichen darin, daß die Mitgliedstaaten eine finanziell selbständige Garantieeinrichtung schaffen, die sicherstellt, daß bei Zahlungsunfähigkeit des Arbeitgebers die nicht erfüllten Ansprüche der Arbeitnehmer aus ihren Arbeitsverhältnissen für einen bestimmten Zeitraum befriedigt werden. Italien hatte die Bestimmungen der Richtlinie nicht fristgerecht in nationales Recht umgesetzt. Verschiedene Arbeitnehmer in Italien, deren Lohnansprüche wegen Zahlungsunfähigkeit ihrer Arbeitgeber nicht befriedigt werden konnten, verklagten den italienischen Staat auf Zahlung des rückständigen Lohns nach Maßgabe der Bestimmungen der Richtlinie 80/987/EWG, hilfsweise auf Schadensersatz. Die nationalen Gerichte legten dem Gerichtshof u. a. die Frage zur Vorabentscheidung vor, ob sich die Kläger unmittelbar auf die Bestimmungen der nicht umgesetzten Richtlinie berufen bzw. dann, wenn eine solche Berufung nicht möglich sei, den sich aus der unterbliebenen Umsetzung der Richtlinie entstandenen Schaden ersetzt verlangen könnten.

Der EuGH prüfte zunächst, ob die Bestimmungen der nicht umgesetzten Richtlinie unmittelbar wirksam waren, da in diesem Fall die Kläger ihre Ansprüche gegen den italienischen Staat unmittelbar aufgrund der Richtlinie hätten geltend machen können. Er verneinte eine derartige Wirkung, da die Richtlinie hinsichtlich der Frage, wer als Schuldner der Garantieansprüche zu betrachten sei, inhaltlich nicht als unbedingt und hinreichend genau erscheine. Damit war der Weg frei, die Frage der staatlichen Haftung nach Gemeinschaftsrecht zu erörtern.

a) Zum Grundsatz der Staatshaftung

Für den EuGH ist die Haftung des Staates für Schäden, die den einzelnen durch dem Staat zurechenbare Verstöße gegen das Gemeinschaftsrecht entstehen, ein rechtlicher Grundsatz, der untrennbar mit der durch den EWG-Vertrag geschaffenen Rechtsordnung verbunden ist. Er leitet diesen Grundsatz daraus ab, daß Subjekte dieser Rechtsordnung neben den Mitgliedstaaten auch die einzelnen sind, denen das Gemeinschaftsrecht neben Pflichten auch Rechte verleihe. Die nationalen Gerichte seien zum Schutz dieser Rechte verpflichtet, wenn sie im Rahmen ihrer Zuständigkeit die Bestimmungen des Gemeinschaftsrechts anzuwenden haben. Die volle Wirksamkeit dieser Bestimmungen und der Schutz der durch sie begründeten Rechte wären nicht gewährleistet, wenn die einzelnen nicht eine Entschädigung für den Fall verlangen können, daß ihre Rechte durch einen Verstoß gegen das Gemeinschaftsrecht verletzt werden, der einem Mitgliedstaat zuzurechnen sei. Unerläßlich sei die Möglichkeit einer Entschädigung insbesondere dann, wenn die volle Wirksamkeit des Gemeinschaftsrechts von einem Tätigwerden des Staates abhängig sei und die einzelnen deshalb im Fall einer Untätigkeit des Staates die ihnen durch das Gemeinschaftsrecht zuerkannten Rechte vor den nationalen Gerichten nicht geltend machen könnten. Die Pflicht zum Schadensersatz finde auch in Art. 5 EGV ihre Stütze, da zu den aus dieser Vorschrift ableitbaren Verpflichtungen diejenige gehöre, die rechtswidrigen Folgen eines Verstoßes gegen das Gemeinschaftsrecht zu beheben. Die Staatshaftung nach Gemeinschaftsrecht beruht demnach auf dem Grundgedanken, durch eine Entschädigung einen Ausgleich dafür zu schaffen, daß der Staat durch sein Verhalten die volle Inanspruchnahme der im Gemeinschaftsrecht verankerten Rechte des einzelnen vereitelt hat.

b) Zu den Voraussetzungen der Staatshaftung

Wie der Gerichtshof weiter ausgeführt hat, hängen die Voraussetzungen, unter denen die durch das Gemeinschaftsrecht gebotene Staatshaftung einen Entschädigungsanspruch eröffnet, von der Art des Verstoßes gegen die Gemeinschaft ab, der dem verursachten Schaden zugrunde liegt. Liegt der Verstoß darin, daß ein Mitgliedstaat seine Verpflichtung zur Umsetzung einer Richtlinie nach Art. 189 Abs. 3 EGV nicht erfüllt, ist ein Entschädigungsanspruch des einzelnen begründet, wenn folgende Voraussetzungen erfüllt sind:
– das durch die Richtlinie vorgeschriebene Ziel muß die Verleihung von Rechten an einzelne beinhalten;
– der Inhalt dieser Rechte muß auf der Grundlage der Richtlinie bestimmt werden;
– zwischen dem Verstoß gegen die dem Staat auferlegte Verpflichtung und dem dem Geschädigten entstandenen Schaden muß ein Kausalzusammenhang bestehen.
Bei Vorliegen dieser Voraussetzungen hat der einzelne einen im Gemeinschaftsrecht begründeten Anspruch auf Entschädigung. Bei Geltendmachung dieses Anspruchs hat der Staat im Rahmen des nationalen Haftungsrechts die Folgen des verursachten Schadens zu beheben. Mangels einer gemeinschaftsrechtlichen Regelung ist es nämlich Sache der nationalen Rechtsordnung der einzelnen Mitgliedstaaten, die zuständigen Gerichte zu bestimmen und das Verfahren für die Klagen auszugestalten, die den vollen Schutz der den einzelnen aus dem Gemeinschaftsrecht

erwachsenen Rechte gewährleisten sollen. Dabei dürfen die im Schadensersatzrecht der einzelnen Mitgliedstaaten festgelegten materiellen und formellen Voraussetzungen nicht ungünstiger sein als bei ähnlichen Klagen, die nur nationales Recht betreffen, und sie dürfen nicht so ausgestaltet sein, daß sie es praktisch unmöglich machen oder übermäßig erschweren, die Entschädigung zu verlangen.

Da die fragliche Richtlinie zum Ziel die Begründung eines Rechtes der Arbeitnehmer beinhaltete, dessen Inhalt sich auf der Grundlage der Richtlinie bestimmen ließ, gelangte der EuGH zu der abschließenden Feststellung, daß ein Mitgliedstaat die Schäden zu ersetzen hat, die den einzelnen dadurch entstehen, daß die fragliche Richtlinie nicht umgesetzt worden ist.

4. Konsequenzen aus dem „Francovich"-Urteil

Nach dem „Francovich"-Urteil werden Verstöße gegen das Gemeinschaftsrecht nunmehr auch durch eine **fiskalische** Haftung der Mitgliedstaaten sanktioniert. Wird in Amtspflichtprozessen in der Bundesrepublik Deutschland Schadensersatz unter dem Gesichtspunkt einer Verletzung des Gemeinschaftsrechts geltend gemacht, kommt nunmehr als Anspruchsgrundlage sowohl der Amtshaftungsanspruch nach § 839 BGB i. V. mit Art. 34 GG als auch der Staatshaftungsanspruch nach Gemeinschaftsrecht in Betracht. Beide Ansprüche sind in Voraussetzung und Folge nicht identisch; jedoch scheint das Gemeinschaftsrecht insgesamt den einzelnen günstiger zu stellen als das deutsche Amtshaftungsrecht. Allerdings lassen sich Inhalt und Grenzen des gemeinschaftsrechtlichen Haftungsanspruchs derzeit noch nicht abschließend bestimmen, da der EuGH die Staatshaftung als Grundsatz des Gemeinschaftsrechts zwar grundsätzlich anerkannt, konkrete Schlußfolgerungen hieraus jedoch im „Francovich"-Urteil nur für die spezielle Konstellation der unterbliebenen Umsetzung einer Richtlinie gezogen hat. Einzelfragen sind hier noch durch die Rechtsprechung des EuGH und der deutschen Gerichte zu klären, so daß die nachfolgenden Ausführungen nur als Hinweis auf unvermeidbar erscheinende Konsequenzen aus dem „Francovich"-Urteil zu verstehen sind (zur Analyse des Urteils vgl. *Prieß*, NVwZ 1993, S. 118 ff.).

a) Voraussetzungen der Staatshaftung nach Gemeinschaftsrecht

Nach dem Urteil ist die Art des Rechtsverstoßes gegen das Gemeinschaftsrecht entscheidend für die Voraussetzungen, unter denen die gemeinschaftsrechtlich gebotene Staatshaftung einen Entschädigungsanspruch eröffnet. Im Hinblick auf die pflichtwidrige Nichtumsetzung einer Richtlinie hat der EuGH diese Voraussetzungen festgelegt. Daraus ergibt sich, daß sich die gemeinschaftsrechtliche Haftung auch auf legislatives Unrecht erstreckt, der diesbezügliche Haftungsausschluß des deutschen Rechts im Gemeinschaftsrecht also nicht gilt.

Andererseits ist die Haftung nach Gemeinschaftsrecht nicht auf den Fall einer nicht umgesetzten Richtlinie beschränkt. Als allgemeiner rechtlicher Grundsatz erfaßt die Haftung **jede** Art von Verstößen gegen das Gemeinschaftsrecht, so daß als ein diese Haftung eröffnender Verstoß auch der mangelnde oder fehlerhafte **Vollzug** von Gemeinschaftsrecht in Frage kommt. Allerdings ist zu berücksichtigen, daß die gemeinschaftsrechtliche Staatshaftung ein Instrument zum Schutz der Rechte darstellt, die das Gemeinschaftsrecht den einzelnen gewährt; in diesem spezifischen Schutzzweck liegt ihre Rechtfertigung. Folglich kommt bei Verstößen gegen das Gemeinschaftsrecht ein Haftungsanspruch generell nur dann in Betracht, wenn die Schadensursache in der Verletzung einer Norm liegt, die dem Schutz des einzelnen dient (*Prieß*, NVwZ 1993, 118, 122). Bei Verstößen aufgrund mangelhaften Vollzuges müssen die Normen unmittelbar anwendbar sein, wozu neben Verordnungen und unmittelbar geltenden Vorschriften des Primärrechts aber auch unmittelbar wirkende Bestimmungen von Richtlinien und Entscheidungen zählen.

Der Haftungsanspruch setzt einen Verstoß gegen das Gemeinschaftsrecht voraus, der dem Mitgliedstaat **zurechenbar** ist. Zurechenbar ist dem Staat das Verhalten jeder innerstaatlichen Stelle, das im Hinblick auf die Durchführung oder den Vollzug von Gemeinschaftsrecht eine Vertragsverletzung des Staates begründet. Dazu zählt auch das Verhalten von Stellen, die, ohne in die staatliche Organisation unmittelbar eingegliedert zu sein, im Interesse der **vertikalen** Wirkung gemeinschaftsrechtlicher Bestimmungen als „Staat" anzusehen sind.

Die letzte Voraussetzung, die sich dem „Francovich"-Urteil im Hinblick auf die Staatshaftung nach Gemeinschaftsrecht entnehmen läßt, ist die Kausalität zwischen dem Verstoß gegen das Gemeinschaftsrecht und dem Schaden des einzelnen. Zu Fragen der Rechtswidrigkeit und des Verschuldens als haftungsbegründende (ggf. auch haftungsausschließende) Elemente des gemeinschaftsrechtlichen Entschädigungsanspruchs hat sich der EuGH nicht geäußert, so daß diese Fragen offensichtlich nur bei der **Geltendmachung** des Anspruchs im Rahmen des nationalen Haftungsrechts zu berücksichtigen sind.

b) Haftungsumfang

Im deutschen Amtshaftungsrecht kann als Schadensersatz nur eine Geldleistung verlangt werden (*Ossenbühl*, Staatshaftungsrecht, S. 72; *Papier*, MünchKomm, § 839, Rdnr. 250 ff.). Aufgrund des „Francovich"-Urteils ist der Staat demgegenüber verpflichtet, wenn der einzelne einen Anspruch auf Entschädigung nach Gemeinschaftsrecht hat, **die Folgen des verursachten Schadens zu beheben** (Hervorhebung durch Verf.). Der Entschädigungsanspruch ist demnach ein Anspruch auf Folgenbeseitigung, so daß der Geschädigte nicht von vornherein durch Zahlung einer Geldsumme zu entschädigen ist, sondern, soweit möglich, die Beseitigung der Folgen durch Wiederherstellung des ursprünglichen Zustandes verlangen kann (vgl. *Prieß*, NVwZ 1993, 118, 123/124).

c) Geltendmachung des Entschädigungsanspruchs

Der gemeinschaftsrechtliche Entschädigungsanspruch ist nach Maßgabe des nationalen Haftungsrechts geltend zu machen, da das Gemeinschaftsrecht insoweit keine eigenen Regeln enthält. Allerdings zieht es den Regeln des nationalen Rechts insoweit Grenzen, als die in diesem Recht festgelegten materiellen und formellen Voraussetzungen nicht ungünstiger sein dürfen als bei ähnlichen Klagen, die nur nationales Recht betreffen, und nicht so ausgestaltet sein dürfen, daß sie es praktisch unmöglich machen oder übermäßig erschweren, die Entschädigung zu verlangen.

Für Schäden aus Amtspflichtverletzungen stellt das deutsche Recht den Amtshaftungsanspruch nach § 839 BGB i. V. mit Art. 34 GG zur Verfügung. Demnach ist der gemeinschaftsrechtliche Entschädigungsanspruch unter den Voraussetzungen dieses Anspruchs geltend zu machen. Die Amtshaftung nach deutschem Recht setzt allerdings voraus, daß der Amtsträger die ihm obliegende Amtspflicht in Ausübung eines **öffentlichen** Amtes, also bei **hoheitlichem** Handeln, verletzt hat; bei privatrechtlichem Handeln des Staates oder eines anderen Verwaltungsträgers, d. h. im Bereich des Verwaltungsprivatrechts oder des fiskalischen Handelns, ist die Staatshaftung nach § 839 BGB i. V. mit Art. 34 GG ausgeschlossen. Daraus folgt, daß der gemeinschaftsrechtliche Entschädigungsanspruch nur insoweit nach § 839 BGB i. V. mit Art. 34 GG geltend gemacht werden kann, als der Verstoß gegen Gemeinschaftsrecht bei **öffentlich-rechtlichem** Handeln begangen wurde. Wurde das Gemeinschaftsrecht bei **privatrechtlichem** Handeln eines Hoheitsträgers verletzt, bestimmt sich die Staatshaftung nach den hierfür maßgebenden Regeln, wie z. B. der Haftung nach §§ 31, 89 BGB.

Bei der Haftung im Hoheitsbereich auf der Grundlage des deutschen Amtshaftungsanspruchs gelten prinzipiell die in § 839 BGB angelegten Haftungsbeschränkungen und -ausschlüsse, wie z. B. der Ausschluß der Haftung nach § 839 Abs. 3 BGB, wenn der Verletzte es schuldhaft unterlassen hat, den Schaden durch Gebrauch eines Rechtsmittels abzuwenden. Der uneingeschränkten Anwendung von § 839 BGB zieht das Gemeinschaftsrecht allerdings Grenzen. So kann dem Angehörigen eines Mitgliedstaates, der vor deutschen Gerichten den Entschädigungsanspruch nach Gemeinschaftsrecht geltend macht, als Haftungsausschluß

nicht das Erfordernis der Verbürgung der Gegenseitigkeit entgegengehalten werden, da ein deutscher Staatsangehöriger bei Geltendmachung
dieses Anspruchs diesem Haftungsausschluß nicht unterliegt. Auch kann
der gemeinschaftsrechtliche Entschädigungsanspruch nicht auf eine
Geldleistung verkürzt werden, weil § 839 BGB nur eine solche Ersatzlei-
stung zuläßt, da diese Ausgestaltung im deutschen Recht es praktisch
unmöglich machen würde, die nach Gemeinschaftsrecht mögliche Entschädigung in Form einer Naturalrestitution zu erlangen.

Literatur: (Zur Durchführung von Gemeinschaftsrecht i. allg.) *Schmidt,* Die
Durchführung des Europäischen Gemeinschaftsrechts in der BRD und in anderen EG-
Mitgliedstaaten, Integration 1984, S. 205ff.; *Scheuing,* Rechtsprobleme bei der Durchsetzung des Gemeinschaftsrechts in der BRD, EuR 1985, S. 229ff.; *Weber,* Rechtsfragen der Durchführung des Gemeinschaftsrechts in der Bundesrepublik Deutschland,
1987; *Kössinger,* Die Durchführung des europäischen Gemeinschaftsrechts im Bundesstaat, 1989.

(Normative Umsetzung) *Langenfeld/Schlemmer-Schulte,* Die TA Luft – Kein geeignetes Instrument zur Umsetzung von EG-Richtlinien, EuZW 1991, S. 622ff.; *Vedder,*
Die TA Luft vor dem EuGH. Richtliniendurchführung durch normkonkretisierende
Verwaltungsvorschriften?, EWS 1991, S. 293ff.; *Steiling,* Mangelnde Umsetzung von
EG-Richtlinien durch den Erlaß und die Anwendung der TA Luft, NVwZ 1992, S.
134ff.; *Everling,* Umsetzung von Umweltrichtlinien durch normkonkretisierende Ver-
waltungsanweisungen, RIW 1992, S. 379ff.; *Reinhardt,* Abschied von der Verwaltungsvorschrift im Wasserrecht? – Zu den Auswirkungen der neueren Rechtsprechung
des EuGH auf den wasserrechtlichen Vollzug in der Bundesrepublik Deutschland,
DÖV 1992, S. 102ff.

(Verwaltungsvollzug) *a) Europäisches Verwaltungsrecht: Everling,* Elemente eines
europäischen Verwaltungsrechts, DVBl. 1983, S. 649ff.; *Rengeling,* Die Entwicklung
verwaltungsrechtlicher Grundsätze durch den Gerichtshof der Europäischen Gemeinschaften, EuR 1984, S. 331ff.; *Everling,* Auf dem Wege zu einem europäischen Verwaltungsrecht, NVwZ 1987, S. 1ff.; *Schwarze,* Europäisches Verwaltungsrecht, 2 Bde.,
1988; *Grabitz,* Europäisches Verwaltungsrecht – Gemeinschaftsrechtliche Grundsätze
des Verwaltungsverfahrens, NJW 1989, S. 1776ff.; *Schweitzer* (Hrsg.), Europäisches
Verwaltungsrecht, 1991; *b) Einfluß des europäischen auf das deutsche Verwaltungsrecht:
Rengeling,* Verwaltungsverfahrens- und Verwaltungsprozeßrecht im Verhältnis zum
Europäischen Gemeinschaftsrecht, DÖV 1981, S. 366ff.; *Weber,* Anfechtbarkeit und
Aufhebbarkeit gemeinschaftswidriger nationaler Verwaltungsakte, BayVBl. 1984, S.
321ff.; *ders.,* Verwaltungskollisionsrecht der Europäischen Gemeinschaften im Lichte
neuerer Rechtsentwicklungen, EuR 1986, S. 1ff.; *Rengeling,* Das Zusammenwirken
von Europäischem Gemeinschaftsrecht und nationalem, insbesondere deutschem
Recht, DVBl. 1986, S. 306ff.; *Ehlers,* Das Wirtschaftsverwaltungsrecht im europäischen Binnenmarkt, NVwZ 1990, S. 810ff.; *ders.,* Die Einwirkungen des Rechts der
Europäischen Gemeinschaften auf das Verwaltungsrecht, DVBl. 1991, S. 605ff.;
Streinz, Der Einfluß des Europäischen Verwaltungsrechts auf das Verwaltungsrecht
der Mitgliedstaaten – Dargestellt am Beispiel der Bundesrepublik Deutschland, in:
Schweitzer (Hrsg.), Europäisches Verwaltungsrecht, 1991, S. 241ff.; *ders.,* Vertrauensschutz und Gemeinschaftsinteresse beim Vollzug von Europäischem Gemeinschaftsrecht durch deutsche Behörden, in: Die Verwaltung 1990, S. 153ff.; *c) EG-rechtskonforme Auslegung deutschen Rechts: Di Fabio,* Richtlinienkonformität als ranghöchstes
Normauslegungsprinzip?, NJW 1990, S. 947ff.; *Jarass,* Richtlinienkonforme bzw.
EG-rechtskonforme Auslegung nationalen Rechts, EuR 1991, S. 211ff.; *d) Rückforderung von Beihilfen: Fischer,* Zur Rückforderung von unter Verstoß gegen Art. 92, 93

EWGV gewährten nationalen Beihilfen, DVBl. 1990, S. 1089ff.; *Schmidt-Ränsch,* Zur Behandlung EG-widriger Beihilfen, EuZW 1990, S. 376; *Magiera,* Rückforderung gemeinschaftsrechtswidriger staatlicher Beihilfen, in: Festschrift für Bodo Börner, 1992, S. 213ff.

(Staatshaftung) *Hauschka,* Der Ausschluß der Staatshaftung nach § 839 BGB gegenüber Staatsangehörigen aus Ländern der Europäischen Gemeinschaft, NVwZ 1990, S. 1155ff.; *Ossenbühl,* Der gemeinschaftsrechtliche Staatshaftungsanspruch, DVBl. 1992, S. 993; *Hailbronner,* Staatshaftung bei säumiger Umsetzung von EG-Richtlinien, JZ 1992, S. 284ff.; *Häde,* Staatshaftung für legislatives Unterlassen, BayVBl. 1992, S. 449; *Fischer,* Staatshaftung nach Gemeinschaftsrecht, EuZW 1992, S. 41ff.; *Schlemmer-Schulte/Ukrow,* Haftung des Staates gegenüber dem Marktbürger für gemeinschaftsrechtswidriges Verhalten, EuR 1992, S. 82ff.; *Prieß,* Staatshaftung der EG-Mitgliedstaaten, NVwZ 1993, S. 118ff.

G. Gerichtlicher Rechtsschutz bei der Anwendung von Gemeinschaftsrecht

I. Einführung

Die richterliche Kontrolle des Gemeinschaftsrechts liegt in Händen des **Europäischen Gerichtshofes** (EuGH) und der **nationalen Gerichte der Mitgliedstaaten**. Der EuGH übt seine rechtsprechende Tätigkeit auf der Grundlage vertraglich zugewiesener, enumerativ aufgezählter Zuständigkeiten aus; soweit er zuständig ist, ist er **ausschließlich** zuständig. Im übrigen sind die nationalen Gerichte entscheidungsbefugt. Die Rechtsprechung auf beiden Ebenen ist durch das in Art. 177 EGV geregelte Vorabentscheidungsverfahren miteinander verzahnt.

Der EuGH entscheidet über Gültigkeit und Auslegung von Gemeinschaftsrecht. Klagebefugt sind die Mitgliedstaaten und die Organe der Gemeinschaft. Einzelne, d. h. natürliche und juristische Personen, können den Gerichtshof unmittelbar nur dann anrufen, wenn die Gemeinschaftsorgane den einzelnen gegenüber Gemeinschaftsrecht mit unmittelbarer Wirkung setzen oder anwenden, was auf bestimmte Fälle beschränkt ist. Im Regelfall erreichen die Wirkungen des Gemeinschaftsrechts den einzelnen durch ausführendes Handeln der Mitgliedstaaten, so daß zum Rechtsschutz gegenüber diesem Handeln die nationalen Gerichte berufen sind. Im Rahmen der bei ihnen anhängigen Rechtsstreitigkeiten können bzw. müssen die nationalen Gerichte durch Einholung einer Vorabentscheidung den EuGH einschalten, um Fragen des Gemeinschaftsrechts zu klären.

II. Rechtsschutz durch den EuGH

Der Gerichtshof und das ihm beigeordnete Gericht erster Instanz befassen sich nur mit Fragen des Gemeinschaftsrechts. Das gilt auch bei Vorlagen nationaler Gerichte nach Art. 177 EGV. Im Vorabentscheidungsverfahren entscheidet der EuGH weder den Ausgangsrechtsstreit noch befindet er über das Verhältnis von Gemeinschaftsrecht und nationalem Recht; hierüber haben die nationalen Gerichte zu urteilen.

Das Klagesystem des EuGH baut auf der Unterscheidung zwischen **privilegierten** und **nichtprivilegierten** Klagebefugten auf. Privilegierte Klagebefugte sind der Rat, die Kommission, das Europäische Parlament und die Mitgliedstaaten. Ihr Privileg besteht darin, daß eine objektive

Vertragsverletzung zur Klagebefugnis ausreicht, ein besonderes Rechtsschutzinteresse oder eine individuelle Betroffenheit nicht erforderlich ist. Diese Klagebefugten können **jeden** Rechtsakt angreifen. Nicht privilegierte Klagebefugte sind natürliche und juristische Personen, die nur insoweit klagebefugt sind, als sie durch Rechtsakte der Gemeinschaft unmittelbar und persönlich betroffen sind.

Über die Verfahren vor dem EuGH wurde bereits an anderer Stelle ein Überblick gegeben (s. oben Kapitel C V 2). Diese im einzelnen zu erläutern ist hier nicht der Ort (ausführlich *Klinke*, Der Gerichtshof der Europäischen Gemeinschaften, 1989). Eingegangen werden soll auf die Nichtigkeitsklage privater Personen nach Art. 173 Abs. 4 und das in Art. 169 EGV geregelte Vertragsverletzungsverfahren.

1. Die Nichtigkeitsklage nach Art. 173 Abs. 4 EGV

Nach Art. 173 Abs. 4 EGV kann jede natürliche oder juristische Person unter den Voraussetzungen des Art. 173 Abs. 2 EWGV gegen die an sie ergangenen Entscheidungen sowie gegen diejenigen Entscheidungen Klage erheben, die, obwohl sie als Verordnungen oder als eine an eine andere Person gerichtete Entscheidung ergangen sind, sie unmittelbar und individuell betreffen. Die Klage ist auf **Aufhebung** des Rechtsaktes gerichtet, erfüllt also die Funktion einer **Anfechtungsklage** (*Wenig*, in: *Grabitz*, EWGV, Art. 173 Rdnr. 1).

Klagebefugt ist jede rechtsfähige natürliche und juristische Person. Die Rechtsfähigkeit (damit die Parteifähigkeit vor dem EuGH) beurteilt sich nach dem nationalen Recht des jeweiligen Mitgliedstaates. Parteifähig sind demnach auch rechtsfähige Personenvereinigungen (z. B. Gewerkschaften) und juristische Personen des öffentlichen Rechts wie Gebietskörperschaften (vgl. EuGHE 1988, 1573 – verb. Rs. 62 u. 72/87 „Wallonien"). Demzufolge sind in der Bundesrepublik z. B. die Bundesländer und die Gemeinden als klagebefugt anzusehen.

Als angreifbarer Rechtsakt wird in Art. 173 Abs. 4 EGV die Entscheidung genannt. Hierunter ist nicht notwendigerweise die Entscheidung im rechtstechnischen Sinne von Art. 189 Abs. 4 EGV zu verstehen, da sich der Rechtscharakter der angegriffenen Maßnahme nicht nach der gewählten Form, sondern nach ihrem Inhalt beurteilt (EuGHE 1980, 1949 – Rs. 789 u. 790/79 „Calpak"). Eine Entscheidung im Sinne von Art. 173 Abs. 4 EGV ist demnach jeder Rechtsakt, der den Kläger unmittelbar und individuell betrifft. Unter dieser Voraussetzung sind auch in die Rechtsform einer Verordnung gekleidete Entscheidungen angreifbar. Ausgeschlossen ist jedoch eine Klage gegen echte Normativakte.

Die Klage ist nur zulässig, wenn die Entscheidung den Kläger unmittelbar und individuell betrifft. Das ist unproblematisch der Fall, wenn die

Entscheidung an den Kläger als Adressaten gerichtet ist, wie z. B. bei Entscheidungen, mit denen die Kommission im Bereich des Kartellrechts gegenüber Unternehmen eine Geldbuße festsetzt. Bei Entscheidungen, die in die Rechtsform der Verordnung gekleidet oder an Dritte gerichtet sind, ist der Kläger dann unmittelbar und individuell betroffen, wenn „die Entscheidung ihn wegen bestimmter persönlicher Eigenschaften oder besonderer, ihn aus dem Kreis aller übrigen Personen heraushebender Umstände berührt und ihn daher in ähnlicher Weise individualisiert wie den Adressaten" (EuGHE 1963, 211 – Rs. 25/62 „Plaumann"). Hat die Kommission durch Entscheidung nach Art. 93 Abs. 2 EGV einen Mitgliedstaat verpflichtet, die einem bestimmten Unternehmer gewährte Beihilfe zurückzufordern, kann der Beihilfeempfänger diese Entscheidung nach Art. 173 Abs. 4 EGV anfechten (vgl. EuGHE 1987, 921 – Rs. 310/85 „Deufil").

Auf die zulässige Klage überprüft der EuGH entsprechend Art. 173 Abs. 2 EGV die Entscheidung in **formeller** (Unzuständigkeit, Verletzung wesentlicher Formvorschriften) und **materieller** Hinsicht (Rechtsverletzung, Ermessensmißbrauch) und erklärt sie nach Art. 174 Abs. 1 EGV für nichtig, wenn die Klage begründet ist.

2. Das Vertragsverletzungsverfahren nach Art. 169 EGV

Von großer Bedeutung für die Gemeinschaftspraxis ist das in Art. 169 geregelte Vertragsverletzungsverfahren (ausführlich *Ortlepp*, Das Vertragsverletzungsverfahren als Instrument zur Sicherung der Legalität im Europäischen Gemeinschaftsrecht, 1987). Mit seiner Hilfe nimmt die Kommission die ihr durch Art. 155 UAbs. 1 EGV übertragene Aufgabe wahr, für die Anwendung des EG-Vertrages sowie der von den Organen aufgrund dieses Vertrages getroffenen Bestimmungen Sorge zu tragen. Als Hüterin der Gemeinschaftschaftsinteressen ist die Kommission verpflichtet, gegen Verletzungen des Gemeinschaftsrechts durch die Organe der Mitgliedstaaten einzuschreiten (vgl. EuGHE 1988, 1835 – Rs. 240/86 – Kommission/Griechenland).

Die Kontrolle der Kommission erstreckt sich auf das **gesamte** Gemeinschaftsrecht (Primär- und Sekundärrecht einschließlich der allgemeinen Rechtsgrundsätze als ungeschriebenes Gemeinschaftsrecht) und seine Beachtung durch **alle** Organe der Mitgliedstaaten, also die Organe der gesetzgebenden, vollziehenden und rechtsprechenden Gewalt. Eine Rechtsverletzung, welche die Einleitung des Verfahrens nach Art. 169 EGV zur Folge hat, liegt also vor, wenn ein Mitgliedstaat Gemeinschaftsrecht nicht durchführt (umsetzt) oder sein nationales Recht nicht den Erfordernissen des Gemeinschaftsrechts anpaßt, ferner dann, wenn seine Verwaltungsbehörden Gemeinschaftsrecht nicht oder fehlerhaft vollziehen. Ein dem Mitgliedstaat zurechenbarer Rechtsverstoß liegt aber auch in der Nichtbeachtung des Gemeinschaftsrechts durch die innerstaatlichen **Gerichte**, insbesondere dann, wenn diese ihrer Vorlagepflicht nach Art. 177 Abs. 2 und 3 EGV nicht nachkommen (*Nicolaysen*, EuR 1985, S. 368 ff.; *Ortlepp*, S. 99 ff.). Auch bei vertragswidrigen Urteilen innerstaatlicher Gerichte kann die Kommission das Verfahren nach Art. 169 EGV einleiten und der Gerichtshof im Rahmen dieses Verfahrens eine Vertragsverletzung feststellen. Wegen der richterlichen Unabhängigkeit der Gerichte (für die Bundesrepublik vgl. Art. 97 Abs. 1 GG) ist es den Mitgliedstaaten, d. h. ihren Regierungen, jedoch verwehrt, durch Aufhebung des vertragswidrigen Urteils den festgestellten Rechtsverstoß zu beseitigen, noch können die mitgliedstaatlichen Regierungen zur Vermeidung künftiger Rechtsverstöße unmittelbar auf die Tätigkeit der Gerichte Einfluß nehmen; der Fortsetzung einer vertragswidrigen Rechtsprechung ließe sich nur durch Änderung des nationalen Rechts die Grundlage entziehen. Mit Rücksicht auf diese Umstände war die Praxis der Kommission bisher dadurch gekennzeichnet, daß sie von dem Verfahren nach Art. 169 EGV keinen Gebrauch machte, um auf Rechtsverstöße durch vertragswidrige Rechtsprechung in den Mitgliedstaaten zu reagieren (vgl. *Ortlepp*, S. 102). Im Jahr 1990 hat sie jedoch erstmals ein Vertragsverletzungsverfahren gegen einen Mitgliedstaat wegen Verletzung des Gemeinschaftsrechts durch ein nationales Gericht eingeleitet, und zwar gegen die Bundesrepublik wegen des Beschlusses des Bundesgerichtshofs über die Nichtannahme der Revision gegen ein Urteil des OLG Köln (mitgeteilt durch *Meyer*, EuZW 1991, 11).

In der Praxis versucht die Kommission, mit dem Mitgliedstaat, der nach ihrer Auffassung eine Vertragsverletzung begangen hat, zunächst auf dem Verhandlungswege zu einer Einigung zu gelangen, und zwar sowohl vor wie auch während eines bereits eingeleiteten Vertragsverletzungsverfahrens. Erst bei Erfolglosigkeit ihrer Bemühungen leitet sie das Verfahren nach Art. 169 EGV ein bzw. setzt es fort.

Das Vertragsverletzungsverfahren gliedert sich in ein außergerichtliches Vorverfahren (Art. 169 Abs. 1 EGV) und das anschließende Klageverfahren (Art. 169 Abs. 2 EGV). Im Vorverfahren gibt die Kommission dem Mitgliedstaat Gelegenheit zur Stellungnahme (Anhörung) und gibt anschließend eine mit Gründen versehene Stellungnahme ab, in welcher sie die Vertragsverletzung feststellt und den Mitgliedstaat unter Angabe der dazu erforderlichen Mittel auffordert, die Verletzung innerhalb einer bestimmten Frist zu beseitigen. Kommt der Mitgliedstaat der Stellungnahme innerhalb der gesetzten Frist nicht nach, erhebt die Kommission Klage vor dem EuGH. Ohne Vorverfahren ist die Klage unzulässig. In bestimmten Fällen, z. B. im Rahmen der Beihilfeaufsicht nach Art. 93 Abs. 2 EGV, kann die Kommission den Gerichtshof unmittelbar anrufen.

Ist die Klage begründet, erachtet also der EuGH die Vertragsverletzung für gegeben, erläßt er gemäß Art. 171 EGV ein Feststellungsurteil, in welchem er die Unvereinbarkeit der beanstandeten nationalen Maßnahme mit dem Gemeinschaftsrecht feststellt. In dem Rechtsstreit über das Reinheitsgebot beim Bier (EuGHE 1987, 1227 – Rs. 178/84 = NJW 1987, 1133) lautete die Feststellung beispielsweise:

> „Die Bundesrepublik Deutschland hat dadurch gegen ihre Verpflichtungen aus Art. 30 EWG-Vertrag verstoßen, daß sie das Inverkehrbringen von in einem anderen Mitgliedstaat rechtmäßig hergestelltem und in den Verkehr gebrachtem Bier untersagt hat, wenn dieses Bier nicht den §§ 9 und 10 des Biersteuergesetzes entspricht."

Der Gerichtshof ist lediglich zur **Feststellung** der Vertragsverletzung berechtigt und nicht befugt, gestaltende Anordnungen zur Beseitigung des Rechtsverstoßes zu treffen, insbesondere die beanstandete Maßnahme selbst aufzuheben oder den Mitgliedstaat zu ihrer Beseitigung aufzufordern. Allerdings nimmt der EuGH für sich in Anspruch, die sich aus seiner Feststellung ergebende Pflicht des Mitgliedstaates zur Abhilfe näher zu konkretisieren, um diesem die Befolgung des Urteils zu erleichtern (vgl. *Ortlepp*, S. 109ff.).

Nach Art. 171 EGV hat der Mitgliedstaat die Maßnahmen zu ergreifen, die sich aus dem Urteil des Gerichtshofs ergeben. Das Urteil löst demnach die **vertragliche** Pflicht des verurteilten Staates zur Abhilfe aus. Über die zu ergreifenden Maßnahmen entscheidet der Mitgliedstaat unter Berücksichtigung etwaiger Vorgaben durch den EuGH selbst, wobei diese Maßnahmen naturgemäß geeignet sein müssen, den festgestellten Vertragsverstoß zu beseitigen.

Das Feststellungsurteil des EuGH kann von den Organen der Gemeinschaft selbst nicht vollstreckt werden, da die Gemeinschaft nicht über die entsprechende hoheitliche Zwangsgewalt verfügt. Eine Vollstreckung des Urteils gemäß Art. 187 EGV i. V. mit Art. 192 EGV kommt deshalb nicht in Frage, weil staatengerichtete Entscheidungen bzw. Urteile gemäß Art. 192 Abs. 1 EGV keine vollstreckbaren Titel bilden und außerdem das Urteil als feststellendes Urteil keinen vollstreckungsfähigen Inhalt aufweist (*Ortlepp*, S. 131). Kommt ein Mitgliedstaat seiner Pflicht aus Art. 171 EGV nicht freiwillig nach, eröffnet das Gemeinschaftsrecht lediglich die Möglichkeit eines erneuten Vertragsverletzungsverfahrens. Auf diese Weise sind in einer Reihe von Fällen Feststellungsurteile des EuGH wegen Nichtbefolgung seiner Urteile ergangen, darunter gegenüber der Bundesrepublik in den sog. „Butterfahrten"-Urteilen (vgl. EuGHE 1981, 1505 – Rs. 158/80, EuGHE 1984, 777 – Rs. 325/82 beide Kommission/Bundesrepublik Deutschland, ausführlich dazu *Ortlepp*, S. 50ff.). (Bei den „Butterfahrten"-Urteilen ging es darum, daß bei Ausflugfahrten in die Nord- und Ostsee die zuständigen deutschen Behörden die an Bord des Schiffes abgabenfrei erworbenen Waren bei deren Einfuhr nicht mit den erforderlichen Abgaben belegten.)

Es muß allerdings betont werden, daß die Mitgliedstaaten im Regelfall die Urteile des EuGH befolgen und die Nichtbefolgung im ganzen betrachtet eine Ausnahme darstellt. Gleichwohl ist es unbefriedigend, der Nichtbefolgung eines Urteils nur mit Mitteln der Rechtskontrolle zu begegnen. Deshalb sieht der im Rahmen des Vertrages über die Europäische Gemeinschaft neu gefaßte Art. 171 EGV für diesen Fall erstmals Sanktionsmöglichkeiten vor. Hat der EuGH ein Feststellungsurteil erlassen und der Mitgliedstaat nach Auffassung der Kommission die sich aus dem Urteil ergebenden Maßnahmen nicht ergriffen, gibt sie eine mit Gründen versehene Stellungnahme ab, in der sie die versäumten Maßnahmen benennt und dem Mitgliedstaat zu ihrer Vornahme eine Frist setzt. Nach erfolglosem Fristablauf kann die Kommission den Gerichtshof anrufen, wobei sie die Höhe eines vom Mitgliedstaat zu zahlenden Pauschalbetrages oder Zwangsgeldes benennt, die sie den Umständen nach für angemessen hält. Stellt der Gerichtshof fest, daß der Mitgliedstaat seinem Urteil nicht nachgekommen ist, kann er die Zahlung eines Pauschalbetrages oder Zwangsgeldes verhängen.

III. Das Vorabentscheidungsverfahren nach Art. 177 EGV

1. Funktion

Nach Art. 177 EGV entscheidet der Gerichtshof auf Vorlage nationaler Gerichte im Wege der **Vorabentscheidung** über Fragen der Auslegung und Gültigkeit von Gemeinschaftsrecht. Das Vorabentscheidungsverfahren bezweckt, im Rahmen der Prozesse vor nationalen Gerichten eine einheitliche und wirksame Anwendung des Gemeinschaftsrechts sicherzustellen. Dem Verfahren liegt eine strikte Arbeitsteilung zwischen den nationalen Gerichten und dem EuGH in dem Sinne zugrunde, daß die nationalen Gerichte den Rechtsstreit unter Anwendung des nationalen und des Gemeinschaftsrechts entscheiden und der EuGH im Rahmen dieses Rechtsstreites Fragen der Gerichte nach der Auslegung und der Gültigkeit von Gemeinschaftsrecht beantwortet. Das Vorabentscheidungsverfahren erfüllt daher die Funktion eines **prozessualen Zwischenverfahrens** (*Wohlfahrt* in: *Grabitz*, Art. 177 Rdnr. 3 ff.).

2. Vorlagefragen

Nach Art. 177 Abs. 1 EGV entscheidet der EuGH im Wege der Vorabentscheidung

a) über die Auslegung des Vertrages,
b) über die Gültigkeit und Auslegung der Handlungen der Organe der Gemeinschaft,

c) über die Auslegung der Satzungen der durch den Rat geschaffenen Einrichtungen, soweit diese Satzungen dies vorsehen.

Der Begriff „Handlungen" in Buchstabe b) ist weit zu verstehen und umfaßt jede einem Gemeinschaftsorgan zurechenbare Handlung, die geeignet ist, rechtliche Wirkung zu erzeugen (*Wohlfahrt*, in: *Grabitz*, Art. 177, Rdnr. 17). Auf jeden Fall gehören zu den Handlungen in diesem Sinne der sekundärrechtlichen Rechtsakte gemäß Art. 189 EGV.

Unter der „Gültigkeit" dieser Handlungen ist ihre „Rechtmäßigkeit" im Sinne von Art. 173 Abs. 1 EGV zu verstehen, so daß der Gerichtshof die Handlung aus den in dieser Vorschrift genannten Gründen für nichtig erklären kann.

Weiterhin befaßt sich der Gerichtshof mit der **Auslegung** des primären und sekundären Gemeinschaftsrechts. Auslegung bedeutet die mehr oder weniger abstrakte Formulierung des begrifflichen Inhaltes von Rechtssätzen im Unterschied zur Anwendung dieser Rechtssätze auf einen konkreten Sachverhalt. Der EuGH befaßt sich nur mit Fragen der Auslegung:

„Gibt der Gerichtshof nach Art. 177 eine Auslegung des Vertrages, so beschränkt er sich darauf, die Bedeutung der Normen des Gemeinschaftsrechts aus Geist und Wortlaut des Vertrages abzuleiten, während es dem innerstaatlichen Richter vorbehalten bleibt, die in dieser Weise ausgelegten Normen auf den konkreten Fall anzuwenden" (EuGHE 1963, 63, verb. Rs. 28–30/62 „Da Costa").

Im Gegensatz zum Verfahren nach Art. 169 EGV entscheidet der EuGH im Vorabentscheidungsverfahren nicht über die Vereinbarkeit des nationalen mit dem Gemeinschaftsrecht (EuGHE 1964, 1251 – Rs. 6/64 „Costa/ENEL" = NJW 1964, 2371); dies ist Aufgabe des nationalen Richters. Der EuGH kann jedoch bei einer darauf abzielenden Frage die Fragen herausschälen, welche die Auslegung des Gemeinschaftsrechts betreffen.

Die Frage, ob zur Entscheidung des Ausgangsrechtsstreits die Entscheidung über eine gemeinschaftsrechtliche Frage erforderlich ist, fällt in die Zuständigkeit der nationalen Gerichte. Diese haben zu beurteilen, ob eine Vorabentscheidung zum Erlaß ihrer Entscheidung notwendig ist und welche Fragen sie hierfür als rechtserheblich betrachten (EuGHE 1982, 3415 – Rs. 283/81 „CILFIT" = NJW 1983, 1257; EuGH EuZW 1991, 57 – Rs. C – 231/89 „Gmurzynska-Bscher").

Im Rahmen des Vorabentscheidungsverfahrens sind demnach die Aufgaben zwischen dem EuGH und den nationalen Gerichten so aufgeteilt, daß der EuGH, wie dargelegt, über Auslegung und Gültigkeit von Gemeinschaftsrecht entscheidet. Demgegenüber sind die nationalen Gerichte zuständig für

– die Aufklärung des dem Ausgangsrechtsstreit zugrundeliegenden Sachverhalts;
– die Auslegung und Anwendung des nationalen Rechts;

- die Beurteilung der Frage, ob und in welchem Umfang eine Vorabentscheidung entscheidungserheblich ist;
- die Anwendung des (ausgelegten) Gemeinschaftsrechts auf den konkreten Fall;
- die Beurteilung der Frage, ob nationales Recht mit Gemeinschaftsrecht vereinbar ist;
- die Entscheidung des Ausgangsrechtsstreits.

3. Die Vorlageberechtigung nach Art. 173 Abs. 2 EGV

Vorlageberechtigt sind nach Art. 177 Abs. 2 EGV die Gerichte der Mitgliedstaaten. In der Bundesrepublik Deutschland sind dies die staatlichen Gerichte, denen nach Art. 92 GG die rechtsprechende Gewalt anvertraut ist, also das Bundesverfassungsgericht, die Bundesgerichte und die Gerichte der Länder. Auf die Art der Gerichtsbarkeit (Zivil-, Straf-, Verwaltungsgerichte usw.) kommt es nicht an. Kein Gericht im Sinne von Art. 177 EWGV sind die nach §§ 1025 ff. ZPO eingerichteten Schiedsgerichte (EuGHE 1982, 1095 = Rs. 102/81 „Nordsee").

Deutsche Gerichte, deren Entscheidungen mit Rechtsmitteln des innerstaatlichen Rechts anfechtbar sind, **können** (nicht müssen) eine Vorabentscheidung einholen, wenn sie eine solche zum Erlaß ihrer Entscheidung für erforderlich halten. Sie haben also insoweit eine Wahlfreiheit. Über die Einholung entscheiden die Gerichte von Amts wegen, nicht auf Antrag einer Partei, da Art. 177 EGV keinen Rechtsbehelf für die Parteien eines beim innerstaatlichen Gericht anhängigen Rechtsstreits eröffnet (EuGH „CILFIT", a. a. O.).

Eine Ausnahme von dieser Wahlfreiheit besteht jedoch dann, wenn ein Gericht im Rahmen eines bei ihm anhängigen Rechtsstreits von der Ungültigkeit einer Handlung der Gemeinschaftsorgane ausgehen will. Die nationalen Gerichte können zwar die Gültigkeit einer Gemeinschaftshandlung prüfen, sind jedoch nicht befugt, diese für ungültig zu erklären, da hierzu ausschließlich der EuGH zuständig ist (EuGHE 1987, 4199 – Rs. 314/85 „Foto-Frost" = NJW 1988, 1451). Sein alleiniges Verwerfungsrecht begründet der EuGH mit dem Erfordernis der Einheitlichkeit des Gemeinschaftsrechts, die in Frage gestellt wäre, wenn die Gerichte in den verschiedenen Mitgliedstaaten die Möglichkeit hätten, die Gültigkeit einer Gemeinschaftshandlung unterschiedlich zu beurteilen. Bei Zweifeln an der Gültigkeit von Gemeinschaftshandlungen besteht demnach für die nationalen Geriche eine Vorlage**pflicht**.

4. Die Vorlagepflicht nach Art. 177 Abs. 3 EGV

a) Inhalt der Vorlagepflicht

Nach Art. 177 Abs. 3 EGV sind die innerstaatlichen Gerichte, deren Entscheidungen nicht mehr mit Rechtsmitteln des innerstaatlichen Rechts angefochten werden können, zur Vorlage verpflichtet. Welche Gerichte unter die Kategorie des Absatzes 3 fallen, wird nicht einheitlich beantwortet. Nach der sog. **abstrakten** Betrachtungsweise (so z. B. *Oppermann*, Europarecht, S. 247) sind dies die obersten Gerichte mit der Zuständigkeit für das gesamte Hoheitsgebiet des betreffenden Mitgliedstaates, in Deutschland also die Bundesgerichte. Nach der sog. **konkreten** Betrachtungsweise (vgl. *Wohlfahrt* in: *Grabitz*, EWGV, Art. 177, Rdnr. 49) ist vorlagepflichtig das Gericht, dessen Entscheidung im konkreten Fall nicht mehr angreifbar ist, so daß hiernach auch Gerichte der unteren oder mittleren Instanzen vorlagepflichtig sein können. Der EuGH hat sich zu dieser Frage noch nicht geäußert. Wortlaut und Zweck des Art. 177 Abs. 3 EGV sprechen für die Lösung im Sinne der konkreten Betrachtungsweise.

Zu den Rechtsmitteln des innerstaatlichen Rechts zählen nur **reguläre** Rechtsbehelfe, wie Berufung, Revision oder Beschwerde, nicht **außergewöhnliche**, wie z. B. die Verfassungsbeschwerde (*Wohlfahrt*, in: *Grabitz*, EWGV, Art. 177, Rdnr. 50). Die Vorlagepflicht des Bundesverfassungsgerichts wird dadurch jedoch nicht ausgeschlossen (vgl. BVerfGE 52, 187 = NJW 1980, 519).

Wie unter 2. dargelegt, beurteilen die Gerichte in eigener Zuständigkeit, ob zum Erlaß ihrer Entscheidung eine Vorabentscheidung notwendig ist. Stellen sie fest, daß Gemeinschaftsrecht entscheidungserheblich ist, haben sie dem Gerichtshof jede sich stellende Frage nach Auslegung und Gültigkeit von Gemeinschaftsrecht vorzulegen.

In seinem Urteil in der Rechtssache „CILFIT" hat der EuGH der Vorlagepflicht nach Art. 177 Abs. 3 jedoch gewisse Grenzen gezogen. Danach braucht ein Gericht nicht vorzulegen, wenn seine Fragen bereits durch die Auslegung des Gerichtshofs in einem früheren Verfahren beantwortet sind, insbesondere dann, wenn die zu stellende Frage tatsächlich bereits in einem gleichgelagerten Fall Gegenstand einer Vorabentscheidung gewesen ist. Das gleiche gilt, wenn bereits eine gesicherte Rechtsprechung des Gerichtshofs vorliegt, durch die die betreffende Rechtsfrage gelöst ist. Schließlich kann das innerstaatliche Gericht dann von einer Vorlage absehen, wenn die richtige Anwendung des Gemeinschaftsrechts derart offenkundig ist, daß keinerlei Raum für einen vernünftigen Zweifel der Entscheidung der gestellten Frage bleibt. In diesem Fall muß das Gericht jedoch überzeugt sein, daß auch für die Gerichte der übrigen Mitgliedstaaten und den Gerichtshof die gleiche

Gewißheit bestünde. Ob diese Voraussetzung erfüllt ist, ist unter Berücksichtigung der Eigenheiten des Gemeinschaftsrechts und der besonderen Schwierigkeiten seiner Auslegung zu beurteilen. Für diese Beurteilung durch das innerstaatliche Gericht verlangt der EuGH einen Vergleich der auszulegenden Vorschrift in ihren verschiedenen sprachlichen Fassungen, die Beachtung der eigenen, besonderen Terminologie des Gemeinschaftsrechts und einer Auslegung der Vorschrift in ihrem jeweiligen rechtlichen Zusammenhang und im Lichte des gesamten Gemeinschaftsrechts, seiner Ziele und seines jeweiligen Entwicklungsstands.

b) Sanktionen bei Verletzung der Vorlagepflicht; der EuGH als gesetzlicher Richter nach Art. 101 Abs. 1 Satz 2 GG

Die Nichterfüllung der Vorlagepflicht stellt eine Vertragsverletzung dar, auf welche die Kommission das Verfahren nach Art. 169 EGV einleiten und ggf. Klage vor dem EuGH erheben kann.

Im deutschen Recht besteht eine weitere Sanktionsmöglichkeit darin, daß gegen die unter Verstoß gegen die Vorlagepflicht zustande gekommene Entscheidung Verfassungsbeschwerde nach Art. 93 Abs. 1 Nr. 4a GG erhoben werden kann. Nach Art. 101 Abs. 1 Satz 2 GG darf niemand seinem gesetzlichen Richter entzogen werden. Nach ständiger Rechtsprechung des Bundesverfassungsgerichts ist der EuGH gesetzlicher Richter im Sinne dieser Vorschrift (grundlegend BVerfGE 73, 339 = NJW 1987, 577). Art. 101 Abs. 1 Satz 2 GG ist jedoch nur dann verletzt, wenn die unterbliebene Vorlage an den EuGH auf **Willkür** beruht. Willkürlich sind solche Entscheidungrn, die bei verständiger Würdigung der das Grundgesetz beherrschenden Gedanken nicht mehr verständlich erscheinen und offensichtlich unhaltbar sind (BVerfG NJW 1988, 1456). Willkürlich in diesem Sinne handelt ein letztinstanzliches Gericht, wenn es in seiner Entscheidung bewußt von der Rechtsprechung des EuGH zu in Rede stehenden entscheidungserheblichen Fragen abweicht und gleichwohl nicht oder nicht neuerlich vorlegt (BVerfG NJW 1988, 1456). Aus diesem Grunde hat das BVerfG Urteile des BFH, in welcher dieser entgegen der Rechtsprechung des EuGH die unmittelbare Wirkung von Richtlinien verneinte, als objektiv willkürlich aufgehoben (vgl. BVerfG NJW 1988, 1459; NJW 1988, 2173). Den Willkürmaßstab im Sinne des Art. 101 Abs. 2 Satz 2 GG bei der verfassungsgerichtlichen Prüfung einer Verletzung der Vorlagepflicht aus Art. 177 Abs. 2 und 3 EGV hat das Bundesverfassungsgericht näher so umschrieben:

„Als hauptsächliche Falltypen einer willkürlichen Verkennung der Vorlagepflicht kommen dabei in Betracht zum einen Fälle, in denen ein letztinstanzliches Hauptsachegericht eine Vorlage nach Art. 177 Abs. 3 EWGV trotz der – seiner Auffassung nach bestehenden – Entscheidungserheblichkeit der gemeinschaftsrechtlichen Frage überhaupt nicht in Erwägung zieht, obwohl es selbst Zweifel hinsichtlich der richtigen Beantwortung der Frage hegt; zum anderen Fälle, in denen das letztinstanzliche

Hauptsachegericht in seiner Entscheidung bewußt von der Rechtsprechung des EuGH zu in Rede stehenden entscheidungserheblichen Fragen abweicht und gleichwohl nicht oder nicht neuerlich vorlegt (. . .). Der erste Fall stellt eine grundsätzliche Verkennung der Vorlagepflicht dar; der zweite Fall ist als Per-se-Willkürtatbestand zu qualifizieren. Eine weitere im Rahmen der Prüfung unter Art. 101 Abs. 1 Satz 2 GG willkürliche Verkennung der Vorlagepflicht aus Art. 177 Abs. 3 EWGV kann schließlich typischerweise in Fällen bestehen, in denen entweder zu einer entscheidungserheblichen Frage des Gemeinschaftsrechts einschlägige Rechtsprechung des EuGH noch nicht vorliegt oder solche Rechtsprechung zwar ergangen ist, aber möglicherweise die entscheidungserhebliche Frage noch nicht erschöpfend beantwortet hat, oder eine Fortentwicklung der Rechtsprechung des EuGH nicht nur als entfernte Möglichkeit erscheint. In diesen Fällen ist eine willkürliche Verkennung der Vorlagepflicht aus Art. 177 EWGV und somit eine Verletzung des Art. 101 Abs. 1 Satz 2 GG nur dann gegeben, wenn das letztinstanzliche Hauptsachegericht den ihm in solchen Fällen notwendig zukommenden Beurteilungsrahmen in unvertretbarer Weise überschritten hat; dies ist dann der Fall, wenn mögliche Gegenauffassungen zu der entscheidungserheblichen Frage des Gemeinschaftsrechts gegenüber der vom Gericht vertretenen Meinung eindeutig vorzuziehen sind" (BVerfG NJW 1988, 1456).

Da nur eine **willkürliche** Verkennung der Vorlagepflicht das Recht auf den gesetzlichen Richter verletzt, ist nicht jede unter Verstoß gegen Art. 177 Abs. 3 EGV zustande gekommene Entscheidung verfassungsgerichtlich aufhebbar. Mit dem Erfordernis der Willkür in dem dargelegten Sinne vermeidet es das Bundesverfassungsgericht, in die Rolle eines nationalen obersten „Vorlagen-Kontroll-Gerichts" versetzt zu werden.

5. Die Bindungswirkung von Vorabentscheidungen

Über Vorlagen nach Art. 177 EGV entscheidet der EuGH durch Urteil. Sein Urteil ist für alle mit demselben Ausgangsverfahren befaßten mitgliedstaatlichen Gerichte bindend (BVerfG NJW 1977, 2024; NJW 1988, 1459). Seine diesbezüglichen Aussagen liefern den Maßstab für die **Anwendung** von Gemeinschaftsrecht in anderen Verfahren.

IV. Der Einfluß des Gemeinschaftsrechts auf den einstweiligen Rechtsschutz

Das Gemeinschaftsrecht wirkt sich auch auf den von den Behörden und Gerichten zu gewährenden einstweiligen Rechtsschutz aus. Nach der Rechtsprechung des EuGH hat das Gemeinschaftsrecht den Inhalt, daß ein nationales Gericht, das in einem bei ihm anhängigen, das Gemeinschaftsrecht betreffenden Rechtsstreit zu der Auffassung gelangt, dem Erlaß einstweiliger Anordnungen stehe nur eine Vorschrift des nationalen Rechts entgegen, diese Vorschrift nicht anwenden darf (EuGH EuZW 1990, 578 – Rs. C – 213/89 – „Factortame"). Konkret ging es um die Frage, ob in Großbritannien aus Gründen des Gemeinschaftsrechts eine nach dem Common Law nicht mögliche einstweilige Anordnung gegen die Krone erlassen werden konnte.

Es wurde bereits darauf hingewiesen, daß die deutschen Behörden einen in Ausführung von Gemeinschaftsrecht erlassenen Verwaltungsakt nach § 80 Abs. 2 Nr. 4 VwGO für sofort vollziehbar erklären müssen, wenn nur auf diese Weise eine effektive Durchsetzung des Gemeinschaftsrechts gewährleistet ist (EuGH EuZW 1990, 384 – Rs. C – 217/88 „Tafelwein"). Mit der entgegengesetzten Frage, unter welchen Voraussetzungen ein nationales Gericht die Vollziehung eines auf Gemeinschaftsrecht beruhenden Verwaltungsaktes aussetzen kann, hat sich der EuGH auf Vorlage des Finanzgerichts Hamburg beschäftigt (EuGH EuZW 1991, 313 – verb. Rs. C – 143/88 und C – 92/89 „Zuckerfabrik Süderdithmarschen"). Das vorlegende Gericht wollte wegen Zweifel an der Gültigkeit einer gemeinschaftlichen Verordnung die Vollziehung des auf dieser Verordnung beruhenden Verwaltungsaktes aussetzen, sah sich aber an dieser Entscheidung durch die in Art. 189 Abs. 2 EGV gewährleistete volle Wirksamkeit von Verordnungen gehindert. Der EuGH hat geantwortet, daß Art. 189 Abs. 2 EGV dem nationalen Gericht nicht die Befugnis zur Aussetzung der Vollziehung versage. Eine Aussetzung ist aber nur zulässig,

– wenn das nationale Gericht erhebliche Zweifel an der Gültigkeit der Verordnung hat und die Frage der Gültigkeit, sofern der Gerichtshof mit ihr noch nicht befaßt ist, diesem selbst vorlegt;

– wenn die Aussetzung dringlich ist und dem Antragsteller ein schwerer und nicht wiedergutzumachender Schaden droht, was aber bei einem reinen Geldschaden grundsätzlich nicht der Fall ist;

– wenn das Gericht das Interesse der Gemeinschaft berücksichtigt, daß Verordnungen nicht vorschnell außer Anwendung kommen, weshalb der Antragsteller hinreichende Sicherheiten leisten muß, wenn die Aussetzung der Vollziehung mit finanziellen Risiken für die Gemeinschaft (z. B. Verlust von Einnahmen) verbunden ist.

Literatur: (Rechtsschutz durch den EuGH) *Dauses,* Grundlagen der Rechtsprechung des Europäischen Gerichtshofs – Auswirkungen auf Bund und Länder, BayVBl. 1989, 609 ff.; *Erichsen/Weiß,* System des europäischen Rechtsschutzes, Jura 1990, 586 ff.; *Rasmussen,* Der Gerichtshof, in: Dreißig Jahre Gemeinschaftsrecht, Luxemburg, Amt für amtliche Veröffentlichungen der Europäischen Gemeinschaften, 1983, S. 167 ff.; *Schwarze,* Grundzüge und neuere Entwicklungen des Rechtsschutzes im Recht der Europäischen Gemeinschaften, NJW 1992, S. 1065 ff.

(Nichtigkeitsklage) *Burchard,* Der Rechtsschutz natürlicher und juristischer Personen gegen EG-Richtlinien gemäß Art. 173 Abs. 2 EWG-Vertrag, EuR 1991, S. 140 ff.; *Daig,* Nichtigkeits- und Untätigkeitsklage im Recht der Europäischen Gemeinschaften, 1985; *v. Winterfeld,* Möglichkeiten der Verbesserung des individuellen Rechtsschutzes im europäischen Gemeinschaftsrecht, NJW 1988, S. 1409 ff.

(Vertragsverletzungsverfahren) *Everling,* Die Mitgliedstaaten der EG vor dem Gerichtshof, EuR 1983, S. 101 ff.; *Meier,* Zur Mitverantwortung deutscher Richter für die Vollendung des europäischen Binnenmarktes, EuZW 1990, S. 81 ff.; *ders.,* Zur Einwirkung des Gemeinschaftsrechts auf nationales Verfahrensrecht im Falle höchstrichterlicher Vertragsverletzungen, EuZW 1991, S. 11 ff.; *Nicolaysen,* Vertragsverletzung durch mitgliedstaatliche Gerichte, EuR 1985, S. 368 ff.; *Ortlepp,* Das Vertragsverletzungsverfahren durch mitgliedstaatliche Gerichte als Instrument zur Sicherung der Legalität im Europäischen Gemeinschaftsrecht, 1987; *Teske*, Die Sanktion von Vertragsverstößen im Gemeinschaftsrechts, EuR 1992, S. 265 ff.

(Vorabentscheidungsverfahren) *Dauses*, Das Vorabentscheidungsverfahren nach Art. 177 EWGV, 1986; *Everling*, Das Vorabentscheidungsverfahren vor dem Gerichtshof der EG, 1986; *Pescatore*, Das Vorabentscheidungsverfahren nach Art. 177 EWGV und die Zusammenarbeit mit nationalen Gerichten, BayVBl. 1987, S. 33 ff., 68 ff.; *Pietrek*, Verbindlichkeit von Vorabentscheidungsverfahren nach Art. 177 EWGV, 1989; *Schiller*, Willkürliche Verletzung der Vorlagepflicht an den EuGH, RIW 1988, S. 452 ff.; *Schwarze*, Die Befolgung von Vorabentscheidungsverfahren des EuGH durch deutsche Gerichte, 1988.

(Einstweiliger Rechtsschutz) *Schlemmer-Schulte*, Gemeinschaftsrechtlicher vorläufiger Rechtsschutz und Vorlagepflicht, EuZW 1991, S. 307 ff.; *Schwarze*, Vorläufiger Rechtsschutz im Widerstreit von Gemeinschaftsrecht und nationalem Verwaltungsverfahrens- und Prozeßrecht, in: Festschrift für Bodo Börner, 1992, S. 389 ff.; *Triantafyllou*, Zur Europäisierung des vorläufigen Rechtsschutzes, NVwZ 1992, S. 129 ff.

H. Die Rolle der Bundesrepublik Deutschland im Willensbildungs- und Entscheidungsprozeß der Europäischen Union, insbesondere der EG

I. Einleitung

Das Gemeinschaftsrecht ist in seiner Grundstruktur so angelegt, daß im Willensbildungs- und Entscheidungsprozß der Gemeinschaft die Mitgliedstaaten nur als solche, nicht aber in ihrer innerstaatlichen Gliederung in Erscheinung treten. Das gilt sowohl für die Abgrenzung der Kompetenzen im Verhältnis zwischen der Gemeinschaft und den Mitgliedstaaten wie auch für die Entscheidungsfindung in der Gemeinschaft, insbesondere bei der Setzung des sekundären Rechts. Dementsprechend setzt sich der Rat aus solchen Vertretern der Mitgliedstaaten zusammen, die als Mitglieder der nationalen Regierungen für den jeweiligen Staat als Ganzes handeln können. Da die Mitgliedstaaten mit Ausnahme der Bundesrepublik Deutschland nicht bundesstaatlich, sondern zentralstaatlich organisiert sind, wirft das Handeln ihrer Regierungen im Rat innerstaatlich für sie keine weiteren Probleme auf; trotz der auch bei ihnen feststellbaren Entwicklung in Richtung Dezentralisation und Regionalisierung haben die unterstaatlichen Einheiten bei ihnen nicht den Charakter von Teilstaaten wie in Deutschland die Bundesländer.

Bei der Mitwirkung am Willensbildungs- und Entscheidungsprozeß ergeben sich für die Bundesrepublik Besonderheiten aufgrund ihres bundesstaatlichen Aufbaus, d. h. der internen Aufteilung der staatlichen Kompetenzen auf den Bund als Zentralstaat und die Länder als Teilstaaten. In der Gemeinschaft nimmt bisher ausschließlich der Bund die Interessen der Bundesrepublik Deutschland als Gesamtstaat wahr. Dabei wird er auch in Angelegenheiten tätig, die intern in die Kompetenz der Länder fallen. Ursprünglich war ein Handeln mit Wirkung für die Länder eher schwach ausgeprägt. Die Reform der Gemeinschaftsverträge durch die Einheitliche Europäische Akte und damit verbunden das Aufgabenprogramm zur Vollendung des Binnenmarktes haben jedoch dazu geführt, daß die Tätigkeit der Gemeinschaft immer häufiger und intensiver sich auch auf Bereiche erstreckt, die in die Kompetenz der Länder fallen. Generell bewirkt die Zunahme von Kompetenzen der Gemeinschaft eine Abnahme solcher der Länder, eine Entwicklung, die durch den Vertrag über die Europäische Union sich weiter fortsetzt. Gegenüber dieser Entwicklung haben die Länder Gegenstrategien entwickelt, die sie einerseits vor einer schleichenden Aushöhlung ihrer Kompetenzen schützen und ihnen andererseits die Möglichkeit zu einer stärkeren Mitwirkung am Willensbildungs- und Entscheidungsprozeß auf innerstaatlicher wie gemeinschaftlicher Ebene geben sollen. Inhaltlich zeichnen sich die Strategien durch einen dreifachen Ansatz aus:

- Einbindung der Länder in den innerstaatlichen Willensbildungsprozeß bei der Vorbereitung von Maßnahmen der Gemeinschaft (dazu nachfolgend unter II., III.);
- Ausgestaltung der EG-Kompetenzen bzw. ihre Wahrnehmung durch die Gemeinschaft in einer die Länderkompetenzen möglichst schonenden Weise (nachfolgend unter IV.);
- Mitwirkung am Willensbildungs- und Entscheidungsprozeß der Gemeinschaft bzw. dessen Beeinflussung (nachfolgend unter IV., V.).

In nachhaltiger Weise haben sich diese Zielsetzungen im Zusammenhang mit dem Vertrag über die Europäische Union sowohl im Gemeinschaftsrecht wie auch im deutschen Recht zur Ratifizierung dieses Vertrages niedergeschlagen.

II. Das Bund-Länder-Verhältnis in seiner bisherigen Ausgestaltung

Beim Bund-Länder-Verhältnis in bezug auf EG-Angelegenheiten ist zwischen der Übertragung von Hoheitsrechten auf die Gemeinschaft und der Mitwirkung der Bundesrepublik am gemeinschaftlichen Willensbildungs- und Entscheidungsprozeß als Mitgliedstaat zu unterscheiden.

1. Die Übertragung von Hoheitsrechten

Nach Art. 24 Abs. 1 GG kann der Bund durch Gesetz Hoheitsrechte auf zwischenstaatliche Einrichtungen übertragen. Auf diese Weise hat er Hoheitsrechte auf die Gemeinschaft(en) im Zusammenhang mit den Gründungsverträgen und den sie ändernden Verträgen übertragen. Art. 24 Abs. 1 GG gibt dem Bund auch die Befugnis zur Übertragung von Hoheitsrechten der Länder auf die Gemeinschaft. Die Frage, inwieweit diesem Kompetenztransfer durch die Verfassung, insbesondere durch Art. 79 Abs. 3 GG Grenzen gesetzt sind, daß die Länder gegen den Verlust eines Mindestmaßes von ausschließlichen Gesetzgebungskompetenzen geschützt sind, hat sich in der Praxis bisher nicht gestellt. Im Hinblick auf die Solange-Rechtsprechung des Bundesverfassungsgerichts, wonach die Befugnis nach Art. 24 Abs. 1 GG ihre Grenze im Grundgefüge der geltenden Verfassungsordnung findet, dürfte die Frage aber zu bejahen sein (vgl. *Merten*, Die Beteiligung der Bundesländer an der Setzung europäischen Gemeinschaftsrechts, in: Die Bedeutung der

Europäischen Gemeinschaften für das deutsche Recht und die deutsche Gerichtsbarkeit, 1989, S. 31 ff., 38 ff.).

Art. 24 Abs. 1 GG sieht nicht vor, daß die Gesetze zur Übertragung von Hoheitsrechten der Zustimmung des Bundesrates bedürfen. In der bundesstaatlichen Praxis sind jedoch die Zustimmungsgesetze zu den Gründungs- und den sie ändernden Verträgen stets mit Zustimmung des Bundesrates erlassen worden (Gesetz zu den Verträgen vom 25. März 1957 zur Gründung der Europäischen Wirtschaftsgemeinschaft und der Europäischen Atomgemeinschaft vom 27. Juli 1957, BGBl. II, S. 753; Gesetz zur Einheitlichen Europäischen Akte vom 28. Februar 1986 vom 19. Dezember 1986, BGBl. II, S. 1102; Gesetz zum Vertrag über die Europäische Union vom 28. Dezember 1992, BGBl. I, S. 1251).

2. Wahrnehmung laufender Angelegenheiten

Die laufenden Angelegenheiten im Entscheidungsprozeß der Gemeinschaft werden vom Bund (der Bundesregierung) aufgrund von Art. 32 Abs. 1 GG wahrgenommen, wonach die Pflege der auswärtigen Beziehungen Sache des Bundes ist. Für diese Zuordnung ist die Gründung der Gemeinschaft durch völkerrechtlichen Vertrag ausschlaggebend. Im Ministerrat wird die Bundesrepublik nicht ausschließlich durch den Außenminister, sondern je nach zu behandelnder Angelegenheit durch den zuständigen Ressortminister vertreten. Die Koordination der europäischen Aktivitäten innerhalb der Bundesregierung obliegt dem Bundeswirtschaftsminister.

Die Zusammenarbeit zwischen Bund und Ländern bei der Vorbereitung von Vorhaben der Gemeinschaft, insbesondere sekundärrechtlichen Rechtsakten, wurde durch das Gesetz zur Einheitlichen Europäischen Akte vom 19. Dezember 1986 (BGBl. II, S. 1102) erstmals gesetzlich geregelt. Nach Art. 2 des Gesetzes unterrichtet die Bundesregierung den Bundesrat umfassend und zum frühestmöglichen Zeitpunkt über alle Vorhaben im Rahmen der Europäischen Gemeinschaft, die für die Länder von Interesse sein könnten. Vor ihrer Zustimmung bei Beschlüssen der Europäischen Gemeinschaft, die ganz oder in einzelnen Bestimmungen ausschließliche Gesetzgebungsmaterien der Länder betreffen oder deren wesentliche Interessen berühren, gibt die Bundesregierung dem Bundesrat Gelegenheit zur Stellungnahme binnen angemessener Frist. Sie berücksichtigt diese Stellungnahmen bei den Verhandlungen. Soweit eine Stellungnahme des Bundesrates ausschließliche Gesetzgebungsmaterien der Länder betrifft, darf die Bundesregierung hiervon nur aus unabweisbaren außen- und integrationspolitischen Gründen abweichen. Im übrigen bezieht sie die vom Bundesrat vorgetragenen Länderbelange in ihre Abwägung ein. Im Falle einer Abweichung von der Stellungnahme des Bundesrates zu einer ausschließlichen Gesetzgebungsmaterie

der Länder teilt die Bundesregierung dem Bundesrat die dafür maßgebenden Gründe mit, in anderen Fällen auf Verlangen des Bundesrates.
Ist dem Bundesrat Gelegenheit zur Stellungnahme zu geben, sind auf
Verlangen Vertreter der Länder zu den Verhandlungen in den Beratungsgremien der Kommission und des Rates hinzuzuziehen, soweit der Bundesregierung dies (nach den für die Verhandlungen maßgebenden Regeln) möglich ist.

Die Beteiligung der Länder bei der Vorbereitung von Vorhaben der
Gemeinschaft erfolgt also über den **Bundesrat**. In seinen Einzelheiten ist
das in Art. 2 des Zustimmungsgesetzes vorgesehene Beteiligungsverfahren durch eine Bund-Länder-Vereinbarung vom 17. Dezember 1987 geregelt, die zur Behandlung eilbedürftiger oder vertraulicher Vorhaben
durch den Bundesrat die Einsetzung eines verkleinerten und damit hand-
lungsfähigeren Verhandlungs- und Beschlußorgans des Bundesrates vorsieht. Durch Änderung seiner Geschäftsordnung vom 10. Juni 1988
(BGBl. I, S. 857) hat der Bundesrat eine EG-Kammer gebildet, deren
Beschlüsse die Wirkung von Beschlüssen des Bundesrates haben (zu
Einzelheiten vgl. *Schütz*, NJW 1990, S. 2160 ff.). In der EG-Kammer ist
jedes Land durch ein Mitglied oder stellvertretendes Mitglied des Bundesrates vertreten.

Das Beteiligungsverfahren erlaubt den Ländern nicht nur die Geltendmachung ihrer Belange gegenüber dem Bund, sondern legt diesen auch
dahin gehend fest, bei der Verhandlung und Beschlußfassung über Vorhaben der Gemeinschaft, die in die ausschließliche Gesetzgebungskompetenz der Länder fallen oder deren wesentliche Interessen berühren,
möglichst den Standpunkt der Länder zu berücksichtigen. Es löst allerdings nicht den Konflikt für den Fall, daß der Bund in Kernbereichen
der Länder Regelungen auf Gemeinschaftsebene zustimmt, mit denen
die Länder nicht einverstanden sind. Ein derartiger Konflikt liegt der
Auseinandersetzung um die sog. Fernsehrichtlinie zugrunde, welche die
Vorschriften der Mitgliedstaaten über die Ausstrahlung von Fernsehsendungen im Hinblick auf Werbung, Jugendschutz, das Recht der Gegen-
darstellung und die Bestimmung von Programmquoten harmonisiert
(Richtlinie des Rates vom 3. Oktober 1989 zur Koordinierung bestimmter Rechts- und Verwaltungsvorschriften der Mitgliedstaaten über die
Ausübung der Fernsehtätigkeit, ABl. 1988 Nr. L 298/23). Vor Annahme
der Richtlinie im Ministerrat hatten die Länder (Ministerpräsidentenkon-
ferenz) und der Bundesrat den Richtlinienvorschlag aus grundsätzlichen
Erwägungen abgelehnt. Trotz dieser ablehnenden Stellungnahmen war
die Bundesregierung aufgrund eines Kabinettsbeschlusses gewillt, dem
Richtlinienvorschlag zuzustimmen, falls bei der Regelung über die Programmquoten eine befriedigende Regelung erreicht würde. Die Bayeri-
sche Staatsregierung beantragte beim Bundesverfassungsgericht, festzustellen, daß die Bundesregierung durch ihren Kabinettsbeschluß das an-

tragstellende Land in seinen Rechten aus Art. 30 GG verletzt habe, und der Bundesregierung im Wege der einstweiligen Anordnung aufzugeben, den Kabinettsbeschluß einstweilen nicht zu vollziehen. Durch Entscheidung vom 11. April 1989 (NJW 1990, S. 974) hat das Bundesverfassungsgericht den Antrag auf Erlaß einer einstweiligen Anordnung zurückgewiesen. Ausschlaggebend hierfür war allerdings nicht die Erwägung, wie die Entscheidung in der Hauptsache lauten würde, sondern die Abwägung der sich aus dem Erlaß bzw. Nichterlaß der einstweiligen Anordnung ergebenden Folgen. Dabei ließ sich das Gericht von der Überlegung leiten, daß, wenn die einstweilige Anordnung erginge, die Bundesregierung bei den Verhandlungen nicht den integrationspolitischen Spielraum nützen könne, um eine die Länderkompetenzen möglichst schonende Regelung durchzusetzen. Die Frage nach der Verfassungsmäßigkeit des Handelns der Bundesregierung hat das Gericht der Entscheidung in der Hauptsache vorbehalten. Diese ist bisher noch nicht ergangen, so daß die in diesem Zusammenhang erstmals gestellte Frage, ob die Bundesregierung bei ihrer Beteiligung am Zustandekommen von Sekundärrecht verfassungsrechtliche Positionen der Länder verletzt hat, derzeit noch offen ist.

III. Das Bund-Länder-Verhältnis auf der Grundlage des Vertrages über die Europäische Union

Durch Gesetz vom 28. Dezember 1992 (BGBl. I, S. 1251) hat der Bundestag mit Zustimmung des Bundesrates dem Vertrag über die Europäische Union vom 7. Februar 1992 zugestimmt. Parallel dazu hat der Bundestag mit Zustimmung des Bundesrates das Gesetz zur Änderung des Grundgesetzes vom 21. Dezember 1992 (BGBl. I, S. 2086) beschlossen, um die verfassungsmäßigen Voraussetzungen zur Aufnahme des Unionsvertrages in das deutsche Recht zu schaffen. Dieses Gesetz ändert das Grundgesetz im Hinblick auf die Mitwirkung des Bundestages und der Länder in Angelegenheiten der Europäischen Union (dazu unter 1.) sowie die Beteiligung von Angehörigen anderer Mitgliedstaaten bei den Kommunalwahlen aufgrund der Unionsbürgerschaft und die Übertragung von Aufgaben und Befugnissen der Bundesbank auf die Europäische Zentralbank (dazu unter 2.).

1. Die Mitwirkung von Bundestag und Ländern in Angelegenheiten der Europäischen Union

Da durch die deutsche Vereinigung Art. 23 GG in seiner bisherigen Fassung obsolet geworden ist, wurde ein neu gefaßter Art. 23 GG eingefügt, der die Mitwirkung von Bundestag und Ländern in Angelegenheiten der Europäischen Union regelt. Nach Art. 23 Abs. 1 GG n. F. wirkt die Bundesrepublik Deutschland zur Verwirklichung eines vereinten Europas bei der Entwicklung der Europäischen Union mit, die demokratischen, rechtsstaatlichen, sozialen und föderativen Grundsätzen und dem Grundsatz der Subsidiarität verpflichtet ist und einen dem Grundgesetz im wesentlichen vergleichbaren Grundrechtsschutz gewährleistet. Der Bund kann hierzu durch Gesetz mit Zustimmung des Bundesrates Hoheitsrechte übertragen. Für die Begründung der Europäischen Union sowie für Änderungen ihrer vertraglichen Grundlagen und vergleichbaren Regelungen, durch die das Grundgesetz seinem Inhalt nach geändert oder ergänzt wird oder solche Änderungen oder Ergänzungen ermöglicht werden, gilt Art. 79 Abs. 2 und 3 GG.

Aufgrund der Regelung in Art. 23 Abs. 1 GG n. F. werden Hoheitsrechte auf die Europäische Union nicht mehr nach Art. 24 Abs. 1 GG, sondern nach Art. 23 GG übertragen. Entsprechende Gesetze bedürfen nunmehr ausdrücklich, obwohl dies bisher schon praktiziert wurde, der Zustimmung des Bundesrates. Als Schranke für die Übertragung von Hoheitsrechten wird die sog. Ewigkeitsklausel in Art. 79 Abs. 3 GG festgeschrieben, so daß von Verfassung wegen die föderative Grundstruktur der Bundesrepublik in ihrem Kernbestand durch die Entwicklung der Europäischen Union nicht in Frage gestellt werden darf. Andererseits werden die Befugnisse der Länder zur Übertragung von Hoheitsrechten erweitert. Bisher konnten sie nach Art. 32 Abs. 3 GG in den in ihre Gesetzgebungszuständigkeit fallenden Bereichen mit Zustimmung der Bundesregierung mit auswärtigen Staaten Verträge abschließen. Aufgrund des neu eingefügten Absatzes 1 a in Art. 24 GG können sie nunmehr, soweit sie für die Ausübung der staatlichen Befugnisse und die Erfüllung der staatlichen Aufgaben zuständig sind, mit Zustimmung der Bundesregierung Hoheitsrechte auf grenznachbarschaftliche Einrichtungen übertragen. Mit dieser Regelung wird ein Instrument für die grenzüberschreitende Zusammenarbeit zwischen den Mitgliedstaaten auf lokaler und regionaler Ebene u. a. im Bereich der Regionalpolitik geschaffen.

Nach Art. 23 Abs. 2 GG n. F. wirken der Bundestag und durch den Bundesrat die Länder in Angelegenheiten der Europäischen Union mit, zu welchem Zweck die Bundesregierung den Bundestag und den Bundesrat umfassend und zum frühestmöglichen Zeitpunkt zu unterrichten hat. Hieran ist neu, daß erstmals die Mitwirkung des **Bundestages** auf eine gesetztliche Grundlage gestellt wird.

a) Die Mitwirkung des Bundestages

Art. 23 Abs. 3 GG n. F. regelt die Mitwirkung des Bundestages dahin gehend, daß die Bundesregierung dem Bundestag Gelegenheit zur Stellungnahme vor ihrer Mitwirkung an Rechtsetzungsakten der Europäischen Union gibt und die Stellungnahme des Bundestages bei den Handlungen berücksichtigt. Die Einzelheiten dieser Mitwirkung ergeben sich aus dem Gesetz über die Zusammenarbeit von Bundesregierung und Deutschem Bundestag in Angelegenheiten der Europäischen Union vom 19. März 1993 (BGBl. I, S. 311). Danach ist die Bundesregierung verpflichtet, dem Bundestag die Entwürfe von Richtlinien und Verordnungen der Europäischen Union zuzusenden und ihn umfassend über den jeweiligen Stand der Beratungen zu unterrichten. Vor ihrer Zustimmung zu sekundärrechtlichen Rechtsakten gibt sie dem Bundestag Gelegenheit zur Stellungnahme, die sie ihren Verhandlungen zugrunde legt. Für die Zusammenarbeit mit der Bundesregierung bestellt der Bundestag nach Art. 45 GG n. F. einen Ausschuß für die Angelegenheiten der Europäischen Union, der ermächtigt werden kann, für den Bundestag Stellungnahmen nach Art. 23 GG abzugeben. Das Gesetz vom 19. März 1993 regelt in § 2 die Bestellung dieses Ausschusses.

b) Die Mitwirkung der Länder durch den Bundesrat

Die Mitwirkung der Länder erfolgt wie bisher durch den Bundesrat, was nunmehr durch den neu gefaßten Art. 50 GG dadurch hervorgehoben wird, daß die Länder durch den Bundesrat bei der Gesetzgebung und Verwaltung des Bundes und in Angelegenheiten der Europäischen Union mitwirken. Die Einzelheiten dieser Mitwirkung regeln Art. 23 Abs. 4 bis 6 GG n. F. und das in Ausführung dieses Artikels ergangene Gesetz über die Zusammenarbeit von Bund und Ländern in Angelegenheiten der Europäischen Union vom 19. März 1993 (BGBl. I, S. 313); die bisherige Regelung in Art. 2 des Zustimmungsgesetzes zur Einheitlichen Europäischen Akte verliert dadurch ihre Gültigkeit. Zusammengefaßt ergibt die Mitwirkung nach ihrer jetzigen Regelung folgendes Bild:
Vor der Festlegung einer Verhandlungsposition zu einem Vorhaben der Europäischen Union gibt die Bundesregierung dem Bundesrat Gelegenheit zur Stellungnahme, soweit Interessen der Länder berührt sind. Dabei hat die Bundesregierung vom Bundesrat benannte Vertreter an den Beratungen über die Verhandlungsposition zu beteiligen, soweit der Bundesrat an einer entsprechenden innerstaatlichen Maßnahme mitzuwirken hätte oder soweit die Länder innerstaatlich zuständig wären. Bei der Festlegung der Verhandlungsposition berücksichtigt die Bundesregierung die Stellungnahme des Bundesrates, soweit in einem Bereich ausschließlicher Zuständigkeit des Bundes Interessen der Länder berührt sind oder soweit im übrigen der Bund das Recht zur Gesetzgebung hat. Sind im Schwerpunkt Gesetzgebungsbefugnisse der Länder, die Einrichtung ihrer Behörden oder ihrer Verwaltungsverfahren betroffen, ist bei der Festlegung der Verhandlungsposition durch die Bundesregierung die

Stellungnahme des Bundesrates **maßgeblich** zu berücksichtigen, allerdings unter Wahrung der gesamtstaatlichen Verantwortung des Bundes. Bei Meinungsverschiedenheiten zwischen Bundesregierung und Bundesrat ist die Auffassung des Bundesrates maßgebend, wenn er sie mit einem mit zwei Dritteln seiner Stimmen gefaßten Beschluß bestätigt. Entscheidungen, die zu Ausgabenerhöhungen oder Einnahmeverminderungen für den Bund führen können, bedürfen jedoch der Zustimmung durch die Bundesregierung.

Bei Vorhaben der Europäischen Union, bei denen der Bundesrat an einer entsprechenden innerstaatlichen Maßnahme mitzuwirken hätte oder die Länder innerstaatlich zuständig wären oder die sonst wesentliche Interessen der Länder berührt, zieht die Bundesregierung auf Verlangen Vertreter der Länder zu den Verhandlungen in den Beratungsgremien der Kommission und des Rates hinzu, soweit ihr dies möglich ist. Bei Vorhaben, die im Schwerpunkt ausschließliche Gesetzgebungsbefugnisse der Länder betreffen, soll die Bundesregierung die Verhandlungsführung in den Beratungsgremien der Kommission und des Rates und bei Ratstagungen in der Zusammensetzung der Minister **auf einen Vertreter der Länder** übertragen. Hierbei muß es sich um ein Mitglied einer Landesregierung im Rang eines Ministers handeln. Damit wird erstmals die Möglichkeit geschaffen, daß die Bundesrepublik Deutschland im Rat durch Minister der **Länder** vertreten wird. Diese Vertretung erfolgt allerdings in laufender Abstimmung mit der Bundesregierung.

Eine Aufnahme in das Grundgesetz hat auch die bisher nach der Geschäftsordnung des Bundesrates gebildete EG-Kammer gefunden. Nach dem in Art. 52 GG eingefügten Absatz 3 a kann der Bundesrat für Angelegenheiten der Europäischen Union eine Europa-Kammer bilden, deren Beschlüsse als Beschlüsse des Bundesrates gelten.

2. Weitere Änderungen des Grundgesetzes im Hinblick auf den Unionsvertrag

Neben der eben beschriebenen Mitwirkung von Bundestag und Ländern in Angelegenheiten der Europäischen Union enthält das Gesetz zur Änderung des Grundgesetzes vom 21. Dezember 1992 weitere Regelungen zur Aufnahme des Unionsvertrages in das deutsche Recht. Der Unionsvertrag sieht vor, im Rahmen der Unionsbürgerschaft für Angehörige der Mitgliedstaaten bei Aufenthalt in einem anderen Mitgliedstaat ein aktives und passives Wahlrecht bei den Kommunalwahlen einzuführen (s. dazu näher in Teil II, Kapitel C). Die in den Bundesländern Hamburg und Schleswig-Holstein eingeführte Beteiligung von Ausländern an den Wahlen zu den Bezirksversammlungen bzw. den Kommunalwahlen hat das Bundesverfassungsgericht durch Urteile vom 31. Oktober 1990 als verfassungswidrig beurteilt, da die Wahlen zu den Vertretungen des Volkes in Kreisen und Gemeinden gemäß Art. 28 Abs. 1 GG den Angehörigen des **deutschen** Volkes vorbehalten seien (BVerfG NJW 1990, S. 159ff.; 162ff.). In diesem Urteil hat das Bundesverfassungsgericht aber auch angedeutet, daß eine Verfassungsänderung die Voraussetzung für die Einführung eines Kommunalwahlrechts für EG-Angehörige schaffen könne. Dementsprechend wurde in Art. 28 Abs. 1 GG der Satz eingefügt, daß bei Wahlen in Kreisen und Gemeinden auch die Personen, welche die Staatsangehörigkeit eines Mitgliedstaates der Europäischen Gemeinschaft besitzen, nach Maßgabe von Recht der Europäischen Gemeinschaft wahlberechtigt und wählbar sind.

Im Unionsvertrag ist weiter vorgesehen, im Rahmen der Wirtschafts- und Währungsunion eine unabhängige europäische Zentralbank zu errichten, wodurch die Deutsche Bundesbank weitgehend ihre jetzigen Funktionen verlieren würde (s. oben unter B IV 3). Im Hinblick darauf wurde Art. 88 dahin gehend ergänzt, daß die Aufgaben und Befugnisse der Bundesbank im Rahmen der Europäischen Union der Europäischen Zentralbank übertragen werden können, die unabhängig und dem vorrangigen Ziel der Sicherung der Preisstabilität verpflichtet ist.

Zusammenfassend läßt sich feststellen, daß aufgrund des Vertrages über die Europäische Union das Grundgesetz materiell, institutionell und verfahrensmäßig in einem Maße „europäisiert" worden ist, wie das bisher nicht der Fall war.

IV. Die Mitwirkung der Länder auf EG-Ebene

1. Forderungen aufgrund des „Europas der Regionen"

Nach der bisherigen, d. h. der Rechtslage vor Abschluß des Unionsvertrages, sind die Länder von einer unmittelbaren Beteiligung am Willensbildungs- und Entscheidungsprozeß der Gemeinschaft praktisch ausgeschlossen. Das einzige Gremium der Gemeinschaft, dem Ländervertreter angehören, ist der 1988 von der Kommission gebildete „Beirat der regionalen und lokalen Gebietskörperschaften", der hauptsächlich im Bereich der regionalen Förderpolitik der Gemeinschaft tätig wird. In seiner Funktion ist der Beirat darauf beschränkt, von der Kommission angehört zu werden. Die Möglichkeit einer direkten Einflußnahme auf breiterer Basis ergibt sich aus den von Ländern am Sitz der Kommission in Brüssel unterhaltenen Verbindungsbüros (s. nachfolgend unter 3).

Im Vorfeld des Unionsvertrages ist auf maßgebliche Initiative der deutschen Bundesländer unter dem Stichwort „Europa der Regionen" ein Prozeß in Gang gekommen, der auf den Erhalt und die Stärkung der Regionen in Europa abzielt. Zwei Konferenzen „Europa der Regionen" 1989 in München und 1990 in Brüssel haben sich unter vielfältiger Betei-

ligung von Regionen aus allen Mitgliedstaaten mit dieser Thematik beschäftigt (vgl. *Borchmann*, DÖV 1990, S. 879ff.). Einmütig wurde gefordert, im Interesse der kulturellen und gesellschaftlichen Vielfalt Europas und der Bürgernähe die angestrebte politische Union föderal zu gestalten, die Rolle der Region zu verstärken und ihre Mitwirkung in der Union institutionell abzusichern. In Übereinstimmung mit einer Resolution, welche die in der Versammlung der Regionen Europas vereinigten Länder, Regionen und autonomen Gemeinschaften am 6. September 1990 in Rom verabschiedet haben (*Borchmann*, DVP 1991, S. 77ff.), haben die Ministerpräsidenten der deutschen Länder in ihrer München-Erklärung vom 21. Dezember 1990 zum Föderalismus in Europa folgende Anliegen zur Aufnahme in den Unionsvertrag formuliert:
– Verankerung des Subsidiaritätsprinzips;
– Schaffung eines Regionalorgans als Vertreter von Ländern, Regionen und autonomen Gemeinschaften in der EG;
– Mitwirkung der Länder im EG-Ministerrat;
– Einführung eines Klagerechts für die Regionen gegen Maßnahmen der Europäischen Gemeinschaft.
Der Unionsvertrag und das hierzu in Ausführung ergangene deutsche Recht berücksichtigen diese Forderungen in der nachstehend beschriebenen Weise.

2. Die Mitwirkung der Länder nach dem Unionsvertrag

a) Subsidiaritätsprinzip

Wie bereits an anderer Stelle erläutert (s. Kapitel D, III, 2c) führt der Unionsvertrag das Subsidiaritätsprinzip in Art. 3b EGV als allgemeinen Handlungsgrundsatz der Gemeinschaft ein. Dadurch, daß es ein Handeln der Gemeinschaft auf unabweisbar notwendige Maßnahmen beschränkt, bewirkt das Subsidiaritätsprinzip, daß die Kompetenzen der Mitgliedstaaten, damit auch die der Länder, möglichst geschont werden. Der sich aus dem Subsidiaritätsprinzip ergebende Vorrang der unteren Handlungsebene läßt sich als stillschweigendes Anerkenntnis eines dezentralen Aufbaus der Gemeinschaft interpretieren. Wegen des unterschiedlichen Verständnisses der Begriffe „föderal bzw. Föderalismus" (in Großbritannien werden hiermit zentralstaatliche Tendenzen assoziiert) wird im Unionsvertrag ausdrücklich vermieden, von einem Aufbau der Union nach föderativen Grundsätzen zu sprechen.
In Bereichen, die zum Kernbereich der Länderkompetenzen gehören (Bildung, Kultur), ist die Gemeinschaft darauf beschränkt, die Zusammenarbeit der Mitgliedstaaten unter strikter Beachtung der Verantwortlichkeit der Mitgliedstaaten für diese Bereiche zu fördern (vgl. Art. 126 bis 128 EGV).

b) Ausschuß der Regionen

Der nach Art. 198a EGV zu errichtende Ausschuß der Regionen besteht aus Vertretern der regionalen und lokalen Gebietskörperschaften. Seine Aufgabe ist beratender Natur, zu welchem Zweck er vom Rat oder der Kommission in den vertraglich vorgesehenen Fällen oder dann angehört wird, wenn diese Organe es für zweckmäßig erachten. Über ein Klagerecht vor dem EuGH verfügt der Ausschuß mangels Organqualität nicht. Im Ausschuß ist Deutschland mit 24 Mitgliedern vertreten. Die Länder betrachten sich als regionale Gebietskörperschaften. Das Gesetz über die Zusammenarbeit von Bund und Ländern in Angelegenheiten der Europäischen Union vom 19. März 1993 (BGBl. I, S. 313) sieht in § 14 Abs. 2 vor, daß die Länder ein Beteiligungsverfahren für die Gemeinden und Gemeindeverbände regeln, das sichert, daß diese auf Vorschlag der kommunalen Spitzenverbände mit drei gewählten Vertretern im Regionalausschuß vertreten sind. Der weit überwiegende Anteil der deutschen Vertreter im Ausschuß entfällt also auf die Länder.

c) Vertretung der Länder im Rat

Nach Art. 146 EGV, der die entsprechende Regelung im Fusionsvertrag von 1965 ersetzt, besteht der Rat aus je einem Vertreter jedes Mitgliedstaates auf Ministerebene, der befugt ist, für die Regierung des Mitgliedstaates verbindlich zu handeln. Die im deutschen Recht vorgesehene Möglichkeit, Minister der Länder als Vertreter der Bundesrepublik in den Rat zu entsenden, wird auf diese Weise gemeinschaftsrechtlich abgesichert.

d) Klagerecht der Länder

Der Unionsvertrag räumt den Ländern kein Klagerecht nach Art. 173 Abs. 2 EGV ein. Nach dieser Vorschrift können die **Mitgliedstaaten** zur Überprüfung der Rechtmäßigkeit des Handelns von Rat und Kommission Klage vor dem EuGH erheben. Diese Zuständigkeit wird vom **Bund** wahrgenommen.

Das Gesetz über die Zusammenarbeit von Bund und Ländern in Angelegenheiten der Europäischen Union räumt den Ländern allerdings innerstaatliche Einflußmöglichkeiten auf die Prozeßführung des Bundes ein. Nach § 7 des Gesetzes macht die Bundesregierung auf Verlangen des Bundesrates unter Wahrung ihrer gesamtstaatlichen Verantwortung von den im Unionsvertrag vorgesehenen Klagemöglichkeiten Gebrauch, soweit Länder durch ein Handeln oder Unterlassen von Organen der Union in Bereichen ihrer Gesetzgebungsbefugnisse betroffen sind und der Bund kein Recht zur Gesetzgebung hat. In diesen Fällen sowie in die Gesetzgebungsbefugnisse der Länder betreffenden Vertragsverletzungsverfahren erfolgt die Prozeßführung der Bundesregierung im Einvernehmen mit dem Bundesrat.

Über ein eigenes Klagerecht verfügen die Länder nach Art. 173 Abs. 2 EGV unter der Voraussetzung, daß der angegriffene Rechtsakt sie unmittelbar und individuell betrifft (vgl. EuGHE 1988, 1573 – verb. Rs. 62 und 72/87 – Exécutif régional wallon; siehe auch EuGHE 1984, 2889 – Rs. 222/83 „Differdange"). Die praktisch bedeutsame Frage, ob sich die Länder gegen **Richtlinien** wenden können, ist in der Rechtsprechung des EuGH bisher nicht beantwortet worden. Sie dürfte aber zu verneinen sein, da die Richtlinie als staatengerichteter Rechtsakt die Länder nur mittelbar betrifft, auch wenn der legislative Vollzug der Richtlinie innerstaatlich in ihre Kompetenz fällt (vgl. *Joos/Scheurle*, EuR 1989, S. 226 ff., 232).

3. Die Verbindungsbüros der Länder bei den Europäischen Gemeinschaften

Seit 1985 haben die Länder damit begonnen, sog. Verbindungsbüro bei den Europäischen Gemeinschaften am Sitz der Kommission in Brüssel einzurichten (vgl. *Borchmann*, NVwZ 1988, S. 218 ff.). Einen diplomatischen Status besitzen diese Einrichtungen nicht, da die Pflege der auswärtigen Beziehungen zu den Europäischen Gemeinschaften als internationalen Organisationen nach Art. 32 GG Sache des Bundes ist. Diplomatisch vertreten wird die Bundesrepublik Deutschland durch ihre Ständige Vertretung bei den Europäischen Gemeinschaften. Aufgabe der Länderbüros ist die Sammlung und Auswertung von Informationen, die Herstellung von Kontakten zwischen EG-Institutionen und solchen der Länder, Außenwerbung zum Zweck der Wirtschaftsförderung usw. Auf diese Weise haben die Länder ein Instrument geschaffen, sich am Willensbildungs- und Entscheidungsprozeß auf Gemeinschaftsebene auf informelle Weise zu beteiligen. Nachdem der Bund diese Tätigkeit der Länder im Sinne einer unerwünschten Nebenaußenpolitik über längere Zeit nur zögernd hingenommen hat, sind die EG-Länderbüros durch das Gesetz über die Zusammenarbeit von Bund und Ländern in Angelegenheiten der Europäischen Union nunmehr innerstaatlich abgesichert. Nach § 8 des Gesetzes können die Länder unmittelbar zu Einrichtungen der Europäischen Union ständige Verbindungen unterhalten, soweit dies zur Erfüllung ihrer staatlichen Befugnisse und Aufgaben nach dem Grundgesetz dient. Stellung und Aufgaben der Ständigen Vertretung der Bundesrepublik bleiben jedoch auch dann unberührt, wenn die Rechte der Bundesrepublik im Rat durch einen Vertreter der Länder wahrgenommen werden.

V. Die Stellung der Kommunen im Europäischen Gemeinschaftsrecht

Wie in der Einleitung bereits angedeutet wurde und im Teil „Materielles Gemeinschaftsrecht" noch näher auszuführen sein wird, wirkt sich das Gemeinschaftsrecht, insbesondere das von der Gemeinschaft gesetzte sekundäre Recht, in vielfältiger Weise auch auf den Handlungsbereich der Gemeinden und Gemeindeverbände aus (vgl. im Überblick *Mombaur/Lennep*, DÖV 1988, S. 988ff.; *Spannowsky*, DVBl. 1991, S. 1120ff.; *von Ameln*, DVBl. 1992, S. 477ff.). Die rechtlichen Vorgaben bestimmen die gemeindliche Tätigkeit sowohl im Bereich der Selbstverwaltung wie im übertragenen Aufgabenkreis. Einige Regelungen, wie z. B. das vorgesehene Kommunalwahlrecht für Unionsbürger oder die Richtlinie der Gemeinschaft über die Behandlung kommunaler Abwässer, greifen sogar gezielt in das kommunale Selbstverwaltungsrecht ein.

Die in diesem Zusammenhang häufig erörterte Frage, ob die durch Art. 28 Abs. 2 GG gewährleistete kommunale Selbstverwaltung durch das Gemeinschaftsrecht in Frage gestellt werden kann, ist bisher verbindlich nicht entschieden worden. Das Gemeinschaftsrecht selbst enthält keine Garantie der kommunalen Selbstverwaltung, die sich als Schranke gemeinschaftlicher Rechtsetzung auswirken könnte (dazu näher *Faber*, DVBl. 1991, S. 1126ff.). Innerstaatlich stellt sich die Frage, ob die Ermächtigung in Art. 24 Abs. 1 GG zur Übertragung von Hoheitsrechten auf die Gemeinschaft ihre verfassungsrechtliche Grenze in der durch Art. 28 Abs. 2 GG garantierten Selbstverwaltung der Gemeinden findet, was wiederum voraussetzt, daß diese Garantie nach der Solange-Rechtsprechung des Bundesverfassungsgerichts ein unaufgebbares Essentiale der geltenden Verfassungsordnung ist. Das Bundesverfassungsgericht hat sich zu dieser Frage bisher nicht geäußert; im Schrifttum wird Art. 28 Abs. 2 GG überwiegend nicht zu den Essentialia gerechnet (vgl. *Faber*, a. a. O., S. 1131 mit weiteren Nachweisen). Bei realistischer Betrachtungsweise dürfte der Konflikt zwischen kommunalrelevanter Rechtsetzung der Gemeinschaft und der Gewährleistung in Art. 28 Abs. 2 GG jedoch eher theoretischer Natur sein. Zur Selbstverwaltungsgarantie gehört in ihrem Kernbereich kein gegenständlich bestimmter oder nach feststehenden Merkmalen bestimmbarer Aufgabenkatalog, sondern die Befugnis, sich aller Angelegenheiten der örtlichen Gemeinschaft, die nicht durch Gesetz bereits anderen Trägern öffentlicher Verwaltungen übertragen sind, ohne besonderen Kompetenztitel anzunehmen („Universalität" des gemeindlichen Wirkungskreises); ferner außerhalb dieses Kernbereichs ein Aufgabenbereich, der grundsätzlich alle Angelegenheiten der örtlichen Gemeinschaft umfaßt (BVerfG NVwZ 1989, 347). Daß gemeinschaftsrechtliche Regelungen den Gemeinden künftig das Recht nehmen könnten, sich prinzipiell jeder örtlichen Angelegenheit anzunehmen, ist kaum wahrscheinlich. Um derartige Entwicklungen jedoch zu vermeiden, schreibt das Gesetz über die Zusammenarbeit von Bund und Ländern in Angelegenheiten der Europäischen Union in § 10 vor, daß Bundesregierung und Bundesrat bei der Vorbereitung von Vorhaben der Europäischen Union das Recht der Gemeinden und Gemeindeverbände zur Regelung der Angelegenheiten der örtlichen Gemeinschaft zu wahren und ihre Belange zu schützen haben.

Um ihrerseits sich am Willensbildungs- und Entscheidungsprozeß der Gemeinschaft beteiligen zu können, sind die Gemeinden und Gemeindeverbände in der beschriebenen Weise im Ausschuß der Regionen vertreten. Außerdem haben sie in Brüssel ein Europabüro der Deutschen Kommunalen Selbstverwaltung mit vergleichbaren Aufgaben wie die Verbindungsbüros der Länder eingerichtet (vgl. *von Ameln*, DVBl. 1992, S. 477).

Literatur: (Bund-Länder-Verhältnis) *Grabitz,* Die deutschen Länder in der Gemeinschaft – Das Ratifizierungsgesetz zur Einheitlichen Europäischen Akte aus der Sicht des Grundgesetzes, EuR 1987, S. 310 ff.; *Borchmann,* Die Europäischen Gemeinschaften im Brennpunkt politischer Aktivitäten der Bundesländer, DÖV 1988, S. 623 ff.; *ders.,* Verbindungsbüros der Bundesländer bei der EG – Berechtigte Interessenvertretung oder Nebenaußenpolitik?, NVwZ 1988, S. 218 ff.; *Haas,* Die Mitwirkung der Länder bei EG-Vorhaben – Neuere Entwicklungen im Gefolge der Luxemburger Akte, DÖV 1988, S. 613 ff.; *Schütz,* Die EG-Kammer – Delegationsbefugnis und Geschäftsordnungsautonomie des Bundesrates, NJW 1989, S. 2160 ff.; *Fastenrath,* Länderbüros in Brüssel – Zur Kompetenzverteilung für informales Handeln im auswärtigen Bereich, DÖV 1990, S. 129 ff.; *Hailbronner,* Die deutschen Bundesländer in der EG, JZ 1990, S. 149 ff.; *Kewenig,* Die Europäischen Gemeinschaften und die bundesstaatliche Ordnung der Bundesrepublik Deutschland, JZ 1990, S. 458 ff.; *Schumann,* Der föderale Aufbau der Bundesrepublik Deutschland und die Rolle des Freistaats Bayern, BayVBl. 1991, S. 737; *Hochbaum,* Kohäsion und Subsidiarität – Maastricht und die Länderkulturhoheit, DÖV 1992, S. 285 ff.

(Europa der Regionen) *Böttcher,* Europafähigkeit durch Regionalisierung, ZRP 1990, S. 329 ff.; *Ossenbühl* (Hrsg.), Föderalismus und Regionalismus in Europa, 1990; *von Unruh,* Region und Regionalismus in Europa, DVP 1991, S. 131 ff.; *Haneklaus,* Zur Frage der funktionsgerechten Regionalisierung in einer föderal verfaßten Europäischen Union, DVBl. 1991, S. 295 ff.; „Europa der Regionen", Landtag Nordrhein-Westfalen, Europa-Forum, 1991; *Hesse/Renzsch* (Hrsg.), Föderalstaatliche Entwicklung in Europa, 1991; *Leidinger,* Region und Selbstverwaltung, NWVBl. 1991, S. 325 ff.; *Häberle,* Föderalismus, Regionalismus, Kleinstaaten – in Europa, Die Verwaltung 1/92, S. 1 ff.

(Kommunale Selbstverwaltung und EG) *Siedentopf,* Europäische Gemeinschaft und kommunale Beteiligung, DÖV 1988, S. 981 ff.; *Mombaur/Lennep,* Die deutsche kommunale Selbstverwaltung und das Europarecht, DÖV 1988, S. 988 ff.; *Knemeyer,* Die Europäische Charta der kommunalen Selbstverwaltung, DÖV 1988, S. 997 ff.; *Leitermann,* Die Auswirkungen des Europäischen Binnenmarktes auf die Kommunen in der Bundesrepublik Deutschland, VR 1989, S. 185 ff.; *Hoppe,* Der Einfluß des europäischen Binnenmarktes auf die kommunale Bauleitplanung und das Bauordnungsrecht, NVwZ 1990, S. 816 ff.; *Hoppe/Schink* (Hrsg.), Kommunale Selbstverwaltung und europäische Integration, Schriftenreihe des Freiherr-vom-Stein-Institutes,

Wissenschaftliche Forschungsstelle des Landkreistages Nordrhein-Westfalen an der Universität Münster, Bd. 16, 1990; *Rengeling,* Die Garantie der kommunalen Selbstverwaltung im Zeichen der europäischen Integration, DVBl. 1990, S. 893ff.; *Spannowsky,* Der Einfluß europäischer Rechtsentwicklungen auf den kommunalen Handlungsrahmen, DVBl. 1991, S. 1120ff.; *Faber,* Die Zukunft kommunaler Selbstverwaltung und der Gedanke der Subsidiarität in den Europäischen Gemeinschaften, DVBl. 1991, S. 1126ff.; *von Ameln,* Auswirkungen des Europäischen Binnenmarktes auf Kommunalpolitik und Kommunalrecht der EG-Mitgliedstaaten, DVBl. 1992, S. 477ff.; *Heberlein,* Kommunale Europapolitik, BayVBl. 1992, S. 417.

Zweiter Teil: Materielles Gemeinschaftsrecht

A. Die Vollendung des Binnenmarktes

I. Zielsetzung und Methode

Die Zielsetzung in Art. 7a EGV (= Art. 8a EWGV), mit dem Binnenmarkt einen Raum ohne Binnengrenzen zu schaffen, in dem der freie Verkehr von Waren und Personen, Dienstleistungen und Kapital gemäß den vertraglichen Bestimmungen gewährleistet ist, ist von der Sache her nicht neu. Bekanntlich wurde die Gemeinschaft gegründet, um einen Gemeinsamen Markt zu errichten, in dessen Rahmen die Hindernisse für den grenzüberschreitenden Austausch von Waren, Kapital und Dienstleistungen beseitigt werden sollen. Trotz unbestreitbarer Fortschritte wie z. B. dem Abbau der Zölle an den Binnengrenzen der Mitgliedstaaten ist die Errichtung eines Gemeinsamen Marktes nur unvollkommen gelungen. Die Ursachen hierfür liegen u. a. darin, daß der Rat nach Art. 100 EWGV wie nach Art. 100 EGV Regelungen zur Angleichung des nationalen Rechts der Mitgliedstaaten im Hinblick auf die Errichtung und das Funktionieren des Gemeinsamen Marktes nur **einstimmig** beschließen kann, sowie in dem in diesem Zusammenhang verfolgten Konzept einer **vollständigen** Harmonisierung der marktrelevanten Vorschriften. Mit dem Vorhaben des Binnenmarktes sollte unter Abkehr von der bisherigen Vorgehensweise das unverändert gebliebene Ziel eines einheitlichen Marktes auf wirkungsvollere und zügigere Weise verwirklicht werden.

In ihrem Weißbuch an den Europäischen Rat zur Vollendung des Binnenmarktes von 1985 (KOM (85) 310 endg.) hat die Kommission das gesetzgeberische Programm für den Binnenmarkt aufgestellt. Hierzu gehörten ursprünglich ca. 300, später 282 Rechtsakte, die thematisch unter folgenden Gesichtspunkten zusammengefaßt wurden:
- Beseitigung der materiellen Schranken,
- Beseitigung der technischen Schranken,
- Beseitigung der steuerlichen Schranken.

Mit der Beseitigung der **materiellen** Schranken ist der Wegfall der Kontrollen von Personen und Waren an den Binnengrenzen der Mitgliedstaaten gemeint.

Unter den **technischen** Schranken sind die Hindernisse für den freien Waren-, Personen- und Dienstleistungsverkehr in der Gemeinschaft zu verstehen, die sich aus unterschiedlichen Regelungen der Mitgliedstaaten in bezug auf die Vermarktung von Produkten und die Erbringung von Dienstleistungen ergeben. Unterschiedliche Anforderungen an Waren und Dienstleistungen in den einzelnen Mitgliedstaaten bewirken, daß

sich der Warenhersteller bzw. der Erbringer von Dienstleistungen den
jeweiligen Bedingungen des Aufnahmestaates unterwerfen muß, führen
also zu einer Aufspaltung des Marktes innerhalb der Gemeinschaft in
Teilmärkte. Durch die Beseitigung der technischen Schranken soll die
Verkehrsfähigkeit von Waren und Dienstleistungen in der gesamten Gemeinschaft hergestellt werden. Der Beseitigung der technischen Schranken liegt eine Strategie zugrunde, die auf dem vom EuGH in seiner sog.
„Cassis"-Rechtsprechung entwickelten Grundsätzen beruht (zur „Cassis"-Rechtsprechung siehe näher in Kapitel C). Beim freien Warenverkehr sollen die Rechtsvorschriften der Mitgliedstaaten über Herstellung
und Vertrieb von Waren lediglich dahingehend angeglichen werden, daß
Anforderungen zum Schutz der Gesundheit, der Sicherheit, dem Schutz
der Verbraucher und der Umwelt als sog. zwingende Erfordernisse festgelegt werden, die in allen Mitgliedstaaten vorgeschrieben sein müssen
und bei deren Beachtung ein Erzeugnis frei verkehren kann. Bei nationalen Regelungen und technischen Normen, die nicht durch zwingende
Erfordernisse gerechtfertigt sind, soll die gegenseitige Anerkennung genügen. Die Regelungen der Gemeinschaft zur Harmonisierung der
zwingenden Erfordernisse (in der Hauptsache Richtlinien) sollen nur die
Grundvoraussetzungen für die Verkehrsfähigkeit eines Produkts, nicht
aber auch wie nach der bisherigen Praxis auch detaillierte technische
Spezifikationen enthalten; die technischen Normen auf der Grundlage
der festgelegten Grundvoraussetzungen sollen vielmehr durch europäische Normungsgremien ausgearbeitet werden. Solange europäische
technische Normen fehlen, sind die nationalen technischen Normen gegenseitig anzuerkennen, soweit sie die in den Grundvoraussetzungen
festgelegten Kriterien erfüllen. Das Prinzip der gegenseitigen Anerkennung ist auch das Mittel zum Abbau von Hindernissen im Bereich des
Personen- und Dienstleistungsverkehrs (z. B. durch gegenseitige Anerkennung berufsqualifizierender Abschlüsse, der Aufsicht über die Tätigkeit von Banken und Versicherungen usw.).

Unter der Beseitigung der **steuerlichen** Schranken sind Anpassungs-
maßnahmen im Bereich der indirekten Besteuerung (Mehrwertsteuer,
Verbrauchsteuern) zu verstehen, damit bei Wegfall der Grenzkontrollen
als Mittel der steuerlichen Kontrolle grenzüberschreitende Verkäufe und
Käufe steuerlich genauso behandelt werden können wie solche im Inland. Das Weißbuch sieht hierfür vor, die Steuersätze bei der Mehrwert-
und den Verbrauchsteuern innerhalb einer wettbewerbsneutralen Spanne
einander anzugleichen. Nach den Plänen des Weißbuchs soll die Mehrwertsteuer anders als bisher nicht beim Käufer, sondern beim Verkäufer
erhoben und durch ein zwischen den Mitgliedstaaten zu errichtendes
Informationssystem sichergestellt werden, daß die beim Verkäufer erhobene Steuer dem Sitzstaat des Käufers zufließt, damit den Mitgliedstaaten in ihrem Aufkommen an Mehrwertsteuer keine Einbußen entstehen.

II. Verfahren

Die verfahrensmäßigen Voraussetzungen zur Verwirklichung der Ziele des Binnenmarktes wurden durch die Einheitliche Europäische Akte in Art. 100a EWGV (jetzt Art. 100a EGV) geschaffen. Nach dieser Vorschrift erläßt der Rat auf Vorschlag der Kommission, in Zusammenarbeit mit dem Europäischen Parlament und nach Anhörung des Wirtschafts- und Sozialausschusses mit qualifizierter Mehrheit die Maßnahmen zur Angleichung der Rechts- und Verwaltungsvorschriften der Mitgliedstaaten, die die Errichtung und das Funktionieren des Binnenmarktes zum Gegenstand haben. Die Entscheidung mit qualifizierter Mehrheit erlaubte dem Rat eine zügigere Beschlußfassung; durch das Verfahren der Zusammenarbeit (ursprünglich in Art. 149 Abs. 2 EWGV, jetzt in Art. 189c EGV geregelt) wurden die Mitwirkungsrechte des Europäischen Parlaments gestärkt. Bei Bestimmungen über Steuern, die Freizügigkeit sowie über die Rechte und Interessen der Arbeitnehmer muß der Rat einstimmig beschließen, Art. 100a Abs. 2 EGV. Da aufgrund des neuen Harmonisierungskonzepts die Vorschriften der Mitgliedstaaten lediglich im Hinblick auf die sog. zwingenden Erfordernisse anzugleichen waren bzw. sind, sieht Art. 100a Abs. 3 EGV vor, daß die Kommission in ihren Vorschlägen nach Abs. 1 in den Bereichen Gesundheit, Sicherheit, Umweltschutz und Verbraucherschutz von einem hohen Schutzniveau ausgeht. Bei Erlaß einer Harmonisierungsmaßnahme des Rates mit qualifizierter Mehrheit kann ein Mitgliedstaat unter den in Art. 100a Abs. 4 EGV geregelten Voraussetzungen an strengeren nationalen Schutzbestimmungen festhalten. Im Rahmen des Art. 100a EGV ist das ursprünglich vorgesehene Verfahren der Zusammenarbeit durch das im Art. 189b EGV geregelte sog. Kodezionsverfahren ersetzt worden.

III. Stand der Entwicklung am 1. Januar 1993

Der 1. Januar 1993 ist das Zieldatum zur Vollendung des Binnenmarktes. Von den im Weißbuch der Kommission vorgesehenen 282 Vorhaben wurde zu diesem Zeitpunkt zu über 95 % im Rat Einigung erzielt. Von den bis Ende 1992 umzusetzenden Regelungen hatten die Mitgliedstaaten im Mittel ca. 75 % in nationales Recht umgesetzt. Deutschland lag hierbei mit einer Rate von knapp 80 % an vierter Stelle hinter Dänemark, Frankreich und Griechenland.

1. Abbau der Grenzkontrollen

Seit dem 1. Januar 1993 werden Waren an den Binnengrenzen der Gemeinschaft nicht mehr kontrolliert. Die Grenzkontrollen von Personen konnten demgegenüber nicht fristgerecht abgeschafft werden, da das hierfür vorgesehene sog. „Schengener"-Abkommen wegen der damit verbundenen Asylproblematik bisher nicht in Kraft getreten ist (zum „Schengener"-Abkommen siehe näher in Kapitel D).

2. Beseitigung der technischen Schranken

Das Programm zur Beseitigung der technischen Schranken ist weitestgehend verwirklicht worden. Einzelheiten dazu werden bei der nachfolgenden Darstellung der Grundfreiheiten behandelt.

3. Beseitigung der steuerlichen Schranken

Mit Wirkung vom 1. Januar 1993 ist ferner ein neues System bei der Erhebung der Mehrwertsteuer und der Verbrauchsteuern beim innergemeinschaftlichen Warenverkehr in Kraft getreten. Bei der Mehrwertsteuer beträgt der Normalsatz mindestens 15 %, der ermäßigte Steuersatz mindestens 5 % (in Deutschland 15 % und 7 %). Bei den Verbrauchsteuern (z. B. auf Benzin, Heizöl, Spirituosen, Tabak usw.) wurden Mindestsätze festgelegt (die deutschen Steuersätze liegen im Regelfall über den EG-Mindestsätzen). Bei dem neuen System herrscht die Tendenz vor, die Besteuerung der Ware nach dem sog. Bestimmungslandprinzip vorzunehmen, d. h. die Ware mit der Umsatz- oder Verbrauchsteuer des Mitgliedstaates zu belasten, in den die Ware gelangt oder in dem sie verbraucht wird. Die Vorschläge des Weißbuchs, die Besteuerung nach dem Ursprungslandprinzip vorzunehmen, d. h. die Ware mit der Steuer des Staates zu belasten, von welchem aus sie geliefert wird oder in welchem sie erworben wird, haben sich mit Ausnahme bestimmter Fälle als (noch) nicht realisierbar erwiesen.

Die Umsatzbesteuerung des innergemeinschaftlichen Warenverkehrs regelt im deutschen Recht das Umsatzsteuer-Binnenmarktgesetz vom 25. August 1992 (BGBl. I, S. 1548; dazu *Rondorf,* Das Umsatzsteuer-Binnenmarktgesetz, 1992; *ders.,* EuZW 1992, S. 727 ff.). Prinzipiell wird die Umsatzbesteuerung so vorgenommen, daß Unternehmer in Deutschland bei der Lieferung von Waren an Abnehmer in andere Mitgliedstaaten von der Steuer freigestellt sind, während sie umgekehrt den Warenerwerb von Lieferanten aus anderen Mitgliedstaaten der Umsatzsteuer als sog. Erwerbssteuer zu unterwerfen haben; sofern sie zum Vorsteuerabzug berechtigt sind, können sie die Erwerbssteuer als Vorsteuer von ihrer Steuerschuld abziehen. Von Privatpersonen erworbene Waren werden hingegen mit der Umsatzsteuer des jeweiligen Gaststaates belastet, so daß insoweit das Ursprungslandprinzip verwirklicht ist; Ausnahmen gelten für den Erwerb von Kraftfahrzeugen und den Erwerb von Waren im Versandhandel.

Zur Durchführung des neuen Umsatzsteuersystems erhalten die Unternehmer in allen Mitgliedstaaten die Umsatzsteuer-Identifikationsnummer, die sie als Person ausweist, die im Bestimmungsstaat der Erwerbsbesteuerung unterliegt. Diese Nummer wird den Unternehmern von den nationalen Finanzbehörden zugeteilt, in Deutschland durch das Bundesamt für Finanzen, Außenstelle Saarlouis. Die Identifikationsnummer ist bei allen Lieferungen im innergemeinschaftlichen Warenverkehr anzugeben. Unternehmer in Deutschland können sich vom Bundesamt für Finanzen die Identifikationsnummer ihrer Lieferanten und Abnehmer in anderen Mitgliedstaaten bestätigen lassen.

Zur Kontrolle des Aufkommens an Umsatzsteuer in den Mitgliedstaaten ist an die Stelle der Grenzkontrollen ein neues Kontrollverfahren getreten, das auf einem mittels Datenbanken bewerkstelligten Informationsaustausch zwischen den nationalen Finanzbehörden beruht. Die rechtlichen Grundlagen dieses Austauschs regelt die vom Rat am 27. Januar 1992 verabschiedete Verordnung (EWG) Nr. 218/92 über die Zusammenarbeit der Steuerbehörden der Mitgliedstaaten, die mit der Anwendung der Mehrwertsteuersysteme betraut sind (ABl. 1992, Nr. L 24/1). Zum Zweck dieses Informationsaustauschs haben die Unternehmen den nationalen Behörden (in Deutschland also dem Bundesamt für Finanzen, Außenstelle Saarlouis) vierteljährlich in einer Zusammenfassenden Meldung alle geschäftlichen Vorgänge anzugeben, die bei Geschäftspartnern in anderen Mitgliedstaaten zur Erwerbsbesteuerung führen.

Das hier in Grundzügen beschriebene System der Umsatzbesteuerung stellt nur eine bis zum 31. Dezember 1996 befristete Übergangsregelung dar, die durch eine voll dem Ursprungslandprinzip Rechnung tragende Regelung abgelöst werden soll. Allerdings behält die jetzige Regelung ihre Gültigkeit bei, wenn eine endgültige Regelung innerhalb der Übergangszeit nicht zustande kommt.

Die Erhebung der Verbrauchsteuern folgt den Grundsätzen der Umsatzbesteuerung, d. h., bei der Erhebung der Verbrauchsteuern im gewerblichen Verkehr ist das Bestimmungslandprinzip maßgebend, beim privaten Verkehr hingegen das Ursprungslandprinzip mit der Folge, daß verbrauchsteuerpflichtige Waren innerhalb von Richtwerten, die einen privaten Verbrauch vermuten lassen, ohne Nacherhebung von Verbrauchsteuern im Einfuhrstaat über die Binnengrenzen verbracht werden können (Umsetzung des einschlägigen Gemeinschaftsrechts in das deutsche Recht durch das Gesetz zur Anpassung von Verbrauchsteuer- und anderen Gesetzen an das Gemeinschaftsrecht sowie zur Änderung anderer Gesetze – Verbrauchsteuer-Binnenmarktgesetz – vom 21. Dezember 1992, BGBl. 1992 I, S. 2150; 1993 I, S. 169).

IV. Überblick über die zu behandelnden Themen

In der nachfolgenden Darstellung des materiellen Gemeinschaftsrechts werden zunächst das in Art. 6 EGV geregelte **Diskriminierungsverbot** als allgemeiner Grundsatz des Gemeinschaftsrechts und abschließend die **Grundfreiheiten** des EG-Vertrages (freier Verkehr von Waren, Personen, Dienstleistungen und Kapital) behandelt. Auf den Grundfreiheiten liegt der Schwerpunkt der Darstellung. Auf die Gemeinsame Agrarpolitik und die Gemeinsame Verkehrspolitik als Sonderbereiche des Handels- bzw. Dienstleistungsverkehrs wird nicht eingegangen.

Der dritte Teil des EG-Vertrages befaßt sich auch mit der **Politik** der Gemeinschaft in verschiedenen Bereichen wie z. B. Wettbewerb, Steuern, Rechtsangleichung, Sozialpolitik, Regionalförderung, Umwelt usw. Von den Politiken der Gemeinschaft werden solche behandelt, in denen – außer dem erforderlichen Bezug zur innerstaatlichen öffentlichen Verwaltung – die Vorgaben an diese in gemeinschaftlichen **Rechtsnormen** bzw. normkonkretisierenden **Entscheidungen** bestehen, wie dies bei den ausgewählten Themen der Beihilfenaufsicht, der Gleichbehandlung von Mann und Frau im Rahmen der Sozialpolitik und der Umweltpolitik der Fall ist. Eine vollständige Behandlung aller gemeinschaftlichen Politiken würde den Rahmen dieser Darstellung entweder sprengen oder nur oberflächlich ausfallen.

Die Reihenfolge der Themen folgt im allgemeinen der Systematik des EG-Vertrages.

Literatur: (Binnenmarkt) *EG-Kommission* (Hrsg.), Vollendung des Binnenmarktes. Weißbuch der Kommission an den Europäischen Rat, 1985; *Steindorff,* Gemeinsamer Markt als Binnenmarkt, ZHR 1986, S. 687 ff.; *EG-Kommission* (Hrsg.), Das Europa ohne Grenzen: auf dem Wege zu einem großen Binnenmarkt, 1987; *Schwarze* (Hrsg.), Der Gemeinsame Markt, 1987; *Sedemund,* Cassis de Dijon und das neue Harmonisierungskonzept der Kommission zur Vollendung des Binnenmarktes, in: *Schwarze* (Hrsg.), Der Gemeinsame Markt, 1987, S. 37 ff.; *Behrens,* Das Wirtschaftsrecht des Europäischen Binnenmarktes, Jura 1989, S. 561 ff.; *Müller-Graff,* Binnenmarktziel und Rechtsordnung – Binnenmarktrecht, 1989; *Oppermann/Moersch,* Europa-Leitfaden. Ein Wegweiser zum Europäischen Binnenmarkt 1992, 1989; *Dauses,* Die rechtliche Dimension des Binnenmarktes, EuZW 1990, S. 8 ff.; *Reich,* Binnenmarkt als Rechtsbegriff, EuZW 1991, S. 203 ff.; *Dichtl* (Hrsg.), Schritte zum Europäischen Binnenmarkt, 1990; *Ehlers,* Das Wirtschaftsverwaltungsrecht im europäischen Binnenmarkt, NVwZ 1990, S. 810 ff.; *Lenz* (Hrsg.), EG-Handbuch Recht im Binnenmarkt, 1991; *Baur,* Der Europäische Binnenmarkt – normative Grundlagen, JA 1992, S. 65 ff., S. 97 ff.; *Ritter,* Was bedeutet Europa 93 für die deutsche Wirtschaft?, EWS 1993, S. 1 ff.; *Dauses* (Hrsg.), Handbuch des EG-Wirtschaftsrechts, 1993.

B. Das Diskriminierungsverbot

I. Das allgemeine Diskriminierungsverbot nach Art. 6 EGV

Nach Art. 6 Abs. 1 EGV (= Art. 7 Abs. 1 EWGV) ist unbeschadet besonderer Bestimmungen des Vertrages in seinem Anwendungsbereich jede Diskriminierung aus Gründen der Staatsangehörigkeit verboten. Diskriminierung bedeutet Schlechterbehandlung. Sie liegt vor, wenn gleichgelagerte Sachverhalte ungleich oder ungleiche Sachverhalte gleich behandelt werden, nicht hingegen, wenn ungleiche Sachverhalte unterschiedlich behandelt werden (*Grabitz,* in: *Grabitz,* EWGV, Art. 7 Rdnr. 5). Das Diskriminierungsverbot soll insbesondere gewährleisten, daß Angehörige anderer Mitgliedstaaten nicht schlechter behandelt werden als die eigenen Angehörigen eines Mitgliedstaates. Art. 6 EGV wie die besonderen Diskriminierungsverbote in einzelnen vertraglichen Bestimmungen werden daher dahingehend verstanden, daß sie den Grundsatz der **Inländergleichbehandlung** aufstellen (vgl. EuGHE 1977, 1495 – Rs. 8/77 „Sagulo" = NJW 1977, 1579).

Art. 6 EGV ist ein gemeinschaftliches Grundrecht, zumindest ein grundrechtsähnliches Recht. Seine herausragende Bedeutung wird dadurch unterstrichen, daß es in den in Art. 1 bis 7c EGV genannten „Grundsätzen" der Gemeinschaft aufgeführt ist. Im Unterschied zu den ungeschriebenen, als allgemeine Rechtsgrundsätze entwickelten Grundrechten des Gemeinschaftsrechts richtet sich Art. 6 EGV unmittelbar an die Mitgliedstaaten und die Gemeinschaft, erfüllt also nicht wie die ungeschriebenen Grundrechte lediglich die Funktion einer rechtlichen Schranke für die Hoheitsgewalt der Gemeinschaft. Art. 6 EGV ist daher unmittelbar in der Bundesrepublik Deutschland anwendbares Recht, das im Konfliktfall entgegenstehendem deutschen Recht vorgeht und zu dessen Nichtanwendung führt (vgl. OLG München, EuZW 1993, 199 im Hinblick darauf, daß wegen Art. 6 EGV ausländische Kläger aus den EG-Mitgliedstaaten keine Ausländersicherheit für die Prozeßkosten des Gegners nach § 110 ZPO leisten müssen).

Verboten ist **jede** Diskriminierung. Erfaßt werden sowohl **offene** wie **versteckte** Diskriminierungen. Bei der offenen Diskriminierung wird die Eigenschaft als Ausländer ausdrücklich dazu benutzt, um eine für ihn ungünstige Regelung zu treffen (Beispiel: Einschreibegebühren beim Besuch einer Hochschule, die nur ausländische Studenten zahlen müssen). Eine versteckte Diskriminierung liegt vor, wenn an Merkmale angeknüpft wird, die den Ausländer zwar nicht formal, aber tatsächlich in dem Sinne benachteiligen, daß er die verlangten Merkmale praktisch nicht oder nur unter erschwerten Bedingungen erfüllen kann (Beispiel: Die Erbringung von Dienstleistungen im Bestimmungsstaat ist nur unter der Voraussetzung möglich, daß der Erbringer der Dienstleistung dort seinen Wohnsitz hat).

Wenn Art. 6 EGV jede Diskriminierung aus Gründen der **Staatsangehörigkeit** verbietet, dann beschränkt sich das Verbot auf dieses Unterscheidungsmerkmal. Eine Unterscheidung nach anderen Merkmalen ist nach Art. 6 EGV nicht verboten, wobei sich allerdings im Einzelfall Schwierigkeiten in der Abgrenzung zwischen einer sachlich gebotenen Unterscheidung und einer versteckten Diskriminierung ergeben können. Zulässig ist es, beim Zugang zu einer Tätigkeit den im innerstaatlichen Recht vorgeschriebenen Befähigungsnachweis zu verlangen, unzulässig jedoch, beim Zugang zu der Tätigkeit den im Herkunfts- oder in einem anderen Mitgliedstaat erworbenen Befähigungsnachweis unberücksichtigt zu lassen, wenn er nach dem Recht des Aufnahmestaates oder nach Gemeinschaftsrecht als gleichwertig anzuerkennen ist (s. hierzu näher die Ausführungen zur Niederlassungsfreiheit in Kapitel F).

Verboten ist schließlich eine Diskriminierung nur im **Anwendungsbereich des Vertrages,** d. h. in durch das Gemeinschaftsrecht geregelten Bereichen. Außerhalb des Vertrages liegende Materien, also solche, für welche die Mitgliedstaaten regelungsbefugt sind, werden von Art. 6 EGV nicht erfaßt. Bei Sachgebieten, für die sowohl die Gemeinschaft wie die Mitgliedstaaten eine Regelungskompetenz besitzen, ist Art. 6 EGV anwendbar, wenn die Gemeinschaft in dem betreffenden Bereich tätig geworden ist. In den Anwendungsbereich des Vertrages fallen zunächst alle die Grundfreiheiten betreffenden Regelungen, für die allerdings anstelle von Art. 6 EGV meist spezielle Diskriminierungsverbote gelten (s. anschließend unter II). Zu den Grundfreiheiten zählt auch der sog. passive Dienstleistungsverkehr, d. h. die (zeitlich begrenzte) Inanspruchnahme von Dienstleistungen in der Eigenschaft als Patient, Geschäftsreisender oder Tourist (vgl. EuGHE 1984, 377 – verb. Rs. 286/82 u. 26/83 „Luisi und Carbone" = NJW 1984, 1288; s. auch die Ausführungen zum freien Dienstleistungsverkehr nachfolgend in Kapitel G I 1). Im Hinblick auf einen britischen Staatsangehörigen, der bei einem touristischen Aufenthalt in Paris ausgeraubt und körperlich verletzt worden war, hat der EuGH entschieden, daß der Verletzte bei der nach französischem Recht zu gewährenden Opferentschädigung nicht schlechter behandelt werden dürfe wie französische Staatsangehörige; mangels Anwendbarkeit des speziellen Diskriminierungsverbots im Bereich der Dienstleistungen nach Art. 60 Abs. 3 EGV hat der EuGH diese Gleichbehandlung auf Art. 7 EWGV (jetzt Art. 6 EGV) gestützt (EuGHE 1989, 195 – Rs. 186/87 „Cowan" = NJW 1989, 2183).

Eine grundlegende Entscheidung zu der Frage, welche Materien in den

Anwendungsbereich des Vertrages fallen und damit die Anwendung von Art. 6 EGV eröffnen, stellt das Urteil des EuGH in der Rechtssache „Gravier" dar (EuGHE 1985, 593 – Rs. 293/83 = NJW 1985, 2085). Streitig war, ob für den Besuch einer Kunsthochschule in Belgien von Studenten aus anderen Mitgliedstaaten der Gemeinschaft höhere Einschreibgebühren verlangt werden konnten als von inländischen Studenten. Hierzu hat der EuGH festgestellt, daß die Organisation des Bildungswesens und die Bildungspolitik als solche nicht zu den im Vertrag geregelten Materien gehören; nicht außerhalb des Gemeinschaftsrechts stehen jedoch der Zugang zum und die Teilnahme am Unterricht im Bildungswesen und in der Lehrausbildung, insbesondere, wenn es sich um die Berufsausbildung handelt. Zur Begründung nahm der EuGH Bezug auf die von der Gemeinschaft auf der Grundlage von Art. 128 EWGV (jetzt: Art. 127 EGV) betriebene Politik im Bereich der Berufsausbildung. Daher verstößt es gegen das Diskriminierungsverbot des Art. 6 EGV, wenn für den Zugang zum berufsbildenden Unterricht von Studenten aus anderen Mitgliedstaaten überhaupt oder höhere Gebühren erhoben werden als von inländischen Studenten (s. hierzu näher Kapitel E VII, „Freizügigkeit im Bildungsbereich").

Art. 6 EGV bzw. die speziellen Diskriminierungsverbote verbieten nicht nur die Ausländer-, sondern auch die Inländerdiskriminierung, also die Schlechterbehandlung der eigenen Angehörigen eines Mitgliedstaates. Aber auch in diesem Fall muß die Diskriminierung im Anwendungsbereich des Vertrages erfolgen, d. h., der zu beurteilende Sachverhalt muß einen Bezug zu gemeinschaftsrechtlich geregelten Tatbeständen aufweisen. Das trifft beispielsweise dann zu, wenn der Angehörige die vertraglich gewährleistete Freizügigkeit in Anspruch genommen hat, so daß er sich gegenüber dem eigenen Staat in der gleichen Lage befindet wie Angehörige anderer Mitgliedstaaten (EuGHE 1979, 399 – Rs. 115/78 „Knoors" = NJW 1979, 1761). Erwirbt ein Deutscher in einem anderen Mitgliedstaat eine berufliche Qualifikation, die ihn zur Ausübung eines bestimmten Berufes (z. B. als Arzt) berechtigt und die von der Bundesrepublik gemeinschaftsrechtlich anzuerkennen ist, ist er auf der Grundlage der erworbenen Qualifikation berechtigt, den Beruf in der Bundesrepublik auszuüben. Nicht anwendbar ist das Gemeinschaftsrecht jedoch auf Sachverhalte, die einen Mitgliedstaat rein intern betreffen. Dementsprechend können sich Personen, die niemals von einer vertraglichen Grundfreiheit Gebrauch gemacht haben, bei Benachteiligungen im Beruf nicht auf das (allgemeine oder spezielle) Diskriminierungsverbot des Vertrages berufen (vgl. EuGHE 1984, 2439 – Rs. 180/83 „Moser / Land Baden-Württemberg" = NJW 1985, 540 im Hinblick auf einen deutschen Bewerber, der wegen mangelnder Verfassungstreue nicht in den pädagogischen Vorbereitungsdienst des Landes Baden-Württemberg aufgenommen worden war).

II. Spezielle Diskriminierungsverbote

Nach Art. 6 Abs. 1 EGV entfaltet das Diskriminierungsverbot seine Wirkungen im Anwendungsbereich des EG-Vertrages „unbeschadet besonderer Bestimmungen dieses Vertrages". Mit dieser Wendung verweist
Art. 6 EGV auf andere vertragliche Bestimmungen, in denen das allgemeine Verbot des Art. 6 für besondere Anwendungsfälle konkretisiert ist
(EuGH „Cowan", a. a. O.). Hierzu zählen namentlich die Bestimmungen
über die Freizügigkeit der Arbeitnehmer (Art. 48 Abs. 2 EGV), die Niederlassungsfreiheit (Art. 52 Abs. 2 EGV) und der freie Dienstleistungsverkehr (Art. 60 Abs. 3 EGV). Ein weiteres Beispiel ist das steuerliche
Diskriminierungsverbot bei der Einfuhr von Waren nach Art. 95 EGV.
    Diese und weitere Bestimmungen sind gegenüber Art. 6 EGV keine
Spezialvorschriften, sondern „verwirklichen" (konkretisieren) den allgemeinen Grundsatz des Art. 6 EGV für den jeweiligen Sachbereich (vgl.
EuGHE 1974, 631 – Rs. 2/74 „Reyners" = NJW 1975, 513). Daraus
folgt, daß Art. 6 EGV nicht anwendbar ist, wenn ein spezielles Diskriminierungsverbot eingreift, so daß auch Art. 6 EGV nicht verletzt ist, wenn
eine innerstaatliche Maßnahme nicht gegen ein spezielles Verbot verstößt.

III. Die Inländerdiskriminierung

Die Diskriminierungsverbote des Vertrages zielen auf eine Inländergleichbehandlung ab. Die Anwendung des Gemeinschaftsrechts (nicht
des Diskriminierungsverbots, sondern anderer vertraglicher Bestimmungen) kann jedoch umgekehrt auch zu einer Schlechterstellung der
Inländer führen, wofür sich der Begriff der Inländer- oder auch umge-
kehrten Diskriminierung eingebürgert hat. Eine solche Schlechterstellung kann sich ergeben, wenn die Angehörigen eines Mitgliedstaates den
Erfordernissen des innerstaatlichen Rechts nachkommen müssen, während andere Personen (im Regelfall Angehörige anderer Mitgliedstaaten,
aber auch Inländer, welche die vertraglichen Rechte in Anspruch genommen haben) aufgrund des Gemeinschaftsrechts von diesen Erfordernissen freigestellt sind. In der Auseinandersetzung um das „Reinheitsgebot
für Bier" hat der EuGH entschieden, daß es gegen das in Art. 30 EGV
geregelte Verbot der Maßnahmen gleicher Wirkung wie mengenmäßige
Einfuhrbeschränkungen verstößt, wenn Biere, die in anderen Mitgliedstaaten rechtmäßig hergestellt und in Verkehr gebracht werden, beim
Vertrieb in Deutschland dem im deutschen Recht aufgestellten Erfordernis des Reinheitsgebots zu unterwerfen sind; folglich sind Brauer aus
anderen Mitgliedstaaten von diesem Erfordernis freigestellt, während

deutsche Brauer ihm unterworfen bleiben. Im Rahmen der Niederlassungsfreiheit darf z. B. nicht verlangt werden, daß ein Rechtsanwalt seine Niederlassung im Herkunftsstaat aufgibt, um sich in einem anderen Mitgliedstaat niederlassen zu können (EuGH NJW 1985, 1275 „Klopp"); demgegenüber können sich deutsche Anwälte in der Bundesrepublik nicht mehrfach niederlassen (vgl. BGHZ 108, 3142).

Der EuGH betrachtet in seiner bisherigen Rechtsprechung die Inländerdiskriminierung in der vorstehend beschriebenen Weise als eine rein interne Angelegenheit des jeweiligen Mitgliedstaates, auf die der EWG-Vertrag nicht anwendbar ist (grundlegend EuGHE 1982, 3723 – verb. Rs. 35 u. 36/82 „Morson" = NJW 1983, 2751). Eine Korrektur läßt sich demnach nur über das deutsche Recht herbeiführen, entweder über den Grundsatz der Gleichbehandlung nach Art. 3 GG (*Weis,* NJW 1983, S. 2721 ff.) oder auf dem Wege, daß man die Inländerdiskriminierung als unzulässige Einschränkung der Berufsfreiheit nach Art. 12 GG qualifiziert (*Fastenrath,* JZ 1987, S. 170 ff.). In der Rechtsprechung deutscher Gerichte wird die Ungleichbehandlung deutscher und ausländischer Wirtschaftsteilnehmer bisher nicht als willkürlich und daher als vereinbar mit Art. 3 GG beurteilt (vgl. z. B. BVerwG DVBl. 1970, 627; BGH RIW 1985, 589; BGHZ 108, 342; weitere Nachweise der Rechtsprechung durch *Nicolaysen,* Europarecht 1991, S. 95 ff., 96 f.). Im Bereich des freien Warenverkehrs ist das BVerwG jedoch in seiner jüngsten Entscheidung im **Diätwurstfall** (NVwZ 1992, 781) dadurch zu einer Gleichbehandlung einheimischer und ausländischer Erzeugnisse gelangt, daß es die auf einheimische Erzeugnisse anwendbaren Normen des deutschen Rechts im Lichte gemeinschaftsrechtlicher Bestimmungen ausgelegt hat, mit der Folge, daß eine nach deutschem Lebensmittelrecht unzulässige Irreführung nicht vorliegt, wenn ein Lebensmittel entsprechend dem Gemeinschaftsrecht gekennzeichnet ist (s. hierzu näher die Ausführungen zum freien Warenverkehr in Kapitel C III 1a). Im Interesse einheitlicher Wettbewerbsbedingungen im Gemeinsamen bzw. Binnenmarkt ist diese Entscheidung zu begrüßen. Die Gleichbehandlung auf diesem Wege setzt allerdings voraus, daß die Vorschriften des deutschen Rechts im Sinne des Gemeinschaftsrechts auslegungsfähig sind, findet also dort ihre Grenze, wo eine eindeutige Fassung des deutschen Rechts eine Auslegung nicht zuläßt. In diesem Fall kann die Gleichbehandlung nur durch gesetzgeberisches Handeln hergestellt werden.

Literatur: *Bode,* Die Diskriminierungsverbote im EWG-Vertrag, 1968; *Gundersen,* Das Diskriminierungsverbot im EWGV, NJW 1975, S. 472 ff.; *Weis,* Inländerdiskriminierung zwischen Gemeinschaftsrecht und nationalem Verfassungsrecht, NJW 1983, S. 2721 ff.; *Reitmaier,* Inländerdiskriminierung nach dem EWG-Vertrag, 1984; *Bleckmann,* Die umgekehrte Diskriminierung (discrimination à rebours) im EWGV, RIW 1985, S. 917 ff.; *Fastenrath,* Inländerdiskriminierung, JZ 1987, S. 170 ff.; *Kleier,* Freier Warenverkehr (Art. 30 EWGV) und die Diskriminierung inländischer Erzeugnisse,

RIW 1988, S. 623 ff.; *Schöne,* Die „umgekehrte Diskriminierung" im EWGV nach der Rechtsprechung des Europäischen Gerichtshofs, RIW 1989, S. 450 ff.; *Kewenig,* Niederlassungsfreiheit, Freiheit für Dienstleistungsverkehr und Inländerdiskriminierung, JZ 1990, S. 20 ff.; *Nicolaysen,* Inländerdiskriminierung im Warenverkehr, EuR 1991, S. 95 ff.

C. Der freie Warenverkehr

I. Allgemeine Grundlagen

Der freie Warenverkehr in der Gemeinschaft ist in den Art. 9 bis 37 EGV geregelt. Seine wesentlichen Elemente sind die **Zollunion** (Art. 9 bis 29 EGV) und die **Beseitigung der mengenmäßigen Beschränkungen zwischen den Mitgliedstaaten** (Art. 30 bis 37 EGV).

Die Zollunion als „Grundlage der Gemeinschaft" (Art. 9 Abs. 1 EGV) umfaßt das Verbot, zwischen den Mitgliedstaaten Ein- und Ausfuhrzölle und Abgaben gleicher Wirkung zu erheben, sowie die Einführung eines gemeinsamen Zolltarifs gegenüber dritten Ländern. Seit 1968 werden zwischen den Mitgliedstaaten keine Zölle mehr erhoben, und im selben Jahr wurde der gemeinsame Zolltarif eingeführt. Die Hoheitsgebiete der Mitgliedstaaten bilden somit in ihrer Gesamtheit das einheitliche Zollgebiet der Gemeinschaft. Der gemeinsame Zolltarif legt die Zollsätze fest, die beim Eintritt von Waren in das gemeinsame Zollgebiet zu erheben sind. Über die Zollsätze entscheidet die Gemeinschaft autonom, die Mitgliedstaaten besitzen auf diesem Gebiet keine Rechtsetzungsbefugnisse mehr. Die Zölle werden von den Behörden der Mitgliedstaaten erhoben, jedoch steht das Aufkommen aus den Zöllen (abzüglich eines Anteils für den Verwaltungsaufwand) ausschließlich der Gemeinschaft zu.

Während die Zollunion ihre maßgebliche Wirkung im Verhältnis der Gemeinschaft zu Drittländern, also im **Außenverhältnis** entfaltet, ist die Beseitigung der mengenmäßigen Beschränkungen von grundlegender Bedeutung für den Warenverkehr **innerhalb** der Gemeinschaft.

1. Zum Begriff der Ware

Unter den Begriff der Ware i. S. des EGV fallen alle Erzeugnisse, die einen Geldwert haben und deshalb Gegenstand von Handelsgeschäften sein können (EuGHE 1986, 633 – Rs. 7/68 – Kommission / Italien). Zur Abgrenzung von Dienstleistungen kommt es darauf an, ob die Lieferung eines fertigen Erzeugnisses oder eine Tätigkeit geschuldet wird, welche die Herstellung eines bestimmten Gegenstandes zum Ziel hat. Daher stellen Fernsehsendungen Dienstleistungen dar, der Handel mit Filmen und Tonträgern ist freier Warenverkehr (EuGHE 1974, 409 – Rs. 155/73 „Sacchi"). Als Ware ist auch elektrischer Strom anzusehen, da es sich um ein handelbares Erzeugnis handelt. Nach einer jüngsten Entscheidung des EuGH wird auch der Handel mit Abfall vom freien Warenverkehr erfaßt, und zwar unabhängig davon, ob der Abfall rückführbar ist oder nicht, da die Unterscheidung zwischen rückführbarem und nicht rückführbarem Abfall sich auf sehr ungewisse Kriterien stützt, die sich im Zuge des technischen Wandelns ändern können (EuGH NVwZ 1992, 871 – Rs. C – 2/90 – Kommission / Belgien).

Handelbar sind nicht nur in der Gemeinschaft **hergestellte** Waren, sondern auch solche, die aus Drittländern ordnungsgemäß in die Gemeinschaft eingeführt wurden (Art. 10 Abs. 1 EGV).

2. Die Beseitigung mengenmäßiger Beschränkungen (Art. 30, 34 EGV)

Art. 30 EGV verbietet im Handel zwischen den Mitgliedstaaten mengenmäßige Einfuhrbeschränkungen sowie Maßnahmen gleicher Wirkung wie mengenmäßige Einfuhrbeschränkungen. Art. 34 EGV trifft die gleiche Regelung für Ausfuhrbeschränkungen.

Unter einer **mengenmäßigen Beschränkung** sind alle staatlichen Maßnahmen zu verstehen, die sich als gänzliches oder teilweises Verbot der Einfuhr, Ausfuhr oder Durchfuhr darstellen (EuGHE 1986, 633 – Rs. 7/68 – Kommission / Italien). Neben vollständigen Verboten der Ein- oder Ausfuhr (z. B. Ausfuhrverbote für Kunstschätze aus Gründen des nationalen Erbes) handelt es sich um Warenkontigente, welche die Ein- und Ausfuhr einer Ware ihrem Wert oder ihrer Menge nach begrenzen. Mengenmäßige Beschränkungen spielen in der Gemeinschaftspraxis eher eine untergeordnete Rolle (im Rahmen der gemeinsamen Handelspolitik sind die Mitgliedstaaten allerdings nach Art. 115 EGV berechtigt, Schutzmaßnahmen, damit auch Importverbote oder -beschränkungen, gegenüber Waren zu treffen, die aus Drittstaaten in die Gemeinschaft eingeführt wurden; von dieser Möglichkeit hat z. B. Frankreich gegenüber japanischen Autos Gebrauch gemacht).

Von großer praktischer Bedeutung ist demgegenüber das Verbot der Maßnahmen gleicher Wirkung wie mengenmäßige Beschränkungen. Für diesen im Vertrag nicht definierten Begriff hat der EuGH aufgrund seines Urteils in der Rechtssache „Dassonville" (EuGHE 1974, 837 – Rs. 8/74 = NJW 1975, 515) folgende, von ihm ständig verwandte Formel geprägt:

„Jede Handelsregelung der Mitgliedstaaten, die geeignet ist, den innergemeinschaftlichen Handel unmittelbar oder mittelbar, tatsächlich oder potentiell zu behindern, ist als Maßnahme mit gleicher Wirkung wie eine mengenmäßige Beschränkung anzusehen."

Unter das Verbot der Maßnahme gleicher Wirkung fallen nur Maßnahmen der **Mitgliedstaaten,** nicht das Handeln privater Personen, auch nicht von Unternehmen. Andererseits ist das Merkmal der „Handelsregelung" weit zu verstehen. Es umfaßt neben Rechtsnormen auch Verwaltungsvorschriften, von den Verwaltungsträgern zu berücksichtigende technische Normen wie DIN-Normen sowie jede tatsächliche Verwaltungspraxis wie die Durchführung von Kontrollen und Untersuchungen u. ä. Da die innerstaatlichen Maßnahmen lediglich **geeignet** sein müssen, den innergemeinschaftlichen Handel zu beeinträchtigen, bedarf es keines Nachweises, in welchem Umfang der innergemeinschaftliche Handel **tatsächlich** behindert wird. Da auch **potentielle** Behinderungen ausgeschlossen sind, erfaßt das Verbot der Art. 30 (34) EGV auch die Fälle, in denen ein Warenaustausch zwischen den Mitgliedstaaten sich lediglich als Möglichkeit für die Zukunft darstellt.

Unter die verbotenen Maßnahmen gleicher Wirkung fallen zunächst die innerstaatlichen Regelungen, die so zwischen in- und ausländischen Waren unterscheiden, daß letztere benachteiligt werden. Beispiele für derartige einseitige Benachteiligungen sind staatliche Werbekampagnen zum bevorzugten Kauf einheimischer Erzeugnisse (EuGHE 1982, 4005 – Rs. 249/81 „Buy Irish") oder die Regelung in einem Mitgliedstaat, wonach ultra-hoch-erhitzte Milch (H-Milch) nur dann in diesem Staat vermarktet werden darf, wenn die Milch in einer inländischen Molkerei sterilisiert und verpackt worden ist, mit der Folge, daß beim Import von H-Milch aus anderen Mitgliedstaaten die Milch einer erneuten Behandlung im Einfuhrstaat unterworfen werden muß (EuGHE 1983, 203 – Rs. 124/81 – Kommission / Großbritannien).

Hauptanwendungsfall der Maßnahmen gleicher Wirkung sind jedoch die Handelsregelungen der Mitgliedstaaten, die **unterschiedslos** auf in- wie ausländische Waren anwendbar sind. Es handelt sich um Regelungen, die identische Anforderungen an die Verkehrsfähigkeit von Waren stellen, unabhängig davon, ob diese im Inland hergestellt oder eingeführt werden. Ein typisches Beispiel für eine unterschiedslos anwendbare Maßnahme ist die ursprüngliche Regelung im deutschen Recht, wonach Bier in der Bundesrepublik Deutschland nur dann verkehrsfähig war, wenn es entsprechend dem sog. Reinheitsgebot hergestellt worden war, d. h. unter Verwendung von Gersten- oder einem anderen zulässigen Malz, Hopfen, Hefe und Wasser. Zur Vermarktung von Bier in Deutschland mußten sich die Hersteller in- wie ausländischer Biere dieser Anforderung unterwerfen, mit der Folge, daß auf anderer Grundlage hergestellte oder mit in Deutschland verbotenen Zusatzstoffen versehene ausländische Biere auf dem deutschen Markt nicht verkehrsfähig waren. Regelungen dieser und vergleichbarer Art fallen unter den Begriff der Maßnahme gleicher Wirkung wie mengenmäßige Einfuhrbeschränkungen (vgl. EuGHE 1987, 1227 – Rs. 178/84 „Reinheitsgebot für Bier" = NJW 1987, 1133). Als weiteres Beispiel für eine Maßnahme gleicher Wirkung kommt die Zulassung einer Ware als Voraussetzung ihrer Verkehrsfähigkeit im Einfuhrstaat in Betracht, z. B. bei Arzneimitteln oder gefährlichen Stoffen wie Schädlingsbekämpfungsmitteln (vgl. EuGHE 1981, 3277 – Rs. 272/80 „Biologische Producten" = NJW 1982, 1211).

Daß eine innerstaatliche Maßnahme vom Begriff der mengenmäßigen Beschränkung oder der Maßnahme gleicher Wirkung erfaßt wird, besagt noch nicht, daß sie endgültig unzulässig ist. Sie kann durch gemeinschaftsrechtlich anerkannte Gründe gerechtfertigt sein und bildet für diesen Fall ein gemeinschaftsrechtlich sanktioniertes Hemmnis für den innergemeinschaftlichen Warenhandel (dazu anschließend unter 3.). Besteht eine solche Rechtfertigung jedoch nicht, ist die innerstaatliche Maßnahme nach Art. 30 (34) EGV verboten, mit der Folge, daß der Mitgliedstaat Waren aus anderen Mitgliedstaaten nicht den von ihm aufgestellten Anforderungen an die Verkehrsfähigkeit unterwerfen darf. Die Verbote in den Art. 30 und 34 EGV sind in den Mitgliedstaaten unmittelbar anwendbares Recht, so daß sich die Wirtschaftsteilnehmer vor den staatlichen Behörden und Gerichten auf die Freiheit des Warenverkehrs berufen können (vgl. EuGH EuZW 1990, 222 – Rs. C – 362/88 „GB-INNO-BM"; EuGH EuZW 1992, 248 – Rs. C – 179/90 „Porto di Genova"). Bezogen auf die Bundesrepublik Deutschland wären dies Hersteller und Händler aus anderen Mitgliedstaaten im Hinblick auf den Export ihrer Waren nach Deutschland bzw. hier ansässige Hersteller oder Händler im Hinblick auf den Bezug von Waren aus anderen Mitgliedstaaten. Der freie Warenverkehr schützt aber nicht nur Hersteller und Händler, sondern auch Verbraucher hinsichtlich des grenzüberschreitenden Kaufs von Waren in oder aus anderen Mitgliedstaaten (EuGH „GB-INNO-BM", a.a.O.).

3. Die immanenten Schranken von Art. 30 EGV und die Rechtfertigungsgründe nach Art. 36 EGV

Art. 36 EGV nennt eine Reihe von Gründen, die Handelshemmnisse rechtfertigen können. Neben diese geschriebenen Gründe treten die vom EuGH in seiner sog. „Cassis"-Rechtsprechung entwickelten „zwingenden Erfordernisse" als ungeschriebene Rechtfertigungsgründe. Diese Gründe ordnet der EuGH allerdings nicht Art. 36 EGV zu, sondern behandelt sie als (ungeschriebene) Tatbestandsmerkmale des Art. 30 (34) EGV. Es handelt sich somit um immanente Schranken der Art. 30 (34) EGV mit der Folge, daß, wenn eine innerstaatliche Maßnahme durch ein zwingendes Erfordernis gerechtfertigt ist, sie außerhalb des in Art. 30 (34) EGV geregelten Verbotes steht. Ein Rückgriff auf die zwingenden Erfordernisse bzw. die in Art. 36 EGV genannten Gründe ist jedoch ausgeschlossen, sobald und soweit das Gemeinschaftsrecht durch Richtlinien gemäß Art. 100, 100a EGV die Herstellung und den Vertrieb von Waren regelt, da nunmehr das Gemeinschaftsrecht die Bedingungen setzt, unter denen eine Ware gemeinschaftsweit in Verkehr gebracht werden kann (vgl. EuGH NJW 1985, 541; NJW 1989, 2185). Um einen Rückgriff auszuschließen, muß die Richtlinie, soweit sie schutzwerte Belange wie z. B. den Schutz der menschlichen Gesundheit regelt, vollständig sein, d. h. diese Belange in einer Weise regeln, daß die Notwendigkeit zu Sonderregelungen der Mitgliedstaaten entfällt (vgl. EuGH NJW 1985, 541).

a) Die immanenten Schranken von Art. 30 EGV (die sog. „Cassis"-Formel)

In seinem „Cassis de Dijon"-Urteil vom 20. Februar 1979 (EuGH 1979, 649 – Rs. 120/78 = NJW 1979, 1766) hat sich der EuGH erstmals und grundlegend zu den zwingenden Erfordernissen geäußert. Das Urteil ist nicht nur richtungsweisend für die nachfolgende Rechtsprechung des Gerichtshofs, sondern liefert auch den entscheidenden methodischen Ansatz zur Beseitigung der sog. technischen Schranken im Rahmen des Binnenmarktes.

Fall „Cassis de Dijon": Die Firma REWE in Deutschland beantragte 1976 bei der Bundesmonopolverwaltung für Branntwein die Genehmigung zur Einfuhr des französischen Likörs Cassis de Dijon. Dieser Likör ist in Frankreich mit einem Alkoholgehalt von 15–20 Vol-% im freien Handel erhältlich. Die Behörde lehnte die beantragte Genehmigung unter Berufung auf die einschlägigen Bestimmungen des Branntweinmonopolgesetzes ab, wonach Trinkbranntwein nur mit einem Weingeistgehalt von mindestens 32%, Fruchtliköre ausnahmsweise auch mit einem solchen von mindestens 25% in Verkehr gebracht werden dürfen, der zur Vermarktung in Deutschland vorgesehene französische Likör also nicht den erforderlichen Mindestweingeistgehalt aufwies. Das von der Firma REWE gegen den ablehnenden Bescheid angerufene innerstaatliche Gericht legte dem EuGH gemäß Art. 177 EWGV u. a. die Frage vor, ob die Regelung im deutschen Recht über den Mindestgehalt von Weingeist in Trinkbranntweinen unter den Begriff „Maßnahme mit gleicher Wirkung wie mengenmäßige Beschränkungen" des Art. 30 EWGV falle.

Auf die Vorlage hat sich der EuGH folgendermaßen geäußert:

„... Das vorliegende Gericht möchte die Auslegungskriterien erfahren, die zu beurteilen erlauben, ob das Erfordernis eines Mindestweingeistgehaltes gegen das in Art. 30 EWGV enthaltene Verbot aller Maßnahmen mit gleicher Wirkung wie mengenmäßige Beschränkungen im Handel zwischen den Mitgliedstaaten ... verstößt. (...) In Ermangelung einer gemeinschaftlichen Regelung der Herstellung und Vermarktung von Weingeist (...) ist es Sache der Mitgliedstaaten, alle die Herstellung und Vermarktung von Weingeist und alkoholischen Getränken betreffenden Vorschriften für ihr Hoheitsgebiet zu erlassen. Hemmnisse für den Binnenhandel der Gemeinschaft, die sich aus den Unterschieden der nationalen Regelungen über die Vermarktung dieser Erzeugnisse ergeben, müssen hingenommen werden, soweit diese Bestimmungen notwendig sind, um zwingenden Erfordernissen gerecht zu werden, insbesondere den Erfordernissen einer wirksamen steuerlichen Kontrolle, des Schutzes der öffentlichen Gesundheit, der Lauterkeit des Handelsverkehrs und des Verbraucherschutzes."

Das Vorbringen der Bundesregierung, die Festsetzung eines Mindestweingeistgehaltes diene dem Schutz der öffentlichen Gesundheit, weil

Getränke mit geringerem Gehalt leichter zu einer Gewöhnung an Alkohol führen würden als solche mit höherem Gehalt, wies der EuGH als nicht stichhaltig zurück, weil dem Verbraucher auf dem (deutschen) Markt ein äußerst umfangreiches Angebot unterschiedlicher Erzeugnisse mit geringem oder mittlerem Alkoholgehalt zur Verfügung stünde. Mit dem weiteren Argument, die Festsetzung eines Mindestweingeistgehaltes diene dem Schutz der Verbraucher vor unlauterem Wettbewerb, weil Getränke mit geringerem Alkoholgehalt billiger angeboten werden könnten wie solche mit höherem Gehalt, hat sich der EuGH folgendermaßen auseinandergesetzt:

„(. . .) Die Festsetzung von Grenzwerten beim Weingeistgehalt von Getränken kann der Standardisierung von Erzeugnissen und ihrer Kennzeichnung im Interesse einer größeren Transparenz des Handels und der Angebote an die Verbraucher dienen. Andererseits kann man jedoch nicht soweit gehen, die zwingende Festsetzung eines Mindestweingeistgehaltes in diesem Bereich als wesentliche Garantie eines lauteren Handelsverkehrs zu betrachten, denn eine angemessene Unterrichtung der Käufer läßt sich ohne Schwierigkeiten dadurch erreichen, daß man die Angabe von Herkunft und Alkoholgehalt auf der Verpackung des Erzeugnisses vorschreibt."

Auf dieser Grundlage stellte der EuGH fest, daß die Bestimmungen im deutschen Recht über den Mindestalkoholgehalt kein im allgemeinen Interesse liegendes Ziel verfolgen, das gegenüber den Erfordernissen des freien Warenverkehrs als eine der Grundlagen der Gemeinschaft vorrangig sei. Die deutsche Regelung sei daher ein nach Art. 30 EWGV verbotenes Handelshemmnis, da sie ohne rechtfertigenden Grund die Einfuhr alkoholischer Getränke aus anderen Mitgliedstaaten verhindere, die dort rechtmäßig hergestellt und in Verkehr gebracht worden seien.

Das Urteil verbindet in kompromißhafter Weise das Ursprungsland- mit dem Bestimmungslandprinzip. Es anerkennt das **Ursprungslandprinzip** für den innergemeinschaftlichen Handel in der Weise, daß jede in einem Mitgliedstaat rechtmäßig hergestellte und in den Verkehr gebrachte Ware in der ganzen Gemeinschaft verkehrsfähig ist. Dem **Bestimmungslandprinzip** trägt es dadurch Rechnung, daß bei Fehlen gemeinschaftsrechtlicher Regelungen die Mitgliedstaaten berechtigt sind, die Herstellung und den Vertrieb von Waren in ihrem Hoheitsgebiet zu regeln, und die daraus resultierenden Handelshemmnisse hinzunehmen sind, wenn sie unter Wahrung des Grundsatzes der Verhältnismäßigkeit „zwingenden Erfordernissen" dienen.

An zwingenden Erfordernissen werden im „Cassis"-Urteil genannt
– wirksame steuerliche Kontrolle,
– Schutz der öffentlichen Gesundheit,
– Lauterkeit des Handelsverkehrs,
– Verbraucherschutz.

Diese Aufzählung ist allerdings nur beispielhaft („insbesondere"). Als weiteres Erfordernis hat der EuGH den **Umweltschutz** anerkannt

(EuGHE 1988, 4607 – Rs. 302/81 „Pfandflaschen" = NVwZ 1989, 849). Aufgrund neuerer Rechtsprechung prüft er das Erfordernis des Gesundheitsschutzes nunmehr nur noch im Rahmen des Art. 36 EGV (vgl. EuGHE 1987, 1227 – Rs. 178/84 „Reinheitsgebot für Bier" = NJW 1987, 1133) (zum Gesundheitsschutz s. anschließend b; zum Umweltschutz s. die Ausführungen in Kapitel K).

Von dem Erfordernis des Verbraucherschutzes bzw. der Lauterkeit des Handelsverkehrs werden staatliche Regelungen erfaßt, die eine korrekte Bezeichnung der Erzeugnisse vorschreiben, damit jede Verwechslung beim Verbraucher vermieden und die Lauterkeit des Handelsverkehrs gewährleistet wird (vgl. EuGHE 1989, 1021 – Rs. 76/86 „Milcherzeugnisse" = NJW 1989, 2184). Um eine Verwechlungsgefahr auszuschalten, ist es jedoch unzulässig, in der Gemeinschaft verwandte Gattungsbegriffe (z. B. „Essig") einzelstaatlich derart zu monopolisieren, daß die Bezeichnung nur bei Erzeugnissen bestimmter Herstellungsart verwandt werden darf (EuGHE 1981, 3019 – Rs. 193/80 „Obstessig II" = NJW 1982, 1212). Daher hat der EuGH es mit Art. 30 EWGV als nicht vereinbar angesehen, daß in der Bundesrepublik Deutschland die Gattungsbezeichnung „Bier" dem nach dem Reinheitsgebot gebrauten Bier vorbehalten war und die in anderen Mitgliedstaaten rechtmäßig hergestellten und in Verkehr gebrachten Biere anderer Brauart in Deutschland nicht als Bier bezeichnet werden durften. Dem legitimen Bedürfnis der Verbraucher, über die Beschaffenheit des Produkts informiert zu werden, um danach die eigene Kaufentscheidung zu treffen, kann, wie der EuGH im „Bier"-Fall wie in allen vergleichbaren Fällen entschieden hat, durch eine angemessene **Etikettierung** Rechnung getragen werden. In diesen Zusammenhang gehört auch der Grundsatz, daß im System des Gemeinsamen Marktes Interessen wie der Verbraucherschutz oder die Lauterkeit des Handelsverkehrs unter allseitiger Achtung lauterer Praktiken und herkömmlicher Übungen in den verschiedenen Mitgliedstaaten zu gewährleisten sind. Demzufolge darf ein Mitgliedstaat die Einfuhr von Waren in einer Aufmachung, die einer lauteren Praxis und herkömmlichen Übung des Herkunftsstaates entspricht, nicht deshalb behindern, weil diese Aufmachung bestimmten heimischen Erzeugnissen vorbehalten ist (EuGHE 1984, 1299 – Rs. 16/83 „Prantl" = NJW 1984, 1219 im Hinblick auf die Einfuhr von italienischem Wein in Bocksbeutelflaschen, deren Verwendung in Deutschland Frankenwein vorbehalten war). Auch hier kann der Verwechslungsgefahr durch eine entsprechende Kennzeichnung begegnet werden.

Die vorstehenden Ausführungen lassen erkennen, daß eine innerstaatliche Handlungsregelung nicht schon dann gerechtfertigt ist, wenn sie sich auf ein zwingendes Erfordernis stützt; sie muß zur Verwirklichung dieses Erfordernisses auch **notwendig**, d. h. **verhältnismäßig** sein. Hat ein Mitgliedstaat die Wahl zwischen verschiedenen zur Erreichung desselben Ziels geeigneten Mitteln, so hat er das Mittel zu wählen, das den freien Warenverkehr am wenigsten beeinträchtigt (EuGH „Reinheitsgebot beim Bier", a.a.O.; st. Rspr.). Unter diesem Aspekt genügt, wie bereits erwähnt, die Kennzeichnung (Etikettierung) von Waren, um den Verbraucher über ihre Beschaffenheit zu informieren. (Zum Grundsatz der Verhältnismäßigkeit beim Gesundheitsschutz s. anschließend unter b.)

Abschließend ist darauf hinzuweisen, daß im Gegensatz zu den Rechtfertigungsgründen des Art. 36 EGV die zwingenden Erfordernisse als immanente Schranken von Art. 30 (34) EGV nur bei **unterschiedslos** anwendbaren innerstaatlichen Maßnahmen herangezogen werden dürfen, nicht jedoch bei solchen, die zwischen in- und ausländischen Waren differenzieren (EuGHE 1981, 1625 – Rs. 113/80 „Buy Irish").

b) Art. 36 EGV

Nach Art. 36 Satz 1 EGV stehen die Bestimmungen der Art. 30 bis 34 Einfuhr-, Ausfuhr- und Durchfuhrverboten nicht entgegen, die aus Gründen der öffentlichen Sittlichkeit, Ordnung und Sicherheit, zum Schutz der Gesundheit und des Lebens von Menschen, Tieren und Pflanzen, des nationalen Kulturguts von künstlerischem, geschichtlichem oder archäologischem Wert oder des gewerblichen und kommerziellen Eigentums gerechtfertigt sind. Art. 36 EGV gilt sowohl für unterschiedslos wie unterschiedlich anwendbare innerstaatliche Maßnahmen.

Unter dem Gesichtspunkt der öffentlichen Sittlichkeit kann ein Mitgliedstaat z. B. die Einfuhr pornographischer Artikel verbieten (EuGHE 1979, 3795 – Rs. 34/79 „Henn und Darby"). Zur öffentlichen Ordnung und Sicherheit zählen Regelungen zum Schutz wesentlicher Interessen eines Staates, z. B. eine Regelung, welche die jederzeitige Mindestversorgung mit Erdöl sicherstellen soll (EuGHE 1984, 2727 – Rs. 72/83 „Campus Oil"). Eine innerstaatliche Regelung fällt aber nicht schon dann unter den Begriff der öffentlichen Ordnung, weil sie für ein bestimmtes Verhalten eine Strafsanktion vorsieht (EuGH NJW 1984, 1219 „Prantl"). Unter dem gewerblichen und kommerziellen Eigentum sind gewerbliche Schutzrechte wie Patent-, Warenzeichen-, Geschmacks- und Gebrauchsmusterrechte zu verstehen.

Unter den in Art. 36 EGV genannten Gütern genießt der Schutz des Lebens und der Gesundheit von Menschen den höchsten Rang. Mangels einer Harmonisierung durch das Gemeinschaftsrecht ist es Sache der Mitgliedstaaten, in den Grenzen des Vertrages zu bestimmen, wie sie diesen Schutz gewährleisten wollen, insbesondere welches Schutzniveau sie ihren nationalen Maßnahmen zugrunde legen. Das gilt namentlich dann, wenn in der wissenschaftlichen Beurteilung der Gefährlichkeit von Stoffen (z. B. Zusatzstoffe in Lebensmitteln) Unsicherheiten bestehen (vgl. EuGHE 1983, 3883 – Rs. 227/82 „van Bennekom" = NJW 1985, 541). Waren, die dem national festgelegten Schutzniveau nicht entsprechen, können daher (grundsätzlich) vom Markt des Einfuhrstaates ferngehalten werden.

Die Gewährleistung des Gesundheitsschutzes auf nationaler Ebene muß sich jedoch innerhalb der vom Gemeinschaftsrecht gezogenen Grenzen bewegen. Eine solche Grenze ist der Grundsatz der Verhältnismäßigkeit, den der EuGH in diesem Zusammenhang in Art. 36 Satz 2 EGV verankert sieht, wonach die auf Art. 36 EGV gestützten Verbote oder Beschränkungen keine verschleierte Beschränkung des Handels zwischen den Mitgliedstaaten darstellen dürfen. Die Verhältnismäßigkeit verlangt, daß die Befugnis der Mitgliedstaaten, die Einfuhr von Erzeugnissen aus anderen Mitgliedstaaten zu verbieten, auf das zu beschränken ist, was zur Erreichung der legitimerweise verfolgten Ziele des Gesundheitsschutzes erforderlich ist. Dabei hat der Mitgliedstaat in jedem Einzelfall darzutun, daß seine Regelung zum Schutz der Gesundheit erforderlich ist, insbesondere, daß der Vertrieb des ausländischen Erzeugnisses eine ernste Gefahr für die Gesundheit darstellt (EuGH „van Bennekom", a.a.O.). Die Beweislast für die Erforderlichkeit wird also dem Einfuhrstaat aufgebürdet (s. auch EuGH NJW 1987, 1135 „Reinheitsgebot für Bier").

Ein Beispielfall, in dem der dahingehende Beweis nicht geführt werden konnte, stellt der Streit um das sog. Reinheitsgebot für Fleischerzeugnisse dar (vgl. EuGHE 1989, 229 – Rs. 274/87 – Kommission/Deutschland = NJW 1989, 1428). Nach deutschem Lebensmittelrecht durften in der Bundesrepublik keine Fleischerzeugnisse oder Wurstwaren vermarktet werden, bei deren Herstellung fleischfremde Stoffe wie Milch, Eier oder pflanzliche Produkte wie Soja verwandt wurden. Daraus ergab sich ein Einfuhrverbot für Erzeugnisse mit derartigen Bestandteilen aus anderen Mitgliedstaaten. Von deutscher Seite wurde das Einfuhrverbot als notwendig zum Schutz der Gesundheit bezeichnet, weil nur bei Erzeugnissen auf rein fleischlicher Grundlage die Bevölkerung ausreichend mit den nur im Fleisch enthaltenen Nährstoffen, insbesondere Proteinen, versorgt werde. Der EuGH sah diese Argumentation dadurch als widerlegt an, daß in den von der Bundesregierung veröffentlichten jährlichen Ernährungsberichten die Versorgung der deutschen Bevölkerung mit Nährstoffen, insbesondere Proteinen, als ausreichend bezeichnet und überdies vor einem übermäßigen Genuß von Fleisch wegen der damit verbundenen gesundheitlichen Gefahren gewarnt wurde. Der EuGH ließ auch nicht gelten, daß pflanzliches Eiweiß einen geringeren Nährwert habe wie tierisches Eiweiß, da ein solcher Unterschied nicht den Gesundheitsschutz berühre.

Auch wenn Gesundheitsgefahren nachweisbar sind, greift Art. 36 EGV nicht ein, wenn die Gesundheit und das Leben von Menschen in ebenso wirksamer Weise durch Maßnahmen geschützt werden können, die den innergemeinschaftlichen Handelsverkehr weniger beschränken. Sind beispielsweise Zusatzstoffe in Lebensmitteln im Herkunftsstaat erlaubt, im Einfuhrstaat jedoch verboten, gebietet es der Grundsatz der Verhältnismäßigkeit, daß die Wirtschaftsteilnehmer die Möglichkeit haben müssen, in einem leicht zugänglichen Verfahren zu beantragen, daß die Verwendung bestimmter Zusatzstoffe durch einen Rechtsakt von allgemeiner Wirkung zugelassen wird (EuGH „Reinheitsgebot für Bier", a.a.O.). Ist ein Produkt im Einfuhrstaat nur verkehrsfähig, wenn es dort zugelassen wurde, dürfen die Behörden des Einfuhrstaates nicht ohne Not technische oder chemische Laborversuche verlangen, wenn die gleichen Analysen und Versuche bereits in einem anderen Mitgliedstaat durchgeführt worden sind und ihre Ergebnisse diesen Behörden zur Verfügung stehen oder auf Anfrage zur Verfügung gestellt werden können (EuGHE 1981, 3277 – Rs. 272/80 „Biologische Producten" = NJW 1982, 1211).

Bieten die Bedingungen, unter denen die Ware im Herkunftsstaat in den Verkehr gelangt, eine den Bedingungen des Einfuhrstaates gleichwertige Garantie, darf die Einfuhr der Ware nicht durch die Bedingungen des Einfuhrstaates behindert werden.

Fall „Schumacher" (nach EuGH NJW 1989, 2185): Ein in Frankfurt am Main wohnender Bundesbürger bestellte per Post bei einer Apotheke in Frankreich ein Arzneimittel zu seinem persönlichen Gebrauch. Das in Frankreich hergestellte Mittel war in der Bundesrepublik zugelassen und dort in den Apotheken rezeptfrei erhältlich. Die deutsche Zollverwaltung lehnte die Abfertigung der Sendung ab, weil nach der einschlägigen Bestimmung des § 73 Abs. 1 Arzneimittelgesetz (AMG) Privatpersonen außer bei bestimmten Mengen im Reiseverkehr keine zulassungspflichtigen Arzneimittel aus anderen Mitgliedstaaten der Gemeinschaft in die Bundesrepublik einführen durften. Der EuGH wurde um Vorabentscheidung ersucht, ob die fragliche Regelung mit den Art. 30 und 36 EWGV vereinbar sei.

In dem Verfahren vor dem EuGH machte die Bundesregierung geltend, die Regelung des AMG diene dem Schutz der öffentlichen Gesundheit, um die mißbräuchliche Verwendung von Arzneimitteln infolge ihrer unkontrollierten Einfuhr durch private Personen auszuschließen. Der EuGH war gegenteiliger Ansicht. Er stellte zunächst fest, daß die Regelung des AMG eine Maßnahme mit gleicher Wirkung wie eine mengenmäßige Einfuhrbeschränkung i. S. von Art. 30 EWGV sei. Eine Rechtfertigung nach Art. 36 EWGV hat er verneint, weil die Regelung für einen wirksamen Schutz von Gesundheit und Leben von Menschen nicht notwendig sei. Für diese Beurteilung war ausschlaggebend, daß das eingeführte Präparat in Frankreich zugelassen und dort in Apotheken rezeptfrei erhältlich war. Für diesen Fall biete der Kauf des Präparates in der Apotheke eines anderen Mitgliedstaates eine Garantie, die seinem Erwerb in einer deutschen Apotheke gleichwertig sei, insbesondere auch deshalb, weil die Voraussetzungen für den Zugang zum Beruf des Apo-

Schaubild 7

Prüfschema nach der Cassis-Formel

Fehlen einer harmonisierenden Regelung im Gemeinschaftsrecht, die das Inverkehrbringen einer Ware vollständig regelt. Liegt eine solche Regelung vor, ist die Ware in der Gemeinschaft verkehrsfähig, wenn sie den Anforderungen dieser Regelung entspricht.

Ware entspricht Art. 9 Abs. 2 EWGV, d.h. sie ist in einem Mitgliedstaat rechtmäßig hergestellt und/oder in Verkehr gebracht worden.

Vorliegen einer innerstaatlichen **unterschiedslos** anwendbaren Maßnahme, durch die der innergemeinschaftliche Handel als Maßnahme mit gleicher Wirkung wie mengenmäßige Beschränkungen behindert wird (Art. 30 EWGV)

Keine Rechtfertigung der Maßnahme aufgrund Art. 36 EWGV oder aufgrund zwingender Erfordernisse als immanente Schranken von Art. 30 EWGV

Rechtfertigung durch Art. 36 EWGV oder aufgrund zwingender Erfordernisse, jedoch unverhältnismäßig

thekers und die Bedingungen für die Ausübung dieses Berufes durch entsprechende Richtlinien in der Gemeinschaft harmonisiert worden seien, die Apotheker in den Mitgliedstaaten ihre Tätigkeit also unter gleichwertigen Bedingungen ausüben würden. Der EuGH gelangte daher zu dem Ergebnis, daß eine nationale Regelung wie die des AMG, die es Privatpersonen untersagt, im Einfuhrstaat zugelassene und ohne ärztliches Rezept erhältliche Arzneimittel, die in einem anderen Mitgliedstaat in einer Apotheke gekauft worden sind, für ihren persönlichen Bedarf einzuführen, mit den Art. 30 und 36 unvereinbar ist. Ergänzend dazu hat der EuGH jüngst entschieden, daß Privatpersonen bei der Einfuhr von Arzneimitteln für ihren persönlichen Bedarf auch dann nicht behindert werden dürfen, wenn die Arzneimittel in Deutschland verschreibungspflichtig sind und in einem anderen Mitgliedstaat durch einen Arzt verschrieben und in einer Apotheke gekauft worden sind

(EuGH NJW 1992, 1553 – Rs. C – 62/90 – Kommission / Bundesrepublik Deutschland).

Die einzelnen Schritte, die bei der Anwendung der Cassis-Formel zu durchlaufen sind, sind in dem auf S. 193 stehenden Prüfschema stichwortartig zusammengefaßt.

II. Richtlinien nach der „Neuen Konzeption", dargestellt am Beispiel der Bauproduktenrichtlinie

1. Die „Neue Konzeption" auf dem Gebiet der technischen Harmonisierung und Normung

Das Konzept, die Rechts- und Verwaltungsvorschriften der Mitgliedstaaten im Hinblick auf den Binnenmarkt anzugleichen, beruht bekanntlich auf dem methodischen Ansatz, die nationalen Bestimmungen nicht mehr vollständig, sondern nur noch hinsichtlich der zwingenden Erfordernisse der Gesundheit, der Sicherheit, des Umwelt- und Verbraucherschutzes zu harmonisieren. Es folgt damit dem in der „Cassis"-Rechtsprechung des EuGH entwickelten Grundsatz, daß Handelshemmnisse aufgrund nationaler Vorschriften nur dann gerechtfertigt sind, wenn sie zwingenden Erfordernissen dienen. Dieser methodische Ansatz liegt auch der vom Rat im Mai 1985 beschlossenen „Neuen Konzeption" auf dem Gebiet der technischen Harmonisierung und der Normung zugrunde, welche die Grundprinzipien für die technische Harmonisierung und die europäische Normungspolitik festlegt (Entschließung des Rates vom 7. Mai 1985, ABl. 1985 Nr. C 136/1). Danach werden in Richtlinien nur noch die wesentlichen Anforderungen an die Sicherheit festgelegt. Die nähere Konkretisierung der technischen Anforderungen bleibt der Normung durch das Europäische Komitee für Normung (CEN) bzw. durch das Europäische Komitee für elektrische Normung (CENELEC) als den hierfür zuständigen Gremien auf europäischer Ebene überlassen. Die von diesen Gremien ausgearbeiteten technischen Normen sollen es ermöglichen, Produkte so herzustellen und in Verkehr zu bringen, daß die in den jeweiligen Richtlinien festgelegten Anforderungen erfüllt werden. Um den Freiverkehr in der Gemeinschaft bis zur Ausarbeitung europäischer Normen zu ermöglichen, ist vorgesehen, im Rahmen eines Gemeinschaftsverfahrens nationale Normen dahingehend anzuerkennen, daß sie den in den Richtlinien festgelegten Anforderungen entsprechen.

Die nach der „Neuen Konzeption" erlassenen Richtlinien zeichnen sich durch folgende Grundstruktur aus:

Eine Generalklausel bestimmt, daß nur sichere / gesunde Erzeugnisse in den Verkehr gebracht werden dürfen. Die Generalklausel wird durch die wesentlichen Anforderungen konkretisiert, die im allgemeinen in einem

Anhang zur Richtlinie genannt werden. Im Sinne einer Beweisvermutung gelten die wesentlichen Anforderungen als erfüllt, wenn ein Erzeugnis bekanntgemachten europäischen Normen oder anerkannten nationalen Normen entspricht. Die Übereinstimmung (Konformität) des Produkts mit diesen Normen ist durch eine Bescheinigung (Zertifikat) nachzuweisen, die in der Regel durch den Hersteller selbst und nur in bestimmten Fällen durch eine unabhängige Prüfstelle (Zertifizierungsstelle) ausgestellt wird. Als äußeres Zeichen, daß sie den wesentlichen Anforderungen entsprechen und die Konformität nachgewiesen wurde, tragen die Produkte das CE-Symbol als EG-Konformitätszeichen. Den Richtlinien nach der Neuen Konzeption liegt die Methode der totalen Harmonisierung zugrunde, d. h., die Mitgliedstaaten dürfen auf ihrem Hoheitsgebiet nur das Inverkehrbringen solcher Produkte gestatten, die den Anforderungen der Richtlinien entsprechen. Im Gegensatz dazu sagt die Methode der optionellen Harmonisierung, daß die Mitgliedstaaten wählen können, die Bestimmungen der Richtlinie nur im Hinblick auf den grenzüberschreitenden Verkehr anzuwenden; in diesem Fall kann der Produzent wahlweise entscheiden, ob er sein Produkt an nationalen Normen oder den Standards des Gemeinschaftsrechts ausrichtet. Die Bauproduktenrichtlinie, die grundsätzlich der Methode der totalen Harmonisierung folgt, sieht die Methode der optionellen Harmonisierung als Übergangslösung vor (s. anschließend unter 2).

Neben der Bauproduktenrichtlinie gehören zu den nach der Neuen Konzeption erlassenen Richtlinien hauptsächlich:

– Richtlinie 87/404/EWG zur Angleichung der Rechtsvorschriften der Mitgliedstaaten für einfache Druckbehälter vom 25. Juni 1987 (ABl. 1987 Nr. L 220/48 mit Änderungen = „Europäisches Wirtschaftsrecht", Nr. 210). Erfaßt werden serienmäßig hergestellte einfache Druckbehälter, worunter geschweißte Behälter zu verstehen sind, die einem relativen Innendruck von mehr als 0,5 bar ausgesetzt und zur Aufnahme von Luft oder Stickstoff bestimmt sind, jedoch keiner Flammenwirkung ausgesetzt sein dürfen;
– Richtlinie 88/378/EWG zur Angleichung der Rechtsvorschriften der Mitgliedstaaten über die Sicherheit von Spielzeug vom 3. Mai 1988 (ABl. 1988 Nr. L 187/1 = „Europäisches Wirtschaftsrecht", Nr. 211);
– Richtlinie 89/336/EWG zur Angleichung der Rechtsvorschriften der Mitgliedstaaten über die elektromagnetische Verträglichkeit vom 3. Mai 1989 (ABl. 1989 Nr. L 139/19 = „Europäisches Wirtschaftsrecht", Nr. 213). Die Richtlinie harmonisiert die Anforderungen an das aktive und passive Störverhalten von elektrischen und elektronischen Geräten (elektromagnetische Verträglichkeit), z. B. bei Fernsehgeräten;
– Richtlinie 89/392/EWG zur Angleichung der Rechtsvorschriften der Mitgliedstaaten für Maschinen vom 14. Juni 1989 (ABl. 1989 Nr. L 183/9 mit Änderungen = „Europäisches Wirtschaftsrecht", Nr. 214);
– Richtlinie 89/686/EWG zur Angleichung der Rechtsvorschriften der Mitgliedstaaten für persönliche Schutzausrüstungen vom 21. Dezember 1989 (ABl. 1989 Nr. L 399/18 = „Europäisches Wirtschaftsrecht", Nr. 215). Erfaßt werden Schutzausrüstungen, um Personen hauptsächlich im gewerblichen Bereich vor Verletzungen und Krankheiten zu schützen, z. B. Schutzkleidung, Schutzstiefel, Atemschutzgeräte usw.

Auf dem Gebiet der technischen Normung ist ferner von Bedeutung die Richtlinie 83/189 EWG über ein Informationsverfahren auf dem Gebiet der Normen und technischen Vorschriften vom 28. März 1983 (ABl. 1983 Nr. L 109/8 mit Änderungen = „Europäisches Wirtschaftsrecht", Nr. 102). Diese Richtlinie wurde bereits vor der „Neuen Konzeption" erlassen, bezweckt jedoch wie diese, auf dem Gebiet der technischen Normen und Vorschriften die zwischen den Mitgliedstaaten bestehenden Unterschiede abzubauen. Ziel der Informationsrichtlinie ist es, im nicht-harmonisierten Bereich die Entstehung neuer Handelshemmnisse zu verhindern, die sich aus der Tätigkeit nationaler Normungsorganisationen oder gesetzgeberischer Tätigkeit auf technischem Gebiet ergeben können. Diesem Ziel dient einmal ein umfassender Informationsaustausch bei technischen Normen (z. B. DIN-Normen) zwischen den nationalen Normungsorganisationen und der EG-Kommission einschließlich CEN und CENELEC über Normungsprogramme und Normentwürfe. Dabei dürfen die nationalen Organisationen keine neuen Normen in Kraft setzen, solange auf dem betreffenden Gebiet eine europäische Norm ausgearbeitet wird (sog. stand-still). Zum anderen sind die Mitgliedstaaten verpflichtet, im Rahmen des vorgesehenen Informationsverfahrens über technische Vorschriften der Kommission jeden Vorschriftenentwurf mitzuteilen (zu notifizieren). Die Notifizierung löst zunächst einen stand-still von drei Monaten aus, der sich um weitere drei Monate verlängert, wenn die Kommission oder ein anderer Mitgliedstaat innerhalb der ersten drei Monate Bemerkungen vorbringen, daß die vorgesehenen Normen wegen etwaiger Handelshemmnisse geändert werden sollen. Teilt die Kommission innerhalb der ersten drei Monate ihre Absicht mit, für den betreffenden Bereich eine Richtlinie vorzuschlagen oder zu erlassen, beträgt der stand-still zwölf Monate. Ebenfalls zwölf Monate beträgt die Stillhaltefrist, wenn im Zeitraum von Notifizierung bereits ein Richtlinien- oder Verordnungsvorschlag vorliegt. Nach Ablauf der jeweiligen stand-still-Frist kann der Mitgliedstaat die Vorschriften in Kraft setzen, und zwar auch entgegen den Bemerkungen der Kommission oder anderer Mitgliedstaaten. Hierauf kann die Kommission durch die Einleitung eines Vertragsverletzungsverfahrens wegen Verstoßes gegen Art. 30 EGV reagieren.

2. Die Bauproduktenrichtlinie

Die Richtlinie 89/106/EWG zur Angleichung der Rechts- und Verwaltungsvorschriften der Mitgliedstaaten über Bauprodukte vom 21. Dezember 1988 (Bauproduktenrichtlinie) (ABl. 1989 Nr. L 40/12 = „Europäisches Wirtschaftsrecht", Nr. 212) bezweckt die Beseitigung technischer Hemmnisse beim Warenverkehr mit Bauprodukten innerhalb der Gemeinschaft. Sie regelt das Inverkehrbringen, den freien Warenverkehr und die Verwendung von Bauprodukten. In das deutsche Recht wurde sie umgesetzt durch das Gesetz über das Inverkehrbringen von und den freien Warenverkehr mit Bauprodukten zur Umsetzung der Richtlinie 89/106/EWG des Rates vom 21. Dezember 1988 zur Angleichung der Rechts- und Verwaltungsvorschriften der Mitgliedstaaten über Bauprodukte (Bauproduktengesetz – BauPG) vom 10. August 1992 (BGBl. I, S. 14, 95). Das Bauproduktengesetz regelt allerdings nur das Inverkehrbringen und den Warenverkehr von und mit Bauprodukten, nicht ihre **Verwendung;** insoweit ist die Richtlinie durch Rechtsvorschriften umzusetzen, welche die Verwendung von Bauprodukten regeln; das sind in erster Linie die Bauordnungen der Länder.

Von Bedeutung ist die Bauproduktenrichtlinie ferner für die Vergabe öffentlicher Bau- und Lieferaufträge insoweit, als diese Aufträge nach den technischen Normen und Vorschriften der Bauproduktenrichtlinie auszuschreiben sind (siehe dazu näher Kapitel G II 2f).

Der Inhalt der Richtlinie wird nachstehend soweit wie möglich anhand der Vorschriften des Bauproduktengesetzes (BauPG) erläutert.

a) Anwendungsbereich des BauPG

Das BauPG regelt das Inverkehrbringen von Bauprodukten und den freien Warenverkehr mit solchen Produkten von und nach den Mitgliedstaaten der Europäischen Gemeinschaften. Es erfaßt also in Deutschland hergestellte Produkte, die in andere Mitgliedstaaten ausgeführt werden sollen, wie solche, die aus anderen Mitgliedstaaten in die Bundesrepublik eingeführt werden.

b) Bauprodukte

Nach § 2 Abs. 1 BauPG sind Bauprodukte
1. Baustoffe, Bauteile und Anlagen, die hergestellt werden, um dauerhaft in bauliche Anlagen des Hoch- und Tiefbaues eingebaut zu werden,
2. aus Baustoffen und Bauteilen vorgefertigte Anlagen, die hergestellt werden, um mit dem Erdboden verbunden zu werden, wie Fertighäuser, Fertiggaragen und Silos.

c) Verkehrsfähigkeit von Produkten

Nach § 4 Abs. 1 BauPG ist ein Bauprodukt verkehrsfähig, wenn es brauchbar und aufgrund nachgewiesener Konformität mit dem CE-Zeichen gekennzeichnet ist. Von zentraler Bedeutung ist der Begriff der **Brauchbarkeit.** Diese wird durch die wesentlichen Anforderungen an die Bauwerke bestimmt, für welche die Produkte verwendet werden sollen. Die wesentlichen Anforderungen an Bauwerke sind in Form einzelner Vorgaben im Anhang I der Bauproduktenrichtlinie aufgeführt und betreffen die mechanische Festigkeit und Standsicherheit, den Brandschutz, Hygiene, Gesundheit und Umweltschutz, die Nutzungssicherheit, den Schallschutz, die Energieeinsparung und den Wärmeschutz. Die wesentliche Anforderung an den Schallschutz lautet beispielsweise:

„Das Bauwerk muß derart entworfen und ausgeführt sein, daß der von den Bewohnern oder von in der Nähe befindlichen Personen wahrgenommene Schall auf einem Pegel gehalten wird, der nicht gesundheitsgefährdend ist und bei dem zufriedenstellende Nachtruhe-, Freizeit- und Arbeitsbedingungen sichergestellt sind. "

Das BauPG definiert die Brauchbarkeit in § 5 Abs. 1 in der Weise, daß ein Bauprodukt brauchbar ist, wenn es solche Merkmale aufweist, daß die bauliche Anlage, für die es verwendet werden soll, bei ordnungsgemäßer Instandhaltung dem Zweck entsprechend während einer angemessenen Zeitdauer und unter Berücksichtigung der Wirtschaftlichkeit gebrauchstauglich ist und die wesentlichen Anforderungen der mechanischen Festigkeit und Standsicherheit, des Brandschutzes usw. erfüllt.

Um die allgemein gehaltenen wesentlichen Anforderungen inhaltlich konkret zu fassen, werden nach den Art. 3 Abs. 3, 12 Bauproduktenrichtlinie sog. Grundlagendokumente erstellt, die im Auftrag der EG-Kommission durch technische Ausschüsse unter Mitwirkung der Mitgliedstaaten ausgearbeitet werden. Die Grundlagendokumente präzisieren die wesentlichen Anforderungen unter Einrichtung von Klassen und Leistungsstufen und liefern die Grundlage für die Ausarbeitung bzw. Anerkennung der technischen Regeln, bei deren Beachtung ein Bauprodukt verkehrsfähig ist. Diese Regeln werden in der Richtlinie als technische Spezifikationen bezeichnet. Die Grundlagendokumente stellen also die Verbindung zwischen den wesentlichen Anforderungen und den technischen Spezifikationen her.

Unter den „technischen Spezifikationen" sind nach Art. 4 Abs. 1 Bauproduktenrichtlinie Normen und technische Zulassungen zu verstehen. Dazu zählen **harmonisierte Normen** (aa), **anerkannte Normen** (bb) und die **europäische technische Zulassung** (cc).

aa) harmonisierte Normen

Nach § 2 Abs. 2 BauPG sind **harmonisierte Normen** die technischen Regeln, die im Auftrag der EG-Kommission von den europäischen Normungsorganisationen CEN und CENELEC im Hinblick auf die wesentlichen Anforderungen erarbeitet werden. Nach Erstellung werden die harmonisierten Normen im Amtsblatt der Europäischen Gemeinschaften veröffentlicht und in entsprechende nationale Normen umgesetzt. Die Bundesrepublik wirkt an der Erarbeitung dieser Normen mit, um den bei ihr vorhandenen Stand technischer Regelungen in die europäische Normung einzubringen.

bb) anerkannte Normen

Nach § 2 Abs. 3 BauPG sind **anerkannte Normen** die in den Mitgliedstaaten für Bauprodukte geltenden technischen Regeln, von denen aufgrund eines nach der Bauproduktenrichtlinie durchgeführten Verfahrens
anzunehmen ist, daß sie mit den wesentlichen Anforderungen übereinstimmen. Nach Art. 4 Abs. 3 Bauproduktenrichtlinie können die Mitgliedstaaten der Kommission ihre nationalen technischen Regeln mittei-
len, von denen sie annehmen, daß sie den wesentlichen Anforderungen
entsprechen. Nach Eingang dieser Mitteilung befaßt die Kommission
den in Art. 19 der Richtlinie vorgesehenen Ständigen Ausschuß für das
Bauwesen mit der Frage der Anerkennung und entscheidet nach dessen
Stellungnahme, ob die mitgeteilte technische Regel die Voraussetzungen
für die wesentlichen Anforderungen erfüllt. Die Anerkennung wird
ebenfalls im Amtsblatt der Europäischen Gemeinschaften veröffentlicht.

cc) europäische technische Zulassung

Die **europäische technische Zulassung** ist ein Nachweis über die
Brauchbarkeit eines Bauproduktes, der dem Hersteller auf Antrag von
der dazu bestimmten nationalen Zulassungsstelle erteilt wird, §§ 2
Abs. 5, 6 BauPG. Gemäß § 7 BauPG ist die zuständige Zulassungsstelle
in Deutschland das Deutsche Institut für Bautechnik, Berlin. Von einem
Gremium, in dem die Zulassungsstellen aller Mitgliedstaaten vertreten
sind, werden im Auftrag der Kommission Leitlinien für die europäische
technische Zulassung erarbeitet, die als Grundlage für die Erteilung der
Zulassung dienen, Art. 11 Bauproduktenrichtlinie, § 2 Abs. 4 BauPG.
Unter der Voraussetzung, daß derartige Leitlinien bekanntgemacht worden sind, kann die europäische technische Zulassung beantragt werden
für Bauprodukte, die nicht nur unwesentlich von bekanntgemachten
harmonisierten oder anerkannten Normen abweichen, § 5 Abs. 3
BauPG, oder für Bauprodukte, für die weder harmonisierte noch anerkannte Normen vorliegen. Liegen Leitlinien für die europäische technische Zulassung nicht vor, kann diese nur erteilt werden, wenn hierüber
zwischen den Zulassungsstellen der Mitgliedstaaten Einvernehmen hergestellt wurde, § 6 Abs. 4 Satz 2 BauPG.

Die Zulassungsstelle prüft auf der Grundlage der Leitlinien, ob das
Bauprodukt die wesentlichen Anforderungen erfüllt, und erteilt bei positiver Beurteilung die Zulassung im Regelfall für die Dauer von fünf
Jahren, § 6 Abs. 6 BauPG. Nach der Zulassung in Deutschland können
deutsche Hersteller ihre Produkte in allen anderen Mitgliedstaaten vertreiben. Umgekehrt gelten nach § 6 Abs. 10 BauPG die in anderen Mitgliedstaaten erteilten europäischen technischen Zulassungen auch in der
Bundesrepublik.

Die Anerkennung nationaler technischer Normen und die europäische

technische Zulassung sind Instrumente, um die Verkehrsfähigkeit von Bauprodukten bereits vor der Ausarbeitung und Bekanntmachung harmonisierter Normen herzustellen. Demnach ist ein Bauprodukt als brauchbar i. S. der wesentlichen Anforderungen und damit als verkehrsfähig anzusehen, wenn es übereinstimmt mit
– bekanntgemachten harmonisierten (europäischen) Normen,
– bekanntgemachten anerkannten (nationalen) Normen oder
– einer erteilten europäischen technischen Zulassung.

Im Sinne der optionellen Harmonisierung dürfen nach § 4 Abs. 2 BauPG in Deutschland auch solche Bauprodukte in den Verkehr gebracht werden, die anderen, d. h. den bereits vorhandenen deutschen Rechtsvorschriften entsprechen. Damit wird den Herstellern in Deutschland die Möglichkeit eingeräumt, wie bisher Produkte entsprechend den nationalen Vorschriften herzustellen. Diese Produkte sind allerdings nur in Deutschland, nicht in der Gemeinschaft, verkehrsfähig und dürfen daher das CE-Zeichen nicht tragen. Die Wahlmöglichkeit nach § 4 Abs. 2 BauPG entfällt jedoch, wenn sie in harmonisierten Normen oder in der dem Hersteller erteilten europäischen technischen Zulassung ausgeschlossen wird.

d) Nachweis der Konformität, CE-Zeichen

Nach § 8 Abs. 1 BauPG bedarf ein Bauprodukt, dessen Brauchbarkeit sich nach bekanntgemachten harmonisierten oder anerkannten Normen oder nach europäischen technischen Zulassungen richtet, einer Bestätigung seiner Übereinstimmung (Konformität) mit diesen Normen oder Zulassungen. Zum Nachweis der Konformität ist das im Detail in § 8 Abs. 2 BauPG geregelte Nachweisverfahren durchzuführen. Die Bestätigung der Konformität erfolgt entweder durch die Konformitätserklärung des Herstellers (§ 9 BauPG) oder ein von einer Zertifizierungsstelle zu erteilendes Konformitätszertifikat (§ 10 BauPG). Die Konformitätsbescheinigung des Herstellers ist der Regelfall; eines Zertifikates bedarf es nur, wenn dies in technischen Spezifikationen nach der Bauproduktenrichtlinie festgelegt ist, § 8 Abs. 4 BauPG. Mit der Konformitätsbescheinigung bestätigt der Hersteller, daß die zum Nachweis der Konformität vorgeschriebenen Verfahren durchgeführt worden sind und daß diese Konformität der Bauprodukte ergeben haben, § 9 Abs. 1 BauPG. Die Zertifizierungsstellen sind nach § 11 BauPG auf Landesebene einzurichten.

Das Konformitätszeichen ist nach § 12 Abs. 1 BauPG das CE-Zeichen. Nach § 8 Abs. 7 BauPG ist es mit den erforderlichen Angaben auf dem Bauprodukt oder auf seiner Verpackung oder, wenn dies nicht möglich ist, auf dem Lieferschein anzubringen. Ein Bauprodukt, welches das CE-Zeichen trägt, hat die widerlegbare Vermutung für sich, daß es im Sinne der wesentlichen Anforderungen brauchbar ist und daß die Konformität nachgewiesen wurde, § 12 Abs. 3 BauPG.

III. Der freie Warenverkehr auf dem Gebiet der Lebensmittel

Von großer Bedeutung für den freien Warenverkehr in der Gemeinschaft ist der Handel mit Lebensmitteln. Da in diesem Bereich eine sehr enge Beziehung zu Fragen des Gesundheits- und des Verbraucherschutzes besteht, sind zahlreiche Urteile des EuGH zum freien Warenverkehr im Bereich der Lebensmittel ergangen, insbesondere was die Reichweite dieser Schutzerfordernisse betrifft. Die hierzu entwickelten Grundsätze hat die Kommission in ihrer Mitteilung über den freien Verkehr mit Lebensmitteln innerhalb der Gemeinschaft vom 24. Oktober 1989 zusammenfassend dargestellt, die sich auch als praktische Handreichung für die nationalen Behörden versteht (ABl. 1989 Nr. C 271/3). Diese Mitteilung wird durch die Mitteilung der Kommission über die Verkehrsbezeichnung von Lebensmitteln vom 15. Oktober 1991 ergänzt (ABl. 1991 Nr. C 270/2).

Die vielfältigen und komplexen Fragen, die sich aus dem Inverkehrbringen von Lebensmitteln aus anderen Mitgliedstaaten in der Bundesrepublik Deutschland ergeben, können hier nur unter Beschränkung auf die wichtigsten Grundsätze und hierfür charakteristische Fallkonstellationen behandelt werden (näher *Berg / Gaerner / Kühn / Meier*, EG-Recht und Lebensmittel-Recht, 1987; *Merk / Bertling*, in: Lebensmittelrechts-Handbuch, Stand 1991, Abschnitt III C). Das anzuwendende Recht ergibt sich entweder aus gemeinschaftlichen Vorschriften des Sekundärrechts über das Inverkehrbringen von Lebensmitteln oder mangels solcher aus den nationalen deutschen Bestimmungen unter Berücksichtigung der primärrechtlichen Regeln über den freien Warenverkehr.

1. Rechtslage bei Fehlen gemeinschaftsrechtlicher Regelungen

Bei Fehlen gemeinschaftsrechtlicher Regelungen unterliegen Lebensmittel aus anderen Mitgliedstaaten bei der Einfuhr in die Bundesrepublik den Vorschriften des Lebensmittel- und Bedarfsgegenständegesetzes (LMBG) und der lebensmittelrechtlichen Nebengesetze. Lebensmittel, die in einem anderen Mitgliedstaat rechtmäßig hergestellt und in Verkehr gebracht worden sind, dürfen jedoch, wenn sie den deutschen Bestimmungen nicht entsprechen, nur dann von einer Vermarktung in der Bundesrepublik ausgeschlossen werden, wenn die deutschen Bestimmungen sich auf zwingende Erfordernisse oder die in Art. 36 EGV genannten Rechtfertigungsgründe stützen und im Hinblick auf das verfolgte Ziel verhältnismäßig sind. In dieser Hinsicht sind vor allen Dingen die Belange des Verbraucher- und des Gesundheitsschutzes von praktischer Bedeutung.

a) Schutz der Verbraucher vor Irreführung

Zum Schutz der Verbraucher sind die Lebensmittel in der vorgeschriebenen Weise zu **kennzeichnen** (Etikettierung). Die Kennzeichnung wird teilweise, aber nicht vollständig geregelt durch die Richtlinie 79/112/ EWG zur Angleichung der Rechtsvorschriften der Mitgliedstaaten über die Etikettierung und Aufmachung von Lebensmitteln sowie die Werbung hierfür vom 18. Dezember 1978 (ABl. 1979 Nr. L 33/1 mit Änderungen = „Europäisches Wirtschaftsrecht", Nr. 121). Soweit ein Lebensmittel entsprechend der Richtlinie etikettiert ist, ist es auch in der Bundesrepublik verkehrsfähig. Hinsichtlich der zu verwendenden **Verkehrsbezeichnung** verweist die Richtlinie allerdings in Art. 5 auf das nationale Recht der Mitgliedstaaten.

In Deutschland ist nach § 4 der Lebensmittelkennzeichnungs-Verordnung (LMKV) die in Rechtsvorschriften festgelegte Verkehrsbezeichnung anzugeben, bei Fehlen einer solchen die nach allgemeiner Verkehrsauffassung übliche Bezeichnung. Gesetzlich festgelegte Bezeichnungen ergeben sich hauptsächlich aus den im Rahmen des LMBG erlassenen Produktregelungen in Form von Produkt-Verordnungen (z. B. Fleisch-VO, Speiseeis-VO usw.). Die nach allgemeiner Verkehrsauffassung übliche Bezeichnung bestimmt sich vorrangig nach den Leitsätzen des Deutschen Lebensmittelbuches; dieses ist nach § 33 Abs. 1 LMBG eine Sammlung von Leitsätzen, in denen Herstellung, Beschaffenheit oder sonstige Merkmale von Lebensmitteln, die für die Verkehrsfähigkeit von Lebensmitteln von Bedeutung sind, beschrieben werden. Sowohl die Produktregelungen wie die Leitsätze des Lebensmittelbuches verknüpfen die Verkehrsbezeichnungen mit einer bestimmten Zusammensetzung des Lebensmittels, so daß die jeweilige Verkehrsbezeichnung nur bei Beachtung der vorgeschriebenen Zusammensetzung verwandt werden darf. Andernfalls liegt ein Verstoß gegen § 17 Abs. 1 Nr. 5 LMBG vor, wonach es verboten ist, Lebensmittel unter irreführender Bezeichnung, Angabe oder Aufmachung gewerbsmäßig in den Verkehr zu bringen.

Aus dem Irreführungsverbot des § 17 Abs. 1 Nr. 5 LMBG darf jedoch kein Verkehrsverbot für Lebensmittel aus anderen Mitgliedstaaten abgeleitet werden, die anders als im deutschen Recht vorgeschrieben zusammengesetzt sind und in dieser Zusammensetzung im Herkunftsstaat unter einer identischen oder vergleichbaren Verkehrsbezeichnung in Verkehr gebracht wurden. Dieses Verbot würde gegen Art. 30 EWGV verstoßen, da es nach der bereits dargelegten Rechtsprechung des EuGH aus Gründen der Verhältnismäßigkeit genügt, auf die abweichende Zusammensetzung in der Etikettierung hinzuweisen. Deshalb darf der Vertrieb eines Lebensmittels, das in seiner Zusammensetzung nicht den Leitsätzen des Deutschen Lebensmittelbuches entspricht, in der Bundesrepublik nicht behindert werden.

Fall „Löffelbiskuits": Ein deutscher Händler bezog ein in Frankreich hergestelltes Biskuitgebäck, um es unter der Bezeichnung „Löffelbiskuit" in der Bundesrepublik zu vertreiben. Gestützt auf § 17 Abs. 1 Nr. 5 LMBG untersagte die Lebensmittelaufsicht am Sitz des Händlers den Vertrieb der Ware unter der gewählten Bezeichnung, weil das französische Backwerk nicht den nach dem Deutschen Lebensmittelbuch vorgeschriebenen Eigehalt aufweise. Aufgrund einer vom Bundesminister für Gesundheit veröffentlichten Bekanntmachung (s. anschließend im Text) wird der Vertrieb der „Löffelbiskuits" von den deutschen Behörden inzwischen nicht mehr behindert.

In seiner im Bundesanzeiger veröffentlichten Bekanntmachung (BAnZ Nr. 143 vom 13. 8. 1990, S. 39) hat der Bundesminister für Gesundheit zum Verhältnis von deutschem Lebensmittelrecht und Gemeinschaftsrecht wie folgt Stellung bezogen:

„Hieraus folgt, daß dem Lebensmittel- und Bedarfsgegenständegesetz unterliegende Erzeugnisse, die rechtmäßig in einem anderen Mitgliedstaat hergestellt und in den Verkehr gebracht werden, auch in die Bundesrepublik Deutschland verbracht und dort in den Verkehr gebracht werden dürfen, selbst wenn sie z. B. in ihrer Zusammensetzung nicht den hier insoweit geltenden lebensmittelrechtlichen Anforderungen entsprechen, sofern es sich nicht um Regelungen mit Gesundheitsbezug handelt. Entsprechend der Rechtsprechung des EuGH zu den Art. 30 ff. EWGV sind die Abweichungen von den nationalen lebensmittelrechtlichen Anforderungen ausreichend kenntlich zu machen."

Eine weitere Bekanntmachung betrifft die Sorgfaltspflicht der Importeure beim Inverkehrbringen von Lebensmitteln (BAnZ 1991, Nr. 236 vom 26. 12. 1991). Ob derartige Bekanntmachungen als gesetzesvertretende Regierungsverlautbarungen ausreichen, das deutsche Recht in rechtsstaatlich einwandfreier Weise den Erfordernissen des Gemeinschaftsrechts anzupassen, erscheint jedoch zweifelhaft (kritisch *Meier,* EuZW 1992, S. 152f.; *Pagenkopf,* NVwZ 1993, S. 216ff., 217/218).

Das Mittel der Etikettierung genügt auch, um Verwechslungen aufgrund der **Verpackung** von Lebensmitteln zu vermeiden. Darauf wurde schon bei der Verwendung von Bocksbeutelflaschen hingewiesen (EuGH NJW 1984, 1291 „Prantl"). In einem weiteren, gegen die Bundesrepublik gerichteten Verfahren hat es der EuGH als unzulässig bezeichnet, die für Schaumweine typische Flaschenform einschließlich des hierfür charakteristischen Verschlusses dem in Frankreich hergestellten Getränk „Petillant de raisin", einem teilweisen vergorenen Traubensaft, vorzuenthalten (EuGHE 1986, 3879 – Rs. 179/85 = NJW 1987, 564).

Weiterhin ist es unzulässig, Angaben oder Kennzeichnungen zum **Ursprung** der Lebensmittel zu verlangen, damit der Verbraucher zwischen einheimischen und eingeführten Erzeugnissen unterscheiden kann (vgl. EuGH NJW 1986, 656 – Rs. 207/83 – Kommission/Großbritannien).

Ursprungsangaben können dazu führen, daß der Verbraucher aufgrund eventueller Vorurteile gegenüber ausländischen Produkten einheimischen Erzeugnisse den Vorzug gibt, wodurch der unterschiedslose Absatz der Erzeugnisse im Gemeinsamen bzw. Binnenmarkt als einem einheitlichen Markt in der Gemeinschaft behindert wird. Ursprungsangaben sind nur dann zulässig, wenn das Erzeugnis tatsächlich Eigenschaften oder Merkmale aufweist, die es seinem geographischen Ursprung verdankt, wozu aber die bloße Herkunft aus einem Mitgliedstaat nicht zählt (EuGHE 1975, 181 – Rs. 12/74 – „Sekt").

Beispiel: Mit einer auf § 17 Abs. 1 Nr. 5 LMBG gestützten Verfügung untersagte die Stadt Bielefeld in ihrer Eigenschaft als Veterinär- und Lebensmittelaufsichtsbehörde einem deutschen Händler, aus den Niederlanden stammendes Schlachtgeflügel ohne Hinweis auf den Ursprungsort zu vertreiben („Hähnchen aus Holland"). In dem daraufhin geführten Rechtsstreit zog die Behörde vor dem OVG Münster ihre Verfügung unter Tragung der Prozeßkosten zurück, weil das Gericht aus den vorstehend genannten Gründen die Verfügung als rechtswidrig aufgehoben hätte (OVG Münster, EuZW 1993, 40; s. auch die in dieser Sache an die Bundesrepublik gerichtete Mitteilung der EG-Kommission, EuZW 1993, 126).

Eine Entscheidung, die sich in ihrer praktischen Auswirkung vorerst noch kaum abschätzen läßt, stellt das Urteil des BVerwG im sog. **Diätwurstfall** dar (BVerwG NVwZ 1992, 781 = EuR 1992, 298). Hierin hat das Bundesverwaltungsgericht festgestellt, daß die gemeinschaftsrechtlichen Grundsätze über den freien Warenverkehr nicht nur für den innergemeinschaftlichen, also grenzüberschreitenden Handel mit Lebensmitteln gelten, sondern auch für den Handel mit nationalen Erzeugnissen, also für Lebensmittel, die in Deutschland hergestellt und hier vertrieben werden. Streitig war, ob ein Hersteller unter der Bezeichnung „Diätwurst" ein Erzeugnis vertreiben durfte, das im Vergleich zu normalen Wurstarten weniger Fett enthielt, weil das tierische Fett durch pflanzliches Fett ersetzt worden war. Aus behördlicher Sicht verstieß der Vertrieb der Ware unter dieser Bezeichnung gegen das Verbot der Irreführung nach § 17 Abs. 1 Nr. 5 LMBG. Hierzu hat das Bundesverwaltungsgericht entschieden, daß die nationale Vorschrift über das Verbot der Irreführung im Lichte des Gemeinschaftsrechts auszulegen sei. Zu dieser Auslegung zog das Gericht die Gesichtspunkte heran, die der EuGH zur Verwechslungsgefahr entwickelt hat, nämlich daß für den Verbraucherschutz regelmäßig als mildestes Mittel die zutreffenden Angaben über die Zusammensetzung des Erzeugnisses ausreichend seien. Unter diesem Gesichtspunkt genügte das streitbefangene Produkt den Anforderungen der EWG-Etikettierungsrichtlinie und verstieß insbesondere nicht gegen das in Art. 2 Abs. 1 der Richtlinie geregelte Irreführungsverbot. Aus den Bestimmungen der Etikettierungsrichtlinie in der Auslegung durch den Europäischen Gerichtshof folge, daß eine irreführende Bezeichnung i. S. des § 17 LMBG mit der Folge eines Verkehrsverbotes nicht vorliege, wenn diese Bezeichnung durch das Gemeinschaftsrecht zugelassen sei. Die Kennzeichnung inländischer Lebensmittel beurteilt sich demnach nicht mehr ausschließlich nach deutschem Recht, sondern nach Gemeinschaftsrecht, so daß zumindest in diesem Punkt inländische Lebensmittel wie solche aus anderen Mitgliedstaaten zu behandeln sind. Praktisch liefert das Urteil aber auch den Ansatz zur Gleichbehandlung inländischer Lebensmittel in anderer Hinsicht (vgl. die Urteilsanmerkung von *Horst,* EuR 1992, S. 305 ff.).

b) Gesundheitsschutz

Beim Gesundheitsschutz ist das deutsche Lebensmittelrecht an folgenden gemeinschaftsrechtlichen Vorgaben zu messen:

Wie schon einleitend unter I. dargelegt, ist es mangels einer vollständigen Harmonisierung durch das Gemeinschaftsrecht Sache der Mitgliedstaaten festzulegen, welche Anforderungen sie an den Gesundheitsschutz in ihrem Hoheitsbereich stellen. Sie können daher z. B. regeln, ob und in welcher Menge Zusatzstoffe in Lebensmitteln enthalten sein dürfen. Hieraus resultierende Verkehrsverbote für Lebensmittel, die im Herkunftsstaat zugelassene Zusatzstoffe enthalten, sind jedoch unter dem Gesichtspunkt des Grundsatzes der Verhältnismäßigkeit auf das zu beschränken, was für den Gesundheitsschutz tatsächlich erforderlich ist (EuGHE 1985, 3887 – Rs. 247/84 – „Motte" = NJW 1986, 1419; EuGHE 1986, 1521 – Rs. 304/84 – „Muller" = NJW 1987, 1136; st. Rspr.). Aus dem Grundsatz der Verhältnismäßigkeit hat der EuGH die folgenden verfahrensmäßigen und materiellen Gewährleistungen abgeleitet:

In **verfahrensmäßiger** Hinsicht müssen die Wirtschaftsteilnehmer (= Hersteller und Importeure des Lebensmittels) die Möglichkeit haben, in einem leicht zugänglichen Verfahren, das innerhalb eines angemessenen Zeitraums abgeschlossen werden kann, zu beantragen, daß die Verwendung des Zusatzstoffes durch einen Rechtsakt von allgemeiner Wirkung zugelassen wird (EuGH „Muller", a.a.O.; ebenso EuGH NJW 1987, 1133 „Reinheitsgebot für Bier"). Es muß also vom Einfuhrstaat ein Verfahren zur Verfügung gestellt werden, das der Überprüfung dient, ob der Zusatzstoff zugelassen werden kann. Die Entscheidung in diesem Verfahren muß gerichtlich überprüfbar sein (EuGH „Reinheitsgebot für Bier", a.a.O.). Ferner muß die Zulassung durch einen **Rechtsakt von allgemeiner Wirkung** erfolgen, d. h. nicht nur für den Einzelfall, sondern mit Wirkung für alle Lebensmittel ausgesprochen werden, die den zugelassenen Stoff enthalten. Bei der Zulassung durch Verwaltungsakt mit Wirkung lediglich gegenüber dem Antragsteller kann dieses Erfordernis nicht als erfüllt angesehen werden.

Im Rahmen dieses Verfahrens ist in **materieller** Hinsicht zu prüfen, ob der im Einfuhrstaat seiner Art oder Menge nach verbotene Zusatzstoff für die einheimische Bevölkerung tatsächlich eine Gesundheitsgefahr darstellt. Dabei ist die Verwendung des Zusatzstoffs zuzulassen, wenn sie unter Berücksichtigung der Ergebnisse der internationalen wissenschaftlichen Forschung, insbesondere der Arbeiten des Wissenschaftlichen Lebensmittelausschusses der Gemeinschaft, der Codex-alimentarius-Kommission von Ernährungs- und Weltgesundheitsorganisation (FAO) und Weltgesundheitsorganisation (WHO) sowie der Ernährungsgewohnheiten im Einfuhrstaat keine Gefahr für die Gesundheit darstellt und einem echten Bedürfnis, insbesondere technologischer Art entspricht (EuGH „Reinheitsgebot für Bier", a.a.O.; EuGH EuZW 1993, 129 – verb. Rs. C – 13/91 und C – 113/91 „Michel Debus"). Die Gefährdung der Gesundheit ist also nicht nach rein nationalstaatlichen, sondern nach internationalen Maßstäben zu beurteilen, wobei der Einfuhrstaat allerdings auf nationale Ernährungsgewohnheiten Rücksicht nehmen darf. In der Beurteilung der Frage, ob für die Verwendung des Zusatzstoffs ein Bedürfnis, insbesondere technologischer Art besteht (z. B. bei der Verwendung von Stoffen zur Gewährleistung der Haltbarkeit), ist der Einfuhrstaat wiederum an die Vorgaben des Herstellerstaates gebunden (EuGH „Michel Debus", a.a.O.). Die Ergebnisse der im Herstellerstaat durchgeführten chemischen Analysen, Laborversuche und Kontrollen sind bei der Prüfung im Einfuhrstaat daraufhin auszuwerten, ob sie erneute Untersuchungen entbehrlich machen (EuGHE 1981, 3277 – Rs. 272/86 „Biologische Producten").

2. Gemeinschaftsrechtliche Vorschriften

Gemeinschaftsrechtliche Vorschriften über die Vermarktung von Lebensmitteln sind zunächst in den Gemeinsamen Marktordnungen für landwirtschaftliche Erzeugnisse enthalten, z. B. in den Marktorganisationen für Milch, Eier, Geflügel, Obst und Gemüse usw. Ein ausgeprägtes Beispiel ist die Marktordnung für Wein, in deren Rahmen in detaillierter und nahezu vollständiger Weise die Herstellung, Kennzeichnung, Kontrolle usw. von Wein geregelt sind (vgl. hierzu näher *Warning,* in: Lebensmittelrechts-Handbuch II F, Rdnr. 263 ff.). Das bevorzugte Regelungsinstrument ist die Verordnung, so daß es, abgesehen vom Erlaß von Durchführungsbestimmungen, einer Umsetzung in das nationale (deutsche) Recht nicht bedarf.

Außerhalb des Bereiches der Marktorganisationen hat die Gemeinschaft entsprechend dem allgemeinen Ansatz, nur die zwingenden Erfordernisse zu regeln, harmonisiertes Recht in bezug auf die Gesundheit, den Verbraucherschutz, den lauteren Handelsverkehr und die amtliche Lebensmittelüberwachung geschaffen, hauptsächlich in Form von Richtlinien. Auf Regelungen zur Rezeptur, d. h. der Zusammensetzung von Lebensmitteln, wurde verzichtet. Dementsprechend handelt es sich bei den erlassenen Vorschriften im allgemeinen um sog. **horizontale** Regelungen, d. h. solche, die für **alle** Lebensmittel gelten. In Einzelfällen (z. B. bei Tabakerzeugnissen) wurden auch produktbezogene (sektorielle) Regelungen getroffen. Dem Schutz der Gesundheit dienen u. a. Regelungen über Zusatzstoffe, über Materialien und Gegenstände, die mit Lebensmitteln in Berührung kommen, über bestimmte Verfahren zur Herstellung und Behandlung von Lebensmitteln (z. B. tiefgefrorene Lebensmittel) usw. Ein einschlägiges Beispiel stellt die Richtlinie 89/107 EWG zur Angleichung der Rechtsvorschriften der Mitgliedstaaten über Zusatzstoffe, die in Lebensmitteln verwandt werden dürfen, vom 21. Dezember 1988 dar (ABl. 1989 Nr. L 40/27 = „Europäisches Wirtschaftsrecht", Nr. 130). Wegen des Verzichts auf sog. Rezeptur-Regelungen wurde ein deutliches und ausgeprägtes System der Etikettierung, Aufmachung und Werbung zum Schutz der Verbraucher und des lauteren Handelsverkehrs geschaffen (Beispiel: die – im Hinblick auf den Binnenmarkt überarbeitete – Richtlinie 79/112/EWG zur Angleichung der Rechtsvorschriften der Mitgliedstaaten über die Etikettierung und Aufmachung von Lebensmitteln sowie die Werbung hierfür vom 18. Dezember 1978, ABl. 1979 Nr. L 33/1 mit Änderungen = „Europäisches Wirtschaftsrecht", Nr. 121).

Von großer Wichtigkeit ist die amtliche Überwachung von Lebensmitteln. Der Binnenmarkt läßt die Kontrolle der Lebensmittel an den Binnengrenzen als Instrument der Lebensmittelüberwachung nicht mehr zu. Dementsprechend wurde ein Überwachungssystem aufgebaut, das die Kontrolle der Lebensmittel an den Ursprungsort verlagert. Diesem Zweck dient die Richtlinie 89/397/EWG über die amtliche Lebensmittelüberwachung vom 14. Juni 1989 (ABl. 1989 Nr. L 186/23 = „Europäisches Wirtschaftsrecht", Nr. 137). Aufgrund der Richtlinie sind die Mitgliedstaaten gehalten, zum Versand in der Gemeinschaft bestimmte Lebensmittel auf einem Standard zu kontrollieren, der umfassende Kontrollen im Bestimmungsstaat entbehrlich macht. Vorgeschrieben ist eine regelmäßige Überwachung auf allen Stufen der Herstellung und des Vertriebs von Lebensmitteln mit bestimmten, detailliert geregelten Überwachungsmaßnahmen (z. B. Inspektion der Betriebe, Probenahmen und Analysen, Hygieneuntersuchung des Personals usw.). In Ergänzung hierzu wurden Regelungen getroffen, welche die Bedingungen festlegen, unter denen gesundheitlich besonders sensible Produkte wie z. B. Fleischerzeugnisse hergestellt werden dürfen, so die Richtlinie 88/658/EWG zur Regelung gesundheitlicher Fragen im Handelsverkehr mit Fleischerzeugnissen vom 14. Dezember 1988 (ABl. 1988 Nr. L 182/15). Diese Richtlinie legt u. a. fest, daß die zum Versand bestimmten Fleischerzeugnisse nur aus bestimmten, entsprechend der Richtlinie eingerichteten und überwachten Betrieben stammen dürfen.

Um die zahlreichen Richtlinien im Lebensmittelbereich zeitnah und sachgerecht in das deutsche Recht umzusetzen, sieht das Erste Gesetz zur Änderung des Lebensmittel- und Bedarfsgegenständegesetzes vom 22. Januar 1991 (BGBl. I 1991, S. 121) in § 38a als Instrument zur Umsetzung der Rechtsverordnung vor. Dementsprechend wurden auf diesem Wege zur Umsetzung im jeweiligen Sachbereich erlassen die

– Verordnung über tiefgefrorene Lebensmittel vom 29. Oktober 1991 (BGBl. I 1991, S. 2051);
– Verordnung zur Änderung der Aromenverordnung und anderer lebensmittelrechtlicher Verordnungen vom 29. Oktober 1991 (BGBl. I 1991, S. 2045);
– Verordnung über die Verwendung von Extraktionslösungsmitteln bei der Herstellung von Lebensmitteln vom 9. November 1991 (BGBl. I 1991, S. 2100);
– Verordnung zur Änderung der Zusatzstoff-Verkehrsverordnung und anderer lebensmittelrechtlicher Verordnungen vom 21. November 1991 (BGBl. I 1991, S. 2129);
– Bedarfsgegenständeverordnung vom 10. April 1992 (BGBl. I 1992, S. 866);
– 5. Verordnung zur Änderung der Lebensmittel-Kennzeichnungsverordnung und anderer lebensmittelrechtlicher Verordnungen vom 18. Dezember 1992 (BGBl. I 1992, S. 2123).

Der Umsetzung zahlreicher weiterer Richtlinien im Lebensmittelbereich dient schließlich das Gesetz zur Änderung veterinärrechtlicher, lebensmittelrechtlicher und tierzuchtrechtlicher Vorschriften vom 18. Dezember 1992 (BGBl. I 1992, S. 2022).

Literatur: (Freier Warenverkehr im allgemeinen) *Moench,* Der Schutz des freien Warenverkehrs im Gemeinsamen Markt, NJW 1982, S. 2689 ff.; *Meier,* Einheitliche Europäische Akte und freier Warenverkehr, NJW 1987, S. 537 ff.; *Falkenstein,* Der freie Warenverkehr in der EG, 1989; *Meier,* Die Cassis-Rspr. des EuGH, 1988 ff. (Loseblattsammlung); *Everling,* Die Rechtsprechung des EuGH zum freien Warenverkehr im Binnenmarkt, Zeitschrift für das gesamte Lebensmittelrecht (ZLR) 1989, S. 304 ff.; *Kohte,* Verbraucherschutz im Licht des europäischen Wirtschaftsrechts, EuZW 1990, S. 151 ff.; *Keßler,* Wettbewerbsrechtliches Irreführungsverbot und Freiheit des Warenverkehrs, EuZW 1991, S. 107 ff.;
(Technische Normen, Bauprodukte) *Mohr,* Technische Normen und Freier Warenverkehr in der EWG. Deutsche überbetriebliche Technische Normen u. ihre staatliche Rezeption als Maßnahmen gleicher Wirkung wie mengenmäßige Einfuhrbeschränkungen gemäß Art. 30, 36 EWG-Vertrag, 1990; *Reuter,* Die neue Maschinenrichtlinie: Ein europäischer Binnenmarkt im Maschinen- und Anlagenbau, BB 1990, S. 1213 ff.; *Reihlen,* Technische Normung und Zertifizierung für den EG-Binnenmarkt, EuZW 1990, S. 444 ff.; *Hoppe,* Der Einfluß des europäischen Binnenmarktes auf die Kommunale Bauleitplanung und das Bauordnungsrecht, NVwZ 1990, S. 816 ff.; *Schiffer / Delbrück,* Umweltaspekte der Harmonisierung des Europäischen Produktrechts – die Bauproduktenrichtlinie der EG und ihre Umsetzung, Gewerbearchiv 1991, S. 17 ff.; *Molkenbur,* Die EG-Bauproduktenrichtlinie – Ein Beitrag zur Harmonisierung baurechtlicher und technischer Normen –, DVBl. 1991, S. 745 ff.; *ders.,* Gemeinschaftsrecht und Normenharmonisierung – Zur Umsetzung der EG-Baupro-

duktenrichtlinie (89/106/EWG), Beiträge zum Siedlungs- und Wohnungswesen und zur Raumplanung, Bd. 136, Münster; *Müller-Graff* (Hrsg.), Technische Regeln im Binnenmarkt, 1991;

(Lebensmittel) *Funck-Brentano,* Freier Warenverkehr und nationale Handelshemmnisse bei Lebensmitteln von Cassis de Dijon bis zum Bier, RIW 1987, S. 379ff.; *Moench,* Reinheitsgebot beim Bier, NJW 1987, S. 1109ff.; *Borrmann/Michaelis,* Lebensmittel im europäischen Binnenmarkt. Zwischen Verbraucherschutz und Wettbewerb, 1990; *Hoeck,* Die Rechtsangleichung in der EG am Beispiel der Richtlinie des Rates vom 14. Juni 1989 über die amtliche Lebensmittelüberwachung, ZLR 1990, S. 337ff.; *Eckert,* Gestaltungsfragen des Lebensmittelrechts in Deutschland und Europa, ZLR 1991, S. 221ff.; *Freidhof,* Anmerkungen zum Gemeinschaftlichen Lebensmittelrecht im Binnenmarkt, RIW 1991, S. 925ff.; *Welsch,* Die Entwicklung des gemeinschaftlichen Lebensmittelrechts, Wirtschaftsverwaltungs- und Umweltrecht 1991, S. 86ff.; *Streinz* (Hrsg.), Deutsches und europäisches Lebensmittelrecht. Die Auswirkungen des Rechts der Europäischen Gemeinschaft auf das deutsche Lebensmittelrecht, Universität Bayreuth, Forschungsstelle für Lebensmittelrecht, 1991; *Leible,* Kennzeichnung gentechnisch hergestellter Lebensmittel, EuZW 1992, S. 599ff.

D. Der freie Personen- und Dienstleistungsverkehr (Gemeinsame Regeln)

Aus Gründen der besseren Übersicht werden die dem freien Personen- und Dienstleistungsverkehr gemeinsamen Regeln zusammengefaßt behandelt. Diese betreffen in erster Linie das Recht auf Freizügigkeit, d. h. das Recht von Angehörigen anderer Mitgliedstaaten, zur Wahrnehmung der Grundfreiheiten des Personen- und Dienstleistungsverkehrs in das Hoheitsgebiet der Bundesrepublik einzureisen, sich dort aufzuhalten und dort unter den vom Gemeinschaftsrecht festgelegten Voraussetzungen zu verbleiben. Der freie Personenverkehr umfaßt die Freizügigkeit der Arbeitnehmer, d. h. das Recht zur Ausübung einer unselbständigen, und die Niederlassungsfreiheit zur Ausübung einer selbständigen Erwerbstätigkeit. Aufgrund der Dienstleistungsfreiheit können Angehörige anderer Mitgliedstaaten im Bundesgebiet Dienstleistungen erbringen oder solche in Anspruch nehmen.

I. Das Recht auf Einreise, Aufenthalt und Verbleib

1. Rechtsgrundlagen

Entsprechend den Feststellungen des EuGH in seinem Urteil in der Rechtssache „Royer" (EuGHE 1976, 497 – Rs. 48/75 = NJW 1976, 2065) fließt das Recht auf Einreise, Aufenthalt und Verbleib unmittelbar aus dem Vertrag oder, je nach Sachlage, aus den zu seiner Durchführung ergangenen Bestimmungen. Unmittelbar aufgrund des Vertrages haben Arbeitnehmer nach Art. 48 Abs. 3 EGV das Recht, sich zur Bewerbung um tatsächlich angebotene Stellen im Hoheitsgebiet der Mitgliedstaaten frei zu bewegen, sich in einem Mitgliedstaat aufzuhalten, um dort nach dem für die Arbeitnehmer dieses Staates geltenden Rechts- und Verwaltungsvorschriften eine Beschäftigung auszuüben, und nach Beendigung einer Beschäftigung im Hoheitsgebiet eines Mitgliedstaates unter Bedingungen zu verbleiben, welche die Kommission in Durchführungsverordnungen festlegt. Das in Form von Verordnungen oder Richtlinien erlassene Durchführungsrecht regelt das Verbleiberecht der Arbeitnehmer, die Freizügigkeitsrechte ihrer Angehörigen und die Freizügigkeit auf dem Gebiet der Niederlassung und des Dienstleistungsverkehrs. Das Durchführungsrecht besteht im wesentlichen aus folgenden Regelungen:

- Richtlinie 64/221/EWG des Rates vom 24. Februar 1964 zur Koordinierung der Sondervorschriften für die Einreise und den Aufenthalt von Ausländern, soweit sie aus Gründen der öffentlichen Ordnung, Sicherheit oder *Gesundheit* gerechtfertigt sind (ABl. 1964 Nr. 56/850 = Textsammlung „Europäisches Wirtschaftsrecht", Nr. 732);
- Verordnung (EWG) Nr. 1612/68 des Rates über die Freizügigkeit der Arbeitnehmer innerhalb der Gemeinschaft vom 15. Oktober 1968 (ABl. Nr. L 257/2 mit Änderungen = „Europäisches Wirtschaftsrecht", Nr. 740);
- Richtlinie 68/360/EWG des Rates vom 15. Oktober 1968 zur Aufhebung der Reise- und Aufenthaltsbeschränkungen für Arbeitnehmer der Mitgliedstaaten und ihre Familienangehörigen innerhalb der Gemeinschaft (ABl. 1968 Nr. L 257/13 Mit Änderungen = „Europäisches Wirtschaftsrecht", Nr. 743);
- Verordnung (EWG) Nr. 1251/70 der Kommission über das Recht der Arbeitnehmer, nach Beendigung einer Beschäftigung im Hoheitsgebiet eines Mitgliedstaates zu verbleiben, vom 29. Juni 1970 (ABl. Nr. L 142/24 = „Europäisches Wirtschaftsrecht", Nr. 744);
- Richtlinie 73/148/EWG des Rates vom 21. Mai 1973 zur Aufhebung der Reise- und Aufenthaltsbeschränkungen für Staatsangehörige der Mitgliedstaaten innerhalb der Gemeinschaft auf dem Gebiet der Niederlassung und des Dienstleistungsverkehrs (ABl. Nr. L 172/14 = „Europäisches Wirtschaftsrecht", Nr. 730);
- Richtlinie 75/34/EWG des Rates vom 17. Dezember 1974 über das Recht der Staatsangehörigen eines Mitgliedstaates, nach Beendigung der Ausübung einer selbständigen Tätigkeit im Hoheitsgebiet eines anderen Mitgliedstaates zu verbleiben (ABl. Nr. L 14/10 = „Europäisches Wirtschaftsrecht", Nr. 731).

Das Gesetz über Einreise und Aufenthalt von Staatsangehörigen der Mitgliedstaaten der Europäischen Wirtschaftsgemeinschaft (Aufenthaltsgesetz/EWG – AufenthG/EWG) in der Fassung der Bekanntmachung vom 31. Januar 1980 (BGBl. I, S. 116, geändert durch Gesetz vom 11. September 1981, BGBl. I, S. 949) setzt das Sekundärrecht in deutsches Recht um bzw. gibt es deklaratorischer Weise wieder. Das AufenthG/EWG wurde durch das Gesetz zur Neuregelung des Ausländerrechts vom 9. Juli 1990 (BGBl. I, S. 1354) nachhaltig verändert (dazu *Fischer,* ZAR 1991, S. 3 ff.). Die Vorschriften des AufenthG/EWG sind im Licht der Richtlinienbestimmungen auszulegen und anzuwenden; diesen Bestimmungen kommt nach der Rechtsprechung des EuGH unmittelbare Wirkung zu (vgl. EuGHE 1975, 297 – Rs. 67/74 „Bonsignore" = NJW 1975, 1096; st. Rspr.). Das Ausländergesetz (Gesetz über die Einreise und den Aufenthalt von Ausländern im Bundesgebiet vom 9. Juli 1990, BGBl. I, S. 1354, AuslG) ist nach § 2 Abs. 2 AuslG nur insoweit anwendbar, als das Gemeinschaftsrecht und das AufenthG/EWG keine abweichende Bestimmungen enthalten.

2. Begünstigter Personenkreis

Aufgrund des freien Personen- und Dienstleistungsverkehrs genießen Personen mit der Staatsangehörigkeit anderer Mitgliedstaaten im Bundesgebiet Freizügigkeit in ihrer Eigenschaft als Arbeitnehmer, niedergelassene selbständige Erwerbstätige, Erbringer oder Empfänger von Dienstleistungen oder als Verbleibeberechtigte, § 1 Abs. 1 Nr. 1 bis 5

AufenthG/EWG (diese Personen werden hier zusammengefaßt als „EG-Bürger" bezeichnet). Zur Freizügigkeit sind nach § 1 Abs. 2 AufenthG/EWG auch die Familienangehörigen dieser Personen berechtigt (dazu unter 5).

Nach der jüngsten Rechtsprechung des EuGH (vgl. EuGH EuZW 1992, 315 – Rs. C – 357/89 „Raulin") genießen auch **Studenten** ein vertraglich abgesichertes Recht auf Einreise und Aufenthalt unter der Voraussetzung, daß ihr Studium der Vorbereitung einer beruflichen Tätigkeit dient. Sofern das Studium nicht in der Eigenschaft als Arbeitnehmer aufgenommen wird, werden Studenten allerdings weder durch die Freizügigkeit der Arbeitnehmer noch die Dienstleistungsfreiheit geschützt, da sie keine Arbeitnehmer sind, noch der Besuch von Schulen und Hochschulen die Entgegennahme einer Dienstleistung darstellt (vgl. EuGHE 1985, 593 – Rs. 293/83 „Gravier" = NJW 1985, 2085; *Hailbronner/Nachbaur*, EuZW 1992, S. 105 ff., 109). Sobald sie jedoch in einem Mitgliedstaat zu einem berufsausbildenden Studium **zugelassen** worden sind, genießen Studenten dort ein Recht auf Einreise und Aufenthalt für die Dauer ihrer Ausbildung; dieses Recht ergibt sich implizit aus dem (ursprünglich) in Art. 7 und 128 EWG geregelten Recht, ohne Diskriminierung Zugang zu einer Berufsausbildung zu erhalten (EuGH „Raulin", a.a.O.). Parallel zu diesem im **Vertrag** verankerten Recht steht Studenten ein Aufenthaltsrecht nach Maßgabe der sog. Studenten-Richtlinie zu (dazu nachfolgend unter III).

3. Das Recht auf Einreise und Aufenthalt

Das Recht auf Einreise und Aufenthalt gelangt zur Entstehung, wenn sich der Angehörige eines Mitgliedstaates zu einem vertraglich sanktionierten Zweck in das Hoheitsgebiet eines anderen Mitgliedstaates begibt. Es wird unabhängig von der Erteilung einer Aufenthaltserlaubnis durch die Behörden des Aufnahmestaates erworben (EuGH „Royer", a.a.O.). Die im AufenthG/EWG vorgeschriebene Aufenthaltserlaubnis-EG wirkt daher nicht rechtsbegründend, sondern nur deklaratorisch. Dementsprechend geht das Recht nicht schon dann unter, wenn die Aufenthaltserlaubnis-EG nicht erteilt, beispielsweise nicht verlängert wurde, sondern erst dann, wenn der Aufenthalt im Bundesgebiet nicht mehr vertraglich sanktionierten Zwecken dient. Die Vorschrift des § 8 Abs. 1 AufenthG/EWG, wonach Arbeitnehmer keiner Aufenthaltserlaubnis-EG bedürfen, wenn sie sich für die Dauer von drei Monaten im Bundesgebiet auf Arbeitsuche befinden, wird in der deutschen Gerichtspraxis dahingehend interpretiert, daß die gemeinschaftsrechtlichen Freizügigkeitsrechte erlöschen, wenn innerhalb dieses Zeitraums keine Arbeitsstelle gefunden wurde (vgl. VGH Mannheim, NVwZ 1988, 185; VGH Kassel, InfAuslR 1989, 295; OVG Hamburg, InfAuslR 1990, 2).

Auch das vom EuGH im „Raulin"-Urteil festgestellte Aufenthaltsrecht der Studenten setzt keine rechtsbegründend wirkende Aufenthaltserlaubnis voraus. Der Einreisestaat ist allerdings berechtigt, das Aufenthaltsrecht auf die Dauer des Studiums zu beschränken und es nur für
dieses Studium zu gewähren und es darüber hinaus von Voraussetzungen
abhängig zu machen, die der Wahrung berechtigter Interessen des Einrei-
sestaates dienen, wie z. B. der Deckung der Kosten für den Lebensunterhalt und die Krankenversicherung (EuGH „Raulin", a.a.O.).

a) Einreise

Freizügigkeitsberechtigte EG-Bürger können nach § 10 Satz 1 AufenthG/
EWG mit einem Paß oder amtlichen Personalausweis in das Bundesgebiet einreisen; ein Visum ist nach § 2 Abs. 3 AufenthG/EWG nicht erforderlich (eine Ausnahme bilden Familienangehörige, die nicht die Staatsangehörigkeit eines Mitgliedstaates der Gemeinschaft besitzen). Die Einreise setzt keine vorherige Erteilung einer Aufenthaltserlaubnis-EG voraus.

b) Aufenthalt

Zu ihrem Aufenthalt im Bundesgebiet erhalten die freizügigkeitsberechtigten EG-Bürger nach § 1 Abs. 4 AufenthG/EWG die Aufenthaltserlaubnis für Angehörige eines Mitgliedstaates der Europäischen Gemeinschaften (Aufenthaltserlaubnis-EG). Wie dargelegt, hat die Erlaubnis nur
deklaratorische Bedeutung. Durch sie wird festgestellt, daß ihr Inhaber
zum Kreis der nach Gemeinschaftsrecht freizügigkeitsberechtigten Personen gehört. Nach der Rechtsprechung des EuGH erfüllt die Aufenthaltserlaubnis-EG die Funktion einer „Bescheinigung", die den nationalen Behörden des Aufenthaltsstaates die genaue Kenntnis der Bevölke-
rungsbewegungen im eigenen Hoheitsgebiet ermöglichen soll (vgl.
EuGH 1977, 1495 – Rs. 8/77 „Sagulo" = NJW 1977, 1579). Im Hinblick
auf ihre rechtliche Überprüfbarkeit ist sie im deutschen Recht als feststel-
lender Verwaltungsakt einzustufen (VG Berlin, InfAuslR 1990, 114 ff.).
  Die Aufenthaltserlaubnis-EG ist auf Antrag zwingend zu erteilen,
wenn der Antragsteller seine Erwerbstätigkeit und die Staatsangehörigkeit eines anderen Mitgliedstaates nachweist. Die Eigenschaft als Arbeitnehmer wird durch eine Arbeitsbescheinigung oder die Einstellungser-
klärung des Arbeitgebers nachgewiesen (Art. 4 Abs. 3 der Richtlinie 68/
360/EWG); im Bereich der Niederlassung oder der Dienstleistungsfreiheit ist ein vergleichbarer Nachweis beizubringen (z. B. Anmeldung des
Gewerbes, Zulassung zu einem Beruf usw.). Seine Identität und seine
Staatsangehörigkeit weist der Antragsteller durch Paß oder amtlichen
Personalausweis nach. Welchen Anforderungen ein Personalausweis genügen muß, war dabei umstritten.

Fall (nach VGH Mannheim, NVwZ 1989, 792): Ein italienischer Staatsangehöriger reiste in das Bundesgebiet ein, um als Arbeitnehmer im Gaststättengewerbe tätig zu werden. Er besaß einen von den italienischen Behörden ausgestellten Personalausweis mit dem Eintrag: „Kein für die Ausreise gültiges Dokument". Die deutsche Ausländerbehörde verweigerte dem Arbeitnehmer die Aufenthaltserlaubnis-EG und drohte seine Abschiebung nach Italien an. Einen Antrag, die aufschiebende Wirkung seines Widerspruchs gegen die behördliche Maßnahme wiederherzustellen, wies der VGH Mannheim mit der Begründung zurück, auch bei EG-Bürgern setze das Aufenthaltsrecht in der Bundesrepublik einen hier gültigen Personalausweis voraus.

Demgegenüber hat der EuGH auf Vorlage des Bundesverwaltungsgerichts in einem gleichgelagerten Fall entschieden, daß durch einen nationalen Personalausweis die Identität und die Staatsangehörigkeit auch dann nachgewiesen werde, wenn der Ausweis seinen Inhaber nicht berechtige, das Hoheitsgebiet des ausstellenden Staates zu verlassen (EuGH EuZW 1991, 285 – Rs. C – 376/89 „Giagounidis / Stadt Reutlingen").

Nach § 1 Abs. 3 AufenthG/EWG können die zuständigen deutschen Ausländerbehörden von den eingereisten EG-Bürgern die erforderlichen Nachweise zur Erteilung der Aufenthaltserlaubnis-EG verlangen. Kann der Nachweis nicht erbracht, also nicht festgestellt werden, daß die betreffende Person nach Gemeinschaftsrecht freizügigkeitsberechtigt ist, ist sie als unter das Ausländergesetz fallender Ausländer zu behandeln. Die EG-Bürger müssen im Besitz eines gültigen Passes oder Personalausweises sein und sich um die Erteilung bzw. Verlängerung der Aufenthaltserlaubnis-EG bemühen. Der Aufenthalt im Bundesgebiet ohne das erforderliche Ausweispapier und die Aufenthaltserlaubnis-EG stellt eine mit Geldbuße zu ahndende Ordnungswidrigkeit dar (§ 12a Abs. 1 Nr. 2 AufenthG/EWG).

Die Aufenthaltserlaubnis-EG wird im Regelfall für die Dauer von fünf Jahren erteilt, bei kürzeren Aufenthalten für die Dauer des Aufenthalts (vgl. z. B. § 3 Abs. 2 AufenthG/EWG). Gemäß den Voraussetzungen des § 8 AufenthG/EWG sind Arbeitnehmer und Erbringer oder Empfänger von Dienstleistungen bei einem Aufenthalt bis zu drei Monaten sowie Grenzgänger vom Erfordernis der Aufenthaltserlaubnis-EG befreit. Die Aufenthaltserlaubnis-EG wird im Regelfall um fünf weitere Jahre verlängert; bei Wegfall der Voraussetzungen für ihre Erteilung kann sie nachträglich zeitlich beschränkt werden, § 3 Abs. 3 AufenthG/EWG. In dieser Hinsicht genießen die Erwerbstätigen einen besonderen Schutz im Hinblick auf unfreiwillige Arbeitslosigkeit oder vorübergehende Arbeitsunfähigkeit infolge Krankheit oder Unfalls nach Maßgabe der §§ 3 Abs. 3 und 4, 4 Abs. 3, 5 Abs. 3 AufenthG/EWG.

In Anlehnung an die unbefristete Aufenthaltserlaubnis des Ausländergesetzes (§ 24 AuslG) sieht das neugefaßte AufenthG/EWG in § 7a die Erteilung einer **unbefristeten Aufenthaltserlaubnis-EG** vor. Sie wird erteilt, wenn der EG-Bürger sich seit mindestens fünf Jahren ständig im Geltungsbereich des Gesetzes aufhält, sich auf einfache Art in deutscher

Sprache mündlich verständigen kann, über ausreichenden Wohnraum verfügt und in eigenständig und ohne Inanspruchnahme öffentlicher Mittel gesicherten wirtschaftlichen Verhältnissen lebt. Die unbefristete Aufenthaltserlaubnis-EG gewährt einen erhöhten Ausweisungsschutz dadurch, daß diejenigen, die sie besitzen, nach § 12 Abs. 1 Satz 2 AufenthG/ EWG nur aus **schwerwiegenden** Gründen der öffentlichen Sicherheit und Ordnung ausgewiesen werden dürfen (dazu unter II). Die unbefristete Aufenthaltserlaubnis-EG ist vom deutschen Gesetzgeber ohne gemeinschaftsrechtliche Vorgaben geschaffen worden; da sie die Rechtsstellung der EG-Bürger stärkt, dürfte sie aus gemeinschaftsrechtlicher Sicht unbedenklich sein.

4. Verbleiberecht

Nach Beendigung ihrer Erwerbstätigkeit können EG-Bürger unter den in § 6a AufenthG/EWG geregelten Voraussetzungen im Bundesgebiet verbleiben. Nach § 6a Abs. 2 AufenthG/EWG sind diese Personen verbleibeberechtigt, wenn sie zur Zeit der Aufgabe ihrer Erwerbstätigkeit das für die Geltendmachung einer Altersrente gesetzlich vorgesehene Alter erreicht oder das 65. Lebensjahr vollendet haben und im Geltungsbereich des Gesetzes in den letzten zwölf Monaten ihre Erwerbstätigkeit ausgeübt und sich dort seit mindestens drei Jahren ständig aufgehalten haben. Weiterhin besteht ein Verbleiberecht nach Maßgabe von § 6a Abs. 3 bis 5 AufenthG/EWG.

5. Familienangehörige

Gemeinschaftsrechtlich sind auch die Familienangehörigen von erwerbstätigen EG-Bürgern zur Freizügigkeit berechtigt. Diese im Sekundärrecht verankerten Freizügigkeitsrechte sind nicht selbständiger, sondern abgeleiteter Natur in dem Sinne, daß sie nur in Abhängigkeit von der Freizügigkeit des Erwerbstätigen und nicht losgelöst von ihr wahrgenommen werden können (EuGHE 1985, 567 – Rs. 267/83 „Diatta" = NJW 1985, 2087; *Benjes,* Die Personenverkehrsfreiheiten des EWG-Vertrages und ihre Auswirkungen auf das deutsche Verfassungsrecht, 1992, S. 98). Die Freizügigkeit der Familienangehörigen gewährleistet, daß die EG-Bürger mit ihren Familien zusammenleben und gemeinsam mit ihnen in das gesellschaftliche Leben des Aufnahmestaates integriert werden. Sie dient somit dem Schutz des Familienlebens. Der Anspruch auf Achtung des Familienlebens ist ein gemeinschaftsrechtliches Grundrecht (vgl. EuGH NVwZ 1989, 745 – Rs. 249/86 „Kommission / Bundesrepublik"). Das Sekundärrecht wie das zu seiner Durchführung ergangene deutsche Recht sind im Lichte dieses Grundrechts auszulegen und anzuwenden.

Nach § 1 Abs. 2 AufenthG/EWG gehören zu den freizügigkeitsberechtigten Familienangehörigen
- der Ehegatte des EG-Bürgers und die Verwandten in absteigender Linie, die noch nicht 21 Jahre alt sind;
- die Verwandten in aufsteigender oder absteigender Linie des EG-Bürgers oder seines Ehegatten, denen der EG-Bürger oder sein Ehegatte Unterhalt gewähren.

Die Freizügigkeit wird den Familienangehörigen ungeachtet ihrer Staatsangehörigkeit gewährt, so daß auch Familienangehörige mit der Staatsangehörigkeit eines Drittstaates freizügigkeitsberechtigt sind (§ 1 Abs. 2 AufenthG/EWG).

Bei **Ehegatten** kommt es auf eine bestehende Ehe an. Solange die Ehe nicht geschieden ist, ist der Ehegatte berechtigter Familienangehöriger, und zwar auch dann, wenn die Ehegatten getrennt leben, um sich später scheiden zu lassen (EuGH „Diatta", a.a.O.). Keine Ehegatten sind die Partner einer nichtehelichen Lebensgemeinschaft (EuGHE 1986, 1283 – Rs. 59/85 „Reed").

Kinder über 21 Jahre und andere Verwandte sind dann freizügigkeitsberechtigt, wenn ihnen der EG-Bürger oder sein Ehegatte Unterhalt gewähren. Insoweit kommt es nur darauf an, daß der Unterhalt **tatsächlich** gewährt wird, unabhängig davon, aus welchen Gründen dies geschieht (EuGHE 1987, 2811 – Rs. 316/85 „Lebon"; *Benjes,* S. 95). Wird der Unterhalt tatsächlich gewährt, sind freizügigkeitsberechtigt sowohl Angehörige, die seiner finanziell nicht bedürfen, wie auch solche, die zur Bestreitung ihres Lebensunterhalts auf den Bezug von Sozialhilfe angewiesen sind, sofern der ihnen gewährte Unterhalt über eine symbolische Unterstützung hinaus einen Teil ihrer Lebenshaltungskosten deckt (*Benjes,* S. 95/96).

Nach Art. 10 Abs. 3 EWG-VO Nr. 1612/68, § 7 Abs. 1 AufenthG/EWG setzt die Freizügigkeit der Familienangehörigen in allen Fällen voraus, daß der EG-Bürger für seine Familie über eine Wohnung verfügt, die den am Aufenthaltsort geltenden Maßstäben einer angemessenen Wohnung entspricht. Angemessen ist die Wohnung, die mit der ortsüblichen Wohnung einer Familie von gleicher Größe und gleichem Einkommen vergleichbar ist (*Benjes,* S. 96). Das Merkmal der Angemessenheit braucht jedoch nur beim **Zuzug** der Familie erfüllt sein, jedoch dann nicht, wenn die Familie zusammengeführt wurde. Das ursprüngliche Erfordernis in § 7 Abs. 9 AufenthG/EWG, daß die Wohnung jederzeit angemessen zu sein habe, also auch bei einer Veränderung der Familienverhältnisse beispielsweise durch die Geburt von Kindern, hat der EuGH gemeinschaftsrechtlich als unzulässig beurteilt, weil dieses Erfordernis diskriminierend wirke (EuGH NVwZ 1989, 745 – Rs. 249/86 „Kommission/Bundesrepublik"). § 7 Abs. 9 AufenthG/EWG ist in diesem Sinne geändert worden.

Aus der Regelung in Art. 10 Abs. 1 EWG-VO Nr. 1612/68, wonach die Familienangehörigen des freizügigkeitsberechtigten Arbeitnehmers bei diesem Wohnung nehmen dürfen, ist nicht abzuleiten, daß die Angehörigen dort ständig wohnen müssen; die Regelung bedeutet lediglich, daß die Wohnung zur Aufnahme der Familie geeignet sein muß, und stellt nicht das Erfordernis einer einzigen ständigen Familienwohnung auf (EuGH „Diatta", a.a.O.). Ein derartiges Erfordernis stünde in Widerspruch zu Art. 11 EWG-VO Nr. 1612/68, wonach die Familienangehörigen **im gesamten Hoheitsgebiet** des Aufenthaltsstaates eine Tätigkeit im Lohn- oder Gehaltsverhältnis ausüben können, folglich also auch außerhalb des Ortes der Familienwohnung. Art. 11 gibt den Familienangehörigen allerdings kein selbständiges Aufenthaltsrecht (EuGH a.a.O.).

Ist der Arbeitnehmer eines Mitgliedstaates in einem anderen Mitgliedstaat beschäftigt gewesen und kehrt anschließend mit seiner Familie in den Herkunftsstaat zurück, behält das Kind dieses Arbeitnehmers die Eigenschaft eines Familienangehörigen im Sinne der EWG-VO Nr. 1612/68, wenn es im ehemaligen Aufnahmestaat verbleibt, um eine dort begonnene Ausbildung fortzusetzen (EuGH EuZW 1990, 448 – Rs. 389 und 390/87 „Echternach/Moritz"). Dies hat der EuGH im Hinblick darauf entschieden, daß ein deutscher Staatsangehöriger in Begleitung seiner Familie in den Niederlanden als Arbeitnehmer tätig gewesen war, sein Sohn dort das Abitur erworben hatte und nach Rückkehr seines Vaters in die Bundesrepublik in den Niederlanden ein Studium aufnehmen wollte. Bei einer derartigen Konstellation genießen demnach auch in Deutschland die Kinder ehemals hier tätig gewesener Arbeitnehmer und sonstiger Erwerbstätiger die Freizügigkeits- und weiteren Rechte von Familienangehörigen.

Unter den in § 7 AufenthG/EWG geregelten Voraussetzungen erhalten die Familienangehörigen die Aufenthaltserlaubnis-EG, im Regelfall für fünf Jahre mit der Möglichkeit der Verlängerung. Nach Maßgabe von § 7 Abs. 2 und 3 AufenthG/EWG steht ihnen nach dem Tode des Erwerbstätigen oder des Verbleibeberechtigten ein eigenes Verbleiberecht zu. Unter den Voraussetzungen des § 7a Abs. 2 und 3 AufenthG/EWG haben der Ehegatte eines erwerbstätigen EG-Bürgers (nicht seine Kinder oder andere Verwandte) und die Familienangehörigen einer verbleibeberechtigten Person Anspruch auf Erteilung einer unbefristeten Aufenthaltserlaubnis-EG.

II. Die Beschränkung der Freizügigkeit aus Gründen der öffentlichen Ordnung, Sicherheit und Gesundheit

Gemäß den Art. 48 Abs. 3, 56 Abs. 1 und 66 EGV kann die aus dem freien Personen- und Dienstleistungsverkehr fließende Freizügigkeit durch Maßnahmen beschränkt werden, die aus Gründen der öffentlichen Ordnung, Sicherheit und Gesundheit gerechtfertigt sind. Unter den Begriff der Maßnahme fällt jede Handlung des Aufenthaltsstaates, die das Recht der freizügigkeitsberechtigten Personen berührt, unter den gleichen Bedingungen wie die Angehörigen des Aufenthaltsstaates in diesen Staat frei einzureisen und sich dort frei aufzuhalten (EuGH 1977, 1999 – Rs. 30/77 „Bouchereau"). Zu diesen Handlungen zählen die Rechts- und Verwaltungsvorschriften des Aufenthaltsstaates sowie ihre Anwendung im Einzelfall (EuGH 1975, 1219 – Rs. 36/75 „Rutili"; *Benjes,* S. 146). Die Beschränkung der gemeinschaftsrechtlichen Freizügigkeit aus Gründen der öffentlichen Ordnung, Sicherheit und Gesundheit ist im deutschen Recht in § 12 AufenthG/EWG geregelt.

1. Der Begriff der öffentlichen Ordnung und Sicherheit

Der Begriff der öffentlichen Ordnung und Sicherheit – diese Merkmale sind als Einheit aufzufassen – wird im Vertrag wie im Sekundärrecht nicht definiert. Der EuGH faßt ihn dahingehend auf, daß die Mitgliedstaaten den Begriff der öffentlichen Ordnung und Sicherheit selbst bestimmen können, das Gemeinschaftsrecht dieser Bestimmung jedoch Grenzen setzt:

„Die Mitgliedstaaten können auch weiterhin kraft des Vorbehalts des Art. 48 Abs. 3 im wesentlichen frei nach ihren nationalen Bedürfnissen bestimmen, was die öffentliche Ordnung verlangt. Dieser Begriff ist jedoch im Gemeinschaftsrecht, namentlich, wenn er eine Ausnahme von den wesentlichen Grundsätzen der Gleichbehandlung und Freizügigkeit der Arbeitnehmer rechtfertigt, eng zu verstehen, so daß seine Tragweite nicht von jedem Mitgliedstaat einseitig ohne Nachprüfung durch die Organe der Gemeinschaft bestimmt werden darf. Nach allem darf das Recht der Angehörigen der Mitgliedstaaten, ins Hoheitsgebiet eines anderen Mitgliedstaates einzureisen, sich dort aufzuhalten und frei zu bewegen, nur beschränkt werden, wenn ihre Anwesenheit oder ihr Verhalten eine tatsächliche und hinreichend schwerwiegende Gefährdung der öffentlichen Ordnung darstellt, die ein Grundinteresse der Gesellschaft berührt (EuGHE 1975, 1219 – Rs. 36/75 „Rutili"; Hinzufügung des letzten Halbsatzes „die ein Grundinteresse der Gesellschaft berührt", durch EuGHE 1977, 1999 – Rs. 30/77 „Bouchereau").

Erforderlich ist also eine tatsächliche (nicht nur potentielle) und hinreichend schwere Gefährdung, die ein Grundinteresse der Gesellschaft berührt. Was unter diesem Grundinteresse zu verstehen ist, hat der EuGH bisher nicht erläutert; gemeint sind offensichtlich im Allgemeininteresse liegende Belange wie der Schutz vor Straftaten, die behördliche Kontrolle des Aufenthalts, die Bekämpfung von Drogenhandel und organisierter Kriminalität usw. Erfüllt eine nach Gemeinschaftsrecht freizügigkeitsberechtigte Person im Aufenthaltsstaat nicht die gesetzlichen Formalitäten für Einreise, Ortswechsel und Aufenthalt von Ausländern, liegt hierin keine schwerwiegende Gefährdung der öffentlichen Ordnung und Sicherheit, die eine Entfernung aus dem Hoheitsgebiet des Aufenthaltsstaates rechtfertigt (EuGHE 1976, 497 – Rs. 48/75 „Royer"). Ferner kann ein Verhalten dann nicht als hinreichend schwere Gefährdung betrachtet werden, wenn der Aufenthaltsstaat gegenüber dem gleichen Verhalten durch eigene Staatsangehörige keine Zwangsmaßnahmen oder andere tatsächliche und effektive Maßnahmen zur Bekämpfung dieses Verhaltens vorsieht (EuGHE 1982, 1665 – verb. Rs. 115 und 116/81 „Adoui"). Unzulässig ist also eine Diskriminierung von Angehörigen anderer Mitgliedstaaten beim Gebrauch ihrer Freizügigkeit im Aufenthaltsstaat. Daraus folgt nicht die Unzulässigkeit einer Ausweisung, weil ein Staat seine eigenen Angehörigen nicht ausweisen kann. Jedoch darf die Ausweisung nur wegen eines Verhaltens ausgesprochen werden, daß auch gegenüber eigenen Staatsangehörigen des Aufenthaltsstaats Anlaß zu präventiven oder repressiven Maßnahmen vergleichbarer Art gibt (*Benjes,* S. 147). Eine weitere Grenze zieht das Gemeinschaftsrecht dadurch, daß bei Verstößen gegen die öffentliche Ordnung und Sicherheit die im nationalen Recht vorgesehenen Sanktionen nicht außer Verhältnis zu ihrem Anlaß stehen dürfen, also der Grundsatz der Verhältnismäßigkeit beachtet wird (EuGHE 1976, 1185 – Rs. 118/75 „Watson/Belman").

Im deutschen Recht wird die öffentliche Sicherheit und Ordnung im Hinblick auf Einreise und Aufenthalt von Ausländern im Bundesgebiet namentlich durch das Ausländergesetz festgelegt. Sofern die Anwendung dieses Gesetzes nicht schon durch spezielle Vorschriften des Gemeinschaftsrechts und des zu seiner Durchführung erlassenen AufenthG-EWG ausgeschlossen ist, ist bei der Anwendung des Ausländergesetzes jeweils im Einzelfall zu prüfen, ob von der freizügigkeitsberechtigten Person eine tatsächliche und hinreichend schwere Gefährdung ausgeht; ferner ist das Gesetz unter Beachtung der Grundsätze der Nichtdiskriminierung und der Verhältnismäßigkeit anzuwenden.

a) Unzulässige Begründungen

Das Gemeinschaftsrecht nennt verschiedene Gründe (hier nach dem AufenthG/EWG wiedergegeben), auf die freizügigkeitsbeschränkende Maßnahmen generell nicht gestützt werden dürfen. Nach § 12 Abs. 2 AufenthG/EWG dürfen solche Maßnahmen nicht zu **wirtschaftlichen Zwecken** getroffen werden, z. B. aus arbeitsmarktpolitischen Gründen oder zum Schutz der heimischen Wirtschaft vor ausländischer Konkurrenz. Ein Eingriff in die Freizügigkeit setzt ferner voraus, daß die freizügigkeitsberechtigte Person durch ihr **persönliches Verhalten** hierzu Anlaß gibt, § 12 Abs. 3 AufenthG/EWG; die Tatsache einer strafrechtlichen Verurteilung als solcher reicht zur Begründung freizügigkeitsbeschränkender Maßnahmen nicht aus, § 12 Abs. 4 AufenthG/EWG. Unzulässig ist daher beispielsweise eine auf generalpräventive Erwägungen gestützte Ausweisung.

Fall „Bonsignore": Der italienische Staatsangehörige Bonsignore war Chemiearbeiter in Köln. Er gelangte unerlaubterweise in den Besitz einer Waffe, mit der er fahrlässig seinen Bruder tötete. Das Amtsgericht Köln verurteilte Bonsignore wegen Vergehens gegen das Waffengesetz zu einer Geldstrafe und sah von einer Bestrafung wegen fahrlässiger Tötung ab. Im Anschluß an die Verurteilung wies der Oberstadtdirektor der Stadt Köln, gestützt auf § 10 Abs. 1 Nr. 2 AuslG a.F. in Verbindung mit § 12 AufenthG/EWG, Bonsignore mit der Begründung aus, die Ausweisung sei erforderlich, um andere Ausländer von der Begehung von Straftaten abzuschrecken. Bei Erlaß dieser Maßnahme war Art. 3 der Richtlinie 64/221, wonach bei Maßnahmen der öffentlichen Ordnung oder Sicherheit ausschließlich das persönliche Verhalten der in Betracht kommenden Einzelpersonen ausschlaggebend sein darf, noch nicht in das AufenthG/EWG aufgenommen worden. Der EuGH entschied auf Vorlage des Verwaltungsgerichts Köln, daß Art. 3 der Richtlinie der Ausweisung eines Staatsangehörigen eines Mitgliedstaates entgegenstehe, wenn diese zum Zweck der Abschreckung anderer Ausländer von Straftaten verfügt werde (EuGHE 1975, 297 – Rs. 67/74 „Bonsignore" = NJW 1975, 1096).

b) Tatsächliche und hinreichend schwere Gefährdung

Gründe, durch Ausweisung oder Abschiebung den Aufenthalt von Ausländern im Bundesgebiet zu beenden, sind in der Praxis hauptsächlich die Begehung von Straftaten, die Nichtbeachtung aufenthalts- und paßrechtlicher Vorschriften sowie der Bezug von Sozialhilfe. Bei der Ausweisung als Reaktion auf begangene Straftaten genügt, wie dargelegt, die Tatsache der strafrechtlichen Verurteilung als solche nicht. Vielmehr ist das gesamte Verhalten der betreffenden Person daraufhin zu würdigen, ob die begangenen Straftaten eine tatsächliche und hinreichend schwere Gefährdung begründen, was nach der Schwere der Straftat oder danach zu beurteilen ist, ob eine Wiederholungsgefahr besteht.

Fall: Der griechische Staatsangehörige H arbeitet seit zwei Jahren als Arbeitnehmer im Bundesgebiet. Er besitzt eine im Inland gültige Fahrerlaubnis. Im zeitlichen Abstand von einem Jahr begeht er zwei Trunkenheitsfahrten i. S. von § 316 StGB. Für die erste wird er zu einer Geldstrafe, für die zweite Trunkenheitsfahrt zu einer Freiheitsstrafe von drei Monaten verurteilt, die nach § 56 StGB zur Bewährung ausgesetzt wird. Im ersten Fall entzieht das Gericht H die Fahrerlaubnis für die Dauer von sechs, im zweiten Fall für die Dauer von achtzehn Monaten. Die Ausländerbehörde weist H mit der Begründung aus, die Allgemeinheit sei vor ihm als gefährlichem Kraftfahrer zu schützen. Ist die Ausweisungsverfügung rechtmäßig?

Nach § 45 Abs. 1 i.V. mit § 46 Nr. 2 AuslG kann ein Ausländer ausgewiesen werden, der einen nicht nur vereinzelten oder geringfügigen Verstoß gegen Rechtsvorschriften begangen hat. Die von H begangenen

Rechtsverstöße sind weder vereinzelt noch geringfügig. Bei der Begehung von zwei Trunkenheitsfahrten innerhalb eines Jahres ist die Annahme einer Wiederholungsgefahr gerechtfertigt (vgl. BVerwG NJW 1983, 1989). Die öffentliche Sicherheit und Ordnung in der Bundesrepublik Deutschland ist somit tatsächlich gefährdet.

Die Schwere der Gefährdung ist nach dem Grad der Wahrscheinlichkeit eine Schadenseintritts und dem Ausmaß des zu erwartenden Schadens zu beurteilen (*Meyer*, NVwZ 1984, S. 763 ff., 766). Das BVerwG geht in seiner Rechtsprechung davon aus, daß im Hinblick auf die fundamentale Bedeutung des Grundsatzes der Freizügigkeit im Gemeinschaftsrecht die Anforderungen an die Wahrscheinlichkeit nicht zu gering angesetzt werden dürfen, und verneint im Regelfall die erforderliche Wahrscheinlichkeit, wenn die Strafe nach § 56 StGB zur Bewährung ausgesetzt ist (vgl. BVerwG NJW 1979, 506; NVwZ 1982, 117). Unter Zugrundelegung dieses Maßstabs ist die von H ausgehende Gefährdung keine schwerwiegende. Außerdem bietet der Entzug der Fahrerlaubnis nach § 4 Abs. 1 Straßenverkehrsgesetz durch die zuständige Behörde ein geeignetes, aber milderes Mittel zum Schutz der Allgemeinheit, sofern der straffällig gewordene Ausländer nur als Kraftfahrer eine Gefahr bildet und keine Anhaltspunkte vorliegen, daß er auch ohne Fahrerlaubnis Kraftfahrzeuge führen wird (BVerwG NVwZ 1982, 117, 118). Aus den dargelegten Gründen ist die Ausweisung von H daher unzulässig.

Wie schon erwähnt, kann eine nach Gemeinschaftsrecht freizügigkeitsberechtigte Person nicht deshalb ausgewiesen werden, weil sie nicht im Besitz der Aufenthaltserlaubnis-EG ist (z. B. weil ihre Verlängerung nicht beantragt wurde). Wird die Aufenthaltserlaubnis-EG deshalb nicht erteilt bzw. nicht verlängert, weil die betreffende Person die Voraussetzungen der gemeinschaftsrechtlichen Freizügigkeit nicht nachweisen kann, ist sie nach allgemeinem Ausländerrecht zu behandeln. Die Entfernung aus dem Bundesgebiet wegen Ungültigkeit des Passes oder Personalausweises ist nach Art. 3 Abs. 3 der Richtlinie 64/221/EWG, § 12 Abs. 5 AufenthG ausgeschlossen. Der Aufenthalt im Bundesgebiet ohne Aufenthaltserlaubnis-EG oder ohne gültige Ausweispapiere stellt eine nach § 12a AufenthG/EWG mit Geldbuße zu ahndende Ordnungswidrigkeit dar.

Die Vorschrift des § 46 Nr. 6 AuslG, welche die Ausweisung beim Bezug von **Sozialhilfe** durch den Ausländer und seine Familienangehörigen erlaubt, ist auf nach Gemeinschaftsrecht freizügigkeitsberechtigte Personen nur begrenzt anwendbar. Das Gemeinschaftsrecht begründet keine Freizügigkeit zur Inanspruchnahme von Sozialhilfe. Reist ein EG-Bürger zu diesem Zweck in die Bundesrepublik ein, oder ist er nach der dreimonatigen Frist zur Arbeitssuche oder bei freiwilliger Aufgabe seiner Erwerbstätigkeit auf Sozialhilfe angewiesen, ohne verbleibeberechtigt zu sein, ist das allgemeine Ausländerrecht auf ihn anwendbar (*Benjes*,

S. 143). Der Aufenthalt darf jedoch nicht beendet werden, wenn die betreffende Person Sozialhilfe im Rahmen der gemeinschaftsrechtlichen Freizügigkeit in Anspruch nimmt, also z. B. dann, wenn ein Arbeitnehmer wegen zu geringen Verdienstes Sozialhilfe zur Bestreitung des Lebensunterhaltes für sich oder seine Familienangehörigen bezieht (vgl. *Hailbronner*, ZAR 1985, S. 109 ff., 113; *Benjes*, S. 143). Bei Bezug von Sozialhilfe infolge unfreiwilliger Arbeitslosigkeit liegt kein der betreffenden Person zurechenbares **persönliches** Verhalten i. S. von § 12 Abs. 3 AufenthG/EWG vor (VGH München, InfAuslR 1983, 242).

c) Zulässige Maßnahmen

Als Maßnahmen zur Einschränkung der gemeinschaftsrechtlichen Freizügigkeit kommen nach § 12 Abs. 1 AufenthG in Betracht die Versagung der Einreise, die Versagung der Aufenthaltserlaubnis-EG oder ihrer Verlängerung, beschränkende Maßnahmen nach § 3 Abs. 5, § 12 Abs. 1 Satz 2 und § 14 des AuslG sowie die Ausweisung und Abschiebung. Durch den Verweis auf die genannten Vorschriften des Ausländergesetzes eröffnet § 12 Abs. 1 AufenthG/EWG die Möglichkeit, den Aufenthalt von EG-Bürgern und ihren Familienangehörigen im Bundesgebiet zeitlich und räumlich zu beschränken sowie von Bedingungen und Auflagen abhängig zu machen. Die im Ausländergesetz vorgesehenen Maßnahmen müssen sich jedoch im Rahmen des gemeinschaftsrechtlich Zulässigen bewegen, insbesondere dürfen sie nicht diskriminierend wirken. Die räumliche Beschränkung des Aufenthalts auf einen Teil des Staatsgebietes ist gemeinschaftsrechtlich nur zulässig, wenn sie auch gegenüber den Angehörigen des Aufenthaltsstaates ausgesprochen werden kann (EuGHE 1975, 1219 – Rs. 36/75 „Rutili"). Da Art. 11 Abs. 1 GG Deutschen Freizügigkeit im ganzen Bundesgebiet gewährt, die räumlich nicht eingeschränkt werden kann, können aus Gründen der Gleichbehandlung auch gegenüber EG-Bürgern und ihren Familienangehörigen keine räumlich beschränkten Aufenthaltsverbote ausgesprochen werden (*Benjes*, S. 147). Auflagen und Bedingungen kommen nur insoweit in Betracht, als sie dazu dienen, gemeinschaftsrechtlich zulässige Anforderungen an die Freizügigkeit festzulegen, beispielsweise diejenigen, die an das Aufenthaltsrecht von Studenten gestellt werden können.

Freizügigkeitsberechtigte Personen, die eine unbefristete Aufenthaltserlaubnis-EG besitzen, dürfen nach § 12 Abs. 1 Satz 2 AufenthG/EWG nur aus schwerwiegenden Gründen der öffentlichen Sicherheit oder Ordnung ausgewiesen werden. Eine gesetzliche Definition dieser schwerwiegenden Gründe fehlt sowohl im Aufenthaltsgesetz wie auch im Ausländergesetz. Im Zweifel dürfte es sich um die Ausweisung wegen besonderer Gefährlichkeit nach § 47 AuslG handeln.

Widerspruch und Klage haben gegenüber freizügigkeitsbeschränken-

den Maßnahmen des Aufenthaltsgesetzes aufschiebende Wirkung, da die
Vorschrift des § 72 Abs. 1 des AuslG, welche die aufschiebende Wirkung
bei ausländerrechtlichen Maßnahmen ausschließt, keine Anwendung findet, § 12 Abs. 9 AufenthG/EWG.

2. Öffentliche Gesundheit

Zum Schutz der öffentlichen Gesundheit dürfen die Maßnahmen und Entscheidungen nach § 12 Abs. 1 AufenthG nur getroffen werden, wenn die
freizügigkeitsberechtigte Person an einer der in § 12 Abs. 6 AufenthG/
EWG aufgeführten Krankheiten leidet (unter Ausschluß aller weiteren
Krankheiten). Praktisch wirkt sich diese Regelung dahingehend aus, daß
aus Krankheitsgründen nur der **Zuzug** in das Bundesgebiet verhindert
werden kann, da nach § 12 Abs. 6 Satz 2 AufenthG/EWG der Aufenthalt
nicht mehr beendet werden kann, wenn die Krankheit oder das Ge-
brechen erst nach Erteilung der Aufenthaltserlaubnis-EG auftreten.

III. Die Erweiterung der Freizügigkeit

Die Freizügigkeit auf der Grundlage des freien Personen- und Dienstleistungsverkehrs setzt eine unselbständige oder selbständige Erwerbstätigkeit voraus, kann also nur für wirtschaftliche Zwecke in Anspruch genommen werden. Damit sich die Angehörigen der Mitgliedstaaten im
Binnenmarkt als eines Raums ohne Binnengrenzen auch ohne wirtschaftliche Betätigung frei bewegen können, hat die Gemeinschaft unter
dem gemeinsamen Datum des 28. Juni 1990 drei Richtlinien erlassen,
die, aufgeteilt auf verschiedene Personengruppen, ein allgemeines Aufenthaltsrecht regeln. Es handelt sich um die Richtlinie 90/364/EWG über
das Aufenthaltsrecht (ABl. Nr. L 180/26 = „Europäisches Wirtschaftsrecht", Nr. 750), die Richtlinie 90/365/EWG über das Aufenthaltsrecht
der aus dem Erwerbsleben ausgeschiedenen Arbeitnehmer und selbständig Erwerbstätigen (ABl. Nr. L 180/28 = „Europäisches Wirtschaftsrecht", Nr. 751) und die Richtlinie 90/366/EWG über das Aufenthaltsrecht der Studenten (ABl. Nr. L 180/30 = „Europäisches Wirtschaftsrecht", Nr. 752). Die erstgenannte Richtlinie stellt eine Auffangregelung
dar, die den Angehörigen der Mitgliedstaaten ein Aufenthaltsrecht gewährt, die nicht nach anderen Bestimmungen des Gemeinschaftsrechts
Freizügigkeit genießen (z. B. bei längerfristigen touristischen Aufenthalten). Die zweitgenannte Richtlinie bezieht sich auf die aus dem Erwerbsleben ausgeschiedenen Personen, die mangels einer Erwerbstätigkeit im
Aufenthaltsstaat dort kein Verbleiberecht erworben haben. Alle Richtlinien beziehen die Familienangehörigen in die Freizügigkeit ein. Das Aufenthaltsrecht ist in allen drei Fällen an die Voraussetzung geknüpft, daß

die Aufenthaltsberechtigten für sich und ihre Familienangehörigen über eine Krankenversicherung verfügen, die im Aufenthaltsstaat alle Risiken abdeckt, sowie im Besitz ausreichender Existenzmittel sind, die eine Inanspruchnahme der Sozialhilfe des Aufenthaltsstaates ausschließen. Für Studenten gilt zusätzlich, daß sie bei einer anerkannten Lehranstalt zum Erwerb einer beruflichen Bildung als Hauptzweck eingeschrieben sein müssen; ihr Aufenthaltsrecht ist auf die Verfolgung dieses Zweckes beschränkt. Auf die Klage des Europäischen Parlaments hat der EuGH die Richtlinie über das Aufenthaltsrecht der Studenten für nichtig erklärt, weil sie statt auf Art. 235 EWGV auf Art. 7 Abs. 2 EWGV als Rechtsgrundlage hätte gestützt werden müssen, jedoch angeordnet, daß die Wirkungen der Richtlinie bis zum Inkrafttreten einer auf der zutreffenden Rechtsgrundlage erlassenen Richtlinie fortgelten (EuGH EuZW 1992, 676 – Rs. C – 295/90 – Parlament/Rat). Die Richtlinien waren bis zum 30. Juni 1992 in das nationale Recht der Mitgliedstaaten umzusetzen. Die Bundesrepublik hat die Umsetzung bisher nicht vorgenommen. Die Richtlinien erfüllen jedoch die Voraussetzungen für die unmittelbare Wirkung von Richtlinien, so daß sich Angehörige anderer Mitgliedstaaten vor deutschen Behörden und Gerichten auf den Inhalt der Richtlinien berufen können.

IV. Freizügigkeit von türkischen Staatsangehörigen

Fall (nach EuGH EuZW 1993, 96 – Rs. C – 237/91 „Kus/Stadt Wiesbaden"): Der türkische Staatsangehörige Kus reiste 1980 in das Bundesgebiet ein, wo er 1981 eine deutsche Staatsangehörige heiratete. Seit 1982 war er in der Bundesrepublik ununterbrochen mit einer gültigen Arbeitserlaubnis als Arbeitnehmer tätig. Seine Ehe wurde 1984 geschieden. Da Kus die ausländerrechtliche Aufenthaltserlaubnis in seiner Eigenschaft als Ehemann einer Deutschen erhalten hatte, lehnte die Stadt Wiesbaden die Verlängerung der Erlaubnis mit der Begründung ab, der Aufenthaltszweck sei wegen der Scheidung der Ehe entfallen. In dem daraufhin geführten Rechtsstreit setzte das erstinstanzliche Gericht den Vollzug der aufenthaltsbeendenden Maßnahme aus und verurteilte die Stadt Wiesbaden, die Aufenthaltserlaubnis von Kus zu verlängern. Der VGH Hessen als Berufungsgericht stellte fest, daß der Kläger nach deutschem Recht keinen Anspruch auf Verlängerung der Aufenthaltserlaubnis habe, fragte jedoch beim EuGH an, ob sich für den Kläger nicht eine günstigere Rechtslage aufgrund des Beschlusses Nr. 1/80 des durch das Assoziierungsabkommen zwischen der EWG und der Türkei geschaffenen Assoziationsrates vom 19. September 1980 über die Entwicklung der Assoziation ergebe.

Eine Sonderstellung im Rahmen der EG-Freizügigkeit nehmen die Arbeitnehmer aus der Türkei und ihre Familienangehörigen aufgrund des zwischen der Gemeinschaft und der Türkei abgeschlossenen Assoziierungsabkommens vom 12. September 1963 (BGBl. II 1964, 509; 1959) ein. Nach dessen Art. 12 stellen die Vertragsparteien untereinander die Freizügigkeit der Arbeitnehmer in Anlehnung an die Art. 48, 49 und 50 des EWG-Vertrages schrittweise her. Aufgrund des Zusatzprotokolls zu diesem Abkommen (BGBl. II 1972, 385; 1973, 113) werden die zur Herstellung der Freizügigkeit erforderlichen näheren Regeln durch den Assoziationsrat EWG/Türkei durch Beschluß festgelegt; der Assoziationsrat setzt sich aus Vertretern der Regierungen der Mitgliedstaaten und der Türkei, des Rates und der Kommission zusammen. Zur Regelung der Freizügigkeit türkischer Arbeitnehmer und ihrer Angehörigen hat der Assoziationsrat den Beschluß Nr. 1/80 vom 19. September 1980 gefaßt. Nach dessen Art. 6 Abs. 1 hat der türkische Arbeitnehmer, der dem regulären Arbeitsmarkt eines Mitgliedstaates angehört, in diesem Mitgliedstaat

– nach einem Jahr ordnungsgemäßer Beschäftigung Anspruch auf Erneuerung seiner Arbeitserlaubnis bei dem gleichen Arbeitgeber, wenn er über einen Arbeitsplatz verfügt;

– nach drei Jahren ordnungsgemäßer Beschäftigung – vorbehaltlich des den Arbeitnehmern aus den Mitgliedstaaten der Gemeinschaft einzuräumenden Vorrangs – das Recht, sich für den gleichen Beruf bei einem Arbeitgeber seiner Wahl auf ein unter normalen Bedingungen unterbreitetes und bei den Arbeitsämtern dieses Mitgliedstaates eingetragenes anderes Stellenangebot zu bewerben;

– nach vier Jahren ordnungsgemäßer Beschäftigung freien Zugang zu jeder von ihm gewählten Beschäftigung im Lohn- oder Gehaltsverhältnis.

Der EuGH hat die Rechtsstellung türkischer Arbeitnehmer auf der Grundlage des Assoziierungsabkommens EWG/Türkei schrittweise herausgearbeitet. In seinem „Demirel"-Urteil vom 30. 9. 1987 (EuGHE 1987, 3719 – Rs. 12/86 = NJW 1988, 1442; dazu *Hailbronner, NVwZ* 1988, 220) stellte er zunächst fest, daß Art. 12 des Assoziierungsabkommens und Art. 36 des Zusatzprotokolls, welche die Herstellung der Freizügigkeit für türkische Arbeitnehmer vorsehen, wegen ihres Programmcharakters keine in der innerstaatlichen Rechtsordnung der Mitgliedstaaten unmittelbar anwendbare gemeinschaftsrechtliche Vorschriften sind. In seinem „Sevince"-Urteil vom 20. 9. 1990 (EuGH EuZW 1990, 479 – Rs. C – 192/89 = NVwZ 1991, 255) hat der EuGH dann für Recht erkannt, daß Art. 6 Abs. 1 Beschluß Nr. 1/80 in den Mitgliedstaaten der Europäischen Gemeinschaft unmittelbare Wirkung hat, und diese Rechtsauffassung durch das nachfolgende Urteil vom 16. 12. 1992 in der Rechtssache „Kus" (EuZW 1993, 96) bekräftigt. Das bedeutet, daß türkische Arbeitnehmer unter der Voraussetzung einer „ordnungsgemäßen Beschäftigung" die in Art. 6 Abs. 1 Beschluß Nr. 1/80 geregelten beschäftigungsrechtlichen Ansprüche als im jeweiligen Aufenthaltsstaat unmittelbar anwendbares Recht haben. Daraus hat der EuGH abgeleitet, daß, wer ein Recht auf Beschäftigung habe, auch aufenthaltsberechtigt sei. Zwar regele Art. 6 Abs. 1 Beschluß Nr. 1/80 nur die beschäftigungsrechtliche, nicht aber auch die aufenthaltsrechtliche Stellung der türkischen Arbeitnehmer. Diese beiden Aspekte der persönlichen Situation türkischer Arbeitnehmer seien jedoch eng miteinander verknüpft. Indem

Art. 6 Abs. 1 Beschluß Nr. 1/80 den türkischen Arbeitnehmern in verschiedenen Varianten ein Recht auf Beschäftigung gewähre, impliziere die Vorschrift zwangsläufig, daß den Arbeitnehmern auch ein entsprechendes Aufenthaltsrecht zustehe, andernfalls das zuerkannte Beschäftigungsrecht völlig wirkungslos sei. Demnach kann sich ein türkischer Arbeitnehmer, der die Voraussetzungen des Art. 6 Abs. 1 Beschluß Nr. 1/80 erfüllt, unmittelbar auf diese Bestimmung berufen, um außer der Verlängerung seiner Arbeitserlaubnis auch die Verlängerung seiner nach dem Recht des Aufenthaltsstaates zu erteilenden Aufenthaltserlaubnis zu erreichen (EuGH „Kus", a.a.O.). Diese Rechte stehen den türkischen Arbeitnehmern allerdings nur unter der Voraussetzung einer „ordnungsgemäßen Beschäftigung" zu. Eine solche liegt nicht vor, wenn der Arbeitnehmer nur deshalb tätig werden darf, weil die Vollziehung einer Entscheidung ausgesetzt ist, mit der ihm das Aufenthaltsrecht verweigert wurde und gegen die er erfolglos Klage erhoben hat (EuGH „Sevince", a.a.O.); letzteres gilt auch dann, wenn das Aufenthaltsrecht des Arbeitnehmers durch ein Urteil eines erstinstanzlichen Gerichts, gegen das ein Rechtsmittel eingelegt worden ist, bestätigt wurde (EuGH „Kus", a.a.O.).

Die Rechtsprechung des EuGH wirkt sich auf den eingangs geschilderten Fall dahingehend aus, daß der türkische Arbeitnehmer Kus wegen des Streits über die Verlängerung der Aufenthaltserlaubnis mit der Stadt Wiesbaden nicht das Recht nach Art. 6 Abs. 1 dritter Gedankenstrich Beschluß Nr. 1/80 für sich in Anspruch nehmen kann, nach vier Jahren ordnungsgemäßer Beschäftigung jede von ihm gewählte Beschäftigung im Lohn- oder Gehaltsverhältnis auszuüben; er kann jedoch die Verlängerung seiner Aufenthaltserlaubnis unter dem Aspekt verlangen, daß er nach Art. 6 Abs. 1 erster Gedankenstrich nach einem Jahr ordnungsgemäßer Beschäftigung Anspruch auf Erneuerung seiner Arbeitserlaubnis bei dem gleichen Arbeitgeber hat.

V. Der Abbau der Kontrollen von Personen an den Binnengrenzen (Schengener Abkommen)

1. Das Abkommen von Schengen

Zu den Zielen des Binnenmarktes als eines Raums ohne Binnengrenzen gehört auch der Abbau der Personenkontrollen an den Binnengrenzen der Mitgliedstaaten. Im Gegensatz zu den Warenkontrollen erfolgt der Abbau der Personenkontrollen nicht durch Regelungen des Gemeinschaftsrechts. Teils aus Kompetenzmangel, teils aus Gründen fehlender Einigkeit zwischen allen Mitgliedstaaten sah sich die Gemeinschaft außerstande, selbst die notwendigen Voraussetzungen für den Wegfall der

Grenzkontrollen bei Personen zu beschaffen. Die Mitgliedstaaten, die sich zum Abbau dieser Kontrollen in der Lage sehen, wollen diesen Abbau auf der Grundlage des sog. Schengener Abkommens als völkerrechtlicher Vereinbarung außerhalb des Gemeinschaftsrechts verwirklichen.

Das „Übereinkommen betreffend den schrittweisen Abbau der Kontrollen an den gemeinsamen Grenzen" wurde am 14. Juni 1985 von den Regierungen von Belgien, Deutschland, Frankreich, Luxemburg und den Niederlanden in dem luxemburgischen Ort Schengen abgeschlossen (1. Schengener Abkommen, Text: GMBl. 1986, S. 79). Es regelt den schrittweisen Abbau der Kontrollen von Personen und Waren an den gemeinsamen Grenzen der Vertragsstaaten; der Abbau der Personenkontrollen steht dabei im Vordergrund. Als Regierungsabkommen war es nicht ratifizierungsbedürftig. Zur Durchführung dieses Abkommens haben dieselben Staaten am 19. Juni 1990 in Schengen ein weiteres Übereinkommen geschlossen (2. Schengener Abkommen, Text: BT-Drs. 12/2453), das von den Parlamenten der Vertragsstaaten ratifiziert werden muß. Beiden Abkommen kann jeder Mitgliedstaat der Gemeinschaft beitreten. Davon haben inzwischen Griechenland, Italien, Spanien und Portugal Gebrauch gemacht. Demgegenüber sind Dänemark, Großbritannien und Irland nicht gewillt beizutreten. Die Vergünstigungen aus dem Schengener Abkommen kommen jedoch nicht nur den Angehörigen der Vertragsstaaten, sondern denjenigen aller Mitgliedstaaten der Gemeinschaft zugute.

Das Schengener Abkommen tritt bei Ratifikation von „Schengen 2" in allen Vertragsstaaten in Kraft. Das ist bisher nicht geschehen, so daß das vorgesehene Ziel, das Abkommen zum 1. Januar 1993 in Kraft zu setzen, nicht erreicht wurde. In der Bundesrepublik Deutschland ist das Abkommen wegen der beabsichtigten Regelung des Asylrechts bisher nicht ratifiziert worden. Die Ratifikation wird für die erste Hälfte des Jahres 1993 angestrebt.

2. Inhalt des Schengener Abkommens

Während des 1. Schengener Übereinkommen sich auf Erleichterungen bei den Grenzkontrollen beschränkt, regelt das 2. Abkommen in detaillierter Weise die vollständige Aufhebung aller Personenkontrollen an den Binnengrenzen der Vertragsstaaten und sieht sog. „Ausgleichsmaßnahmen" vor, die notwendig sind, damit der Verzicht auf die Grenzkontrollen keine unverantwortbaren Sicherheitsrisiken mit sich bringt. Gemäß Art. 2 Abs. 1 „Schengen 2" dürfen die Binnengrenzen an jeder Stelle ohne Personenkontrollen überschritten werden. Die Kontrolle entfällt nicht nur bei den Angehörigen der Vertragsstaaten und der nicht beigetretenen Mitgliedstaaten, sondern auch beim Grenzwechsel von Personen mit der Angehörigkeit eines Drittstaates. Im Gegenzug werden die Kontrollen an den Außengrenzen der Vertragsstaaten verstärkt und nach einheitlichen Grundsätzen vorgenommen. Dazu zählt insbesondere die Einführung eines einheitlichen im Hoheitsgebiet aller Vertragsstaaten gültigen Sichtvermerks für die Einreise von Dritt-Ausländern. Asylbegehren werden so behandelt, daß ein Asylverfahren nur in **einem** Vertragsstaat stattfindet, um mehrfache Verfahren in verschiedenen Vertragsstaaten zu vermeiden. Zuständig ist grundsätzlich derjenige Staat, über dessen Außengrenze der Asylbegehrende erstmals eingereist ist. Über das Asylbegehren entscheidet gemäß Art. 32 „Schengen 2" der zuständige Staat nach seinem materiellen Recht. Eine Angleichung des materiellen Asylrechts der Vertragsstaaten sieht das Schengener Abkommen nicht vor.

Zu den **Ausgleichsmaßnahmen** für die innere Sicherheit gehört, daß die Polizei- und Zolldienste der Vertragsstaaten sich untereinander nach Maßgabe des nationalen Rechts und ihrer jeweiligen Zuständigkeit im Interesse der vorbeugenden Bekämpfung und der Aufklärung von strafbaren Handlungen Hilfe leisten, Art. 39 Abs. 1 „Schengen 2". Bei der Verfolgung von Straftaten ist die Polizei eines Vertragsstaates nach Maßgabe der Art. 40 und 41 „Schengen 2" zur Observation und Nacheile im Hoheitsgebiet eines anderen Mitgliedstaates berechtigt. Die grenzüberschreitende Zusammenarbeit soll insbesondere in grenznahen Regionen durch die Einrichtung direkter Telefon-, Funk-, Telex- und anderer Verbindungen zum Zweck des Informationsaustausches erleichtert werden. Vorgesehen ist weiterhin die Errichtung eines gemeinsamen Fahndungssystems (Schengener Informationssystem), das aus einem nationalen Teil bei jedem Vertragsstaat und der technischen Unterstützungseinheit mit Sitz in Straßburg / Frankreich besteht (Europol). Im Rahmen dieses Informationssystems kann jeder Vertragsstaat über Europol Ausschreibungen über die Suche von Personen und Sachen in anderen Vertragsstaaten im automatisierten Verfahren abrufen. Weitere Ausgleichsmaßnahmen für die innere Sicherheit nach dem Schengener Abkommen bestehen in Erleichterungen und Vereinfachungen im Bereich der Rechtshilfe von Strafsachen, in der verstärkten Zusammenarbeit zur Bekämpfung des Mißbrauchs von Drogen sowie in der Harmonisierung der nationalen Vorschriften über den Erwerb und die Verwendung von Feuerwaffen und Munition. Ferner haben sich die Mitgliedstaaten verpflichtet, im Hinblick auf den grenzüberschreitenden Austausch personenbezogener Daten in ihrem Recht Regelungen zum Datenschutz zu treffen, die mindestens dem Schutzstandard des Übereinkommens des Europarates über den Schutz des Menschen bei der automatischen Verarbeitung personenbezogener Daten vom 28. Januar 1981 entsprechen müssen (Art. 126 ff. „Schengen 2"). Auf die richtige Anwendung des Abkommens achtet ein hierfür vorgesehener sog. Exekutivausschuß.

VI. Die Unionsbürgerschaft

1. Zur Einführung der Unionsbürgerschaft im allgemeinen

Als einen Beitrag zu einem „Europa der Bürger" (hierzu näher *Magiera*, DÖV 1987, S. 221 ff.) sieht der Vertrag über die Europäische Union vom 7. Februar 1992 (EUV) die Einführung einer **Unionsbürgerschaft** vor. Nach Art. A EUV stellt der Unionsvertrag eine neue Stufe bei der Verwirklichung einer immer engeren Union der Völker Europas dar, in der die Entscheidungen möglichst bürgernah getroffen werden sollen. Im Rahmen dieser Zielsetzung ist die Unionsbürgerschaft als ein Instrument anzusehen, den weiteren Prozeß der europäischen Integration möglichst bürgernah auszugestalten und es den Angehörigen der Mitgliedstaaten zu ermöglichen, sich stärker als bisher mit dem Zusammenwachsen der Völker und Staaten in der Europäischen Union zu identifizieren.

Die Einführung der Unionsbürgerschaft wird nicht in den Art. A bis F EUV als den gemeinsamen Bestimmungen für die Union vorgenommen. Dort heißt es lediglich in Art. B EUV, daß sich die Union u. a. das Ziel setzt, durch Einführung einer Unionsbürgerschaft den Schutz der Rechte und Interessen der Angehörigen der Mitgliedstaaten zu stärken. Die Einführung selbst erfolgt in den Bestimmungen zur Änderung des Vertrags zur Gründung der Europäischen Wirtschaftsgemeinschaft im Hinblick auf die Gründung der Europäischen Gemeinschaft (EG-Vertrag, EGV), und zwar in den Art. 8 bis 8e EGV des zweiten, mit „die Unionsbürgerschaft" überschriebenen Teils des Vertrags. Dort heißt es in Art. 8 EGV, daß eine Unionsbürgerschaft eingeführt wird (Abs. 1) und die Unionsbürger die in **diesem**, d. h. die im EGV vorgesehenen Rechte und Pflichten haben (Abs. 2). Damit ergibt sich das – zumindest auf den ersten Blick – eigenartige Bild, daß die Unionsbürgerschaft im Rahmen des **Gemeinschafts**rechts eingeführt wird, während von der Bezeichnung her die **Union** als Zuordnungsobjekt dieser Bürgerschaft gewählt wurde. Diese Konstruktion ist so zu erklären, daß die mit der Unionsbürgerschaft verknüpften **Rechte** an der Durchgriffswirkung des Gemeinschaftsrechts teilhaben sollen, also in den Mitgliedstaaten unmittelbar geltendes und mit Vorrang anwendbares Recht darstellen. Neben „Rechten" sind die Unionsbürger aber auch in ihren „Interessen" zu schützen, was sich als gestaltende Tätigkeit zu ihren Gunsten in anderen Bereichen der Union auffassen läßt. So dient nach Art. K.1 EUV die Zusammenarbeit in den Bereichen Justiz und Inneres der Verwirklichung der Ziele der Union, insbesondere der Freizügigkeit. Der im Rahmen dieser Zusammenarbeit angestrebte Abbau der Freizügigkeit liegt zweifellos im „Interesse" der Unionsbürger. Die Bezeichnung **Unions**bürgerschaft bringt somit zum Ausdruck, daß die Belange der Unionsbürger in allen Bereichen der Union zu fördern sind.

Die Unionsbürgerschaft erfüllt nicht die Funktion einer Staatsangehörigkeit, da, wie näher dargelegt (siehe oben Teil I Kapitel B IV 2), die Union kein Staat, auch kein europäischer Bundesstaat ist. Die Unionsbürgerschaft verdrängt daher weder ganz noch teilweise die bestehende Staatsangehörigkeit der Angehörigen der Mitgliedstaaten, sondern ergänzt diese um ein Bündel spezifisch aus der Europäischen Integration heraus entwickelter Rechte. Insofern kann sie nur als die Vorstufe zu einem noch zu verwirklichenden umfassenden europäischen Bürgerrecht verstanden werden.

2. Der Unionsbürger

Nach Art. 8 Abs. 1 EGV ist Unionsbürger, wer die Staatsangehörigkeit eines Mitgliedstaates der Gemeinschaft besitzt. Die Frage, welchem Mitgliedstaat eine Person angehört, wird allein durch das innerstaatliche Recht des betreffenden Mitgliedstaates geregelt (vgl. Erklärung zur Staatsangehörigkeit eines Mitgliedstaates in der Schlußakte der Regierungskonferenzen über die Politische Union und die Wirtschafts- und Währungsunion).

3. Die mit der Unionsbürgerschaft verbundenen Rechte

Nach Art. 8 Abs. 2 EGV haben die Unionsbürger die in diesem Vertrag vorgesehenen Rechte und Pflichten. Die speziell mit der Unionsbürgerschaft verbundenen Rechte ergeben sich aus den Art. 8a bis 8d EGV.

a) Allgemeines Aufenthaltsrecht

Nach Art. 8a Abs. 1 EGV hat jeder Unionsbürger das Recht, sich im Hoheitsgebiet der Mitgliedstaaten vorbehaltlich der in diesem Vertrag und in den Durchführungsvorschriften vorgesehenen Beschränkungen und Bedingungen frei zu bewegen und aufzuhalten. Dieses Recht setzt keinen spezifischen Aufenthaltszweck voraus. Es unterliegt allerdings den Grenzen, die sich aus bestehendem Primär- und Sekundärrecht ergeben, so daß inhaltlich das Aufenthaltsrecht in Art. 8a Abs. 1 EGV derzeit nicht über das hinausgeht, was das bereits vorhandene Gemeinschaftsrecht den Unionsbürgern an Freizügigkeit einräumt. Allerdings kann die Freizügigkeit nach Art. 8a Abs. 2 EGV ausgebaut werden, indem der Rat Vorschriften erläßt, mit denen die Ausübung der Rechte nach Abs. 1 erleichtert wird.

b) Kommunalwahlrecht

Nach Art. 8b Abs. 1 EGV hat jeder Unionsbürger mit Wohnsitz in einem Mitgliedstaat, dessen Staatsangehörigkeit er nicht besitzt, in dem Mitgliedstaat, in dem er seinen Wohnsitz hat, das aktive und passive Wahlrecht bei Kommunalwahlen, wobei für ihn dieselben Bedingungen gelten wie für die Angehörigen des betreffenden Mitgliedstaates. Dieses Recht wird vorbehaltlich der Einzelheiten ausgeübt, die vom Rat vor dem 31. Dezember 1993 einstimmig auf Vorschlag der Kommission und nach Anhörung des Europäischen Parlaments festzulegen sind.

Das vorgesehene Kommunalwahlrecht ist das Kernstück der Unionsbürgerschaft, da es neben dem Wahlrecht bei den Wahlen zum Europäischen Parlament ein neues politisches Recht der Unionsbürger schafft und diesen erstmals die Möglichkeit gibt, sich an der Ausübung der Hoheitsgewalt der Mitgliedstaaten zu beteiligen. Damit verändert das Kommunalwahlrecht der Unionsbürger die demokratische Legitimation der Hoheitsgewalt der Mitgliedstaaten in dem Sinne, daß Legitimationssubjekte der Hoheitsgewalt auf kommunaler Ebene künftig neben den Staatsangehörigen des Aufenthaltsstaates auch Angehörige anderer Mitgliedstaaten sein werden. Zur Beteiligung von Unionsbürgern an Kommunalwahlen in Deutschland ist Art. 28 Abs. 1 GG durch das Gesetz zur Änderung des Grundgesetzes vom 21. Dezember 1992 (BGBl. I, S. 2086) entsprechend geändert worden.

Der Gedanke eines Kommunalwahlrechts für Angehörige anderer Mitgliedstaaten ist nicht neu. Bereits am 24. Juni 1988 hat die Kommission dem Rat den Vorschlag für eine Richtlinie über das Wahlrecht der Staatsangehörigen der Mitgliedstaaten bei den Kommunalwahlen vorgelegt (ABl. 1988 C 246/3; dazu *Jahn/Riedel,* Gemeinschaftsrechtliche Einführung eines kommunalen Wahlrechts für EG-Ausländer und innerstaatliches Verfassungsrecht, NVwZ 1989, S. 716ff.; *Magiera,* Kommunalwahlrecht in den EG-Mitgliedstaaten, Europa-Archiv 1988, S. 475); der Rat hat den Vorschlag in der Folgezeit jedoch nicht angenommen. Der Richtlinienvorschlag sieht vor, daß die Mitgliedstaaten den Angehörigen anderer Mitgliedstaaten bei einem regelmäßigen Aufenthalt in ihrem Staatsgebiet das aktive und passive Wahlrecht bei den Kommunalwahlen in der Gemeinde des gewöhnlichen Aufenthalts gewähren. Abgesehen von den durch die Richtlinie festgelegten Bedingungen richtet sich die Teilnahme an der Wahl nach dem internen Recht des Aufenthaltsstaates. Zur Ausübung des **aktiven** Wahlrechts muß der Wahlberechtigte einen entsprechenden Antrag bei der lokalen Behörde seines Aufenthaltsortes stellen und dabei ein von seinem Heimatstaat ausgestelltes Dokument vorlegen, daß ihm im Heimatstaat nicht die Bürgerrechte abgesprochen wurden und er dort das kommunale Wahlrecht nicht mehr ausüben kann. Damit ist die Möglichkeit einer Doppelwahl ausgeschlossen. Das **aktive** Wahlrecht ist dem Wahlberechtigten bei einem ununterbrochenen Aufenthalt von einer Dauer von höchstens einer Amtszeit des Gemeinderates zu gewähren. Das **passive** Wahlrecht ist bei einem Aufenthalt zu gewähren, der höchstens zwei Amtsperioden des Gemeinderates dauert. Ausgeschlossen werden kann dabei die Wahl in das Amt des Bürgermeisters, seines Stellvertreters oder in ein vergleichbares Amt. Es ist möglich, daß auf den Inhalt des Richtlinienvorschlags modellhaft bei der näheren Ausgestaltung des jetzt im EGV geregelten Kommunalwahlrechts zurückgegriffen wird.

c) Wahlrecht bei den Wahlen zum Europäischen Parlament

Art. 8b Abs. 2 EGV führt in das Wahlrecht bei den Wahlen zum Europäischen Parlament das sog. Wohnsitzprinzip ein. Das Wahlrecht selbst wurde im Hinblick auf die ersten Direktwahlen zum Europäischen Parlament 1979 im Jahre 1976 eingeführt. Da es jedoch die nähere Ausgestaltung des Wahlverfahrens dem nationalen Recht der Mitgliedstaaten überläßt, ist auf diese Weise nicht ohne weiteres gewährleistet, daß Angehörige eines Mitgliedstaates auch dann an der Wahl teilnehmen können, wenn sie ihren Wohnsitz in einem anderen Mitgliedstaat haben. Aufgrund der Regelung in Art. 8b Abs. 2 EGV kann jeder Unionsbürger mit Wohnsitz in dem Mitgliedstaat, dessen Staatsangehörigkeit er nicht besitzt, das aktive und passive Wahlrecht bei den Wahlen zum Europäischen Parlament zu den selben Bedingungen ausüben wie die Angehörigen des Aufenthaltsstaates. Die erforderlichen Einzelheiten zur Ausübung dieses Rechts hat der Rat vor dem 31. 12. 1993 einstimmig auf Vorschlag der Kommission und nach Anhörung des Europäischen Parlaments festzulegen.

d) Weitere Rechte der Unionsbürger

Weitere Rechte der Unionsbürger sind das Recht auf diplomatischen und konsularischen Schutz nach Maßgabe des Art. 8c EGV sowie nach Art. 8d EGV das Recht, sich mit Petitionen an das Europäische Parlament oder an dessen nach Art. 138e EGV eingesetzten Bürgerbeauftragten zu wenden.

Literatur: (Einreise, Aufenthalt und Verbleib von EG-Bürgern) *Stein,* Die Einschränkung der Freizügigkeit von EWG-Ausländern aus Gründen der öffentlichen Sicherheit und Ordnung, NJW 1976, 1553; *Dubbers,* Mißachtung der Art. 48 ff. EWGV durch deutsche Behörden und Gerichte / Eingaben an die EG-Kommission, EuGRZ 1979, 556; *ders.,* Das Sagulo-Urteil des EuGH und die deutsche Rechtsprechung zur EG-Aufenthaltserlaubnis, EuGRZ 1980, 689; *Meyer,* Die Grundsätze der aufenthaltsrechtlichen Rechtsprechung des BVerwG zum Europarecht und zu den völkerrechtlichen Niederlassungsverträgen, NVwZ 1984, 763; *Hailbronner,* Die Einreise und der Aufenthalt von EG-Angehörigen, ZAR 1984, 176; *ders.,* Aufenthaltsbeschränkungen gegenüber EG-Angehörigen und neuere Entwicklungen im EG-Auf-

enthaltsrecht, ZAR 1985, 108; *ders.,* Die neuere Rechtsprechung zum EG-Freizügig-
keitsrecht, ZAR 1988, 3; *ders.,* Zur Entwicklung der Freizügigkeit in der Europäischen
Gemeinschaft, ZAR 1990, 107; *Fastenrath,* Zur Erteilung einer unbefristeten Aufenthaltsberechtigung an EG-Bürger, ZAR 1986, 51; *Zuleeg,* Die Bedeutung des europäischen Gemeinschaftsrechts für das Ausländerrecht, NJW 1987, 2193; *Fischer,* Zur Ein-
reise- und Aufenthaltsfreiheit von EG-Ausländern, NVwZ 1990, 1150; *ders.,* Zur
Änderung des Aufenthaltsgesetzes / EWG, ZAR 1991, 3; *Streinz,* Einreise, Aufenthalt
und Ausweisung von EG-Ausländern, Zeitschrift für Rechtsvergleichung 1991, 98;
Schoch, Asyl- und Ausländerrecht in der Europäischen Gemeinschaft, DVBl. 1992,
525; *Benjes,* Die Personenverkehrsfreiheiten des EWG-Vertrages und ihre Auswirkungen auf das deutsche Verfassungsrecht, 1992;

(Freizügigkeit türkischer Arbeitnehmer) *Hailbronner,* Die Entscheidung des
EuGH zur Freizügigkeit türkischer Arbeitnehmer, NVwZ 1988, 220; *Lörcher,* Die
Rechte der türkischen Arbeitnehmer/innen nach der Ratifizierung der Europäischen
Sozialcharta durch die Türkei und dem Sevince-Urteil des Europäischen Gerichtshofs,
EuZW 1991, 395; *Huber,* Das Sevince-Urteil des EuGH: Ein neues EG-Aufenthalts-
recht für türkische Arbeitnehmer, NVwZ 1991, 242;

(Abbau der Grenzkontrollen, Europäisches Asylrecht) *Hailbronner,* Zur europäischen Asylrechtskoordinierung, NVwZ 1989, 303; *Classen,* Der Wegfall der Grenzkontrollen, in: *Oppermann / Moersch,* Europa 2000, Europa-Leitfaden, 1989; *Stobbe,* Das
Schengener Übereinkommen. Inhalt, Wirksamkeit und Bedeutung (Vorträge, Reden
und Berichte aus dem Europa-Institut Nr. 156), Europa-Institut der Universität des
Saarlandes, 1989; *Stuer,*Personenkontrollen an den europäischen Binnengrenzen und
ihr Abbau, 1990; *Kókai,* Die Abschaffung der Personenkontrollen an den Binnengrenzen der Europäischen Gemeinschaft und ihre Folgen, in: Das Europa der Bürger in
einer Gemeinschaft ohne Binnengrenzen, hrsg. von *Magiera,* 1990; *Kühne,* Kriminali-
tätsbekämpfung durch innereuropäische Grenzkontrollen? Auswirkungen der Schengener Abkommen auf die innere Sicherheit, 1991; Innere Sicherheit im europäischen
Binnenmarkt: eine Veröffentlichung der Bertelsmann Stiftung innerhalb der Reihe
„Strategien und Optionen für die Zukunft Europas", *Rupprecht / Hellenthal* (Hrsg.),
Bd. 10, 1992; *Schweitzer,* Asylrecht im Europäischen Gemeinschaftsrecht, in: Festschrift für B. Börner, 1992, 403;

(Europa der Bürger) a) (allgemein) Europa der Bürger (Bericht des Ad-hoc-
Ausschusses-Adonnino-Ausschuß), EG-Bulletin, Beilage 7/1985, S. 20; *EG-Kommission* (Hrsg.), Der Bürger Europas und seine neuen Rechte, 1987; *Magiera,* Die Europäische Gemeinschaft auf dem Weg zu einem Europa der Bürger, DÖV 1987, 221 ff.;
ders., Politische Rechte im Europa der Bürger, ZRP 1987, 331; *ders.* (Hrsg.), Das
Europa der Bürger in einer Gemeinschaft ohne Binnengrenzen, 1990;

(Unionsbürgerschaft) *Fischer,* Die Unionsbürgerschaft (Vorträge, Reden und Berichte aus dem Europa-Institut, Nr.-269), Europa-Institut der Universität des Saarlandes, 1992; *ders.,* Die Unionsbürgerschaft, EuZW 1992, 566;

(Kommunalwahlrecht) *Bryde,* Ausländerwahlrecht und grundgesetzliche Demokratie, JZ 1989, 257; *Bundesrat,* Zum Kommunalwahlrecht für EG-Bürger, NVwZ
1989, 741; *Gramlich,* Wahlrecht für nichtdeutsche Inländer, ZAR 1989, 51; *Jahn / Riedel,*
Gemeinschaftsrechtliche Einführung eines kommunalen Wahlrechts für EG-Ausländer
und seine Auswirkungen auf das innerstaatliche Recht, NVwZ 1989, 716; *dies.,* Der
Vorschlag der Europäischen Kommission für ein Kommunalwahlrecht für EG-Ausländer und seine Auswirkungen auf das innerstaatliche Recht, ZAR 1989, 58; *Karpen,*
Kommunalwahlrecht für Ausländer, NJW 1989, 1012; *de Lobkowicz,* Ein Europäisches
Kommunalwahlrecht für alle EG-Bürger, DÖV 1989, 519.

E. Die Freizügigkeit der Arbeitnehmer

I. Einführung

Art. 48 EGV gewährleistet die Freizügigkeit der Arbeitnehmer in der Gemeinschaft. Nach Art. 48 Abs. 2 EGV umfaßt sie die Abschaffung jeder auf der Staatsangehörigkeit beruhenden unterschiedlichen Behandlung der Arbeitnehmer der Mitgliedstaaten in bezug auf Beschäftigung, Entlohnung und sonstige Arbeitsbedingungen. Sie gibt den Arbeitnehmern das bereits erläuterte Recht auf Einreise, Aufenthalt und Verbleib im jeweiligen Aufenthaltsstaat. Von der Freizügigkeit ausgenommen sind nach Art. 48 Abs. 4 EGV Beschäftigungen in der öffentlichen Verwaltung.

Der Herstellung der Freizügigkeit dienen die gemäß Art. 49 EGV erlassenen Verordnungen und Richtlinien, auf die bereits an anderer Stelle hingewiesen wurde (Kapitel D I 1). Das wichtigste Regelwerk ist in diesem Zusammenhang die Verordnung (EWG) Nr. 1612/68 über die Freizügigkeit der Arbeitnehmer vom 15. Oktober 1968 (ABl. 1968 Nr. L 257/2 mit Änderungen = „Europäisches Wirtschaftsrecht", Nr. 740).

Um die aus- und einwandernden Arbeitnehmer vor Nachteilen auf dem Gebiet der sozialen Sicherheit zu schützen, sieht Art. 51 EWGV die Einführung eines Systems zur Sicherstellung der Leistungsrechte der Arbeitnehmer und ihrer anspruchsberechtigten Angehörigen vor.

Die gemeinschaftsrechtlichen Bestimmungen über die Freizügigkeit der Arbeitnehmer (Entsprechendes gilt auch für die Niederlassungsfreiheit und den freien Dienstleistungsverkehr) sind in der Bundesrepublik unmittelbar anwendbares Recht. Nach dem Urteil des EuGH in der Rechtssache „Watson / Belman" (EuGHE 1976, 1185 – Rs. 118/75) führen die Art. 48 bis 66 des EWG-Vertrages (jetzt EG-Vertrages) und die zu ihrer Durchführung erlassenen Rechtsakte der Gemeinschaft einen fundamentalen Grundsatz des Vertrages aus, verleihen den von ihnen erfaßten Personen subjektive Rechte, welche die innerstaatlichen Gerichte zu schützen haben, und gehen jeder entgegenstehenden innerstaatlichen Rechtsvorschrift vor. Die Regeln über die Freizügigkeit sind allerdings nur anwendbar auf Sachverhalte, die einen Bezug zur Freizügigkeit in der **Gemeinschaft** aufweisen, betreffen also im Regelfall die Haltung eines Mitgliedstaates gegenüber Arbeitnehmern aus anderen Mitgliedstaaten. Dementsprechend kann sich ein deutscher Arbeitnehmer, der niemals das Recht auf Freizügigkeit in der Gemeinschaft ausgeübt hat, in einem Rechtsstreit um die Besetzung eines Dienstpostens bei der Deutschen Bundespost als Arbeitnehmer nicht auf das in den Art. 6 und 48 EGV geregelte Diskriminierungsverbot berufen (EuGH EuZW 1992, 189 – Rs. C – 332/90 „Steen/Deutsche Bundespost").

II. Zum Begriff des Arbeitnehmers

Zur Inanspruchnahme der Freizügigkeit ist eine Tätigkeit als „Arbeitnehmer" bzw. eine solche im „Lohn- oder Gehaltsverhältnis" erforderlich, Art. 1 Abs. 1 VO 1612/68. Diese Begriffe werden im Gemeinschaftsrecht selbst nicht definiert. Der EuGH stellt auf das Vorliegen eines Arbeitsverhältnisses ab. Danach ist Arbeitnehmer, wer während einer bestimmten Zeit für einen anderen nach dessen Weisung Leistungen erbringt, für die er als Gegenleistung eine Vergütung erhält (EuGHE 1986, 2121 – Rs. 66/85 „Lawrie-Blum" = NVwZ 1987, 41; EuGH EuZW 1992, 316 – Rs. C – 357/89 „Raulin"). Es handelt sich um einen Begriff des **Gemeinschaftsrechts,** so daß es nicht darauf ankommt, wie die Eigenschaft als Arbeitnehmer im nationalen Recht der Mitgliedstaaten definiert wird; die Art des Rechtsverhältnisses zwischen Arbeitnehmer und Arbeitgeber – privatrechtliches oder öffentlich-rechtliches Beschäftigungsverhältnis – ist für die Anwendung des Art. 48 EGV unerheblich (EuGHE 1982, 1035 – Rs. 53/81 „Levin" = NJW 1983, 1249).

Fall Lawrie-Blum (EuGH NVwZ 1987, 41): Die britische Staatsangehörige Lawrie-Blum studierte in Freiburg und legte die erste Staatsprüfung für das Lehramt an höheren Schulen ab. Sie wollte später an einer Privatschule unterrichten. Ihrem Antrag auf Zulassung zum Vorbereitungsdienst für das Lehramt an höheren Schulen, der im Beamtenverhältnis auf Widerruf abgeleistet wird, lehnte die Verwaltung des Landes Baden-Württemberg mit der Begründung ab, daß in das Beamtenverhältnis nur Deutsche im Sinne von Art. 116 GG berufen werden könnten. Die Klage von Frau Lawrie-Blum auf Zulassung zum Vorbereitungsdienst wiesen die Verwaltungsgerichte erster und zweiter Instanz ab, wobei der VGH Mannheim als Berufungsgericht der Ansicht war, das öffentliche Schulwesen sei kein Teil des Wirtschaftslebens und falle somit nicht in den Anwendungsbereich des EWG-Vertrages. Das BVerwG als Revisionsgericht legte dem EuGH zur Vorabentscheidung die Frage vor, ob die Freizügigkeitsregeln des Gemeinschaftsrechts dem Angehörigen eines Mitgliedstaates das Recht geben, in einem anderen Mitgliedstaat unter den gleichen Voraussetzungen wie ein Inländer zum staatlichen Vorbereitungsdienst zugelassen zu werden, wenn dieser Vorbereitungsdienst nach nationalem Recht im Beamtenverhältnis abzuleisten ist und in das Beamtenverhältnis nur inländische Staatsangehörige berufen werden können.

Die Frage nach der Eigenschaft des Studienreferendars als Arbeitnehmer i. S. von Art. 48 EGV hat der EuGH aus folgenden Gründen bejaht: Der Studienreferendar werde weisungsgebunden tätig, da er während der gesamten Dauer des Vorbereitungsdienstes im Hinblick auf die Arbeitszeit und die zu erbringenden Leistungen der Weisung und der Aufsicht der Schule unterstehe, der er zugewiesen sei. Durch die Erteilung von

Unterricht während des Vorbereitungsdienstes erbringe er zugunsten der Schule Dienstleistungen von einem gewissen wirtschaftlichen Wert. Die Beträge, die er erhalte, seien als Vergütung anzusehen, die eine Gegenleistung für die erbrachten Dienstleistungen und die Verpflichtungen darstelle, welche die Ableistung des Vorbereitungsdienstes für ihn mit sich bringe. Damit seien die drei Kriterien für das Bestehen eines Arbeitsverhältnisses (weisungsgebundene Tätigkeit, Erbringung von Leistungen, Vergütung als Gegenleistung) erfüllt.

Der Umstand, daß der pädagogische Vorbereitungsdienst, ebenso wie die Lehrzeit bei anderen Berufen, als eine mit der eigentlichen Ausübung des Berufes verbundene praktische Vorbereitung angesehen werden kann, hindert nach Auffassung des EuGH die Anwendung von Art. 48 EGV nicht, wenn dieser Dienst (wie im konkreten Fall) unter den Bedingungen einer Tätigkeit im Lohn- und Gehaltsverhältnis abgeleistet wird. Zurückgewiesen hat der EuGH auch den Einwand, daß die im Rahmen des Schulwesens erbrachten Leistungen nicht wirtschaftlicher Natur seien, somit nicht in den Anwendungsbereich des EWG(jetzt EG-)Vertrages fielen; insoweit komme es nur darauf an, daß die Tätigkeit den Charakter einer entgeltlichen Arbeitsleistung habe, unabhängig davon, in welchem Bereich sie erbracht werde (s. auch EuGHE 1974, 1405 – Rs. 36/74 „Walrave/Koch"). Schließlich steht der Anwendung von Art. 48 EGV nicht entgegen, daß die Tätigkeit des Studienreferendars in dem öffentlich-rechtlichen Status eines Beamten ausgeübt wird. (Zu der weiteren Frage, ob die Tätigkeit des Studienreferendars eine Beschäftigung in der öffentlichen Verwaltung i. S. von Art. 48 Abs. 4 EGV ist, s. nachfolgend unter V).

Im Interesse der Freizügigkeit als eines fundamentalen Grundsatzes des Vertrages ist der Begriff des Arbeitnehmers **weit** auszulegen (EuGHE 1982, 1035 – Rs. 53/81 „Levin" = NJW 1983, 1249). Er umfaßt daher neben Dauer- und Vollzeitbeschäftigten auch Saisonarbeiter, Grenzgänger und Teilzeitbeschäftigte. Teilzeitbeschäftigte werden durch das Gemeinschaftsrecht auch dann geschützt, wenn sie zur vollständigen Deckung ihres Lebensunterhaltes auf den Bezug weiterer Einkünfte angewiesen sind, z. B. aufgrund eigenen Vermögens, durch Unterhaltszahlungen Dritter oder auch durch Inanspruchnahme von Sozialhilfe (vgl. EuGHE 1986, 1741 – Rs. 139/85 „Kempf"). Unerheblich sind auch die Motive zur Aufnahme einer Beschäftigung, so daß auch derjenige als Arbeitnehmer zu behandeln ist, der mit der Beschäftigung nicht primär wirtschaftliche, sondern andere Ziele verfolgt, wie z. B. das Zusammenleben mit einer Person im Aufenthaltsstaat (EuGH „Levin", a.a.O.; *Benjes,* Die Personenverkehrsfreiheiten des EWG-Vertrages und ihre Auswirkungen auf das deutsche Verfassungsrecht, 1992, S. 82) Die Eigenschaft als Arbeitnehmer setzt jedoch eine tatsächliche und echte Tätigkeit im Lohn- und Gehaltsverhältnis voraus. Hierzu zählen solche

Tätigkeiten nicht, die einen so geringen Umfang haben, daß sie sich als völlig untergeordnet und unwesentlich darstellen wie z. B. Gelegenheitsarbeiten (EuGH „Levin", a. a. O.; EuGH EuZW 1992, 315 „Raulin").

Wie der EuGH in der Rechtssache „Lawrie-Blum" ausgeführt hat, ist es unerheblich, in welchem Bereich eine Tätigkeit ausgeübt wird, sofern sie nur den Charakter einer entgeltlichen Arbeitsleistung hat. Somit erfaßt die Freizügigkeit auch bezahlte Tätigkeiten in Bereichen, die kulturellen, sozialen, sportlichen oder ähnlichen Zwecken dienen, wie z. B. die Tätigkeit als Berufssportler (EuGHE 1974 – Rs. 36/74 „Walrave/ Koch") oder entgeltlich erbrachte Leistungen im Dienste einer Religionsgemeinschaft (EuGH NVwZ 1990, 53 – Rs. 196/87 „Steymann"). Personen, die zur Vorbereitung auf einen Beruf eine Lehrzeit absolvieren, sind dann als Arbeitnehmer einzustufen, wenn der Arbeitgeber durch Zahlung einer Vergütung zum Ausdruck bringt, daß die erbrachten Leistungen für ihn wirtschaftlich nicht völlig bedeutungslos sind. Daher werden auch Lehrlinge oder Praktikanten, wenn sie eine Vergütung erhalten, von der Freizügigkeit der Arbeitnehmer erfaßt. Keine Arbeitnehmer sind demgegenüber Schüler und Studenten, was nicht ausschließt, daß das Gemeinschaftsrecht sie in anderer Weise schützt (s. dazu nachfolgend unter VII).

Die Inanspruchnahme der Freizügigkeit setzt nicht notwendigerweise ein **bestehendes** Arbeitsverhältnis voraus. Geschützt sind auch die auf **Arbeitssuche** befindlichen Personen, allerdings unter Beschränkung auf eine Dauer von drei Monaten, § 8 Abs. 1 AufenthaltsG/EWG. Hierbei muß eine Beschäftigung ernstlich angestrebt werden. Eine dahingehende Absicht liegt nicht vor, wenn Angehörige anderer Mitgliedstaaten zu dem Zweck in das Bundesgebiet anreisen, die Arbeitssuche von vornherein unter Inanspruchnahme von Sozialhilfe vorzunehmen (OVG Koblenz, InfAuslR 1988, 67; OVG Hamburg, NVwZ-RR 1990, 141).

Die Eigenschaft als Arbeitnehmer besteht auch nach **Beendigung** des Arbeitsverhältnisses fort. Dies gilt zunächst für verbleibeberechtigte Arbeitnehmer. Arbeitnehmer, die wegen vorübergehender Arbeitsunfähigkeit infolge Krankheit oder Unfalls oder wegen unfreiwilliger Arbeitslosigkeit nicht mehr in einem Arbeitsverhältnis stehen, sind insoweit geschützt, als nach § 3 Abs. 4 AufenthaltsG/EWG die ihnen erteilte Aufenthaltserlaubnis-EG wegen des Ausscheidens aus dem Arbeitsverhältnis nicht nachträglich zeitlich beschränkt werden darf. Bei unfreiwilliger Arbeitslosigkeit wird die Aufenthaltserlaubnis-EG nach § 3 Abs. 3 AufenthaltsG/EWG auf Antrag um mindestens fünf Jahre verlängert, kann jedoch bei der ersten Verlängerung auf die Gültigkeitsdauer von zwölf Monaten begrenzt werden, wenn der Arbeitnehmer zu diesem Zeitpunkt seit mehr als zwölf aufeinanderfolgenden Monaten arbeitslos ist.

III. Rechte der Arbeitnehmer

Die aus der Freizügigkeit fließenden Rechte sind nach Art. 48 Abs. 2 und 3 EGV der Anspruch auf Gleichbehandlung beim Zugang zu einer Beschäftigung und deren Ausübung und die bereits behandelten Rechte auf Einreise, Aufenthalt und Verbleib. Der Grundsatz der Gleichbehandlung wird durch die VO 1612/68 näher ausgeführt.

1. Zugang zur Beschäftigung

Gemäß Art. 48 Abs. 3a EGV haben die Angehörigen der Mitgliedstaaten das Recht, sich um tatsächlich angebotene Stellen in den anderen Mitgliedstaaten zu bewerben. Diese Bewerbung kann vom Herkunftsstaat aus oder im Rahmen der zur Arbeitssuche vorgenommenen Einreise erfolgen. Nach Art. 1 Abs. 2 VO 1612/68 hat der Arbeitsuchende mit dem gleichen Vorrang Anspruch auf Zugang zu den verfügbaren Stellen wie Inländer. Unzulässig ist nach Art. 3 Abs. 1 VO 1612/68 die Anwendung von Rechts- und Verwaltungsvorschriften oder Verwaltungspraktiken, die das Stellenangebot und das Arbeitsgesuch, den Zugang zur Beschäftigung und deren Ausübung durch Ausländer einschränken oder von Bedingungen abhängig machen, die für Inländer nicht gelten, oder solche, die, ohne auf die Staatsangehörigkeit abzustellen, ausschließlich oder hauptsächlich bezwecken oder bewirken, daß Angehörige anderer Mitgliedstaaten von den angebotenen Stellen ferngehalten werden. Unzulässig ist insbesondere die Aufstellung von Höchstquoten für die Beschäftigung von Angehörigen anderer Mitgliedstaaten, Art. 4 Abs. 1 VO 1612/68. Bei der Arbeitssuche haben die Arbeitsämter EG-Bürgern die gleiche Hilfestellung zu leisten wie Inländern. Zur Aufnahme einer Tätigkeit in der Bundesrepublik bedürfen EG-Bürger keiner **Arbeitserlaubnis** nach dem Arbeitsförderungsgesetz (§ 19 Abs. 1 Arbeitsförderungsgesetz vom 25. Juli 1969, BGBl. I, S. 582).

2. Der Grundsatz der Gleichbehandlung

a) Allgemeiner Inhalt

Nach Art. 48 Abs. 2 EGV ist jede auf der Staatsangehörigkeit beruhende unterschiedliche Behandlung der Arbeitnehmer der Mitgliedstaaten in bezug auf Beschäftigung, Entlohnung und sonstige Arbeitsbedingungen verboten. Die Vorschrift konkretisiert das allgemeine Diskriminierungsverbot des Art. 6 EGV für den Bereich der Freizügigkeit der Arbeitnehmer. Es handelt sich um einen Anspruch auf **Gleichbehandlung,** wie aus Art. 7 Abs. 1 VO 1612/68 hervorgeht, wonach die aus anderen Mitgliedstaaten stammenden Arbeitnehmer aufgrund ihrer Staatsangehörigkeit hinsichtlich der Beschäftigungs- und Arbeitsbedingungen nicht anders behandelt werden dürfen als die inländischen Arbeitnehmer. Ein Anspruch auf Besserstellung läßt sich daher aus Art. 48 Abs. 2 EGV nicht ableiten (zur Problematik der sog. Inländerdiskriminierung s. oben Kapitel B).

Art. 48 Abs. 3 EGV verbietet eine Ungleichbehandlung aufgrund der **Staatsangehörigkeit** (zur Ungleichbehandlung wegen des Geschlechts vgl. Art. 119 EWGV). Unzulässig ist es daher, zu besetzende Stellen den Angehörigen des Aufenthaltsstaates vorzubehalten. Dies geschieht namentlich bei Tätigkeiten im öffentlichen Dienst. Nach deutschem Beamtenrecht (vgl. § 4 Abs. 1 Beamtenrechtsrahmengesetz) darf in das Beamtenverhältnis nur berufen werden, wer Deutscher i. S. des Art. 116 GG ist. Dieses Erfordernis darf Angehörigen anderer Mitgliedstaaten nur entgegengehalten werden, wenn die zu besetzende Stelle als Beschäftigung in der öffentlichen Verwaltung von der Ausnahme des Art. 48 Abs. 4 EGV erfaßt wird, was aber nicht schon deshalb der Fall ist, weil die betreffende Stelle mit einem Beamten besetzt werden soll (zu Art. 48 Abs. 4 siehe nachfolgend unter V).

Unzulässig sind auch versteckte (indirekte) Diskriminierungen, d. h. solche, die nicht ausdrücklich auf die Staatsangehörigkeit abstellen, aber eine Schlechterstellung von Angehörigen anderer Mitgliedstaaten bezwecken oder bewirken, indem ihnen die Erfüllung von Bedingungen abverlangt wird, die typischerweise nur Inländer erfüllen können. In diesem Zusammenhang ist die indirekte Diskriminierung allerdings von Anforderungen abzugrenzen, die zulässigerweise an eine Tätigkeit als Arbeitnehmer gestellt werden können. Nach Art. 6 Abs. 1 VO 1612/68 darf bei Arbeitnehmern aus anderen Mitgliedstaaten hinsichtlich des Gesundheitszustandes, des Berufes oder sonstiger Anforderungen aufgrund der Staatsangehörigkeit kein anderer Maßstab angelegt werden wie bei inländischen Arbeitnehmern, woraus im Umkehrschluß folgt, daß auch die Arbeitnehmer anderer Mitgliedstaaten diesem Maßstab unterworfen werden können. Art. 48 Abs. 2 EGV verbietet daher eine sich aus der Rechtsordnung des Aufenthaltsstaates ergebende unterschiedliche Behandlung nicht, wenn sie sich ohne Rücksicht auf die Staatsangehörigkeit der Betroffenen auf alle dieser Rechtsordnung unterworfenen Personen nach objektiven Merkmalen auswirkt (EuGHE 1978, 1489 – Rs. 1/78 „Kenny/Insurance Officer"; *Randelzhofer,* in: *Grabitz,* EWGV, Art. 48, Rdnr. 28). Ob die Ungleichbehandlung zulässigerweise auf objektiven Merkmalen beruht oder eine versteckte Diskriminierung darstellt, läßt sich nicht abstrakt, sondern nur nach den Umständen des Einzelfalles beurteilen. Eine versteckte Diskriminierung ist beispielsweise anzunehmen, wenn die Regierung eines deutschen Bundeslandes Zuschüsse an private Arbeitgeber zur Einstellung von Arbeitnehmern von der Voraus-

setzung abhängig macht, daß die Bewerber ihr Studium an einer landeseigenen Hochschule absolviert haben. Diskriminierend kann sich auch
das Erfordernis eines Wohnsitzes im Inland auswirken (vgl. EuGHE
1974, 153 – Rs. 152/73 „Sotgiu / Deutsche Bundespost"). Kenntnisse in
der Sprache des Aufenthaltsstaates können nach Art. 3 Abs. 1 Satz 2 VO
1612/68 nur dann gefordert werden, wenn sie in Anbetracht der Besonderheit der zu vergebenden Stelle erforderlich sind, wie z. B. bei der
Beschäftigung von Lehrern.

Im Hinblick auf den Berufszugang und die Berufsausübung unterliegen Angehörige anderer Mitgliedstaaten bei einer Tätigkeit im Bundesgebiet den Regeln des deutschen Rechts. Soweit allerdings das Gemeinschaftsrecht sekundärrechtlich die gegenseitige Anerkennung von Diplomen, Prüfungszeugnissen und sonstigen Befähigungsnachweisen regelt,
sind die in den anderen Mitgliedstaaten erworbenen Befähigungsnachweise in der Bundesrepublik als gleichwertig anzuerkennen (dazu Einzelheiten in Kapitel E über die Niederlassungsfreiheit; s. auch nachfolgend
unter V). Auch bei Fehlen sekundärrechtlicher Regelungen über die gegenseitige Anerkennung sind bei der Feststellung, ob die für den Zugang
zu einem bestimmten Beruf nach inländischem Recht erforderliche Qualifikation vorliegt, entsprechende ausländische Qualifikationen auf ihre
Gleichwertigkeit zu prüfen und bejahendenfalls als ausreichend anzuerkennen (für den Bereich der Niederlassungsfreiheit vgl. EuGH EuZW
1991, 470 – Rs. C – 314/89 „Vlassopoulu"; für den Bereich der Freizügigkeit der Arbeitnehmer vgl. EuGHE 1987, 4097 – Rs. 222/86 „UNEC-
TEF"; *Behrens,* EuR 1992, S. 145 ff., 158).

b) Konkrete Ausgestaltung durch die VO 1612/68

Der Grundsatz der Gleichbehandlung wird durch die VO (EWG)
Nr. 1612/68 näher ausgestaltet. Nach Art. 7 Abs. 1 der VO sind die Arbeitnehmer aus anderen Mitgliedstaaten inländischen Arbeitnehmern zunächst gleichgestellt hinsichtlich der Beschäftigungs- und Arbeitsbedingungen, insbesondere im Hinblick auf Entlohnung, Kündigung und im
Falle der Arbeitslosigkeit auch im Hinblick auf berufliche Wiedereingliederung und Wiedereinstellung. Der Begriff der Beschäftigungs- und Arbeitsbedingungen ist weit zu verstehen und umfaßt alle gesetzlichen und
vertraglichen Regelungen (Einzel- wie Tarifverträge), welche für die
Rechtsstellung des Arbeitnehmers maßgeblich sind. Unter den Grundsatz der Gleichbehandlung fallen auch freiwillige Leistungen des Arbeitgebers wie z. B. eine zusätzlich zum Lohn gezahlte Trennungsentschädi-
gung (EuGHE 1974, 153 – Rs. 152/73 „Sotgiu / Deutsche Bundespost").
Um eine Diskriminierung privater Arbeitgeber zu verhindern, sind nach
Art. 7 Abs. 4 VO 1612/68 alle Bestimmungen in Tarif- und Einzelarbeits-
verträgen oder sonstigen Kollektivvereinbarungen, die für die Arbeit-

nehmer anderer Mitgliedstaaten diskriminierende Bedingungen vorsehen oder zulassen, von Rechts wegen nichtig. Insoweit kommt dem Grundsatz der Gleichbehandlung Drittwirkung zu.

Nach Art. 7 Abs. 3 VO 1612/68 kann der ausländische Arbeitnehmer mit dem gleichen Recht und unter den gleichen Bedingungen wie die inländischen Arbeitnehmer Berufsschulen und Umschulungszentren in Anspruch nehmen.

Praktisch bedeutsam wegen der ihr vom EuGH gegebenen Reichweite ist die Vorschrift des Art. 7 Abs. 2 VO 1612/68, wonach die Arbeitnehmer anderer Mitgliedstaaten im Aufenthaltsstaat gleiche soziale und steuerliche Vergünstigungen wie die inländischen Arbeitnehmer genießen. Unter den Begriff der sozialen Vergünstigungen fallen alle Vergünstigungen, die – ob sie an einen Arbeitsvertrag anknüpfen oder nicht – den inländischen Arbeitnehmern hauptsächlich wegen ihrer objektiven Arbeitnehmereigenschaft oder einfach wegen ihres Wohnorts im Inland gewährt werden und deren Ausdehnung auf die Arbeitnehmer anderer Mitgliedstaaten deshalb als geeignet erscheinen, deren Mobilität innerhalb der Gemeinschaft zu erleichtern, insbesondere im Hinblick auf ihre berufliche Qualifikation und ihren sozialen Aufstieg (EuGHE 1985, 982 – Rs. 122/84 „Scrivener" = NJW 1986, 2181; st. Rspr.). Zu den sozialen Vergünstigungen in diesem Sinne zählen beispielsweise Fahrpreisermäßigungen für kinderreiche Familien (EuGHE 1975, 1085 – Rs. 32/75 „Christini"), die Gewährung von Geburtsdarlehen (EuGHE 1982, 33 – Rs. 65/81 „Reina/Landeskreditbank Baden-Württemberg") oder eines sog. Babygeldes (BVerwG NJW 1988, 2195), soziale Leistungen zur Sicherstellung des notwendigen Lebensunterhaltes, also Sozialhilfe (EuGH „Scrivener", a.a.O.) oder das Recht, sich in einem Gerichtsverfahren der eigenen Sprache zu bedienen (EuGHE 1985, 2681 – Rs. 137/84 „Mutsch"). Unter die soziale Vergünstigung fällt auch der Anspruch auf Ausbildungsförderung.

Fall Lair (EuGHE 1988, 3161 – Rs. 39/86 „Lair/Universität Hannover" = NJW 1988, 2165): Frau Lair, eine französische Staatsangehörige, hielt sich seit Anfang 1979 in der Bundesrepublik auf, wo sie bis Mitte 1981 als Bankangestellte arbeitete. In der Zeit vom 1.7.1981 bis 30.9.1984 war sie überwiegend arbeitslos oder befand sich in Umschulung, unterbrochen von kurzen Beschäftigungszeiten. Am 1.10.1984 nahm sie an der Universität Hannover das Studium der Romanistik und Germanistik auf. Ihrem Antrag, ihr zur Durchführung des Studiums eine Förderung für den Lebensunterhalt und die Ausbildung nach dem Bundesausbildungsförderungsgesetz (BAföG) zu gewähren, lehnte die Universität ab. Zum Zeitpunkt dieser Entscheidung sah das BAföG eine Ausbildungsförderung für Ausländer, wenn sie nicht Kinder eines Wanderarbeitnehmers waren, nur vor, wenn sie vor Antragstellung mindestens fünf Jahre in Deutschland erwerbstätig waren und Steuern und Sozialabgaben entrichtet hatten. Die Ausbildungsförderung von Deutschen wurde an diese Voraussetzung nicht geknüpft. In dem von Frau Lair angestrengten Rechtsstreit legte das VG Hannover dem EuGH zur Vorabentscheidung die Fragen vor, ob hinsichtlich der Ausbildungsförderung die im BAföG angelegte Ungleichbehandlung von Deutschen und Angehörigen anderer Mitgliedstaaten diskriminierend i. S. von Art. 7 EWGV wirke, ferner, ob die Ausbildungsförderung nach BAföG eine soziale Vergünstigung nach Art. 7 Abs. 2 VO 1612/68 darstelle.

In seinem Urteil stellte der EuGH zunächst fest, daß beim gegenwärtigen Entwicklungsstand des Gemeinschaftsrechts eine Förderung, die Studenten für den Lebensunterhalt und die Ausbildung gewährt wird, grundsätzlich außerhalb des Anwendungsbereichs des EWG-Vertrages i. S. von dessen Art. 7 liegt (zur Reichweite von Art. 7 im Bildungsbereich s. anschließend unter VII). Die Förderung falle jedoch unter den Begriff der sozialen Vergünstigung, da sie namentlich aus der Sicht des Arbeitnehmers besonders geeignet sei, zu seiner beruflichen Qualifizierung beizutragen und seinen sozialen Aufstieg zu erleichtern. Im Hinblick auf die Eigenschaft als Wanderarbeitnehmer stellte der EuGH fest, daß die mit dieser Eigenschaft zusammenhängenden Rechte den Wanderarbeitnehmern auch dann garantiert seien, wenn diese nicht in einem Arbeitsverhältnis stünden. Bei der Ausbildungsförderung im Hochschulbereich setze der Zusammenhang zwischen der Eigenschaft als Arbeitnehmer und dieser Förderung jedoch eine Kontinuität zwischen der zuvor ausgeübten Berufstätigkeit und dem aufgenommenen Studium in dem Sinne voraus, daß zwischen dem Gegenstand des Studiums und der früheren Berufstätigkeit ein Zusammenhang bestehe. Eine solche Kontinuität könne allerdings nicht verlangt werden bei einem unfreiwillig arbeitslos gewordenen Arbeitnehmer, den die Lage auf dem Arbeitsmarkt zu einer beruflichen Umschulung in einem anderen Berufszweig zwinge. Schließlich verneinte der EuG, daß zur Inanspruchnahme der Förderung eine Berufstätigkeit von einer bestimmten Mindestdauer erforderlich sei, betonte jedoch, daß Mißbräuche der Art, nach einer sehr kurzen Berufstätigkeit die Förderung für Studenten in Anspruch zu nehmen, durch das Gemeinschaftsrecht nicht gedeckt seien. Deshalb hat er in dem parallel ergangenen Urteil in der Rechtssache „Brown" (EuGHE 1988, 3205 – Rs. 197/86) den Anspruch auf eine Förderung für den Fall abgelehnt, daß die Eigenschaft als Arbeitnehmer aufgrund eines voruniversitären Praktikums nur in Abhängigkeit von der vorherigen Zulassung zum Studium erworben wurde.

Die vom EuGH in der Rechtssache „Lair" entwickelten rechtlichen Grundsätze sind nachträglich in der Weise in das BAföG aufgenommen worden, daß nach § 8 Abs. 1 Nr. 6 BAföG Ausbildungsförderung Auszubildenden geleistet wird, die die Staatsangehörigkeit eines anderen EG-Mitgliedstaates haben und im Geltungsbereich des Gesetzes vor Beginn der Ausbildung in einem Beschäftigungsverhältnis gestanden haben; zwischen der darin ausgeübten Tätigkeit und dem Gegenstand der Ausbildung muß grundsätzlich ein inhaltlicher Zusammenhang bestehen. Der Anspruch auf Förderung in der gerade für den Fall „Lair" charakteristischen Situation, daß ein unfreiwillig arbeitslos gewordener

Arbeitnehmer in einem neuen Berufsfeld Fuß fassen will, wird mit der Formulierung „grundsätzlich" allerdings nur angedeutet und erschließt sich erst bei Kenntnis des EuGH-Urteils.

Durch Art. 8 VO 1612/68 wird den Arbeitnehmern das Recht garantiert, sich gewerkschaftlich zu betätigen einschließlich des Rechts auf Wählbarkeit zu den Organen der Arbeitnehmervertretungen in den Betrieben. Im deutschen Recht wird allen ausländischen Arbeitnehmern (auch solchen aus Drittstaaten) das aktive und passive Wahlrecht zum Betriebsrat durch die §§ 7 und 8 des Betriebsverfassungsgesetzes gewährt (Gesetz vom 15. Januar 1972, BGBl. I, S. 13). Im Rahmen des Bundespersonalvertretungsgesetzes (BPersVG) (Gesetz vom 15. März 1974, BGBl. I, S. 693 mit Änderungen) und der Personalvertretungsgesetze der Länder sind Wanderarbeitnehmer als wahlberechtigt und wählbar zu den Gruppen der Angestellten und Arbeiter anzusehen. Zwar können nach Art. 8 Satz 1 zweiter Halbsatz VO 1612/68 Wanderarbeitnehmer von der Teilnahme an der Verwaltung von Körperschaften des öffentlichen Rechts und der Ausübung öffentlich-rechtlicher Ämter ausgeschlossen werden. Diese Einschränkung entspricht inhaltlich jedoch dem Vorbehalt des Art. 48 Abs. 4 EGV, wonach die Bestimmungen über die Freizügigkeit der Arbeitnehmer nicht anwendbar sind auf Beschäftigungen in der öffentlichen Verwaltung (*Randelzhofer,* in: *Grabitz,* EWGV, Art. 48, Rdnr. 35). Abgesehen davon, daß die Beteiligung an den Wahlen zu den Personalvertretungen allgemein nicht Deutschen vorbehalten ist, (vgl. § 13 BPersVG), wird die Beschäftigung als Angestellter oder Arbeiter bei einer Körperschaft oder sonstigen juristischen Person des öffentlichen Rechtes im Regelfall nicht von der Ausnahme des Art. 48 Abs. 4 EGV erfaßt (dazu näher unter V).

Nach Art. 9 VO 1612/68 genießen Arbeitnehmer anderer Mitgliedstaaten hinsichtlich der **Wohnung,** einschließlich der Erlangung des Eigentums einer solchen, alle Rechte und Vergünstigungen wie die inländischen Arbeitnehmer. Hieraus ergibt sich eine Gleichstellung der Wanderarbeitnehmer im Hinblick auf Leistungen wie Wohngeld, Wohnungsbauförderung, steuerliche Vergünstigungen beim Grundstückserwerb u. ä.

IV. Rechte der Familienangehörigen

Die Rechte der Familienangehörigen ergeben sich aus den Art. 10 bis 12 VO 1612/68. Während Art. 10 das Recht der Wohnungnahme regelt, gibt Art. 11 dem Ehegatten eines Wanderarbeitnehmers und seinen Kindern, die noch nicht 21 Jahre alt sind oder denen er Unterhalt gewährt, das Recht, im gesamten Hoheitsgebiet des Aufenthaltsstaates irgendeine Tätigkeit im Lohn- oder Gehaltsverhältnis auszuüben (s. dazu oben Kapitel D I 5).

Ist ein Wanderarbeitnehmer in der Bundesrepublik beschäftigt oder beschäftigt gewesen, können nach Art. 12 VO 1612/68 seine Kinder, wenn sie im Bundesgebiet wohnen, unter den gleichen Bedingungen wie deutsche Staatsangehörige am allgemeinen Unterricht sowie an der Lehrlings- und Berufsausbildung teilnehmen. Dazu zählt neben dem Besuch allgemeinbildender und Berufsschulen als „Berufsausbildung" auch die Aufnahme eines Studiums an Hochschulen zur Erlangung der Qualifikation für einen bestimmten Beruf (vgl. EuGH EuZW 1990, 448 – Rs. 389 und 390/87 „Echternach"). Daraus folgt, daß Kinder von Wanderarbeitnehmern bei der Zulassung zu einem Studium an einer deutschen Hochschule nicht auf die für ausländische Studenten aufgestellten Zulassungsquoten verwiesen werden dürfen, sondern unter den gleichen Voraussetzungen wie deutsche Bewerber zum Studium zuzulassen sind, wobei sie sich Kapazitätsbeschränkungen in Numerus-clausus-Fächern entgegenhalten lassen müssen (VGH Mannheim, NVwZ 1989, 386; VGH Kassel, NVwZ 1989, 387).

Die Gleichbehandlung in Art. 12 VO 1612/68 bezieht sich jedoch nicht nur auf die Zulassung zu Bildungseinrichtungen, sondern auch auf die allgemeinen Maßnahmen, die die Teilnahme am Unterricht erleichtern sollen. Deshalb vermittelt Art. 12 auch einen Anspruch auf die im Aufenthaltsstaat gewährte Ausbildungsförderung (EuGHE 1974, 773 – Rs. 9/74 „Casagrande"; EuGH „Echternach", a.a.O.). Im deutschen Recht wird dieser Anspruch durch § 8 Abs. 1 Nr. 5 BAföG dadurch abgesichert, daß Ausbildungsförderung Auszubildenden geleistet wird, denen nach dem Aufenthaltsgesetz/EWG als Kindern Freizügigkeit gewährt wird oder die danach als Kinder verbleibeberechtigt sind. Nach der Entscheidung des in der **Einleitung** beschriebenen Falls „di Leo" (EuGH EuZW 1991, 30) erstreckt sich der Anspruch auf Ausbildungsförderung auch auf ein Studium des Auszubildenden in dem Staat, dessen Angehöriger er ist. Ferner behält das Kind eines ehemals in der Bundesrepublik tätigenden Wanderarbeitnehmers seine Eigenschaft als Familienangehöriger i. S. der VO 1612/68 (und damit seine Rechte aus Art. 12), wenn die Familie des Kindes in den Herkunftsstaat zurückkehrt und das Kind in der Bundesrepublik als Aufnahmestaat bleibt, um hier der begonnenen schulischen Ausbildung durch Aufnahme eines Studiums weiter nachzugehen (EuGH „Echternach", a.a.O.). In diesem Zusammenhang hat der EuGH es als unschädlich für die Eigenschaft als Familienangehöriger und die damit verbundenen Rechte angesehen, wenn das Kind seiner Familie vorübergehend in den Herkunftsstaat folgt, dort seine Ausbildung nicht fortsetzen kann und deshalb in die Bundesrepublik wieder zurückkehrt.

Dem Wortlaut nach stehen die Rechte aus Art. 12 VO 1612/68 nur den **Kindern,** nicht auch den **Ehegatten** der Wanderarbeitnehmer zu. Aus dem Diskriminierungsverbot als eines für die Freizügigkeit in jeder Beziehung maßgebenden Grundsatzes ist jedoch abzuleiten, daß beim Besuch von Bildungseinrichtungen für Zwecke der Ausbildung einschließlich der finanziellen Förderung einer Ausbildung auch Ehegatten von Wanderarbeitnehmern nicht schlechter behandelt werden dürfen als Ehegatten inländischer Arbeitnehmer (*Avenarius,* NVwZ 1988, S. 385 ff., 390; *Benjes,* S. 104).

V. Zugang zu Beschäftigungen in der öffentlichen Verwaltung

Nach Art. 48 Abs. 4 EGV sind Beschäftigungen in der öffentlichen Verwaltung von der Freizügigkeit der Arbeitnehmer ausgenommen. Das Verbot der Ungleichbehandlung aus Gründen der Staatsangehörigkeit nach Art. 48 Abs. 2 EGV gilt daher für derartige Beschäftigungen nicht. Es entspricht der herkömmlichen Praxis der Mitgliedstaaten, im nationalen öffentlichen Dienst im Regelfall nur eigene Staatsangehörige zu beschäftigen (vgl. die Länderberichte in: *Bischoff/Wendt* (Hrsg.), Europa als Herausforderung für den öffentlichen Dienst, 1992). Angesichts der Abschottung eines derart gewichtigen Bereichs des Arbeitslebens stellt sich die Frage nach dem Anwendungsbereich von Art. 48 Abs. 4 EGV.

1. Zum Anwendungsbereich von Art. 48 Abs. 4 EGV

Der Begriff „Beschäftigung in der öffentlichen Verwaltung" wird weder im Vertrag noch im Sekundärrecht definiert. Nach der vom EuGH entwickelten Definition sind hierunter

„diejenigen Stellen zu verstehen, die eine unmittelbare oder mittelbare Teilnahme an der Ausübung hoheitlicher Befugnisse und an der Wahrnehmung solcher Aufgaben mit sich bringen, die auf die Wahrung der allgemeinen Belange des Staates und anderer öffentlicher Körperschaften gerichtet sind, und die deshalb ein Verhältnis besonderer Verbundenheit des jeweiligen Stelleninhabers zum Staat sowie die Gegenseitigkeit von Rechten und Pflichten voraussetzt, die dem Staatsangehörigkeitsband zugrunde liegen. Ausgenommen sind nur die Stellen, die in Anbetracht der mit ihnen verbundenen Aufgaben und Verantwortlichkeiten die Merkmale der spezifischen Tätigkeiten der Verwaltung auf den genannten Gebieten aufweisen können (EuGH 1980, 3881 – Rs. 149/79 ‚Kommission/Belgien' = NJW 1981, 2635 [Zwischenurteil]; EuGHE 1982, 1845 [Endurteil]; EuGH NVwZ 1987, 41 – Rs. 66/85 ‚Lawrie-Blum'). "

Auf der Grundlage dieser Definition ist nicht bei der öffentlichen Verwaltung als **Bereich,** sondern bei der einzelnen konkret zu beurteilenden **Stelle** anzusetzen. Art. 48 Abs. 4 EGV bildet eine Ausnahme **funktionaler,** nicht **institutioneller** Art (*Dörr,* EuZW 1990, S. 565 ff., 568; *Fischer,* NWVBl. 1989, S. 117 ff., 120). Es kommt darauf an, ob die einzelne

Stelle, d. h. die konkrete Tätigkeit in der öffentlichen Verwaltung von den in der Definition genannten Merkmalen erfaßt wird. Hierbei handelt es sich um zwei Merkmale objektiver Art („Teilnahme an der Ausübung hoheitlicher Befugnisse", „Wahrnehmung von Aufgaben zur Wahrung der allgemeinen Belange des Staates") und ein subjektives Erfordernis („Verhältnis besonderer Verbundenheit des Stelleninhabers zum Staat"). Diese Merkmale müssen kumulativ erfüllt sein und treffen nur auf solche Tätigkeiten zu, die beim Stelleninhaber eine besondere Loyalität voraussetzen, um die mit der Stelle verbundenen Aufgaben sachgerecht erfüllen zu können. Der EuGH vermeidet es allerdings, die Einzelmerkmale seiner Definition inhaltlich näher zu bestimmen, insbesondere eine Aussage darüber zu treffen, worin die **allgemeinen** Belange des Staates oder anderer öffentlicher Körperschaften bestehen. In seiner Rechtsprechung zu Art. 48 Abs. 4 EGV geht der EuGH im allgemeinen so vor, daß er nach Wiedergabe seiner Definition ohne weitere Erläuterungen sofort eine positive oder negative Feststellung im Hinblick auf die zu beurteilende Stelle trifft. Er hat jedoch hervorgehoben, daß es sich bei den Anforderungen an Stellen in der öffentlichen Verwaltung um „sehr enge Voraussetzungen" handelt und Art. 48 Abs. 4 EGV als Ausnahme vom Grundprinzip der Freizügigkeit und der Nichtdiskriminierung der Arbeitnehmer im Gemeinschaftsrecht so auszulegen ist, daß sich seine Tragweite auf das beschränkt, was zur Wahrung der Interessen der Mitgliedstaaten unbedingt erforderlich ist (EuGH „Lawrie-Blum", a.a.O.). In den von ihm entschiedenen Fällen hat der EuGH praktisch ausnahmslos die Ausnahme des Art. 48 Abs. 4 EGV verneint, so auch bei der Tätigkeit eines Studienreferendars im pädagogischen Vorbereitungsdienst in dem bereits beschriebenen Fall „Lawrie-Blum".

Nähere Aufschlüsse über den Anwendungsbereich des Art. 48 Abs. 4 EGV ergeben sich aus den vom EuGH entschiedenen Einzelfällen. Danach kann sich ein Mitgliedstaat nur im Hinblick auf den **Zugang** zu Stellen in der öffentlichen Verwaltung auf die Ausnahmevorschrift des Art. 48 Abs. 4 EGV berufen, jedoch nicht, wenn er den ausländischen Arbeitnehmer in die öffentliche Verwaltung aufgenommen hat (EuGHE 1974, 153 – Rs. 152/73 „Sotgiu / Deutsche Bundespost"). Bei folgenden Tätigkeiten, die nach dem nationalen Recht des jeweiligen Mitgliedstaates eigenen Staatsangehörigen vorbehalten waren, hat der EuGH eine Beschäftigung in der öffentlichen Verwaltung verneint:

– Lokomotivführer, Gleisbau-, Rangier- und Stellwerkarbeiter bei den belgischen Staatsbahnen; Schreiner, Elektriker, Gärtner, Kinder- und Krankenschwestern bei belgischen Gemeinden (EuGHE 1980, 3881 – Rs. 149/79 „Kommission / Belgien" = NJW 1981, 2635 [Zwischenurteil]; EuGHE 1982, 1845 [Endurteil]);

– Krankenschwestern und Krankenpfleger an öffentlichen Krankenhäusern (EuGHE 1987, 2625 – Rs. 307/84 „Kommission / Frankreich";

– Studienreferendare im pädagogischen Vorbereitungsdienst (EuGHE „Lawrie-Blum", a.a.O.);
– Forscher ohne Wahrnehmung staatlicher Leitungs- oder Beratungsfunktionen in wissenschaftlichen und technischen Fragen (EuGHE 1987, 2625 – Rs. 225/85 „Nationaler Forschungsrat Italien" = NJW 1988, 1441);
– Fremdsprachenlektoren an Universitäten (EuGHE 1989, 1591 – Rs. 33/88 „Alluè und Coonan" = NVwZ 1990, 851);
– Lehrer an öffentlichen Schulen (EuGH EuZW 1992, 446 – Rs. C – 4/91 „Bleis").

Der EuGH hat anerkannt, daß ein Mitgliedstaat leitende Positionen innerhalb einer Laufbahn nur mit eigenen Staatsangehörigen besetzen darf, wegen des dadurch ausgeschlossenen Aufstiegs in diese Positionen Angehörige anderer Mitgliedstaaten aber nicht generell vom Zugang zu dieser Laufbahn ausgeschlossen werden dürfen (EuGH „Nationaler Forschungsrat Italien", a.a.O.). Deshalb kann z. B. die Position des Leiters einer öffentlichen Schule bzw. seines Stellvertreters Inländern vorbehalten werden, nicht aber die Stellen der an solchen Schulen tätigen Lehrer. Die Ableistung eines Vorbereitungsdienstes beim Staat (neben Studien- auch Rechtsreferendare) ist keine Beschäftigung in der öffentlichen Verwaltung i. S. von Art. 48 Abs. 4 EGV. Der Begriff „öffentliche Verwaltung" erfaßt schließlich **alle** Tätigkeiten hoheitlicher Art, also neben Beschäftigungen im Bereich der Exekutive (Regierung und Verwaltung) auch solche im Bereich der rechtsprechenden Gewalt.

Überträgt man die vom EuGH entwickelten Grundsätze auf die Tätigkeiten in der deutschen Verwaltung, so ist zur Annahme einer Beschäftigung in der öffentlichen Verwaltung i. S. von Art. 48 Abs. 4 EGV generell erforderlich, daß für die betreffende Stelle die Ausübung hoheitlicher Befugnisse das typische und zentrale Mittel zur Wahrnehmung der mit der Stelle verbundenen Aufgaben ist. Dies läßt sich allgemein für die Stellen bejahen, die im Sinne der Verwaltungsverfahrensgesetze des Bundes und der Länder mit den Funktionen des Behördenleiters, seines Vertreters und der Beauftragten verknüpft sind (vgl. § 12 Abs. 1 Nr. 4 VwVfG). Unter diesem Aspekt werden die Tätigkeiten in den Bereichen der äußeren und inneren Sicherheit (Bundeswehr, Nachrichtendienste, Polizei, Ordnungsbehörden) und bei der Justiz und Finanzverwaltung allgemein von Art. 48 Abs. 4 EGV erfaßt, Tätigkeiten mit Hilfscharakter ausgenommen (z. B. Fahrer, Schreibkräfte, Lagerverwalter u. ä.; anders jedoch, wenn auch bei untergeordneten Stellen Sicherheits- und Geheimhaltungsbedürfnisse zu beachten sind, vgl. EuGHE 1982, 1845 – Rs. 149/79 „Kommission/Belgien"). Eine mittelbare Teilnahme an der Hoheitsgewalt liegt den Tätigkeiten bei Ministerien und Mittelbehörden zugrunde, welche die Erarbeitung von Gesetzesvorlagen, die Vorbereitung und den Vollzug der Regierungspolitik und die Aufsicht über nach-

geordnete Behörden oder nichtstaatliche Verwaltungsträger zum Inhalt
haben. Soweit Gemeinden oder Gemeindeverbände aufgrund staatlicher
Gesetzgebung im eigenen oder übertragenen Aufgabenbereich hoheitlich
handeln, sind Tätigkeiten in diesen Bereichen im allgemeinen Art. 48
Abs. 4 zuzuordnen; in inhaltlich wie organisatorisch abgrenzbaren Bereichen der Daseinsvorsorge (Wasserversorgung, Müllabfuhr, Verwaltung
sonstiger nutzbarer Einrichtungen usw.) gilt dies jedoch nur für Stellen
mit Leitungs- und Aufsichtsfunktionen. Zu Tätigkeiten im Schulbereich
siehe nachfolgend unter 2.

Am 12. August 1992 hat die Bundesregierung den Entwurf eines
„Zehnten Gesetzes zur Änderung dienstrechtlicher Vorschriften" beschlossen. Durch die mit diesem Gesetzentwurf angestrebten Regelungen sollen für den Zugang zum Beamtenverhältnis Staatsangehörige anderer Mitgliedstaaten Deutschen im Sinne des Art. 116 des GG grundsätzlich gleichgestellt werden. Zugleich soll die Richtlinie des Rates 89/
48/EWG über die Anerkennung von Hochschuldiplomen laufbahnrecht-
lich umgesetzt werden, und zwar unter Verzicht auf einen Vorbereitungsdienst. Der Gesetzentwurf ist vom deutschen Bundestag am 9. Dezember 1992 behandelt worden (BR-Drs. 555/92). Eine Verabschiedung
des Gesetzes soll im ersten Halbjahr 1993 erfolgen.

2. Zur Beschäftigung von Lehrern an öffentlichen Schulen

Die Beschäftigung von Angehörigen anderer Mitgliedstaaten im Schuldienst in der Bundesrepublik ist, wie das nachstehende Fallbeispiel zeigt,
typischerweise mit folgenden Fragestellungen verbunden:

Fall: N ist Niederländer und hat in den Niederlanden ein Hochschuldiplom erworben,
das ihn zum Lehramt an höheren Schulen in den Fächern Mathematik und Physik
befähigt. N unterrichtet diese Fächer z. Zt. an einer höheren Schule in den Niederlanden. Als an einem Gymnasium der Stadt Aachen die Stelle eines Lehrers für Mathematik und Physik zu besetzen ist, bewirbt sich N um Aufnahme in den Schuldienst des
Landes Nordrhein-Westfalen. N beherrscht die deutsche Sprache schriftlich und
mündlich fließend. Wie sind die Erfolgsaussichten dieser Bewerbung zu beurteilen,
wenn die für die Einstellung zuständige Landesbehörde die Stelle nur mit einem Beamten besetzen will?

Nach Landesrecht in Nordrhein-Westfalen sind Schulen in der Träger-
schaft einer Gemeinde (hier der Stadt Aachen) öffentliche Schulen, § 3
Abs. 1 Schulverwaltungsgesetz (SchVG) (in der Fassung der Bekanntmachung vom 18. Januar 1985, GV NW 1985, S. 155). Lehrer an öffentlichen Schulen sind Landesbedienstete, § 22 Abs. 1 SchVG, und sind nach
Abs. 3 in der Regel zu Beamten zu ernennen; als Angestellte können sie
nur ausnahmsweise beschäftigt werden. Nach § 6 Abs. 1 Nr. 1 Beamten-
gesetz für das Land Nordrhein-Westfalen (LBG) (GV NW 1985, S. 234
mit Änderungen) darf in das Beamtenverhältnis nur berufen werden,
wer Deutscher i. S. des Art. 116 GG ist. Diese laufbahnrechtliche Vor-

aussetzung erfüllt N nicht, wobei davon ausgegangen werden soll, daß die Entscheidung der Einstellungsbehörde, ihn nicht als Angestellten zu beschäftigen, ermessensfehlerfrei ergeht.

Bei der Entscheidung über die Bewerbung sind jedoch die Regeln über die Freizügigkeit der Arbeitnehmer in der Gemeinschaft zu beachten. Da Lehrer weisungsgebunden gegen Entgelt tätig werden, fallen sie unter den gemeinschaftsrechtlichen Begriff des Arbeitnehmers, unabhängig davon, daß sie im nationalen Recht in einem öffentlich-rechtlichen Rechtsverhältnis beschäftigt werden (siehe die Ausführungen zum Arbeitnehmerbegriff oben unter II). Folglich ist eine Ungleichbehandlung aus Gründen der Staatsangehörigkeit nach Art. 48 Abs. 2 EGV verboten. Nach der Entscheidung des EuGH in der Rechtssache „Bleis" (EuZW 1992, 446) ist die Tätigkeit eines Lehrers an einer öffentlichen Schule keine Beschäftigung in der öffentlichen Verwaltung i. S. von Art. 48 Abs. 4 EGV. Da Art. 48 EGV in der Bundesrepublik unmittelbar gilt und entgegenstehendes deutsches Recht in der Anwendung verdrängt, kann dem niederländischen Bewerber die fehlende deutsche Staatsangehörigkeit als Einstellungshindernis nicht entgegengehalten werden.

Zur Aufnahme in den Schuldienst muß N jedoch auch die erforderliche Lehrbefähigung besitzen. Nach § 22 Abs. 3 SchVG müssen Lehrer an öffentlichen Schulen die für ihre Laufbahn vorgeschriebene Vorbildung besitzen. Für den Unterricht an Gymnasien in Nordrhein-Westfalen besteht diese Vorbildung im Erwerb der Befähigung zum Lehramt für die Sekundarstufe I (bis Klasse 10) und für die Sekundarstufe II (Klasse 11–13) gemäß § 4 des Gesetzes über die Ausbildung für Lehrämter an öffentlichen Schulen (Lehrerausbildungsgesetz [LABG] in der Fassung der Bekanntmachung vom 23. Juni 1989, GV NW 1989, S. 421). Nach § 7 LABG erwirbt die Befähigung zum Lehramt für die Sekundarstufe I, wer aufgrund eines Studiums mit einer Regelstudiendauer von 6 Semestern oder von 3 Studienjahren die erste Staatsprüfung für dieses Lehramt ablegt, einen Vorbereitungsdienst von 24 Monaten ableistet und die zweite Staatsprüfung für dieses Lehramt besteht; die Vorbildung für die Sekundarstufe ist in § 8 LABG vergleichbar geregelt. Diese Vorbildung besitzt der niederländische Bewerber nicht.

Um die Hindernisse für den freien Personen- und Dienstleistungsverkehr zwischen den Mitgliedstaaten zu beseitigen und den Bürgern der Mitgliedstaaten die Möglichkeit zu geben, als Selbständige oder abhängig Beschäftigte einen Beruf in einem anderen Mitgliedstaat als dem auszuüben, in dem sie ihre berufliche Qualifikation erworben haben, wurde die Richtlinie 89/48/EWG vom 21. Dezember 1988 über eine allgemeine Regelung zur Anerkennung der Hochschuldiplome erlassen, die eine mindestens dreijährige Berufsausbildung abschließen (Hochschuldiplom-Richtlinie; s. hierzu näher die Ausführungen zum Niederlassungs-

recht im nachfolgenden Kapitel F). Zur Ausführung der Richtlinie hat
der Kultusminister des Landes Nordrhein-Westfalen die Verordnung zur
Umsetzung der Richtlinie des Rates der Europäischen Gemeinschaften
vom 21. Dezember 1988 über eine allgemeine Regelung zur Anerkennung der Hochschuldiplome im Lehrerbereich, die eine mindestens dreijährige Berufsausbildung abschließen, vom 21. Mai 1991 erlassen (AVO-
EG, GV NW 1991, S. 246). Die Verordnung stellt die Lehramtsbefähi-
gungen, die in anderen Mitgliedstaaten durch ein Hochschuldiplom im
Sinne der Richtlinie erworben wurden, der Befähigung zu einem Lehramt gemäß § 4 LABG gleich, wenn sie sich auf mindestens zwei Fächer
erstrecken und der Bewerber die zum Unterricht erforderlichen deutschen Sprachkenntnisse nachweist. Enthält die erworbene Lehramtsbefä-
higung bestimmte Fähigkeiten und Kenntnisse nicht, kann die Gleichstellung davon abhängig gemacht werden, daß nach Wahl des Bewerbers
ein Anpassungslehrgang absolviert oder eine Eignungsprüfung abgelegt
wird. Über die Gleichstellung, damit auch ggf. über die Erforderlichkeit
eines Lehrgangs oder einer Prüfung, wird in einem Verfahren entschieden, in dessen Rahmen der Bewerber auch in einem Kolloquium bei
einer staatlichen Stelle seine Sprachkenntnisse nachweisen muß. Im Anpassungslehrgang üben die Bewerber die berufspraktische Tätigkeit als
Lehrer aus, die Eignungsprüfung dient dem Nachweis ihrer Kenntnisse
und Fähigkeiten für das angestrebte Lehramt.

Der weitere Erfolg der Bewerbung von N hängt demnach von der
Gleichstellung der in seinem Heimatstaat erworbenen Lehramtsbefähi-
gung ab, zu welchem Zweck das hierfür in der AVO-EG vorgesehene
Verfahren durchzuführen ist. Erfüllt der Bewerber die Einstellungsvor-
aussetzungen, ist er als Angestellter zu beschäftigen, solange seine Einstellung als Beamter nicht möglich ist.

VI. Soziale Sicherheit der Arbeitnehmer

Das auf der Grundlage von Art. 51 EGV errichtete System der sozialen
Sicherheit sichert die Freizügigkeit der Arbeitnehmer in sozialer Hinsicht
ab. Wechselt ein Arbeitnehmer einen Arbeitsplatz in der Gemeinschaft,
erwirbt er jeweils in jedem Mitgliedstaat nach dem dort geltenden Recht
Leistungsansprüche im Rahmen der Sozialversicherung. Insbesondere
bei mehrfachem Wechsel der Beschäftigung werden die Leistungsansprüche aufgrund der begrenzten Dauer der Beschäftigungszeiten im
Umfang so ausfallen, daß sich in der Summe ein niedrigerer Umfang
ergibt, als wenn die gesamte Arbeitszeit nur unter der Geltung **einer**
Rechtsordnung abgeleistet worden wäre. Um die zu- und abwandern-
den Arbeitnehmer vor derartigen Nachteilen zu schützen, sieht Art. 51
EGV die Einführung eines Systems vor, das die Zusammenrechnung

der in den einzelnen Mitgliedstaaten erworbenen sozialversicherungsrechtlichen Ansprüche und die Zahlung von Leistungen an Personen
sichern soll, die in anderen Mitgliedstaaten wohnen. Im einzelnen wird
dieses System durch sekundärrechtliche Vorschriften geregelt; Kernstück
ist die VO (EWG) Nr. 1408/71 des Rates vom 16. Juli 1971 zur Anwendung der Systeme der sozialen Sicherheit auf Arbeitnehmer und deren
Familien, die innerhalb der Gemeinschaft zu- und abwandern (ABl. 1971
Nr. L 149/2, gültig in der Neufassung der VO (EWG) Nr. 2001/83 des
Rates vom 2. Juni 1983, ABl. 1983 Nr. L 230/6). Das einschlägige Gemeinschaftsrecht schafft kein einheitliches Sozialversicherungssystem,
sondern koordiniert die nationalen Systeme der Mitgliedstaaten dahingehend, daß bei der Geltendmachung von Leistungsansprüchen gegenüber
dem Leistungsträger eines Mitgliedstaates die Leistung auf der Grundlage der in allen Mitgliedstaaten zurückgelegten Versicherungszeiten zu
berechnen ist, der zuständige Leistungsträger also die in anderen Mitgliedstaaten zurückgelegten Versicherungszeiten wie eigene zu berücksichtigen hat. So ist beispielsweise einem deutschen Arbeitnehmer Ar-
beitslosengeld nach deutschem Recht auch dann zu gewähren, wenn die
zum Erwerb der Anwartschaft erforderliche Arbeitszeit durch eine Beschäftigung in Großbritannien erfüllt wurde, wobei allerdings die in
Großbritannien gewährte Arbeitslosenunterstützung von den hiesigen
Leistungen abzuziehen ist (EuGH EuZW 1992, 677 – Rs. C – 102/91
„Knoch / Bundesanstalt für Arbeit"). Die spezielle und komplexe Materie
des europäischen Sozialrechts kann an dieser Stelle nicht näher behandelt
werden (dazu *Schulte,* Sozialrecht, in: *Lenz* (Hrsg.), EG-Handbuch
Recht im Binnenmarkt 1991, S. 331 ff.; vgl. ferner die Literaturnachweise bei *Randelzhofer,* in: *Grabitz,* EWGV, Art. 51; *Oppermann,* Europa-Recht, S. 561). Der EuGH legt die gemeinschaftsrechtlichen Vorschriften prinzipiell in einer die Freizügigkeit der Arbeitnehmer begünstigenden Weise aus, so daß sich hieraus u. U. ein aus mitgliedstaatlicher
Sicht unerwünschter Export von Sozialleistungen ergeben kann. So hat
er beispielsweise in der Bundesrepublik beschäftigten Wanderarbeitnehmern das Recht zuerkannt, für ihre arbeitslosen Kinder das im deutschen
Recht vorgesehene Kindergeld auch dann zu beziehen, wenn die Kinder
nicht in der Bundesrepublik, sondern im Herkunftsstaat wohnen (EuGH
EuZW 1990, 32 – Rs. C – 228/88 „Bronzino / Kindergeldkasse Nürn-
berg"). In das System der sozialen Sicherheit nach Art. 51 EGV sind
neben Arbeitnehmern und ihren Familien auch Selbständige mit ihren
Angehörigen einbezogen.

VII. Anhang: Freizügigkeit im Bildungsbereich

1. Zugang zu Bildungseinrichtungen

In seinem grundlegenden Urteil in der Rechtssache „Gravier" (EuGHE 1985, 593 – Rs. 293/83 = NJW 1985, 2085) hat der EuGH entschieden, daß die Organisation des Bildungswesens und die Bildungspolitik als solche nicht zu den Materien gehören, die der EWG-Vertrag der Zuständigkeit der Gemeinschaftsorgane unterworfen hat. Nach Art. 128 EWGV war die Gemeinschaft jedoch befugt, zur Durchführung einer gemeinsamen Politik auf dem Gebiet der **Berufsausbildung** „allgemeine Grundsätze" aufzustellen. Aus dieser Regelung hat der EuGH geschlossen, daß der Zugang zum und die Teilnahme am Unterricht im Bildungswesen und in der Lehrlingsausbildung, insbesondere wenn es sich um die Berufsausbildung handelt, nicht außerhalb des Gemeinschaftsrechts stehen (EuGH „Gravier", a.a.O.; EuGHE 1988, 3161 – Rs. 39/86 „Lair" = NJW 1988, 2165). Zur Berufsausbildung gehört dabei jede Form der Ausbildung, die auf eine Qualifikation für einen bestimmten Beruf oder eine bestimmte Beschäftigung vorbereitet. Hierzu zählen auch Hochschulstudien, soweit durch sie der Zugang zum Berufsleben angestrebt wird, nicht jedoch, soweit sie der Vertiefung der Allgemeinkenntnisse dienen, also aus Gründen allgemeinen Bildungsinteresses durchgeführt werden (EuGHE 1988, 379 – Rs. 24/86 „Blaizot" = NJW 1988, 3088).

Fällt demnach die Berufsausbildung in den Anwendungsbereich des EWG-Vertrages, so dürfen Angehörige anderer Mitgliedstaaten aufgrund des allgemeinen Diskriminierungsverbotes des Art. 7 EWGV (jetzt Art. 6 EGV) Zugang zu und der Teilnahme an einem der Berufsausbildung dienenden Unterricht nicht schlechter behandelt werden als Angehörige des Aufenthaltsstaates (EuGH „Gravier", a.a.O.). Diesem Grundsatz trägt § 27 Abs. 3 Hochschulrahmengesetz (HRRG) dadurch Rechnung, daß Angehörige anderer Mitgliedstaaten unter den gleichen Voraussetzungen wie Deutsche zum Studium an deutschen Hochschulen zuzulassen sind, wenn die für das Studium erforderlichen Sprachkenntnisse nachgewiesen werden (HRRG i.d.F. der Bekanntmachung vom 9. April 1987, BGBl. I, S. 70; § 27 Abs. 3 eingefügt durch Einigungsvertrag vom 31. August 1990, BGBl. II, S. 889, 1130). Die für Ausländer aufgestellten Zulassungsquoten gelten für sie nicht, wohl aber die Beschränkungen, denen in Numerus-clausus-Fächern auch Deutsche unterworfen sind (vgl. *Hailbronner,* JuS 1991, S. 9ff., 14). Die Erhebung von Abgaben, Einschreibe- oder Studiengebühren für den Zugang zum berufsausbildenden Unterricht verstößt gegen Art. 7 EWGV, wenn sie nur von Studenten anderer Mitgliedstaaten, nicht aber auch von inländischen

Studenten erhoben (EuGH „Gravier", a.a.O.) bzw. ihre Erstattung verweigert wird (EuGHE 1988, 355 – Rs. 309/85 „Barra"). Staatliche Förderleistungen für Studium und Ausbildung werden nur insoweit von Art. 7 EWGV erfaßt, als sie der Deckung von Einschreibe- und Studiengebühren dienen, nicht jedoch, soweit sie Studenten für den Lebensunterhalt und die Ausbildung im übrigen gewährt werden (EuGH „Lair", a.a.O.). Studenten aus anderen Mitgliedstaaten haben daher unter dem Gesichtspunkt der Gleichbehandlung keinen Anspruch auf Ausbildungsförderung nach dem Bundesausbildungsförderungsgesetz (BAföG). Wie dargelegt, steht diese Förderung aber EG-Bürgern in ihrer Eigenschaft als Wanderarbeitnehmern oder als Familienangehörigen solcher Arbeitnehmer zu.

Angehörige anderer Mitgliedstaaten, die in der Bundesrepublik zum Studium oder einer sonstigen Berufsausbildung zugelassen sind, besitzen zur Durchführung ihrer Ausbildung ein im Gemeinschaftsrecht verankertes **Aufenthaltsrecht** (s. Kapitel D I 2, III).

2. Förderung der beruflichen Mobilität in der Gemeinschaft

Zur Förderung der beruflichen Mobilität in der Gemeinschaft hat diese mit nicht unerheblichen Finanzmitteln ausgestattete Förderprogramme auf der Grundlage von Art. 128 EWGV verabschiedet. Da der Rat nach Art. 128 EWGV mit einfacher Mehrheit beschließen kann, haben verschiedene Mitgliedstaaten, darunter die Bundesrepublik, geltend gemacht, daß die Vorschrift zur Annahme der Programme keine geeignete Rechtsgrundlage sei; die diesbezüglichen Klagen hat der EuGH jedoch zurückgewiesen (vgl. EuGHE 1989, 1427 – Rs. 242/87 „ERASMUS" = NJW 1989, 3091; EuGH EuZW 1991, 505 – vbd. Rs. C/51, C/90 und C/94/89 „COMETT II"). Zu den Förderprogrammen gehören:
- ERASMUS I und II betr. die Förderung der Mobilität von Hochschulstudenten;
- COMETT I und II betr. die Zusammenarbeit zwischen Hochschulen und Wirtschaft auf dem Gebiet der Technologie;
- LINGUA betr. die Förderung der Fremdsprachenkenntnisse;
- PETRA I betr. die Förderung der Berufsausbildung Jugendlicher;
- EUROTECNET betr. Innovationen in der Berufsausbildung in der Folge des technologischen Wandels;
- TEMPUS betr. die europaweite Mobilität der Forscher im Hochschulbereich;
- FORCE betr. die Förderung der beruflichen Weiterbildung in der Gemeinschaft.

Die Förderprogramme zielen darauf ab, die **grenzüberschreitende** Mobilität in den genannten Bereichen zu fördern, unterstützen also – jedenfalls im Regelfall – nicht die Aus-, Fort- und Weiterbildung in den

Mitgliedstaaten ohne grenzüberschreitenden Bezug. Die Fördermittel werden als Zuschüsse zu den einschlägigen Projekten und Aktivitäten gewährt und den begünstigten Personen und Einrichtungen unmittelbar von der Gemeinschaft gezahlt, also ohne Vermittlung der nationalen Bildungsverwaltungen. Auf Einzelheiten der Förderprogramme kann hier nicht näher eingegangen werden (weiterführend EG-Info „Europa – Chance für Lehre, Studium und Beruf", Vertretung der EG-Kommission in der Bundesrepublik Deutschland, 1992).

3. Bildung und Berufsausbildung im Vertrag über die Europäische Union

Durch den Vertrag über die Europäische Union wird ein neues Kapitel „Allgemeine und berufliche Bildung und Jugend" in den EGV eingefügt. Die bisherigen Art. 126 bis 128 werden durch die Art. 126 und 127 EGV ersetzt. Art. 126 n.f. betrifft die Tätigkeit der Gemeinschaft auf dem Gebiet der allgemeinen Bildung, während sich Art. 127 auf die Berufsbildungspolitik bezieht.

a) Gemäß Art. 126 EGV soll die Gemeinschaft dadurch zur Entwicklung des Bildungswesens beitragen, daß sie – unter voller Wahrung der Zuständigkeit der Mitgliedstaaten für Lerninhalte und die Gestaltung des Bildungssystems – die Zusammenarbeit der Mitgliedstaaten fördert und die Tätigkeit der Mitgliedstaaten erforderlichenfalls ergänzt und finanziell unterstützt. Die Ziele der Tätigkeit der Gemeinschaft sind u. a. die Entwicklung einer europäischen Dimension im Bildungswesen, die Förderung der Mobilität der Lernenden und Lehrenden, die Förderung der Anerkennung der akademischen Diplome und der Studienzeiten, die Förderung der Zusammenarbeit zwischen den Bildungseinrichtungen, die Förderung des Jugendaustausches und die Zusammenarbeit mit Drittstaaten und internationalen Organisationen. Zur Verwirklichung dieser bildungspolitischen Ziele kann der Rat Fördermaßnahmen beschließen; eine Harmonisierung der Rechts- und Verwaltungsvorschriften der Mitgliedstaaten ist jedoch ausdrücklich ausgeschlossen.

b) Die in Art. 127 EGV geregelte Berufsbildungspolitik der Gemeinschaft unterstützt und ergänzt die Maßnahmen der Mitgliedstaaten in diesem Bereich; die Verantwortung für Inhalt und Gestaltung der beruflichen Bildung verbleibt bei den Mitgliedstaaten. Die Tätigkeit der Gemeinschaft zielt darauf ab, die Berufsausbildung effektiver zu gestalten, indem u. a. die Wiedereingliederung in den Arbeitsmarkt durch eine verbesserte Aus- und Fortbildung erreicht werden soll. Das Mittel hierzu sind wieder Fördermaßnahmen; eine Harmonisierung der Rechts- und Verwaltungsvorschriften der Mitgliedstaaten ist ebenfalls ausdrücklich ausgeschlossen.

Literatur: (Freizügigkeit der Arbeitnehmer) *Riegel,* Zum Anwendungsbereich der Art. 48 ff. EWGV, NJW 1978, S. 468 ff.; *Steindorff,* Berufsfreiheit für nichtwirtschaftliche Zwecke im EG-Recht, NJW 1982, S. 1902 ff.; *Henninger,* Europäisches Berufsrecht. Allgemeine EG-Regelung zur Anerkennung von Berufsausbildungen, zur Gewährung der Freizügigkeit der Arbeitnehmer und der freien Niederlassung, Der Betriebsberater 1990, S. 73; *Hailbronner,* Die soziale Dimension der EG-Freizügigkeit – Gleichbehandlung und Territorialitätsprinzip, EuZW 1991, S. 171 ff.; *Ziekow,* Der gemeinschaftsrechtliche Status der Familienangehörigen von Wanderarbeitnehmern, DÖV 1991, S. 363 ff.; *Giesser,* Änderung im Freizügigkeitsrecht der EG-Arbeitnehmer und ihrer Familienangehörigen, EuZW 1991, S. 435 ff.; *Schweitzer,* Grundzüge der Personenverkehrsfreiheit in der EWG – Status quo und Entwicklung im Binnenmarkt, Zeitschrift für Rechtsvergleichung 1991, S. 82 ff.; *Wittkowski,* Die Rechtsprechung des Europäischen Gerichtshofs zur Freizügigkeit und Gleichbehandlung von Angehörigen der EG-Mitgliedstaaten hinsichtlich des Besuches von Ausbildungsstätten und deren Auswirkung für die Bundesrepublik Deutschland, 1991; *Benjes,* Die Personenverkehrsfreiheiten des EWG-Vertrages und ihre Auswirkungen auf das deutsche Verfassungsrecht, 1992;

(Art. 48 Abs. 4 EGV) *Forch,* Freizügigkeit für Studienreferendare, NVwZ 1987, S. 27 ff.; *Goerlich/Bräth,* Europäische Freizügigkeit und nationaler Ämterzugang, DÖV 1987, S. 1038 ff.; *Battis* (Hrsg.), Europäischer Binnenmarkt und nationaler öffentlicher Dienst, 1989; *Fischer,* Freizügigkeit der Arbeitnehmer und Zugang zur öffentlichen Verwaltung im europäischen Gemeinschaftsrecht, NWVBL 1989, S. 117 ff.; *Everling,* Zur Rechtsprechung des Europäischen Gerichtshofs über die Beschäftigung von EG-Ausländern in der öffentlichen Verwaltung, DVBl. 1990, S. 225 ff.; *Meyer,* Die europäische Integration und das deutsche Beamtenrecht, BayVBl. 1990, S. 97 ff.; *Dörr,* Das Deutsche Beamtenrecht und das Europäische Gemeinschaftsrecht, EuZW 1990, S. 565 ff.; *Ziekow,* Die Freizügigkeit nach Europäischem Gemeinschaftsrecht im Bereich des öffentlichen Dienstes, Der öffentliche Dienst 1991, S. 11 ff.; *Battis,* Freizügigkeit und Beschäftigung in der öffentlichen Verwaltung, in: *Magiera* (Hrsg.), Das Europa der Bürger in einer Gemeinschaft ohne Binnengrenzen, 1990, S. 47 ff.; *Riotte/Fey,* Art. 48 Abs. 4 EWG-Vertrag und nationales Dienstrecht-Problem bei der Koordinierung zweier Rechtssysteme, NWVBL 1992, S. 7 ff.; *Böse,* Arbeitnehmerfreizügigkeit und öffentlicher Dienst, EuZW 1992, S. 639 ff.; *Edelman,* Die Europäische Arbeitnehmerfreizügigkeit nach Art. 48 EWGV und ihre Auswirkungen auf den Zugang zum deutschen öffentlichen Dienst, 1992;

(Bildungsrecht) *Steindorff,* Ausbildungsrechte im EG-Recht, NJW 1983, S. 1231 ff.; *Hochbaum,* Politik und Kompetenzen der EG im Bildungswesen, BayVBl. 1987, S. 481 ff.; *Oppermann,* Europäisches Gemeinschaftsrecht und deutsche Bildungsordnung, 1987; *Avenarius,* Zugangsrechte von EG-Ausländern im Bildungswesen der Bundesrepublik Deutschland, NVwZ 1988, S. 385 ff.; *Oppermann,* Von der EG-Freizügigkeit zur gemeinsamen europäischen Ausbildungspolitik?, 1988; *Lenz,* Die Rechtsprechung des EuGH im Bereich des Bildungswesens, Europa-Archiv 1989, S. 125 ff.; *De Witte,* European Community law of education, 1989; *Classen,* Bildungspolitische Förderprogramme der EG, EuR 1990, S. 10 ff.; *Lenz,* Zuständigkeiten und Initiative der Europäischen Gemeinschaft im Bereich des Bildungswesens, Internationale Wirtschaftsbriefe, Beilage Heft 1/1990; *Erd,* Auf dem Weg zu einem europäischen Kulturverwaltungsrecht, Kritische Justiz 1990, Heft 1, S. 31 ff.; *Lichtenberg,* Freizügigkeit und Bildungswesen in der Europäischen Gemeinschaft, in: Festschrift für E. Steindorff, 1990, S. 1269 ff.; *Sieveking,* Bildung im Europäischen Gemeinschaftsrecht, Kritische Vierteljahresschrift für Gesetzgebung und Rechtswissenschaft 1990, S. 344 ff.; *Hailbronner,* Europa 1992 – Freizügigkeit für Studenten und Auszubildende in der Europäischen Gemeinschaft, JuS 1991, S. 9 ff.; *Schäfer,* Die Europäische Gemeinschaft und das Bildungswesen. Eine Bibliographie, 1991; *Schweitzer/Herzog,* Bildungspolitik und

EWG-Vertrag – Eine Bestandsaufnahme, Zeitschrift für Rechtsvergleichung 1991, S. 14 ff.; *Ress,* Kultur und Europäischer Binnenmarkt. Schriftenreihe des Bundesministeriums des Innern, Band 22, 1991; *ders.,* Die neue Kulturkompetenz der EG, DÖV 1992, S. 944 ff.

F. Die Niederlassungsfreiheit

I. Allgemeine Grundsätze

1. Inhalt der Niederlassungsfreiheit

Die Niederlassungsfreiheit ist in den Art. 52 bis 58 EGV geregelt. Nach Art. 52 Abs. 2 EGV umfaßt sie die Aufnahme und Ausübung selbständiger Erwerbstätigkeiten sowie die Gründung und Leitung von Unternehmen, insbesondere von Gesellschaften, nach den Bestimmungen des Aufnahmestaates für seine eigenen Angehörigen. Sie sichert den freien Personenverkehr für den Bereich der **selbständigen** Erwerbstätigkeiten. Die Niederlassung setzt voraus, daß die Tätigkeit im Aufnahmestaat **dauerhaft** ausgeübt wird; vorübergehende Tätigkeiten werden von der in den Art. 59 ff. EGV geregelten Dienstleistungsfreiheit erfaßt.

Die Niederlassungsfreiheit berechtigt zur Aufnahme und Ausübung jeder selbständigen Erwerbstätigkeit. Entsprechend Art. 60 EGV zählen hierzu gewerbliche, kaufmännische, handwerkliche und freiberufliche Tätigkeiten; diese Aufzählung ist jedoch nicht abschließend. Auf die Einordnung in ein bestimmtes Berufsfeld kommt es nicht an. Erfaßt werden alle auf eigene Rechnung und auf eigenes wirtschaftliches Risiko ausgeübten Tätigkeiten, die dem Erwerb von Einkommen dienen, so daß auch in diesem Zusammenhang das Merkmal der **entgeltlich** erbrachten Leistung das ausschlaggebende Kriterium bildet (*Randelzhofer,* in: *Grabitz,* EWGV, Art. 52, Rdnr. 12, 15; *Steindorff,* NJW 1982, S. 1902 ff., 1905). In Parallele zu Art. 48 Abs. 4 EGV sind nach Art. 55 EGV von der Niederlassungsfreiheit Tätigkeiten ausgenommen, die in einem Mitgliedstaat dauernd oder zeitweise mit der Ausübung öffentlicher Gewalt verbunden sind, in Deutschland z. B. die Tätigkeit der Notare.

Von der Niederlassungsfreiheit können **natürliche** Personen mit der Staatsangehörigkeit eines Mitgliedstaates Gebrauch machen. Ihnen stehen nach Art. 58 Abs. 1 EGV die nach den Rechtsvorschriften eines Mitgliedstaates gegründeten **Gesellschaften** gleich, die ihren satzungsmäßigen Sitz, ihre Hauptverwaltung oder ihre Hauptniederlassung innerhalb der Gemeinschaft haben; nach Art. 58 Abs. 2 EGV gelten als Gesellschaften die Gesellschaften des Bürgerlichen Rechts und des Handelsrechts einschließlich der Genossenschaften und die sonstigen juristischen Personen des öffentlichen und privaten Rechts mit Ausnahme derjenigen, die keinen Erwerbszweck verfolgen. Die Gesellschaften machen vom Niederlassungsrecht im allgemeinen durch die Gründung von Agenturen, Zweigniederlassungen und Tochtergesellschaften im Aufnahmestaat oder durch Beteiligung am Kapital dort ansässiger Gesellschaften Gebrauch. Gründung und rechtliche Existenz von Gesellschaften richten sich nach dem derzeitigen Stand des Gemeinschaftsrechts nach dem nationalen Recht der Mitgliedstaaten, da das Gemeinschaftsrecht bisher keine eigenständigen Gesellschaftsformen entwickelt hat, deren sich Gesellschafter anstelle der Gesellschaftsformen des nationalen Rechts bedienen können. Keine Gesellschaft im eigentlichen Sinne bildet die aufgrund der VO (EWG) Nr. 2137/85 vom 25. Juli 1985 (ABl. 1985 Nr. L 199/1) geschaffene Europäische Wirtschaftliche Interessenvereinigung (EWIV), da mit ihrer Hilfe keine selbständige wirtschaftliche Tätigkeit betrieben werden kann, sondern ihre Mitglieder unter Beibehaltung ihrer Selbständigkeit sie lediglich dazu einsetzen können, in bestimmten Bereichen grenzüberschreitend zusammenzuarbeiten (Beispiel: gemeinsame Einkaufsorganisation mehrerer Händler, näher zur EWIV: *Müller-Gugenberger,* NJW 1989, S. 1449 ff.). Die Abhängigkeit der Gesellschaften vom nationalen Recht der Mitgliedstaaten hat zur Folge, daß Gesellschaften bei Niederlassung in einem anderen Mitgliedstaat (z. B. durch Gründung einer Tochtergesellschaft) sich der in diesem Staat geltenden Gesellschaftsformen bedienen müssen, und bewirkt weiterhin, daß die Gesellschaft in ihrer rechtlichen Existenz an die Regeln des nationalen Rechts gebunden ist, nach dem sie gegründet wurde. Schreibt das Recht eines Mitgliedstaates vor, daß eine nach diesem Recht gegründete Gesellschaft ihren satzungsmäßigen Sitz nur unter bestimmten Voraussetzungen ins Ausland verlegen darf, gewähren ihr Art. 52 und 58 EGV allein nicht das Recht, losgelöst von den Voraussetzungen des innerstaatlichen Rechts den Sitz ihrer Geschäftsleitung in einen anderen Mitgliedstaat zu verlegen (EuGHE 1988, 5483 – Rs. 81/87 „Daily Mail" = NJW 1989, 2186).

2. Der Grundsatz der Inländergleichbehandlung nach Art. 52 EGV

Nach Art. 52 Abs. 2 EGV berechtigt die Niederlassungsfreiheit zur Aufnahme und Ausübung selbständiger Erwerbstätigkeiten **nach den Bestimmungen des Aufnahmestaates für seine eigenen Angehörigen.** Damit stellt Art. 52 EGV den Grundsatz der Inländergleichbehandlung für den Bereich der Niederlassungen auf. Die Vorschrift ist unmittelbar geltendes Recht, wie der EuGH in seinem grundlegenden Urteil in der Rechtssache „Reyners" ausgesprochen hat (EuGHE 1974, 631 – Rs. 2/74 = NJW 1975, 513). Diese Aussage betraf den Fall des niederländischen Staatsangehörigen Reyners, der in Belgien lebte und dort die Befähigung zur Ausübung des Berufs als Anwalt erworben hatte, jedoch wegen seiner Staatsangehörigkeit nicht die Zulassung als Anwalt in Belgien erhielt. Es ist daher unzulässig, Angehörige anderer Mitgliedstaaten wegen ihrer Staatsangehörigkeit bei Ausübung einer Tätigkeit im Aufnahmestaat in offener oder versteckter Weise zu diskriminieren. Der Grundsatz der Gleichbehandlung erstreckt sich dabei auf alle Bedingungen, unter denen eine Tätigkeit ausgeübt wird, also neben den Regelungen über die Aufnahme und die Ausübung der Tätigkeit auch auf die steuerliche Behandlung eines Erwerbstätigen. Es verstößt gegen Art. 52 EGV (bei Arbeitnehmern gegen Art. 48 Abs. 2 EGV), wenn nach dem Steuerrecht des Aufnahmestaates zuviel gezahlte Steuern nur unter der Voraussetzung erstattet werden, daß der steuerpflichtige Angehörige eines anderen Mitgliedstaates seinen Wohnsitz im Aufnahmestaat hat, und die Erstattung verfällt, wenn er im Laufe eines Steuerjahres diesen Staat verläßt (EuGH EuZW 1990, 284 – Rs. C – 175/88 „Biehl" = NJW 1991, 1406; zur steuerlichen Gleichbehandlung von Gesellschaften vgl. EuGH NJW 1987, 569 – Rs. 270/83 – Kommission/Frankreich). Andererseits verstößt es nicht gegen Art. 52 EGV, wenn ein Mitgliedstaat eigenen Staatsangehörigen, die ihre berufliche Tätigkeit in seinem Hoheitsgebiet ausüben und dort ihre Einkünfte erzielen, wegen ihres Wohnsitzes in einem anderen Mitgliedstaat eine höhere Steuerbelastung auferlegt (EuGH EuZW 1993, 163 – Rs. C – 112/91 „Werner/Finanzamt Aachen-Innenstadt"). Dies hat der EuGH im Hinblick auf einen deutschen Zahnarzt entschieden, der, mit Wohnsitz in den Niederlanden, seine Praxis in Aachen betrieb und wegen dieses Wohnsitzes bei der Besteuerung der im Inland erzielten Einkünfte der für ihn ungünstigeren beschränkten Steuerpflicht unterworfen wurde. Der EuGH verneinte einen Verstoß gegen Art. 52 EGV, weil die Schlechterstellung des Steuerpflichtigen nicht an die Staatsangehörigkeit, sondern an seinen Wohnsitz anknüpfe.

Weiterhin gilt das Gebot der Gleichbehandlung auch für die Wahrnehmung der mit einer beruflichen Tätigkeit verbundenen Rechte wie z. B. dem Beitritt und der Mitwirkung in Berufsverbänden oder berufsständischen Kammern (*Randelzhofer,* in: *Grabitz,* Art. 52, Rdnr. 40).

Fall: Der italienische Staatsangehörige M. ist aufgrund bestandener Meisterprüfung selbständiger Handwerker des Friseurhandwerks und übt seine Tätigkeit in der westdeutschen Großstadt K. aus. Er will sich in den Vorstand der Handwerksinnung wählen lassen, um sich vor allem der Probleme ausländischer Lehrlinge anzunehmen. Nach der Satzung der Innung ist in den Vorstand nur wählbar, wer die deutsche Staatsangehörigkeit besitzt (vgl. auch § 7 Abs. 1 Nr. 1 Handwerksordnung (HandWO), wonach die Wählbarkeit zum Gesellenausschuß die deutsche Staatsangehörigkeit voraussetzt). Kann M. auch ohne Änderung der Satzung in den Vorstand gewählt werden?

Der Ausschluß von der Wählbarkeit aus Gründen der Staatsangehörigkeit erfüllt den Tatbestand der Ungleichbehandlung. Dies wäre gemeinschaftsrechtlich nur dann unbedenklich, wenn die Verwaltung des Amtes als Mitglied des Vorstands eine mit der Ausübung öffentlicher Gewalt verbundene Tätigkeit i. S. der Art. 48 Abs. 4, 55 EGV wäre; die Regelung in Art. 13 Abs. 1 VO 1612/68, wonach Wanderarbeitnehmer bei der Wahrnehmung gewerkschaftlicher Rechte von der Teilnahme an der Verwaltung von Körperschaften des öffentlichen Rechts und der Ausübung öffentlich-rechtlicher Ämter ausgeschlossen werden können, kann als auf den Bereich der Niederlassung übertragbar angesehen werden. Die Handwerksinnung ist nach § 53 HandWO eine Körperschaft des öffentlichen Rechts. Der Ausschluß von ihrer Verwaltung ist jedoch nur gerechtfertigt, wenn die spezifischen und sehr engen Voraussetzungen erfüllt sind, unter denen das Gemeinschaftsrecht eine hoheitliche Tätigkeit von der Freizügigkeit der Arbeitnehmer bzw. der Niederlassungsfreiheit ausnimmt. Dazu ist u. a. erforderlich, daß die Wahrnehmung des Amtes ein Verhältnis besonderer Verbundenheit des Amtsinhabers zum Staat voraussetzt, das über die allgemeine staatsbürgerliche Loyalität hinausgeht. Nach § 54 Abs. 1 HandWO ist es die Aufgabe der Handwerksinnung, somit auch ihres Vorstandes und seiner Mitglieder, die gemeinsamen gewerblichen Interessen ihrer Mitglieder zu fördern. Die Wahrnehmung gewerblicher Interessen setzt keine besondere Verbundenheit zum Staat voraus, so daß die Teilnahme an der Verwaltung der Handwerksinnung nicht unter die Ausnahme des Art. 48 Abs. 4 bzw. Art. 55 EGV fällt. Wegen des Vorrangs des Gemeinschaftsrechts sind die entsprechenden Regelungen im deutschen Recht nicht anwendbar, so daß M. ohne Änderung der Satzung in den Vorstand wählbar ist.

Schließt somit der Grundsatz der Gleichbehandlung eine Schlechterstellung von Angehörigen anderer Mitgliedstaaten bei der Niederlassung aus, so führt er andererseits dazu, daß diese Personen wie Inländer sich dem Recht des Aufnahmestaates bei der Niederlassung unterwerfen müssen. In Ermangelung gemeinschaftsrechtlicher Vorschriften steht es den Mitgliedstaaten frei, selbst zu regeln, unter welchen Voraussetzungen eine selbständige Erwerbstätigkeit aufgenommen und ausgeübt werden kann (vgl. EuGHE 1984, 2971 – Rs. 107/83 „Klopp" = NJW 1985, 1275); dies gilt namentlich für das Erfordernis einer vorgeschriebenen beruflichen Qualifikation als Voraussetzung für den Zugang zu einer bestimmten Tätigkeit. Angehörige anderer Mitgliedstaaten sind daher bei einer Niederlassung in der Bundesrepublik den im Gewerbe-, Steuer-, Arbeits- und Berufsrecht usw. niedergelegten Bedingungen unterworfen, sofern sich nicht aus dem Gemeinschaftsrecht etwas Gegenteiliges ergibt.

Es ist allerdings umstritten, ob Art. 52 EGV sich strikt auf das Verbot der Inländergleichbehandlung beschränkt, so daß mit Ausnahme diskriminierender Regelungen das Recht des Aufnahmestaates uneingeschränkt Anwendung findet, oder ob sich aus Art. 52 EGV ein Beschränkungsverbot in dem Sinne ableiten läßt, daß auf die niedergelassene

Person nur die Vorschriften des Aufnahmestaates angewendet werden dürfen, die durch einen im öffentlichen Interesse liegenden Zweck gerechtfertigt sind (zum Meinungsstand vgl. *Blumenwitz*, NJW 1989, S. 621 ff., 622; *Wägenbaur*, EuZW 1991, S. 427 ff., 430). Letztgenannte Auffassung hätte zur Konsequenz, daß – mit der Prüfung der zwingenden Erfordernisse beim freien Warenverkehr vergleichbar – die sich als Beschränkung der Niederlassungsfreiheit auswirkenden nationalen Bestimmungen daraufhin zu untersuchen wären, ob sie einem schutzwürdigen Zweck dienen und zur Verfolgung dieses Zweckes verhältnismäßig sind. Daß die Erfordernisse im Aufnahmestaat generell an einem schutzwürdigen Zweck zu messen sind, läßt sich der bisherigen Rechtsprechung des EuGH nicht entnehmen; sie bewegt sich jedoch in diese Richtung (vgl. *Wägenbaur*, a.a.O., S. 432). So verlangt der EuGH, daß die Bestimmungen und Praktiken im Aufnahmestaat mit der Niederlassungsfreiheit als Ziel des EG-Vertrages in Einklang stehen müssen und deshalb Beschränkungen mit Art. 52 EGV nicht vereinbar sind, die den tatsächlichen Gebrauch der Niederlassungsfreiheit hindern, auch wenn diese Beschränkungen auf einer unterschiedslosen Anwendung des nationalen Rechts auf in- und ausländische Erwerbstätige beruhen (EuGHE 1977, 765 – Rs. 71/76 „Thieffry" = NJW 1977, 1583; EuGHE 1984, 2971 – Rs. 107/83 „Klopp" = NJW 1985, 1275). Unter diesem Gesichtspunkt schützt Art. 52 EGV die Zweigniederlassung von Ärzten und Anwälten in anderen Mitgliedstaaten in dem Sinne, daß der Aufnahmestaat für die Zulassung zu den genannten Berufen nicht die Aufgabe der Praxis oder Kanzlei im Herkunftsstaat verlangen darf, weil nach seinem internen Recht der Beruf nur unter der Bedingung einer einzigen Praxis oder Kanzlei ausübbar ist (EuGH „Klopp", a.a.O.; EuGHE 1986, 1475 – Rs. 96/85 „Kommission/Frankreich"; EuGH, Urteil vom 16. Juni 1992, Rs. C/351/90 „Kommission/Luxemburg", noch nicht in amtlicher Sammlung).

Der EuGH geht außerdem davon aus, daß die Niederlassungsfreiheit als Ziel des Vertrages, soweit das Gemeinschaftsrecht hierzu selbst nichts bestimmt, durch Maßnahmen der Mitgliedstaaten aufgrund ihrer Mitwirkungspflicht nach Art. 5 EGV verwirklicht werden kann (EuGH „Thieffry", a.a.O.). Diese Mitwirkungspflicht hat er in der nachstehend geschilderten Rechtssache näher konkretisiert.

Fall Vlassapoulu (nach EuGH EuZW 1991, 381): Frau Vlassapoulu, eine in Athen zugelassene Rechtsanwältin griechischer Staatsangehörigkeit, arbeitet seit 1983 in einer Anwaltskanzlei in Süddeutschland. Neben ihren griechischen Diplomen hatte sie an der Universität Tübingen den Titel eines Doktors der Rechte erworben und besaß die Erlaubnis zur Besorgung fremder Rechtsgeschäfte nach dem Rechtsberatungsgesetz für das griechische und das Gemeinschaftsrecht. In bezug auf das deutsche Recht war sie unter der Verantwortung eines ihrer deutschen Kollegen aus der Kanzlei tätig. Ihr Antrag auf Zulassung zur Anwaltschaft wurde mit der Begründung abgelehnt, sie besitze nicht die nach deutschem Recht für den Zugang zum Anwaltsberuf erforderliche Befähigung zum Richteramt und könne den Anwaltsberuf in Deutschland nicht aufgrund der in Griechenland erworbenen Diplome ausüben. Der EuGH wurde im Wege der Vorabentscheidung um die Auslegung von Art. 52 EWGV ersucht.

Vorab ist darauf hinzuweisen, daß der Fall aus zeitlichen Gründen nicht von der Richtlinie 89/48/EWG über eine allgemeine Regelung zur Anerkennung der Hochschuldiplome erfaßt wird (siehe dazu anschließend unter II). Zur Auslegung von Art. 52 EWGV stellte der EuGH fest, daß nationale Qualifikationsvoraussetzungen, selbst wenn sie ohne Diskriminierung angewandt werden, Angehörige anderer Mitgliedstaaten dann in der Ausübung des Niederlassungsrechts beeinträchtigen können, wenn die fraglichen nationalen Vorschriften die von den Betroffenen in einem anderen Mitgliedstaat bereits erworbenen Kenntnisse und Fähigkeiten unberücksichtigt lassen. Dementsprechend haben die Behörden des Aufnahmestaates, in dem die Zulassung zu einem Beruf beantragt wird, durch eine vergleichende Prüfung festzustellen, inwieweit die durch das ausländische Diplom bescheinigten Kenntnisse und Fähigkeiten den nach dem Recht des Aufnahmestaates vorgeschriebenen Kenntnissen und Fähigkeiten entsprechen (als Folge hiervon müssen die deutschen Behörden untersuchen, inwieweit die in Griechenland erworbenen Diplome den juristischen Prüfungen in der Bundesrepublik gleichwertig sind). Entsprechen bei diesem Vergleich die Kenntnisse und Fähigkeiten einander nur teilweise, kann der Aufnahmestaat vom Antragsteller den Nachweis verlangen, daß er die fehlenden Kenntnisse und Erfahrungen erworben hat. Für diesen Nachweis ist dann zu berücksichtigen, inwieweit die im Aufnahmestaat im Rahmen eines Studiengangs oder einer berufspraktischen Tätigkeit erworbenen Kenntnisse als Nachweis der fehlenden Kenntnisse ausreichen (diese Aussage zielt darauf ab, inwieweit durch das griechische Diplom nicht bescheinigte Kenntnisse des deutschen Rechts durch die Kenntnisse ausgeglichen werden, welche Frau Vlassapoulu zur Erlangung des Doktortitels und im Rahmen ihrer praktischen Tätigkeit erworben hat).

Mit dieser Entscheidung hat der EuGH das Prinzip der gegenseitigen Anerkennung auf den Bereich des Niederlassungsrechts ausgedehnt (vgl. *Behrens,* EuR 1992, S. 145 ff., 157). Demnach ist in allen Fällen, in denen das deutsche Recht für die Aufnahme oder die Ausübung einer selbständigen Tätigkeit einen berufsqualifizierenden Abschluß oder einen sonstigen Befähigungsnachweis verlangt, die in einem anderen Mitgliedstaat erworbene Befähigung darauf zu prüfen, ob und inwieweit sie der deutschen gleichwertig ist. Dies gilt allerdings nur, soweit das Gemeinschaftsrecht nicht eigene Regeln über die Anerkennung oder den Nachweis beruflicher Qualifikationen enthält (s. anschließend unter II).

II. Die Beseitigung von Beschränkungen der Niederlassungsfreiheit durch die Gemeinschaft

Nach Art. 3c EGV umfaßt die Tätigkeit der Gemeinschaft die Beseitigung der Hindernisse für den freien Personenverkehr. Die Art. 52 bis 58 EGV stecken den Rahmen für diese Tätigkeit im Bereich der Niederlassungsfreiheit ab. An rechtlichen Instrumenten sind hierfür vorgesehen:

- das Allgemeine Programm zur Aufhebung der Beschränkungen der Niederlassungsfreiheit (Art. 54 Abs. 1 EGV);
- Übergangsmaßnahmen (Richtlinien) (Art. 54 Abs. 2 EGV);
- Richtlinien für die gegenseitige Anerkennung der Diplome, Prüfungszeugnisse und sonstigen Befähigungsnachweise (Art. 57 Abs. 1 EGV);
- Koordinierungsrichtlinien (Art. 57 Abs. 2 EGV).

Auf die in großer Zahl ergangenen Richtlinien kann hier nur beispielhaft und unter Beschränkung auf die wichtigsten Regelungen eingegangen werden, um jeweils die spezifische Vorgehensweise zur Beseitigung der Beschränkungen im Niederlassungsbereich deutlich zu machen (ausführlich zur Liberalisierung durch das Gemeinschaftsrecht s. *Clausnitzer,* Niederlassungs- und Dienstleistungsfreiheit der Selbständigen, in: *Lenz* (Hrsg.), EG-Handbuch Recht im Binnenmarkt 1991, S. 183ff.; Wiedergabe wichtiger Richtlinien in „Europäisches Wirtschaftsrecht", Nr. 700aff.).

1. Das Allgemeine Programm

Das in Art. 54 Abs. 1 EGV vorgesehene Allgemeine Programm zur Aufhebung der Beschränkungen der Niederlassungsfreiheit wurde vom Rat am 18. Dezember 1961 aufgestellt (ABl. 1962 Nr. 12, S. 32). Es enthält eine Klassifikation der selbständigen Tätigkeiten nach Gruppen und Untergruppen auf der Grundlage der vom Statistischen Amt der Vereinten Nationen erstellten sog. CITI-Liste und legt die allgemeinen Voraussetzungen und die Stufenfolge für die Verwirklichung der Niederlassungsfreiheit fest.

2. Übergangsmaßnahmen

Die auf der Grundlage von Art. 54 Abs. 2 EGV erlassenen Richtlinien dienen dazu, die Beschränkungen der Niederlassungsfreiheit vorzugsweise in den Bereichen von Handel, Handwerk, Industrie und Landwirtschaft aufzuheben. Sie beschränken sich darauf, die Ausübung des Niederlassungsrechts zu erleichtern, ohne die Ausbildungsgänge bei den einzelnen Tätigkeiten anzugleichen und die gegenseitige Anerkennung der in den Mitgliedstaaten erworbenen Abschlüsse vorzuschreiben. Sie werden daher als Übergangsmaßnahmen bezeichnet, sind aber trotz dieser Bezeichnung bis heute anwendbar. Sie erleichtern die Niederlassung dadurch, daß die praktische Ausübung einer Tätigkeit im Heimat- oder in einem anderen Mitgliedstaat für eine bestimmte Zeit (im Regelfall sechs Jahre) als ausreichend angesehen wird, um diese Tätigkeit auch in dem Mitgliedstaat auszuüben, der für die Aufnahme oder die Ausübung dieser Tätigkeit den Nachweis bestimmter Kenntnisse und Fertigkeiten verlangt. Dieser Nachweis wird somit durch den Nachweis der **beruflichen Erfahrung** geführt.

Die wichtigste Übergangsregelung ist die Richtlinie 64/427/EWG über die Einzelheiten der Übergangsmaßnahmen auf dem Gebiet der selbständigen Tätigkeiten der be- und verarbeitenden Gewerbe der CITI-Hauptgruppe-23-40 (Industrie und Handwerk) vom 7. Juli 1964 (ABl. 1964 Nr. 117/1863 mit Änderungen = „Europäisches Wirtschaftsrecht", Nr. 720). Sie liefert auch die Grundlage für die Tätigkeit von Angehörigen anderer Mitgliedstaaten als selbständige Handwerker in Deutschland. Für den Bereich des Handwerks wurde die Richtlinie in deutsches Recht umgesetzt durch die Verordnungsermächtigung in § 9 HandWO und die Verordnung über die für Staatsangehörige der übrigen Mitgliedstaaten der Europäischen Wirtschaftsgemeinschaft geltenden Voraussetzungen der Eintragung in die Handwerksrolle (VO Handwerk EWG) vom 4. August 1966 (BGBl. I, S. 469, zuletzt geändert durch VO vom 8. Oktober 1985, BGBl. I, S. 1957). Die Voraussetzungen für eine Tätigkeit als Handwerker stellen sich im einzelnen wie folgt dar:

Zum Betrieb eines selbständigen Handwerks ist die Eintragung in die Handwerksrolle erforderlich, § 1 Abs. 1 HandWO. Die Eintragung in die Handwerksrolle setzt nach § 7 Abs. 1 HandWO das Bestehen der Meisterprüfung in dem zu betreibenden Handwerk oder nach § 7 Abs. 3 HandWO den Besitz der Ausnahmebewilligung für Angehörige der EWG-Mitgliedstaaten nach § 9 HandWO voraus. Nach Maßgabe der VO Handwerk EWG wird die Ausnahmebewilligung für ein Handwerk erteilt, wenn der Antragsteller nachweisen kann, die handwerkliche Tätigkeit in einem anderen Mitgliedstaat für einen bestimmten Zeitraum ausgeübt zu haben, u. a. mindestens sechs Jahre ununterbrochen als Selbständiger oder als Betriebsleiter oder mindestens drei Jahre ununterbrochen als Selbständiger oder Betriebsleiter bei Nachweis einer mindestens dreijährigen vorherigen Ausbildung für den betreffenden Beruf. Die ausgeübte Tätigkeit ist durch eine Bescheinigung der zuständigen Stelle des Herkunftsstaates, die Ausbildung durch ein staatlich anerkanntes Zeugnis nachzuweisen. Bei Nachweis der beschriebenen Voraussetzungen ist die Ausnahmebewilligung nach § 9 HandWO als Voraussetzung für die Eintragung in die Handwerksrolle zu erteilen. Die Eintragung in die

Handwerksrolle berechtigt allerdings nur zur selbständigen Ausübung des Handwerks, nicht zur Ausbildung von Lehrlingen, da diese nach § 21 Abs. 3 HandWO Meistern und den nach § 22 HandWO ausbildungsberechtigten Personen vorbehalten ist.

Die Möglichkeit, die Ausnahmebewilligung nach § 9 HandWO zu erlangen, besteht nicht nur für Angehörige anderer Mitgliedstaaten, sondern auch für Deutsche. Das Niederlassungsrecht des EWG-Vertrages und die hierzu ergangenen Regelungen über den erleichterten Zugang zu selbständigen Tätigkeiten gelten auch für die Angehörigen des Niederlassungsstaates (EuGHE 1979, 399 – Rs. 115/78 „Knoors" = NJW 1979, 1761). Wer als Angehöriger eines Mitgliedstaates die Freizügigkeit in Anspruch nimmt, um in einem anderen Mitgliedstaat eine berufliche Befähigung zu erwerben, kann sich gegenüber dem eigenen Staat unter den vom Gemeinschaftsrecht geregelten Voraussetzungen auf diese Befähigung berufen. Demnach kann ein Deutscher ohne Meisterprüfung ein selbständiges Handwerk in Deutschland ausüben, wenn er unter den Voraussetzungen der VO Handwerk EWG in einem anderen Mitgliedstaat handwerklich tätig gewesen ist (BVerwG NVwZ 1984, 586; BVerwG NVwZ-RR 1991, 546); zur Ausbildung von Lehrlingen ist er allerdings dann nicht berechtigt. Die Voraussetzungen nach der VO Handwerk EWG müssen jedoch vollständig, d. h. so erfüllt sein, daß auch der Angehörige eines anderen Mitgliedstaates Zugang zu der handwerklichen Tätigkeit in Deutschland hätte (vgl. EuGH EuZW 1990, 512 – Rs. C – 130/88 „van den Bijl"). Diese Voraussetzung erfüllt ein deutscher Geselle nicht, der seine Gesellenprüfung in Deutschland abgelegt hat und drei Jahre als selbständiger Handwerker in einem anderen Mitgliedstaat tätig wird, um sich danach als selbständiger Handwerker in Deutschland niederzulassen.

Nicht anwendbar ist die VO Handwerk EWG auf die sog. Gesundheitshandwerke wie Augenoptiker, Hörgeräteakustiker, Orthopädiemechaniker und Zahntechniker; die Herausnahme dieser Handwerker aus dem Geltungsbereich der VO verstößt nicht gegen Gemeinschaftsrecht (ausführlich BVerwG NVwZ-RR 1991, 546; ferner OVG Münster, Gewerbearchiv 1988, 98; VGH Kassel, NVwZ-RR 1990, 468). Vorgesehen ist jedoch, die beruflichen Befähigungsnachweise in den Gesundheitshandwerken künftig gegenseitig anzuerkennen (s. nachfolgend unter 4).

3. Anerkennungs- und Koordinierungsrichtlinien in speziellen Bereichen

Während die Übergangsmaßnahmen die Niederlassung lediglich erleichtern, dienen die in Art. 57 EGV vorgesehenen Anerkennungs- und Koordinierungsrichtlinien dazu, die Beschränkungen der Niederlassungsfreiheit endgültig aufzuheben. Nach Art. 57 Abs. 1 EGV kann der Rat Richtlinien für die gegenseitige Anerkennung der Diplome, Prüfungszeugnisse und sonstigen Befähigungsnachweise erlassen, nach Abs. 2 Richtlinien zur Koordinierung der Rechts- und Verwaltungsvorschriften der Mitgliedstaaten über die Aufnahme und Ausübung selbständiger Tätigkeiten. Die Gemeinschaft ist so vorgegangen, daß sie zunächst Richtlinien für einzelne bestimmte Berufe erlassen hat, und zwar für Ärzte, Zahnärzte, Tierärzte, Apotheker, Hebammen, Krankenpfleger und Architekten. Hierzu wurden jeweils eine Anerkennungsrichtlinie und (mit Ausnahme der Architekten) eine Koordinierungsrichtlinie zur Festlegung gemeinschaftlicher Mindestausbildungsbedingungen verabschiedet. Als Beispiel sei erwähnt die Richtlinie 75/372/ EWG für die gegenseitige Anerkennung der Diplome, Prüfungszeugnisse und sonstigen Befähigungsnachweise des Arztes und für Maßnahmen zur Erleichterung der tatsächlichen Ausübung des Niederlassungsrechts und des Rechts auf freien Dienstleistungsverkehr vom 16. Juli 1975 (ABl. 1975 Nr. L 167/1 mit Änderungen) und die Richtlinie 75/363/ EWG zur Koordinierung der Rechts- und Verwaltungsvorschriften für die Tätigkeit des Arztes vom 16. Juni 1975 (ABl. 1975 Nr. L 167/14 mit Änderungen) (Richtlinien in: „Europäisches Wirtschaftsrecht", Nr. 700a und 700b). Nach der Anerkennungsrichtlinie-Ärzte erkennt jeder Mitgliedstaat die von den anderen Mitgliedstaaten ausgestellten Diplome, Prüfungszeugnisse und sonstigen Befähigungsnachweise an und verleiht ihnen für eine ärztliche Tätigkeit in seinem Hoheitsgebiet die gleichen Wirkungen wie die von ihm selbst ausgestellten Befähigungsnachweise; die anzuerkennenden Zeugnisse sind in der Richtlinie namentlich aufgeführt (Art. 3). Die Koordinierungsrichtlinie schreibt als Voraussetzung für das von den Mitgliedstaaten auszustellende Diplom eine universitäre ärztliche Gesamtausbildung von mindestens sechs Jahren oder einer äquivalenten Ausbildungszeit mit bestimmten Ausbildungsinhalten vor. Die Regelungen für die anderen Heilberufe entsprechen diesem Muster (Richtlinientexte mit Ausnahme der für Hebammen und Krankenpfleger in „Europäisches Wirtschaftsrecht", Nr. 700a bis Nr. 703b). Zur Umsetzung in das deutsche Recht wurden die Richtlinien in die für die einzelnen Heilberufe bestimmten Bundesgesetze aufgenommen, z. B. in die Bundesärzteordnung (i.d.F. der Bekanntmachung vom 16. April 1987, BGBl. I, S. 1218, zuletzt geändert durch das Gesetz zur Änderung der Bundesärzteordnung und weiterer Bundesgesetze für Heilberufe vom 23. März 1992, BGBl. I, S. 719).

Bei den Architekten wurde keine Koordinierungs-, sondern nur eine Anerkennungsrichtlinie erlassen (Richtlinie 85/384/EWG vom 10. Juni 1985, ABl. 1985 Nr. L 223/15 mit Änderungen = „Europäisches Wirtschaftsrecht", Nr. 704). Die Anerkennung der Abschlüsse setzt eine vierjährige Ausbildung mit bestimmten Mindestinhalten voraus. Nach Art. 4 Abs. 1 Satz 2 der Richtlinie wird die dreijährige Ausbildung an den

Fachhochschulen in der Bundesrepublik Deutschland dann als gleichwertig anerkannt, wenn sie durch eine vierjährige Berufserfahrung in
Deutschland ergänzt wird. Dauert diese Ausbildung jedoch vier Jahre
und schließt von der Fachhochschule organisierte und begleitete Praxis-
semester ein, ist sie als das vorgeschriebene vierjährige Studium auf
Vollzeitbasis anzusehen (EuGH EuZW 1992, 188 – Rs. C – 310/90
„Egle").

Der Erwerb eines anerkannten Diploms im Heimat- oder Herkunftsstaat berechtigt die Angehörigen anderer Mitgliedstaaten, sich in den
bezeichneten Heilberufen und dem Architektenberuf im Bundesgebiet
niederzulassen. Ärzte haben den Anspruch auf Approbation als Arzt und
auf Zulassung als Kassenarzt. Bei Apothekern gilt die Einschränkung,
daß sie bei einem gleichwertigen Zeugnis zwar das Recht auf Approbation als Apotheker haben, die zum Betrieb einer Apotheke erforderliche
Erlaubnis jedoch nur für Apotheken erhalten, die seit mindestens drei
Jahren im Betrieb sind; sie können also keine neuen Apotheken gründen.
Diese Einschränkung folgt aus Art. 2 Abs. 2 der Anerkennungsrichtlinie
für Apotheker, wonach die Mitgliedstaaten nicht verpflichtet sind, den
anzuerkennenden Abschlüssen für die Gründung neuer Apotheken Wirkung zu verleihen.

Die gleichwertigen Abschlüsse gelten nicht nur für die Niederlassung, sondern auch für abhängige Beschäftigungen, so daß sie auch bei
der Einstellung von Ärzten, Tierärzten, Architekten usw. im öffentlichen Dienst zu berücksichtigen sind. Da, wie bereits dargelegt die
Freizügigkeit des EG-Vertrages die Angehörigen aller Mitgliedstaaten
schützt, ist schließlich der von Deutschen in einem anderen Mitgliedstaat erworbene Abschluß dem inländischen Abschluß gleichwertig,
vorbehaltlich der sich aus dem Gemeinschaftsrecht ergebenden Einschränkungen.

4. Allgemeine Regelungen zur Anerkennung der Hochschul-
diplome und sonstigen beruflichen Befähigungsnachweise

In Ergänzung zu den Regelungen für die Heilberufe und den Architektenberuf wurde die Richtlinie 89/48/EWG über eine Allgemeine Regelung zur Anerkennung der Hochschuldiplome, die eine mindestens dreijährige Berufsausbildung abschließen, vom 21. Dezember 1988 erlassen
(ABl. 1988 Nr. L 19/16 = „Europäisches Wirtschaftsrecht", Nr. 706). Sie
regelt die gegenseitige Anerkennung aller übrigen Hochschuldiplome
unter Verzicht auf jegliche Koordinierung der Ausbildungsgänge i. S.
von Mindestanforderungen. Grundlage für die gegenseitige Anerkennung ist das Vertrauen der Mitgliedstaaten auf die vergleichbare Qualität
ihrer Ausbildungsgänge. Diese Methode wurde gewählt, um im
Rahmen des Binnenmarktes die Hindernisse für die berufliche Freizügig-

keit rasch zu beseitigen, was bei einer Koordinierung der Ausbildungsgänge undurchführbar gewesen wäre.

Gegenstand der gegenseitigen Anerkennung sind alle in einem Mitgliedstaat erworbenen Hochschuldiplome, die zur Ausübung eines reglementierten Berufs in diesem Mitgliedstaat berechtigen; ein reglementierter Beruf ist die Tätigkeit, deren Aufnahme oder Ausübung nach dem
Recht dieses Staates an den Besitz eines Diploms gebunden ist. Die
gegenseitige Anerkennung besteht nicht darin, daß die erworbenen
Hochschuldiplome als einander gleichwertig anerkannt werden, sondern
darin, daß der Aufnahmestaat den Zugang zu einem reglementierten
Beruf oder dessen Ausübung dann nicht verweigern darf, wenn der
Bewerber ein Diplom besitzt, das ihn in einem anderen Mitgliedstaat zur
Ausübung dieses Berufes berechtigt. Um den Unterschieden in der Ausbildung in den einzelnen Mitgliedstaaten Rechnung zu tragen, sieht die
Richtlinie als sog. Anpassungsinstrumente einen Anpassungslehrgang
von höchstens drei Jahren oder eine Eignungsprüfung vor, die der Aufnahmestaat dem Bewerber wahlweise vorschreiben kann; das Wahlrecht
liegt grundsätzlich beim Bewerber, rechtsberatende Berufe ausgenommen.

Für die Berufe des Rechtsanwalts und des Patentanwalts ist die Richtlinie in der Bundesrepublik Deutschland durch das Gesetz vom 6. Juli
1990 (BGBl. I, S. 1349) in deutsches Recht umgesetzt worden. Darin
wird die Zulassung zur Rechtsanwaltschaft in Deutschland neben dem
Besitz des erforderlichen Diploms von der Ablegung einer Eignungsprüfung abhängig gemacht (Ausgestaltung der Prüfung durch Verordnung
vom 18. Dezember 1990, BGBl. I, S. 2881). Mit der Prüfung soll die
Fähigkeit des Bewerbers beurteilt werden, den Beruf des Rechtsanwalts
in der Bundesrepublik Deutschland auszuüben. Die Prüfung besteht aus
einem schriftlichen und mündlichen Teil und erstreckt sich auf das Zivil-
recht als Pflichtfach, zwei Wahlfächer und das Recht für das berufliche
Verhalten der Rechtsanwälte. Die Prüfung wird von dem für die zweite
juristische Staatsprüfung zuständigen Prüfungsamt abgenommen.

Für die Berufe der Wirtschaftsprüfer und Steuerberater bestehen vergleichbare Regelungen (Wirtschaftsprüfer: Gesetz vom 20. Juli 1990,
BGBl. I, S. 1462; Steuerberater: Gesetz vom 13. Dezember 1990, BGBl.
I, S. 2756). Auf die Umsetzung im Bereich der Lehrer wurde bereits
hingewiesen (s. Kapitel E V 2). Wie bei den Lehrern fällt die Kompetenz
zur Umsetzung der Richtlinie bei den Ingenieuren in die Zuständigkeit
der Länder (vgl. z. B. Gesetz vom 20. Dezember 1990, GVBl. Hessen I,
S. 771).

In Ergänzung zur Anerkennungsrichtlinie im Hochschulbereich hat
der Rat die Richtlinie 92/51/EWG über eine Zweite Allgemeine Regelung
zur Anerkennung beruflicher Befähigungsnachweise vom 18. Juni 1992
erlassen (ABl. 1992 Nr. L 209/25). Sie regelt die gegenseitige Anerken-

nung der Befähigungsnachweise in reglementierten Berufen, die keine Hochschulausbildung voraussetzen. In Deutschland fallen darunter Berufe wie Krankengymnastin, Logopäde, staatl. anerkannte Erzieher, Gesundheitshandwerker, Kapitäne, Schiffsoffiziere usw. Keine Anwendung findet die Richtlinie auf die von den sog. Übergangsmaßnahmen erfaßten Tätigkeiten, ordnet jedoch an, daß die hierin vorgesehenen Erleichterungen für die Niederlassung schließlich auch dann gelten, wenn die betreffende Tätigkeit abhängig ausgeübt wird. Die Richtlinie ist bis zum 18. Juni 1994 in das nationale Recht der Mitgliedstaaten umzusetzen.

Literatur: (Niederlassungsrecht im allgemeinen) *Ress,* Freier Personen-, Dienstleistungs- und Kapitalverkehr, in: Kommission der Europäischen Gemeinschaften (Hrsg.), Dreißig Jahre Gemeinschaftsrecht, Luxemburg 1981, S. 311 ff.; *Steindorff,* Berufsfreiheit für nichtwirtschaftliche Zwecke im EG-Recht, NJW 1982, S. 1902 ff.; *Bleckmann,* Die Personenverkehrsfreiheiten im Recht der EG. Vom Gleichheitssatz zur Verankerung absoluter Grundrechte, DVBl. 1986, 69; *Riegel,* Zur Bedeutung der Niederlassungsfreiheit im Europäischen Gemeinschaftsrecht, NJW 1986, S. 2999 ff.; *Bleckmann,* Zur Dogmatik des Niederlassungsrechts im EWG-Vertrag, Wirtschaft und Verwaltung, 1987, S. 119 ff.; *Steindorff,* Reichweite der Niederlassungsfreiheit, EuR 1988, S. 19 ff.; *Everling,* Der Gegenstand des Niederlassungsrechts in der EG, 1990; *Kewenig,* Niederlassungsfreiheit, Freiheit des Dienstleistungsverkehrs und Inländerdiskriminierung, JZ 1990, S. 20 ff.; *Ehlers,* Das Wirtschaftsverwaltungsrecht im europäischen Binnenmarkt, NVwZ 1990, S. 810 ff.; *Bokelmann,* Die Gründung von Zweigniederlassungen ausländischer Gesellschaften in Deutschland und das deutsche Firmenrecht unter besonderer Berücksichtigung des EWG-Vertrages, Der Betrieb 1990, S. 1021 ff.; *Everling,* Das Niederlassungsrecht in der Europäischen Gemeinschaft, Der Betrieb 1990, S. 1853 ff.; *Knobbe-Kek,* Niederlassungsfreiheit: Diskriminierungs- oder Beschränkungsverbot? Zur Dogmatik des Art. 52 EWG-Vertrag, Der Betrieb 1990, S. 2573 ff.; *Wägenbaur,* Inhalt und Etappen der Niederlassungsfreiheit, EuZW 1991, S. 427 ff.; *Behrens,* Die Konvergenz der wirtschaftlichen Freiheiten im europäischen Gemeinschaftsrecht, EuR 1992, S. 145 ff.; *Benjes,* Die Personenverkehrsfreiheiten des EWG-Vertrages und ihre Auswirkungen auf das deutsche Verfassungsrecht, 1992; *Hailbronner/Nachbaur,* Niederlassungs- und Dienstleistungsfreiheit im Binnenmarkt 1992, Wirtschaft und Verwaltung 1992, S. 57 ff.

(Rechtsangleichung, einzelne Berufe) *Wägenbaur,* Neue Wege zur Anerkennung der Hochschuldiplome – die Verwirklichung der Freizügigkeit in der Gemeinschaft, EuR 1987, 113; *Blumenwitz,* Rechtsprobleme im Zusammenhang mit der Angleichung von Rechtsvorschriften auf dem Gebiet des Niederlassungsrechts der freien Berufe, NJW 1989, S. 621 ff.; *Everling,* Niederlassungsrecht und Dienstleistungsfreiheit der Rechtsanwälte in der Europäischen Gemeinschaft, EuR 1989, S. 338 ff.; *Gornig,* Probleme der Niederlassungsfreiheit und Dienstleistungsfreiheit für Rechtsanwälte in den Europäischen Gemeinschaften, NJW 1989, S. 1120 ff.; *Weber,* Berufsausbildung und Berufszugang für Juristen im EG-Binnenmarkt, NVwZ 1990, S. 1 ff.; *Ress/Ukrow,* Niederlassungsrecht von Apotheken in Europa, 1991; *Berscheid/Kirschbaum,* Freie Berufe in der EG. Berufsausübung in einem anderen Mitgliedstaat. Anerkennung von Berufsabschlüssen, 1991; *Feuerich,* Die Umsetzung der Diplomanerkennungsrichtlinie durch das Eignungsprüfungsgesetz für die Zulassung zur Rechtsanwaltschaft, NJW 1991, S. 1144 ff.; *Rabe,* Dienstleistungs- und Niederlassungsfreiheit der rechtsberatenden Berufe in der Europäischen Gemeinschaft, Rabels Zeitschrift 1991, S. 291 ff.; *Reiter,* Die Stellung der Ärzte und Zahnärzte im Europäischen Binnenmarkt und in einem vereinten Deutschland, Zeitschrift für Sozialhilfe 1991, S. 1 ff.

G. Der freie Dienstleistungsverkehr

I. Allgemeine Grundsätze

1. Zum Begriff der Dienstleistung

Die Art. 59 bis 66 EGV regeln den freien Dienstleistungsverkehr innerhalb der Gemeinschaft. Nach Art. 60 Abs. 1 EGV sind Dienstleistungen gegen Entgelt erbrachte Leistungen, soweit sie nicht den Vorschriften über den freien Waren- und Kapitalverkehr unterliegen. Neben dem Merkmal der Entgeltlichkeit muß die Dienstleistung selbständig und grenzüberschreitend erbracht werden (vgl. *Hailbronner/Nachbaur*, EuZW 1992, S. 105ff., 107). Mangels einer **grenzüberschreitend** erbrachten Leistung ist daher Art. 59 EWGV nicht anwendbar auf einen Vertrag, den ein deutscher Personalberater mit einem Unternehmen in Deutschland über die Vermittlung einer Arbeitskraft mit deutscher Staatsangehörigkeit geschlossen hat (EuGH EuZW 1991, 349 – Rs. C – 41/90 „Höfner und Elser/Macroton GmbH").

Der grenzüberschreitende Dienstleistungsverkehr kann sich in folgenden Formen vollziehen:

a) Bei der **aktiven** Dienstleistungsfreiheit (in Art. 60 Abs. 3 EGV ausdrücklich erwähnt) begibt sich der Dienstleistungserbringer in einen anderen Mitgliedstaat, um dort für den Empfänger die Dienstleistung zu erbringen.

Beispiel: Ein Bauunternehmen aus Belgien führt auf Bestellung eines deutschen Auftraggebers in der Bundesrepublik Bauarbeiten aus.

b) Bei der **passiven** (oder auch negativen) Dienstleistungsfreiheit begibt sich der Dienstleistungsempfänger zur Entgegennahme der Dienstleistung in einen anderen Mitgliedstaat.

Beispiel: Ein Niederländer läßt sich von einem Arzt in Deutschland behandeln.

Diese, im Vertrag nicht ausdrücklich vorgesehene Form des Dienstleistungsverkehrs wird durch Art. 59 EGV ebenfalls geschützt; sie schließt Touristen sowie Personen, die eine medizinische Behandlung in Anspruch nehmen, und solche, die Studien- oder Geschäftsreisen unternehmen, als Empfänger von Dienstleistungen mit ein (vgl. EuGHE 1984, 377 – verb. Rs. 286/82 und 26/83 „Luisi und Carbone" = NJW 1984, 1288; EuGHE 1989, 195 – Rs. 186/87 „Cowan" = NJW 1989, 2183). Hieraus kann jedoch kein Recht auf unbegrenzten Aufenthalt im Aufnahmestaat abgeleitet werden; sowohl bei der aktiven wie bei der passiven Dienstleistungsfreiheit räumen die Art. 59 und 60 EGV den Angehörigen der Mitgliedstaaten nicht das Recht ein, im Hoheitsgebiet eines anderen Mitgliedstaates den Hauptaufenthalt zu nehmen, um dort für unbestimmte Dauer Dienstleistungen zu erbringen oder zu empfangen (EuGH NVwZ 1990, 53 – Rs. 196/87 „Steymann“).

c) Bei der dritten Variante, der sog. Korrespondenzdienstleistung, wird die Dienstleistung grenzüberschreitend erbracht, ohne daß Dienstleistungserbringer und -empfänger einen Ortswechsel vornehmen.

Beispiel: Ein Unternehmen in Deutschland schließt mit einer in Großbritannien ansässigen Versicherung einen Versicherungsvertrag ab.

Zu den Dienstleistungen dieser Art zählen neben den Dienstleistungen von Banken und Versicherungen insbesondere die grenzüberschreitende Ausstrahlung von Rundfunk- und Fernsehsendungen (vgl. EuGHE 1980, 833 – Rs. 52/80 „Debauve“ = NJW 1980, 2010; EuGHE 1988, 2085 – Rs. 352/85 „Bond van Adverteerdes“ = NJW 1989, 2189).

Nach Art. 60 Abs. 1 EGV finden die Art. 59 ff. EGV auf Dienstleistungen keine Anwendung, wenn diese den Vorschriften über den freien Waren- und Kapitalverkehr und über die Freizügigkeit der Personen unterliegen. Die **dauerhafte** Erbringung von Dienstleistungen im Aufnahmestaat fällt in den Anwendungsbereich der Niederlassungsfreiheit. Auch die passive Dienstleistungsfreiheit schützt nur die **vorübergehende** Entgegennahme von Dienstleistungen. Ein dauerhafter Aufenthalt zu diesem Zweck ist allerdings unter den Voraussetzungen des allgemeinen Aufenthaltsrechts möglich (s. o. Kapitel D III). Für die Dienstleistungen auf dem Gebiet des Verkehrs verweist Art. 61 Abs. 1 EGV auf die speziellen Bestimmungen über die gemeinsame Verkehrspolitik in den Art. 74 ff. EGV. Nach der weiteren Sonderregelung in Art. 61 Abs. 2 EGV wird die Liberalisierung der mit dem Kapitalverkehr verbundenen Dienstleistungen der Banken und Versicherungen im Einklang mit der schrittweisen Liberalisierung des Kapitalverkehrs durchgeführt, d. h., Kapitalbewegungen im Banken- und Versicherungsbereich richten sich nach den Regeln über den freien Kapitalverkehr nach den Art. 67 ff. EGV und der in diesem Bereich durchgeführten Liberalisierung. Vom Kapitalverkehr ausgenommen sind allerdings Devisentransfers, die der Vergütung von Waren und Dienstleistungen dienen; diese Transfers werden von dem bisher in Art. 106 EWGV, jetzt in Art. 73b EGV geregelten Zahlungsverkehr erfaßt, der wiederum in dem Maße frei ist, wie der zugrundeliegende Waren- und Dienstleistungsverkehr frei ist (EuGH „Luisi und Carbone“, a.a.O.).

2. Das Beschränkungsverbot nach den Art. 59 und 60 EGV

Die Art. 59 und 60 EGV enthalten ein Beschränkungsverbot in dem Sinne, daß für die von Art. 60 EGV erfaßten Dienstleistungen nach Art. 59 EGV alle bestehenden Beschränkungen aufzuheben sind. Unter den Begriff der Beschränkung fallen „alle Anforderungen, die an den Leistenden namentlich aus Gründen seiner Staatsangehörigkeit oder wegen des Fehlens eines ständigen Aufenthaltes in dem Staate, in dem die Leistung erbracht wird, gestellt werden, und nicht für im Staatsgebiet ansässige Personen gelten oder in anderer Weise geeignet sind, die Tätigkeit des Leistenden zu unterbinden oder zu behindern" (EuGHE 1974, 1299 – Rs. 33/74 „van Binsbergen" = NJW 1975, 1075). Aufgrund dieser Definition verbietet Art. 59 EGV nicht nur diskriminierende Ungleichbehandlungen, sondern erfaßt auch Beschränkungen, die sich aus einer unterschiedslosen Behandlung von in- und ausländischen Dienstleistungserbringern ergeben. Art. 59 hat somit eine größere Reichweite als der in Art. 60 Abs. 3 EGV zum Ausdruck gebrachte Grundsatz der Inländergleichbehandlung, wonach der Leistende seine Leistung im Aufnahmestaat unter den Voraussetzungen erbringen kann, welche dieser Staat für seine eigenen Angehörigen vorschreibt. Die Art. 59 und 60 EGV sind in den Mitgliedstaaten unmittelbar geltendes Recht (EuGH „van Binsbergen", a.a.O.; st. Rspr., zuletzt EuGH EuZW 1992, 511 – Rs. C – 106/91 „Ramrath / Ministre de la Justice").

Mit Art. 59 EGV sind daher zunächst alle innerstaatlichen Regelungen und Praktiken nicht vereinbar, die den aus einem anderen Mitgliedstaat stammenden Leistungserbringer wegen seiner Staatsangehörigkeit in offener oder versteckter Weise diskriminieren. Beschränkungen, die sich aus unterschiedslos auf In- wie Ausländer anwendbaren Regelungen ergeben, verstoßen nur dann nicht gegen Art. 59 EGV, wenn sie gemeinschaftsrechtlich **gerechtfertigt** sind. Nach den hierzu vom EuGH entwickelten Grundsätzen darf der freie Dienstleistungsverkehr als fundamentaler Grundsatz des Vertrages nur durch Regelungen beschränkt werden, die durch das Allgemeininteresse gerechtfertigt sind und die für alle im Hoheitsgebiet des Bestimmungsstaates tätigen Personen und Unternehmen gelten, und zwar nur insoweit, als dem Allgemeininteresse nicht bereits durch Rechtsvorschriften Rechnung getragen ist, denen der Leistungserbringer in dem Staat unterliegt, in dem er ansässig ist. Diese Anforderungen müssen außerdem sachlich geboten sein, um die Einhaltung der Berufsregelungen und den Schutz der Interessen, den diese bezwecken, zu gewährleisten (EuGH 1981, 3305 – Rs. 279/80 „Webb" = NJW 1982, 1203; EuGHE 1986, 3755 – Rs. 205/84 „Versicherungen" = NJW 1987, 572). Die innerstaatliche Regelung, der sich der aus einem anderen Mitgliedstaat stammende Leistungserbringer zu unterwerfen hat, ist demnach in folgender Hinsicht zu prüfen:

a) Ist die fragliche Regelung unterschiedslos auf in- wie ausländische Leistungsempfänger anwendbar?

b) Ist sie durch einen im Allgemeininteresse des Bestimmungsstaates liegenden Zweck gerechtfertigt?

c) Wird dem Allgemeininteresse nicht bereits durch Bestimmungen des Herkunftsstaates Rechnung getragen?

d) Ist die Regelung zum Schutz des Allgemeininteresses sachlich geboten, d. h. verhältnismäßig?

Es bleibt den Mitgliedstaaten überlassen, welche Regelungen sie als in ihrem Allgemeininteresse liegend ansehen; die Bestimmung dieses Interesses unterliegt jedoch gemeinschaftsrechtlicher Kontrolle. Als unzulässig beurteilt der EuGH grundsätzlich das Erfordernis eines Wohnsitzes oder einer Niederlassung zur Erbringung von Dienstleistungen im Bestimmungsstaat, da ein solches Erfordernis praktisch die Negation der Dienstleistungsfreiheit darstellt und daher nur dann verlangt werden kann, wenn es eine unerläßliche Voraussetzung zur Erreichung des jeweiligen Schutzzwecks ist, nicht aber schon dann, wenn es den Behörden die Wahrnehmung ihrer Aufsichtsbefugnisse erleichtert (EuGH „Versicherungen", a.a.O.). Unzulässig ist das Erfordernis eines Wohnsitzes oder einer Niederlassung bei den Berufen des Rechtsanwalts (EuGH „van Binsbergen", a.a.O.), des Versicherungsmaklers (EuGHE 1975, 1547 – Rs. 39/75 „Coenen" = NJW 1976, 473) und der Tätigkeit von Versicherungsunternehmen (EuGH „Versicherungen", a.a.O.). Demgegenüber sind berufliche Regelungen, namentlich die Vorschriften über Organisation, Befähigung, Berufspflichten, Verantwortlichkeit und Haftung, als durch das Allgemeininteresse gerechtfertigt anzusehen (EuGH „van Binsbergen", a.a.O.). Unter diesem Gesichtspunkt ist es als unbedenklich anzusehen, daß Angehörige anderer Mitgliedstaaten bei einer gewerblichen Betätigung im Bundesgebiet, und zwar auch dann, wenn diese zeitlich begrenzt erfolgt, der vorgeschriebenen gewerberechtlichen Erlaubnis bedürfen, z. B. im Makler- und Bauträgergewerbe (§ 34c GewO) oder im Reisegewerbe (§ 55 GewO).

Hängt die Tätigkeit von einer derartigen oder vergleichbaren Zulassung im Bestimmungsstaat ab, sind bei der Prüfung des Antrags auf Zulassung und ihre Erteilung die Nachweise und Sicherheiten zu berücksichtigen, die der Leistungserbringer bereits für die Ausübung seiner Tätigkeit im Herkunftsstaat beigebracht hat (EuGH NJW 1982, 1203 „Webb"). Die Erteilung einer gewerberechtlichen Erlaubnis in Deutschland setzt regelmäßig voraus, daß der Antragsteller zur Ausübung des Gewerbes zuverlässig ist, insbesondere sich nicht strafbar gemacht hat, und in geordneten Vermögensverhältnissen lebt (vgl. z. B. § 34c Abs. 2 GewO). Bei der Prüfung dieser Voraussetzungen sind die diesbezüglichen Bescheinigungen der Behörden des Herkunftsstaates (z. B. Strafregisterauszüge) als ausreichender Nachweis anzuerkennen. Entsprechend

sind auch beigebrachte Sicherheiten zu beurteilen, wie z. B. eine im Herkunftsstaat abgeschlossene Versicherung. Beim Nachweis beruflicher
Befähigungen ist nach denselben Grundsätzen zu verfahren, wie bei der
Niederlassungsfreiheit, d. h., in Tätigkeitsbereichen, in denen noch
keine gemeinschaftsrechtlichen Regelungen über die gegenseitige Anerkennung von Diplomen und Prüfungszeugnissen vorliegen, haben die
Behörden des Bestimmungsstaates die in einem anderen Mitgliedstaat
erworbene Befähigung auf ihre Gleichwertigkeit mit dem im Inland
verlangten Nachweis zu überprüfen (vgl. EuGH EuZW 1991, 380 „Vlassapoulu"; *Hailbronner/Nachbaur,* EuZW 1991, S. 105 ff., 111).

Die vom Bestimmungsstaat aufgestellte Beschränkung ist schließlich
nur dann mit Art. 59 EGV vereinbar, wenn sie zur Erreichung des jeweiligen Schutzzwecks sachlich geboten ist, also nicht über das hinausgeht,
was zur Gewährleistung dieses Schutzes erforderlich ist.

Fall „Säger/Dennemeyer" (nach EuGH EuZW 1991, 542): Die Gesellschaft englischen Rechts Dennemeyer & Co Ltd mit Sitz in Großbritannien erbringt Dienstleistungen im Zusammenhang mit der Aufrechterhaltung von Patenten in der Weise, daß
sie von Großbritannien aus für Inhaber gewerblicher Schutzrechte in anderen Mitgliedstaaten, darunter auch in der Bundesrepublik Deutschland, tätig wird. Ihre Tätigkeit besteht darin, die Patente mit Hilfe eines elektronischen Datenverarbeitungssy-
stems zu überwachen, die Inhaber der Patente zu benachrichtigen, wenn die Gebühren
für deren Aufrechterhaltung fällig werden, und die Gebühren im Namen der Inhaber
zu entrichten, wenn diese einen entsprechenden Auftrag erteilen. Eine Rechtsberatung, insbesondere im Hinblick auf die Folgen nicht gezahlter Gebühren, ist mit der
Tätigkeit der englischen Gesellschaft nicht verbunden. Der in München ansässige
Patentanwalt Manfred Säger verklagte die Gesellschaft auf Unterlassung ihrer Tätigkeit in der Bundesrepublik, weil nach deutschem Recht die gesamte Tätigkeit zur
Aufrechterhaltung gewerblicher Schutzrechte einschließlich der Dienstleistungen der
beklagten Gesellschaft Patentanwälten vorbehalten sei. Der EuGH wurde zur Vereinbarung des deutschen Rechts mit Art. 59 EWGV um Vorabentscheidung ersucht.

Der EuGH stellte zunächst fest, daß die Regelung im deutschen Recht,
Dienstleistungen auf dem Gebiet der Patentüberwachung Patentanwälten vorzubehalten, die Dienstleistungsfreiheit i. S. von Art. 59 EWGV
(= Art. 59 EGV) beschränke; sie hindere sowohl ein im Ausland nieder-
gelassenes Unternehmen daran, für Patentinhaber im Inland Dienstleistungen zu erbringen, als auch diese Patentinhaber daran, die Art und
Weise der Überwachung ihrer Patente frei zu wählen. Daß die Patentüberwachung Patentanwälten vorbehalten sei, sei allerdings durch einen
im Allgemeininteresse liegenden Schutzzweck gerechtfertigt; die berufliche Qualifikation der Patentanwälte schütze nämlich die Empfänger der
Dienstleistungen vor Schäden, die ihnen aus dem Rechtsrat nicht ausreichend qualifizierter Personen erwachsen könnten. Die berufliche Qualifikation als Patentanwalt ist nach Ansicht des EuGH jedoch nicht erforderlich bei den von der englischen Gesellschaft erbrachten Dienstleistungen, da eine solche Qualifikation zu den Bedürfnissen der Empfänger
dieser Dienstleistungen außer Verhältnis stehe; die Aufgaben, welche die

Gesellschaft erfülle, seien darauf beschränkt, die Kunden zu informieren, ohne sie rechtlich zu beraten, seien also im wesentlichen einfacher Art und verlangten keine spezifischen beruflichen Fähigkeiten. Auf diese Weise ist der EuGH zu dem Ergebnis gelangt, daß, gemessen am Schutzzweck der deutschen Regelung, es unverhältnismäßig sei, auch Dienstleistungen einfacher Art Patentanwälten vorzubehalten, so daß insoweit das deutsche Recht den freien Dienstleistungsverkehr unzulässig beschränke.

3. Zur Liberalisierung des Dienstleistungsverkehrs

Um die Beschränkung des freien Dienstleistungsverkehrs in der Gemeinschaft aufzuheben, hat der Rat im Jahre 1961 das in Art. 63 Abs. 1 EGV vorgesehene allgemeine Programm aufgestellt (ABl. 1962, S. 32/36) und gemäß Art. 63 Abs. 2 EGV Richtlinien zur Durchführung des Programms bzw. zur Liberalisierung bestimmter Dienstleistungen erlassen. Ein Großteil dieser Richtlinien dient gleichzeitig der Aufhebung der Beschränkungen auf dem Gebiet der Niederlassungsfreiheit **und** dem freien Dienstleistungsverkehr, so daß insoweit auf die Darstellung des Niederlassungsrechts im vorigen Kapitel verwiesen werden kann.

Richtlinien, die nur den freien Dienstleistungsverkehr regeln, sind insbesondere die Richtlinien über die Vergabe öffentlicher Aufträge (s. anschließend unter II). Ein weiteres Beispiel ist die Richtlinie 77/249 zur Erleichterung der tatsächlichen Ausübung des freien Dienstleistungsverkehrs der Rechtsanwälte vom 22. März 1977 (ABl. 1977 Nr. L 78/17), die es Anwälten aus der Gemeinschaft erlaubt, die mit der Vertretung oder Verteidigung eines Mandanten verbundene Tätigkeit in jedem Mitgliedstaat unter den gleichen Bedingungen auszuüben wie die dort niedergelassenen Anwälte. Die hierzu ergangenen Regelungen im deutschen Recht, wonach der dienstleistende Anwalt bei Auftritten in der Bundesrepublik in vielfältiger Hinsicht nur im Einvernehmen oder in Begleitung eines deutschen Anwaltes handeln durfte (sog. Gouvernantenklausel) hat der EuGH als gemeinschaftsrechtlich unzulässig beurteilt (vgl. EuGHE 1988, 1123 – Rs. 427/85 „Kommission/Bundesrepublik Deutschland").

Der grenzüberschreitende Dienstleistungsverkehr der Banken und Versicherungen wurde traditionell dadurch erschwert, daß sich die Unternehmen bei einer Tätigkeit im Bestimmungsstaat der Aufsicht dieses Staates unterwerfen mußten, was in aller Regel eine gesonderte Zulassung erforderte. Um für diese Wirtschaftszweige den Binnenmarkt zu verwirklichen, ist das Aufsichtsrecht über Banken und Versicherungen durch Richtlinien dahingehend harmonisiert worden, daß ein Unternehmen in bezug auf alle Geschäfte, also auch solche grenzüberschreitender Natur, prinzipiell nur noch der Aufsicht des Staates unterliegt, in dem es seinen Sitz hat (Sitzlandprinzip), die übrigen Mitgliedstaaten auf der Grundlage des angeglichenen Aufsichtsrechts der Aufsicht des Sitzlandes vertrauen (Prinzip der gegenseitigen Anerkennung). Dadurch entfällt für die Unternehmen das Erfordernis einer gesonderten Zulassung im jeweiligen Bestimmungsstaat (zur Deregulierung im einzelnen vgl. *Pfisterer/ Troberg*, Finanzinstitute, Wertpapiere und Versicherungen, in: EG-Handbuch Recht im Binnenmarkt 1991, S. 235 ff., Abdruck der einschlägigen Richtlinien im Bereich der Banken und Versicherungen in: „Europäisches Wirtschaftsrecht", Nr. 320 ff.).

II. Öffentliches Auftragswesen

1. Rechtsgrundlagen

Öffentliche Auftraggeber (Staat, Gemeinden, öffentliche Unternehmen) vergeben nach Schätzungen EG-weit jährlich Aufträge im Werte von mehr als 500 Milliarden ECU; das entspricht einer Größenordnung von ca. 1 Billion DM. Hiervon werden jedoch bisher im Mittel nur etwa 2 Prozent grenzüberschreitend vergeben. Die öffentlichen Beschaffungsmärkte zeichnen sich also durch eine weitgehende Abschottung unter Konzentration auf nationale Anbieter aus.

Im Rahmen des Binnenmarktes wird eine stärkere Öffnung dieser Märkte angestrebt. Ziel der entsprechenden Maßnahmen ist der gleichberechtigte Zugang aller Unternehmen in der Gemeinschaft zu den öffentlichen Aufträgen in allen Mitgliedstaaten, um durch verstärkte Konkurrenz die Wettbewerbsfähigkeit der Unternehmen zu steigern, andererseits die Beschaffungskosten der öffentlichen Auftraggeber zu senken. Zur Verwirklichung dieses Ziels wurden eine Reihe von Richtlinien erlassen. Dazu zählen im wesentlichen:

– Richtlinie 71/305/EWG über die Koordinierung der Verfahren zur Vergabe öffentlicher Bauaufträge vom 26. Juli 1971 (ABl. 1971 Nr. L 185/5), zuletzt geändert durch Richtlinie 90/531/EWG vom 17. September 1990 (ABl. 1990 Nr. L 297/1, sog. Baukoordinierungs-Richtlinie (BKR) („Europäisches Wirtschaftsrecht", Nr. 184);
– Richtlinie 77/62/EWG über die Koordinierung der Verfahren zur Vergabe öffentlicher Lieferaufträge vom 21. Dezember 1976 (ABl. 1976 Nr. L 13/1), zuletzt geändert durch Richtlinie 90/531/EWG vom 17. September 1990 (ABl. 1990 Nr. L 297/1), sog. Lieferkoordinierungs-Richtlinie (LKR) („Europäisches Wirtschaftsrecht", Nr. 181);
– Richtlinie 89/665/EWG zur Koordinierung der Rechts- und Verwaltungsvorschriften für die Anwendung der Nachprüfungsverfahren im Rahmen der Vergabe öffentlicher Liefer- und Bauaufträge vom 21. Dezember 1989 (ABl. 1989 Nr. L 395/33), LKR-/BKR-Überwachungsrichtlinie („Europäisches Wirtschaftsrecht", Nr. 186);
– Richtlinie 90/531/EWG betreffend die Auftragsvergabe durch Auftraggeber im Bereich der Wasser-, Energie- ud Verkehrsversorgung sowie im Telekommunikationssektor vom 17. September 1990 (ABl. 1990 Nr. L 297/1), Sektoren-Richtlinie („Europäisches WirtschaftsrechtDienst, Nr. 187);

- Richtlinie 92/13/EWG zur Koordinierung der Rechts- und Verwaltungsvorschriften für die Anwendung der Gemeinschaftsvorschriften betreffend die Auftragsvergabe im Bereich der Wasser-, Energie- und Verkehrsversorgung sowie im Telekommunikationssektor (ABl. 1992 Nr. L 76/14), Sektoren-Überwachungsrichtlinie;
- Richtlinie 92/50/EWG über die Koordinierung der Verfahren zur Vergabe öffentlichen Dienstleistungsaufträge (ABl. 1992 Nr. L 209/1), Dienstleistungs-Richtlinie.

Innerhalb dieser Richtlinien ist zwischen Basis- und Überwachungs-Richtlinien zu unterscheiden: die Basis-Richtlinien enthalten die Kriterien für die Vergabe öffentlicher Aufträge in verschiedenen Bereichen, während die Überwachungs-Richtlinien ein Kontrollsystem zur Einhaltung der für die Auftragsvergabe maßgeblichen Vorschriften aufstellen. Die bereits früher erlassenen Bau- und Lieferkoordinierungs-Richtlinien wurden im Hinblick auf die Bedürfnisse des Binnenmarktes überarbeitet, die Sektoren- und Dienstleistungs-Richtlinien erstmals erlassen.

Die Richtlinien sind bisher in der Weise in deutsches Recht umgesetzt worden, daß die Baukoordinierungs-Richtlinie in den Teil A der Verdingungsordnung für Bauleistungen (VOB/A) in der Fassung der Bekanntmachung vom 19. Juli 1990 (BAnZ Nr. 132a vom 19. Juli 1990), die Lieferkoordinierungs-Richtlinie in den Teil A der Verdingungsordnung für Leistungen – ausgenommen Bauleistungen – (VOL/A) i.d.F. der Bekanntmachung vom 1. Oktober 1991 (BAnZ Nr. 215 vom 10. November 1991) eingearbeitet wurden. Der Umsetzung sämtlicher Vergabe- und Überwachungsrichtlinien dient der vom Bundeskabinett am 9. Dezember 1992 verabschiedete Entwurf eines zweiten Gesetzes zur Änderung des Haushaltsgrundsätzegesetzes (Text: BR-Drucksache 5/93). Die vorgesehene Regelung enthält eine Änderung des Haushaltsgrundsätzegesetzes (durch Einfügung der §§ 57a, b und c) und zwei darauf gestützte Rechtsverordnungen. Die erste Verordnung, die Verordnung über die Vergabebestimmungen für öffentliche Aufträge (Vergabeverordnung), verpflichtet die öffentlichen Auftraggeber, bei der Vergabe von Bau- und Lieferaufträgen einschließlich solcher im Sinne der Sektoren- und Dienstleistungsrichtlinie nach den Bestimmungen der VOB/A bzw. VOL/A zu verfahren. Die Vergabeverordnung soll den gemeinschaftsrechtlichen Vergaberegeln den Charakter materiellen Gesetzesrechts in der Bundesrepublik geben. Die zweite Verordnung, die Verordnung über das Nachprüfungsverfahren für öffentliche Aufträge (Nachprüfungsverordnung), regelt die Kontrolle der Einhaltung der Vergaberegeln durch bestimmte Verwaltungsstellen bzw. gerichtsähnliche Einrichtungen.

Ob die vorgesehene haushaltsrechtliche Lösung den gemeinschaftsrechtlichen Anforderungen an eine einwandfreie Umsetzung von Richtlinien in nationales Recht entspricht, erscheint zumindest fraglich und bedarf noch weiterer Klärung. Nach der Rechtsprechung des EuGH haben die Richtlinien über die Vergabe öffentlicher Aufträge individual-

schützenden Charakter in dem Sinne, daß sich die einzelnen auf ihre
Bestimmungen vor den nationalen Behörden und Gerichten berufen
können (vgl. EuGHE 1988, 4635 – Rs. 3187 „Beentjes" = NVwZ 1990,
353; EuGHE 1989, 1839 – Rs. 103/88 „Costanzo" = NVwZ 1990, 649).
Als **Verwaltungsvorschriften** sind die Verdingungsordnungen VOB
und VOL als solche kein geeignetes Instrument zur Umsetzung der
Richtlinien (dazu ausführlich *Nicolaysen,* Ein Binnenmarkt für öffentliche Aufträge – Das Ende für VOB und VOL? in: Festschrift für B.
Börner, 1992, S. 345 ff.). Das jetzt vorgesehene Konzept, die Richtlinien
im Rahmen des Haushaltsgrundsätzegesetzes umzusetzen, wurde gewählt, um in Übereinstimmung mit der bisherigen Rechtslage bei der
Vergabe von Aufträgen durch öffentliche Auftraggeber keine individuellen einklagbaren Ansprüche der Bieter entstehen zu lassen; haushaltsrechtliche Bestimmungen sind kein gegenüber Einzelpersonen wirken-
des Außenrecht. Hier ist nicht auszuschließen, daß der EuGH im
Rahmen einer Vorabentscheidung oder eines Vertragsverletzungsverfahrens diese bloß reflexartige Begünstigung des einzelnen als zu dessen
Schutz nicht ausreichend beurteilt.

Nachfolgend werden die Vergabegrundsätze des Gemeinschaftsrechts
am Beispiel der Baukoordinierungs-Richtlinie erläutert (2) mit einem
Überblick über die anderen Vergaberichtlinien (3) und das Kontrollsystem der Überwachungsrichtlinien (4).

2. Die Vergabe öffentlicher Bauaufträge nach der Baukoordi-
nierungs-Richtlinie (BKR)

Die Baukoordinierungs-Richtlinie (BKR) regelt die Vergabe öffentlicher
Bauaufträge mit einem geschätzten Auftragswert ab 5 Mio. ECU (= ca.
10 Mio. DM). Wie schon erwähnt, wurden ihre Bestimmungen in Teil A
der Verdingungsordnung für Bauleistungen (VOB/A) eingearbeitet (ausführlich hierzu *Lampe-Helbig,* Praxis der Bauvergabe, VOB/A und EG-
Recht, 1991). Rechtstechnisch wurde dabei so verfahren, daß die für **alle**
Bauaufträge geltenden Regeln in sog. Basis-Paragraphen aufgenommen
wurden, während die Aufträge im Anwendungsbereich der BKR in sog.
a-Paragraphen geregelt sind. Basis- und a-Paragraphen bilden einen fort-
laufenden Text.

Beispiel: Der Begriff der Bauleistung wird allgemein in § 1 VOB/A als Basis-Para-
graph definiert; § 1a VOB/A als a-Paragraph enthält zusätzliche Bestimmungen für
Bauaufträge aufgrund der BKR.

Die Aufteilung in Basis- und a-Paragraphen hat zur Folge, daß die Vergabe von Aufträgen unterhalb des Schwellenwertes von 5 Mio. ECU
sich nur nach den Basis-Paragraphen richtet; bei Aufträgen i. S. der BKR
sind **zusätzlich** die a-Paragraphen anzuwenden, d. h., die Abwicklung
dieser Aufträge erfolgt einheitlich nach den Basis- und a-Paragraphen.

Die öffentlichen Auftraggeber in der Bundesrepublik sind zur Anwendung der VOB/A aufgrund haushaltsrechtlicher Bestimmungen verpflichtet (z. B. § 55 Abs. 2 Landeshaushaltsordnung für Nordrhein-Westfalen – LHO NW), künftig aufgrund des geänderten Haushaltsgrundsätzegesetzes i.V.m. der Vergabeverordnung. Die Vergabe des Auftrags erfolgt durch Abschluß eines Werkvertrages unter Zugrundelegung der Vorschriften der VOB/A; die rechtlichen Beziehungen zwischen Auftraggeber und Auftragnehmer einschließlich des der Anbahnung des Vertrages dienenden Vergabeverfahrens sind daher privatrechtlicher Natur. Dadurch hat auch die Aufnahme der BKR in das Regelwerk der VOB/A nichts geändert. Die Nichtbeachtung der Vergaberegeln kann für die unterlegenen Bewerber einen Schadensersatzanspruch unter dem Gesichtspunkt der culpa in contrahendo auslösen (vgl. BGH NJW 1973, 752).

Im Mittelpunkt der Regelungen der BKR (wie der übrigen Vergaberichtlinien) steht die Ausschreibung der zu vergebenden Aufträge im Amtsblatt der Europäischen Gemeinschaften; diese EG-weite Publizität soll es ermöglichen, daß sich interessierte Unternehmen aus allen Mitgliedstaaten an dem zu vergebenden Auftrag beteiligen können.

a) Die öffentlichen Auftraggeber

Adressaten der a-Paragraphen, die sie anwenden bzw. die für ihre Einhaltung sorgen müssen, sind die „öffentlichen Auftraggeber" (Art. 1b BKR). Zu den öffentlichen Auftraggebern gehören der Bund, die Länder, die Landkreise, Gemeinde und sonstigen Gebietskörperschaften, die juristischen Personen des öffentlichen Rechts (Körperschaften, Anstalten, Stiftungen) sowie die aus Gebietskörperschaften oder anderen juristischen Personen des öffentlichen Rechts bestehenden Verbände des öffentlichen Rechts (z. B. kommunale Zweckverbände).

Öffentliche Auftraggeber sind aber auch juristische Personen des Privatrechts, an denen die vorgenannten Hoheitsträger allein oder gemeinsam mit Mehrheit unmittelbar oder mittelbar beteiligt sind und die zu dem besonderen Zweck gegründet wurden, im Allgemeininteresse liegende Aufgaben nichtgewerblicher Art zu erfüllen. Letzteres Merkmal ist so zu verstehen, daß es sich nicht um ein ausschließlich erwerbswirtschaftlich tätiges Unternehmen i. S. eines Handels- und Industrieunternehmens handeln darf (*Lampe-Helbig*, S. 57).

Beispiel: Ein Bundesland sowie mehrere Kreise und Gemeinden gründen unter mehrheitlicher Beteiligung am Kapital eine GmbH zur Errichtung eines Flughafens; die GmbH ist öffentlicher Auftraggeber.

b) Von der BKR erfaßte Bauaufträge

Unter die nach der BKR bzw. den a–Paragraphen zu vergebenden Aufträge fallen zunächst die „öffentlichen Bauaufträge". Das sind nach der Definition in Art. 1a und c BKR die entgeltlichen Verträge zwischen öffentlichen Auftraggebern und Unternehmern über die Ausführung eines Bauwerks im ganzen oder die Vornahme von Einzelarbeiten zur Ausführung eines Vorhabens wie Rohbau-, Dachdecker- oder Schreinerarbeiten. In diesen Fällen ist der öffentliche Auftraggeber Bauherr, Gegenstand des Vertrages eine Bauleistung.

Nach Art. 1a BKR zählen zu den öffentlichen Bauaufträgen weiterhin Verträge, die öffentliche Auftraggeber mit Unternehmern über die Erbringung von Bauleistungen durch Dritte, gleichgültig mit welchen Mitteln, gemäß den vom öffentlichen Auftraggeber genannten Erfordernissen abschließen. Ein typischer Anwendungsfall hierfür ist der Bauträgervertrag, bei dem sich ein Unternehmer als Bauträger verpflichtet, nach den Plänen des Auftraggebers ein Bauwerk zu errichten, das dieser nach Fertigstellung erwirbt. Hier ist Bauherr der Bauträger, der auf sein wirtschaftliches Risiko hin das bestellte Bauwerk errichtet. Die Anwendung der BKR rechtfertigt sich dadurch, daß das Bauwerk mit Rücksicht auf die spätere Nutzung durch den Auftraggeber nach dessen Vorstellungen errichtet wird.

Neben den öffentlichen Bauaufträgen sind die a–Paragraphen auch anwendbar auf Bauaufträge, die Privatpersonen vergeben, sofern die Aufträge dem Gemeinwohl und zu mehr als fünfzig Prozent unmittelbar mit öffentlichen Mitteln finanziert werden. Dazu gehören nach Art. 1a Abs. 2 BKR Aufträge, die sich auf den Bau von Krankenhäusern, Sport-, Erholungs- und Freizeiteinrichtungen, Schul- und Hochschulgebäude und Verwaltungsgebäude beziehen.

Beispiel: Eine Stadt gewährt einem privaten Bauherrn zur Errichtung eines Kongreßzentrums unter Einräumung eines Nutzungsrechts ein Darlehen aus öffentlichen Mitteln in Höhe von mehr als 50 % der Baukosten.

In Fällen dieser Art muß der finanzierende öffentliche Auftraggeber bei Bewilligung der Mittel in geeigneter Weise sicherstellen, daß der Bauherr die Bauaufträge an Dritte unter Beachtung der VOB/A vergibt, beispielsweise dadurch, daß der Bewilligungsbescheid über das Darlehen mit einer entsprechenden Auflage verbunden wird.

Keine Anwendung findet die BKR auf Bauaufträge im Bereich der Wasser-, Energie- und Verkehrsversorgung sowie im Bereich der Telekommunikation (s. dazu unter 3). Zu weiteren Ausnahmen vgl. § 1a Nr. 7c bis g VOB/A.

c) Schwellenwert

Die Bestimmungen der a-Paragraphen sind auf öffentliche und sonstige Bauaufträge anzuwenden, bei denen der geschätzte Gesamtwert aller Bauaufträge (ohne Umsatzsteuer) für eine bauliche Anlage 5 Mio. ECU oder mehr beträgt, § 1a Nr. 1 Abs. 1 VOB/A. Dieser Schwellenwert gilt auch dann, wenn die Aufträge getrennt voneinander in Losen vergeben werden; addiert sich der Wert aller Lose auf den Schwellenwert oder mehr, ist grundsätzlich jedes Los nach den a-Bestimmungen zu behandeln. Hierzu ergeben sich jedoch aufgrund von § 1a Nr. 1 Abs. 2 VOB/A folgende Besonderheiten:

Lose mit einem geschätzten Auftragswert von 1 Mio. ECU und mehr sind stets EG-weit auszuschreiben.

Lose mit einem Wert unter 1 Mio. ECU können von dieser Ausschreibung ausgenommen werden, wenn der Wert der übrigen Lose 80 % des Gesamtwertes von 5 Mio. oder mehr erreicht (sog. Bagatellklausel).

Beispiel:

Geschätzter Gesamtwert der baulichen Anlage	6 Mio. ECU
Los 1	2 Mio. ECU
Los 2	1 Mio. ECU
Los 3	1 Mio. ECU
Los 4	0,8 Mio. ECU
Los 5	0,6 Mio. ECU
Los 6	0,4 Mio. ECU
Los 7	0,2 Mio. ECU
Gesamtwert Lose 1–7	6 Mio. ECU
Hiervon 80 %	4,8 Mio. ECU

80 % des Gesamtwerts (z. B. Lose 1–4) müssen EG-weit ausgeschrieben, Lose im Wert bis zu 1,2 Mio. ECU können davon ausgenommen werden.

d) Arten der Vergabe

Zur Vergabe von Bauaufträgen i. S. der a-Paragraphen sieht § 3a VOB/A drei Verfahren vor:
– Offenes Verfahren,
– Nichtoffenes Verfahren,
– Verhandlungsverfahren.

Das **Offene Verfahren** ist der Regelfall. Es entspricht der öffentlichen Ausschreibung. Bei dieser werden nach § 3 Nr. 1 Abs. 1 VOB/A Bauleistungen im vorgeschriebenen Verfahren nach öffentlicher Aufforderung einer unbeschränkten Zahl von Unternehmen zur Einreichung von Angeboten vergeben.

Das **Nichtoffene Verfahren** entspricht der Beschränkten Ausschreibung nach Öffentlichem Teilnahmewettbewerb i. S. von § 3 Nr. 1 Abs. 2 VOB/A. Bei dieser werden Bauleistungen im vorgeschriebenen Verfahren nach Aufforderung einer beschränkten Zahl von Unternehmern zur

Einreichung von Angeboten vergeben, ggf. nach öffentlicher Aufforderung, Teilnahmeanträge zu stellen. Die Beschränkte Ausschreibung soll stattfinden, wenn die Öffentliche Ausschreibung aus den in § 3 Nr. 3 VOB/A genannten Gründen unzweckmäßig ist, z. B. weil sie einen unverhältnismäßigen Aufwand verursachen würde oder die Leistung ihrer Eigenart nach nur von wenigen Unternehmern ausführbar ist.

Beim **Verhandlungsverfahren** (§ 3a Nr. 1c VOB/A) wendet sich der Auftraggeber an ausgewählte Unternehmen und verhandelt mit einem oder mehreren von ihnen über den Auftragsinhalt, ggf. nach öffentlicher Vergabebekanntmachung. Das Verhandlungsverfahren ist nur aus den im einzelnen in § 3a Nr. 4 und 5 VOB/A genannten Gründen zulässig.

e) Teilnehmer am Wettbewerb

Oberster Grundsatz bei der Durchführung der Vergabeverfahren ist das Gebot der Gleichbehandlung aller Bewerber und Bieter, wie § 8 Nr. 1 VOB/A es im Hinblick auf das gemeinschaftsrechtliche Diskriminierungsverbot klarstellend wiederholt. Unzulässig ist es daher insbesondere, den Wettbewerb lokal oder regional zu beschränken.

Beispiel: Bei der Finanzierung eines privaten Bauvorhabens mit öffentlichen Mitteln verpflichtet die als Mittelgeber auftretende Stadt den Bauherrn, die Hälfte der Bauaufträge ausschließlich an ortsansässige Unternehmen zu vergeben.

Andererseits können sich nur **geeignete** Unternehmer am Wettbewerb zur Vergabe der Bauaufträge beteiligen. Nach § 25 Nr. 2 Abs. 1 VOB/A ist die Eignung dahingehend zu verstehen, daß der Unternehmer die zur Ausführung der vorgesehenen Leistungen erforderliche Fachkunde, Leistungsfähigkeit und Zuverlässigkeit besitzt und über ausreichende technische und wirtschaftliche Mittel verfügen muß.

Zum Nachweis und der Prüfung dieser Eignung kann der Auftraggeber vom Unternehmer die in § 8 Nr. 3 Abs. 1 und 2 VOB/A bezeichneten Angaben verlangen. Dazu zählt z. B. der Nachweis über die Eintragung des Unternehmers im Berufsregister des Staates, in dem er ansässig ist (Art. 24 BKR, § 8 Nr. 3 Abs. 1f VOB/A). Im Hinblick auf die finanzielle und wirtschaftliche Leistungsfähigkeit des Unternehmers können neben Angaben zum Umsatz auch Bankerklärungen, z. B. Bankbürgschaften, verlangt werden (Art. 25a BKR, § 8 Nr. 3 Abs. 2 VOB/A); dabei genügt es jedoch aus Gründen der Gleichbehandlung, wenn der aus einem anderen Mitgliedstaat stammende Unternehmer die Erklärung einer Bank dieses Staates beibringt. Sofern zur Prüfung der technischen Leistungsfähigkeit des Unternehmers Nachweise über seine oder die berufliche Qualifikation des technischen Führungspersonals verlangt werden (vgl. Art. 26a BKR, § 8 Nr. 3 Abs. 1e VOB/A), sind die einschlägigen gemeinschaftsrechtlichen Regelungen über die gegenseitige Anerkennung berufsqualifizierender Abschlüsse zu beachten (vgl. Kapitel F II).

Zu welchem Zeitpunkt die Eignung auf der Grundlage der verlangten Angaben geprüft wird, hängt von der Art des Vergabeverfahrens ab. Beim Offenen Verfahren sind die Bewerbungsunterlagen an alle Bewerber abzugeben, die sich gewerbsmäßig mit der Ausführung von Leistungen der ausgeschriebenen Art befassen, § 8 Nr. 2 Abs. 1 VOB/A. Dementsprechend sind in der öffentlichen Bekanntmachung der Ausschreibung die Nachweise zu bezeichnen, deren Vorlage mit dem Angebot verlangt oder deren spätere Anforderung vorbehalten wird, § 8 Nr. 3 Abs. 3 VOB/A. Die Eignung der Bewerber wird dann bei der Wertung der eingereichten Angebote geprüft, § 25 Nr. 2 Abs. 1 VOB/A.

Beim Nichtoffenen Verfahren oder beim Verhandlungsverfahren müssen die verlangten Nachweise hingegen schon beim Antrag des Bewerbers auf Teilnahme am Wettbewerb vorliegen. Die Eignung der Bewerber wird geprüft, **bevor** die für geeignet befundenen Unternehmer zur Abgabe von Angeboten aufgefordert werden, § 8 Nr. 4 VOB/A. Daher müssen beim Nichtoffenen Verfahren mindestens fünf geeignete Bewerber und beim Verhandlungsverfahren mindestens drei geeignete Bewerber aufgefordert werden, § 8a Nr. 2, 3 VOB/A.

f) Vergabeunterlagen

Die Vergabeunterlagen bestehen aus den Verdingungsunterlagen, der Aufforderung zur Angebotsabgabe und den Bewerbungsbedingungen, § 10 Nr. 1 Abs. 1 VOB/A. Die Verdingungsunterlagen legen inhaltlich den Vertrag fest, der zwischen Auftraggeber und Auftragnehmer zustande kommen soll. Zentraler Bestandteil der Verdingungsunterlagen ist die Beschreibung der vom Auftraggeber zu erbringenden Leistung, die **Leistungsbeschreibung**; diese legt insbesondere fest, welche **technischen Anforderungen** an die Bauleistung gestellt werden.

Der Handel mit Bauprodukten innerhalb der Gemeinschaft wurde bisher dadurch erschwert, daß die Mitgliedstaaten unterschiedliche Anforderungen an die Ausführung von Bauwerken und die dafür zu verwendenden Produkte stellten. Die daraus resultierenden Handelshemmnisse abzubauen ist Ziel der Bauprodukten-Richtlinie (s. dazu oben Kapitel C II). Parallel und in Ergänzung hierzu bestimmt die BKR, daß die öffentlichen Auftraggeber bei Aufträgen im Anwendungsbereich der BKR die technischen Anforderungen an die Bauleistung nur nach **europäischen technischen Spezifikationen** festlegen dürfen. Unter einer technischen Spezifikation ist (zusammengefaßt) jede technische Anforderung zu verstehen, die an Planung, Ausführung und Abnahme einer baulichen Anlage gestellt wird (*Lampe-Helbig,* S. 94; zur vollständigen Definition der „technischen Spezifikation" s. BKR Anhang III; VOB/A-Anhang TS Nr. 1.1). Nach Art. 10 Abs. 2 BKR dürfen die in der Lei-

stungsbeschreibung enthaltenen technischen Spezifikationen nur festgelegt werden unter Bezugnahme auf entweder
- eine in eine innerstaatliche Norm übernommene europäische Norm oder
- eine europäische technische Zulassung oder
- eine gemeinsame technische Spezifikation.

Zur begrifflichen Bestimmung von „Europäische Norm", „Europäische technische Zulassung" usw. wird auf die Ausführungen zur Bauprodukten-Richtlinie verwiesen (s. oben Kapitel C II). Die öffentlichen und sonstigen Auftraggeber sind gemeinschaftsrechtlich verpflichtet, die Leistung mit Hilfe der europäischen technischen Spezifikationen zu beschreiben. Wird nur eine nationale Norm zitiert, die inhaltlich von den europäischen Spezifikationen abweicht, liegt nicht nur ein Verstoß gegen die BKR, sondern auch gegen Art. 30 EWGV vor (vgl. EuGHE 1988, 4929 – Rs. 45/87 – Kommission/Irland). Zur Information der Aufsteller von Leistungsbeschreibungen hat der deutsche Verdingungsausschuß für Bauleistungen (DVA) den Ausschuß „technische Spezifikation" eingerichtet (Anschrift untenstehend*).

Nach § 9 Nr. 5 Abs. 1 VOB/A ist es grundsätzlich unzulässig, in der Leistungsbeschreibung bestimmte Erzeugnisse oder Verfahren sowie bestimmte Ursprungsorte und Bezugsquellen vorzuschreiben. Dies träfe z. B. bei der Klausel zu, wonach der Auftragnehmer soweit wie möglich Arbeitskräfte, Maschinen und Materialien aus Deutschland zu verwenden hat. Bestimmte Materialien dürfen nur dann verlangt werden, wenn dies durch die Art der geforderten Leistung geboten ist, z. B. bei der Restauration eines historischen Gebäudes.

g) Veröffentlichung im Amtsblatt der EG

Die nach der BKR vergebenen Bauaufträge sind im Amtsblatt der Europäischen Gemeinschaften zu veröffentlichen.

aa) *Bekanntmachung*

Werden Bauaufträge i. S. der BKR im Wege eines Offenen, eines Nichtoffenen oder eines Verhandlungsverfahrens vergeben, sind die Unternehmer durch Bekanntmachung im Amtsblatt der Europäischen Gemeinschaften aufzufordern, ihre Teilnahme am Wettbewerb zu beantragen. Daneben ist auch eine Bekanntmachung in Tageszeitungen, amtli-

---

* Ausschuß Technische Spezifikation
  Geschäftsstelle der DVA
  Bundesministerium für Raumordnung, Bauwesen und Städtebau
  Deichmanns Aue
  53179 Bonn

chen Veröffentlichungsblättern oder Fachzeitschriften möglich; diese darf jedoch nicht erfolgen, bevor die für das Amtsblatt bestimmte Bekanntmachung abgesandt wurde, und muß in den Angaben mit dieser Bekanntmachung übereinstimmen.

Inhaltlich umfaßt die Bekanntmachung die Aufforderung zur Angebotsangabe, das sog. Anschreiben. Die erforderlichen Angaben des Anschreibens ergeben sich aus den §§ 17, 17a VOB/A. Zur Berechnung der Angebotsfrist ist im Anschreiben der Tag der Absendung der Bekanntmachung anzugeben. Die Bekanntmachung ist nach bestimmten, im Anhang zur VOB/A aufgeführten Mustern zu erstellen, die es ermöglichen, auf der Grundlage standardisierter Texte die erforderlichen Angaben durch Ankreuzen oder Kurzbeschreibungen zu machen (Abdruck bei *Lampe-Helbig,* Anhang IV, S. 231 ff.).

Die Bekanntmachung ist in der vorgeschriebenen Form unverzüglich dem Amt für Veröffentlichungen der Europäischen Gemeinschaft in Luxemburg zu übermitteln. Das Amt veröffentlicht die Bekanntmachung spätestens zwölf Tage nach der Absendung im Amtsblatt der Europäischen Gemeinschaften und der Datenbank der Kommission TED ungekürzt in der Originalsprache. Eine Zusammenfassung der wichtigsten Angaben wird in den übrigen Amtssprachen veröffentlicht; verbindlich ist allerdings nur der Wortlaut in der Originalsprache.

Fordert ein Unternehmer die Verdingungsunterlagen rechtzeitig, d. h. innerhalb der im Anschreiben genannten Frist an, muß ihm der öffentliche Auftraggeber diese innerhalb von sechs Tagen zusenden.

Die **Angebotsfrist,** d. h. die Frist, innerhalb der der Unternehmer sein Angebot einzureichen hat, beträgt beim Offenen Verfahren 52 Tage vom Tag der Absendung der Bekanntmachung, und bei Vorliegen sog. Vorinformation (s. anschließend bb) kann diese Frist auf 36 Tage verkürzt werden.

Beim Nichtoffenen Verfahren beträgt die **Bewerbungsfrist,** d. h. die Frist für den Eingang des Antrags auf Teilnahme, im Regelfall 37 Tage. Bei zugelassenen Unternehmern beträgt die Angebotsfrist im Nichtoffenen Verfahren dann 40 Tage und kann im Falle einer Vorinformation auf 26 Tage verkürzt werden.

bb) Vorinformation

Art. 12 Abs. 1 BKR (= § 17a Nr. 1 VOB/A) verpflichtet die öffentlichen Auftraggeber zu einer Vorinformation über **beabsichtigte** Bauvorhaben. Auf diese Weise sollen Unternehmer aus anderen Mitgliedstaaten so früh wie möglich über künftig zu vergebende Aufträge informiert werden, um sich am Vergabewettbewerb unter gleichen Bedingungen wie inländische Teilnehmer beteiligen zu können.

Gegenstand der Vorinformation sind nach § 17a Nr. 1 Abs. 1 VOB/A

beabsichtigte bauliche Anlagen mit einem geschätzten Gesamtauftrags-
wert von mindestens 5 Mio. ECU sowie jeder beabsichtigte Bauauftrag,
bei dem der Wert der zu liefernden Stoffe und Bauteile weit überwiegt,
mit einem geschätzten Auftragswert von mindestens 750 000 ECU. Die
Bekanntmachung der Vorinformation auf dem dafür vorgesehenen Muster ist sobald wie möglich nach Genehmigung der Planung des Bauvorhabens dem Amt für amtliche Veröffentlichungen der Europäischen Gemeinschaften zu übermitteln, welches die Bekanntmachung in allen
Amtssprachen im Amtsblatt und der Datenbank TED veröffentlicht,
wobei nur der Wortlaut in der Originalsprache verbindlich ist. Die Veröffentlichung der Vorinformation hat zur Folge, daß die **Angebotsfri-
sten** beim Offenen und Nichtoffenen Verfahren verkürzt werden können.

h) Wertung der Angebote

Für die Wertung der Angebote, damit für die Erteilung des Zuschlags,
läßt Art. 29 Abs. 1 BKR nur zwei Möglichkeiten zu: entweder ist ausschließlich der **niedrigste Preis** als Kriterium maßgebend oder der Zuschlag erfolgt auf das **wirtschaftlich günstigste Angebot.** Im letzteren
Fall wird die Wertung nach verschiedenen Kriterien vorgenommen wie
z. B. Preis, Qualität, Gestaltung, technische Beratung, Wartung usw.
Diese Kriterien müssen in den Verdingungsunterlagen oder in der Bekanntmachung der Aufforderung zur Angebotsabgabe angegeben werden; eine Wertung auf der Grundlage nicht angegebener Merkmale ist
unzulässig (*Lampe-Helbig,* S. 134). Die BKR in ihrer jetzigen Fassung läßt
es nicht mehr zu, in die Beurteilung der Angebote sog. vergabefremde
Aspekte einzubeziehen, d. h. Gesichtspunkte arbeitsmarkt- oder sozial-
politischer Art.

Beispiel: In den Verdingungsunterlagen wird die Vergabe des Auftrags u. a. davon
abhängig gemacht, in welchem Umfang der Anbieter in seinem Betrieb Frauen beschäftigt.

Zwar ist der Auftraggeber in der Auswahl der Kriterien frei, jedoch nur
insoweit, als sie geeignet sind, das **wirtschaftlich** günstigste Angebot zu
bestimmen.

i) Informationspflichten, Vergabevermerk

Die BKR verpflichtet die Auftraggeber zu verschiedenen Maßnahmen,
die es ermöglichen sollen, den Ablauf des Vergabeverfahrens bis zu seinem Abschluß durch Zuschlag oder einer sonstigen Beendigung nachzu-
vollziehen (sog. ex-post-Transparenz).

Nach § 28a VOB/A ist die Erteilung des Auftrags dem Amt für amtliche Veröffentlichung der Europäischen Gemeinschaften in kürzester Frist
mitzuteilen, spätestens 48 Tage nach Erteilung des Auftrags.

Schaubild 8

Vergabe öffentlicher Bauaufträge (schematische Übersicht)

1. **Vorinformation** (§ 17 a Nr. 1 Abs. 1 VOB/A) durch Bekanntmachung im Amtsblatt der EG über
   – beabsichtigte bauliche Anlage von mindestens 5 Mio. ECU
   – beabsichtigte Bauaufträge (= Lieferung von Stoffen und Bauteilen) mit geschätztem Auftragswert von mindestens 750 000 ECU.
   Mitteilung an Amt für amtliche Veröffentlichungen der EG, sobald wie möglich nach Genehmigung der Planung.

2. **Bekanntmachung** (§ 17 a Nr. 2 Abs. 1 VOB/A) zu vergebender Bauaufträge mit geschätztem Gesamtwert von mindestens 5 Mio. ECU (ohne MwSt) durch Veröffentlichung im Amtsblatt der EG;
   Absendung unverzüglich mit Angabe des Tages der Absendung.
   Veröffentlichung der Bekanntmachung im Amtsblatt spätestens 12 Tage nach Absendung.

3. **Angebotsfrist, Bewerbungsfrist** (§ 18 a VOB/A)
   a) Offenes Verfahren
      Angebotsfrist (= Frist für Eingang der Angebote):
      – mindestens 52 Kalendertage gerechnet vom Tag nach Absendung der Bekanntmachung
      – bei Vorinformation Verkürzung auf 36 Tage möglich.
   b) Nichtoffenes Verfahren
      (1) Bewerbungsfrist (= Frist für Eingang der Anträge auf Teilnahme):
          – mindestens 37 Tage, bei Dringlichkeit mindestens 15 Tage,
      (2) Angebotsfrist:
          – 40 Tage, bei Vorinformationen mindestens 26 Tage, in Fällen der Dringlichkeit Verkürzung beider Fristen bis auf 10 Tage.
   c) Verhandlungsverfahren mit Vergabebekanntmachung: wie unter b (1).

4. **Zuschlagsfrist** (§ 19 VOB/A)
   Höchstens 24 Werktage ab Eröffnungstermin.

5. **Zuschlag** (§ 28 VOB/A)

6. **Bekanntmachung** der Auftragserteilung im Amtsblatt der EG spätestens 48 Tage nach Auftragserteilung (§ 28 a VOB/A)

7. **Verständigung** nicht berücksichtigter Bewerber oder Bieter (§§ 27, 27 a VOB/A)

8. **Vergabevermerk** (§§ 30, 30 a VOB/A)
   Übermittlung von Angaben auf Verlangen der EG-Kommission.

9. **Mitteilung** der Aufhebung eines Offenen u. Nichtoffenen Verfahrens oder der Einstellung eines Verhandlungsverfahrens mit vorangegangener Vergabebekanntmachung an Amt für amtliche Veröffentlichungen der EG (§§ 26, 26 a VOB/A).

Nicht berücksichtigte Bewerber oder Bieter sind zu verständigen, § 27 VOB/A. Auf Antrag sind ihnen innerhalb von 15 Tagen die Gründe für ihre Nichtberücksichtigung mitzuteilen.

Wird ein Vergabeverfahren dadurch beendet, daß die Ausschreibung aufgehoben oder das Verhandlungsverfahren eingestellt wird, muß der Auftraggeber das Amt für Veröffentlichungen unterrichten. Ferner können die Bewerber des Verfahrens mitgeteilt werden, ggf. auch die Absicht, ein neues Verfahren einzuleiten (§§ 26, 26a VOB/A).

Über die Vergabe ist nach § 30 VOB/A ein Vermerk zu fertigen, über dessen Inhalt die EG-Kommission auf Verlangen zu unterrichten ist, § 30a VOB/A.

3. Die Vergabe öffentlicher Aufträge nach der Lieferkoordinierungs-, Sektoren- und Dienstleistungsrichtlinie

a) Lieferkoordinierungs-Richtlinie (LKR)

Die Lieferkoordinierungs-Richtlinie regelt die Vergabe **öffentlicher Lieferaufträge**. Hierunter sind nach der Definition in Art. 1a LKR die zwischen Unternehmern und öffentlichen Auftraggebern geschlossenen schriftlichen entgeltlichen Lieferaufträge über Kauf, Leasing, Miete, Pacht oder Ratenkauf von Waren zu verstehen. Die Lieferung kann auch Nebenarbeiten wie das Verlegen und Anbringen der Ware umfassen. Lieferaufträge im Bereich der Wasser-, Energie- und Verkehrsversorgung sowie dem Telekommunikationssektor sind vom Anwendungsbereich der LKR ausgeschlossen. Der Schwellenwert zur Anwendung der LKR liegt grundsätzlich bei 200000 ECU pro Auftrag ohne Umsatzsteuer (Art. 5 LKR).

Im Hinblick auf Vergabeverfahren, Eignung der Bieter, Ausschreibung, Zuschlagskriterien und nachträgliche Information sind öffentliche Lieferaufträge grundsätzlich nicht anders zu behandeln wie öffentliche Bauaufträge. Für erfolglose Bieter ist die ex-post-Transparenz allerdings schwächer ausgestattet als in der BKR. Bei geschätzten Auftragswerten ab 750000 ECU ist eine Vorinformation durchzuführen, Art. 9 Abs. 1 LKR. Dazu haben die öffentlichen Auftraggeber alsbald nach Beginn des Haushaltsjahres im Amtsblatt der EG eine nach Warengruppen aufgeschlüsselte Bekanntmachung über alle Beschaffungen zu veröffentlichen, deren geschätzter Wert mindestens 750 000 ECU beträgt und die sie im Verlauf des Haushaltsjahres durchzuführen beabsichtigen.

b) Sektoren-Richtlinie (SKR)

Die Sektoren-Richtlinie regelt die Vergabe öffentlicher Bau- und Lieferaufträge in den von der BKR und der LKR nicht erfaßten Bereichen der Wasser-, Energie- und Verkehrsversorgung sowie im Telekommunikationssektor. Zur Anwendung der SKR sind Auftraggeber verpflichtet, die eine der in Art. 2 Abs. 2 SKR näher bezeichneten Tätigkeiten ausüben. Zusammengefaßt gehören hierzu:
- die Versorgung der Allgemeinheit mit Trinkwasser, Strom, Gas und Wärme;
- das Betreiben von Verkehrsnetzen (Bahn, Bus) oder Verkehrseinrichtungen (Häfen, Flughäfen);
- die Suche oder Förderung von Erdöl, Gas, Kohle oder anderen Festbrennstoffen;
- die Bereitstellung oder das Betreiben von öffentlichen Telekommunikationsnetzen oder das Angebot von Telekommunikationsdiensten.

Zu den Auftraggebern zählen nicht nur öffentliche Auftraggeber i. S. von Hoheitsträgern und den von ihnen wirtschaftlich beherrschten öffentlichen Unternehmen, sondern auch **private** Unternehmen, die eine der vorbezeichneten Tätigkeiten aufgrund eines ihnen staatlich verliehenen Rechts ausüben, Art. 2 Abs. 2b SKR. Die zur Anwendung der SKR in der Bundesrepublik Deutschland verpflichteten Stellen ergeben sich aus der namentlichen Aufzählung in den Anhängen I bis X der Richtlinie.

Nach Art. 12 SKR betragen die Schwellenwerte für ihre Anwendung
- 400 000 ECU bei Lieferaufträgen in allen Bereichen mit Ausnahme des Telekommunikationssektors;
- 600 000 ECU bei Lieferaufträgen im Telekommunikationsbereich;
- 5 Mio. ECU bei Bauaufträgen in allen Bereichen.

Verfahrensmäßig entspricht die Sektoren-Richtlinie weitgehend dem Muster der Bau- bzw. Lieferkoordinierungs-Richtlinie. Eine Besonderheit besteht darin, daß beim Offenen bzw. Nichtoffenen Verfahren zur Information interessierter Unternehmer zuvor ein sog. Aufruf zum Wettbewerb stattfinden muß; zu Einzelheiten dieses Aufrufs vgl. Art. 15 Abs. 1, 16 SKR. Dem Schutz der europäischen Produktion gegenüber Waren aus Drittländern dient die (wegen ihrer protektionistischen Wirkung stark umstrittene) Regelung des Art. 29 SKR, wonach die Auftraggeber ein Angebot über die Vergabe eines Lieferauftrags zurückweisen können, wenn der Anteil der aus Drittländern stammenden Waren mehr als 50 % des Gesamtwertes der in dem Angebot enthaltenen Waren beträgt.

c) Dienstleistungsrichtlinie

Die vom Rat am 18. Juni 1992 angenommene Richtlinie 92/50/EWG über die Koordinierung der Verfahren zur Vergabe öffentlicher Dienstleistungsaufträge (ABl. 1992 Nr. L 209/1) hat zum Ziel, die Vergabe von Dienstleistungen auf z. B. öffentliche Aufträge für Reparaturen, Wartung u. ä. dem EG-weiten Wettbewerb zu öffnen. Der Schwellenwert pro Auftrag liegt bei 200000 ECU. Gegenüber den Richtlinien über die Vergabe öffentlicher Bau- und Lieferaufträge hat die Dienstleistungsrichtlinie die Funktion einer Auffangregelung in dem Sinne, daß sie nur für die von diesen Richtlinien nicht erfaßte Leistungen gilt. Verfahrensmäßig folgt sie den Grundsätzen der BKR bzw. LKR.

4. Nachprüfung der Vergabeverfahren

Aufgrund der sog. Überwachungs-Richtlinien unterliegen die Verfahren zur Vergabe von Bau-, Liefer- und Dienstleistungsaufträgen einer Nachprüfung, die eine effiziente Anwendung der Vergaberegeln sicherstellen soll. Für das deutsche Recht ist vorgesehen, die Nachprüfung in den neuen Bestimmungen der §§ 57b und 57c des Haushaltsgrundsätzegesetzes (HGrG) und der auf ihrer Grundlage zu erlassenden Verordnung über das Nachprüfungsverfahren für öffentliche Aufträge (Nachprüfungsverordnung – NpV) zu regeln.

Entsprechend den Vorgaben des Gemeinschaftsrechts wird die Nachprüfung auf zwei Stufen durchgeführt. Nach § 57b Abs. 1 HGrG obliegt die Nachprüfung zunächst der sog. **Vergabeprüfstelle.** Diese ist nach § 1 Abs. 1 NpV für Vergabeverfahren von juristischen Personen des öffentlichen Rechts grundsätzlich die Behörde, welche die Rechtsaufsicht über die Vergabestelle ausübt, für Verfahren von juristischen Personen des privaten Rechts, welche der wirtschaftlichen Kontrolle oder dem bestimmenden Einfluß von Hoheitsträgern unterliegen, die Stelle, welche die Beteiligung verwaltet, die Finanzierung gewährt hat oder Aufsichtsfunktionen wahrnimmt, § 1 Abs. 2 NpV. Die Zuständigkeit weiterer Vergabeprüfstellen, insbesondere für die Bereiche Wasser-, Energie- und Verkehrsversorgung sowie Telekommunikation, ist in § 1 Abs. 3 bis 7 NpV geregelt.

Nach § 57b Abs. 3 HGrG ist die Vergabeprüfstelle verpflichtet, das Nachprüfungsverfahren einzuleiten, wenn sich Anhaltspunkte für einen Verstoß gegen Vergabevorschriften ergeben. Dazu ist sie insbesondere verpflichtet, wenn jemand, der Interesse an einem bestimmten Auftrag hat oder hatte, einen derartigen Verstoß geltend macht. Die Vergabeprüfstelle ist also für den einzelnen Bieter oder Bewerber anrufbar. Deshalb sind die Vergabestellen nach § 1 Abs. 8 NpV verpflichtet, in der Vergabebekanntmachung und in den Vergabeunterlagen die für sie zuständige Vergabeprüfstelle anzugeben und darauf hinzuweisen, daß der einzelne sich an diese Stelle zur Nachprüfung behaupteter Verstöße gegen Vergabebestimmungen wenden kann.

Im Rahmen des Nachprüfungsverfahrens prüft die Vergabeprüfstelle die Einhaltung der einschlägigen Vergabevorschriften und besitzt eine Entscheidungsbefugnis. Sie kann die Vergabestelle verpflichten, rechtswidrige Maßnahmen oder Entscheidungen aufzuheben oder rechtmäßige Maßnahmen oder Entscheidungen zu treffen, § 2 Abs. 1 NpV. Bis zu ihrer eigenen Entscheidung kann die Vergabeprüfstelle gemäß § 2 Abs. 2 NpV das Vergabeverfahren einstweilen aussetzen, indem sie die Vergabestelle anweist, das Vergabeverfahren nicht weiterzuführen, insbesondere den Zuschlag nicht zu erteilen. Bei der Entscheidung über die einstweilige Aussetzung sind die betroffenen Interessen gegeneinander abzuwägen, insbesondere das öffentliche Interesse zu berücksichtigen, daß unangemessene Verzögerungen bei der Vergabe von Aufträgen vermieden werden, § 57b Abs. 4 HGrG. Ihre Maßnahmen gegenüber der Vergabestelle kann die Vergabeprüfstelle nur bis zur Auftragserteilung treffen, § 2 Abs. 3 NpV. Gemäß § 2 Abs. 4 NpV ergeht die Entscheidung der Vergabeprüfstelle gegenüber der Vergabestelle schriftlich, ist zu begründen und unverzüglich zuzustellen. Gleichzeitig übersendet die Vergabeprüfstelle demjenigen, der einen Verstoß gegen Vergabevorschriften geltend gemacht hat, den Text ihrer Entscheidung und weist ihn auf die Möglichkeit hin, innerhalb von vier Wochen einen Antrag auf Entscheidung durch den von ihr benannten Vergabeüberwachungsausschuß zu stellen.

Der **Vergabeüberwachungsausschuß** ist die Kontrollinstanz auf der zweiten Stufe. Nach § 57c Abs. 1 HGrG sind Bund und Länder verpflichtet, zur Überwachung des Vergabewesens ihres Bereichs jeweils einen Vergabeüberwachungsausschuß einzurichten, wobei die Länder auch einen oder mehrere gemeinsame Ausschüsse einrichten können. Der Ausschuß ist kein staatliches Gericht, jedoch eine gerichtsähnliche Instanz, da er seine Tätigkeit unabhängig und in eigener Verantwortung ausübt; die Möglichkeit, statt eines Gerichts eine derartige Instanz zur Kontrolle der Entscheidungen der Vergabeprüfstelle einzurichten, läßt das Gemeinschaftsrecht ausdrücklich zu (Art. 2 Abs. 8 LKR-/BKR-Überwachungs-Richtlinie). Der Vergabeüberwachungsausschuß setzt sich aus einer oder mehreren Kammern zusammen, die in der Besetzung von einem Vorsitzenden, einem beamteten und einem ehrenamtlichen Beisitzer entscheiden. Der Vorsitzende und einer der Beisitzer müssen Beamte auf Lebenszeit sein und der Vorsitzende und einer der Beisitzer die Befähigung zum Richteramt besitzen.

Nach § 57c Abs. 5 HGrG überprüft der Vergabeüberwachungsausschuß die Entscheidungen der Vergabeprüfstelle nur in **rechtlicher**, nicht in **tatsächlicher** Hinsicht. Aus dieser Beschränkung auf die rechtliche

Kontrolle folgt, daß der Ausschuß nach § 3 Abs. 4 NpV das Vergabeverfahren nicht aussetzen noch der Vergabestelle Weisungen erteilen kann. Seine Entscheidungen sind aber für die Vergabeprüfstelle verbindlich. Hält der Ausschuß eine Vorabentscheidung des EuGH nach Art. 177 EWGV zu Fragen des Gemeinschaftsrechts für seine eigene Entscheidung für erforderlich, ist er nach § 3 Abs. 2 NpV zur Vorlage verpflichtet. Nach § 57c Abs. 6 HGrG kann der Ausschuß innerhalb von vier Wochen nach Zugang der Entscheidung der Vergabeprüfstelle angerufen werden, wobei antragsberechtigt derjenige ist, der den Verstoß gegen Vergabevorschriften geltend gemacht hat. Aus dieser Formulierung ist zu schließen, daß zur Anrufung des Vergabeüberwachungsausschusses nur derjenige berechtigt ist, der einen Verstoß gegen Vergabevorschriften bereits vor der Vergabeprüfstelle geltend gemacht hat, nicht aber auch andere am Vergabeverfahren beteiligte Personen. Diese sind aber gemäß § 3 Abs. 3 NpV im Verfahren vor dem Vergabeüberwachungsausschuß zu hören. Der Ausschuß befindet nur über die Entscheidung der Vergabeprüfstelle, nicht über Schadensersatzansprüche, die aus Verstößen gegen Vergabevorschriften resultieren können; wie § 57b Abs. 6 HGrG klarstellend hervorhebt, sind hierfür die ordentlichen Gerichte zuständig.

Eine weitere Kontrollmöglichkeit, auf die im deutschen Recht jedoch nicht hingewiesen wird, ist das in Art. 3 der LKR-/BKR-Überwachungs-Richtlinie geregelte **Hinweisverfahren.** Dieses Verfahren kann die **Kommission** vor Abschluß eines Vertrages zwischen Vergabestelle und Bieter anwenden, wenn aus ihrer Sicht ein klarer und eindeutiger Verstoß gegen die Gemeinschaftsvorschriften für das öffentliche Auftragswesen vorliegt. Im Rahmen dieses Verfahrens teilt die Kommission dem Mitgliedstaat **und der Vergabestelle** (!) mit, aus welchen Gründen sie einen Verstoß als gegeben ansieht, und fordert dessen Beseitigung. Innerhalb von 21 Tagen nach Eingang der Mitteilung hat der Mitgliedstaat so zu reagieren, daß er der Kommission entweder bestätigt, daß der Verstoß beseitigt wurde, oder begründet, weshalb der Verstoß nicht beseitigt wurde, oder mitteilt, daß das Vergabeverfahren ausgesetzt wurde. Im letzteren Fall ist die Kommission über den Fortgang des Vergabeverfahrens zu unterrichten. Der Kommission ist auch mitzuteilen, daß der behauptete Rechtsverstoß Gegenstand eines Verfahrens vor dem Vergabeüberwachungsausschuß ist einschließlich des Ausgangs dieses Verfahrens. Der Kommission ist es nicht möglich, ihre Forderung nach Beseitigung des Verstoßes durchzusetzen. Sie kann jedoch gegen die Bundesrepublik das Vertragsverletzungsverfahren nach Art. 169 EWGV einleiten, wenn aus ihrer Sicht der aufgegriffene Rechtsverstoß nicht oder nur unzureichend beseitigt wurde.

Schaubild 9

Nachprüfung von Vergabeverfahren (schematische Übersicht)

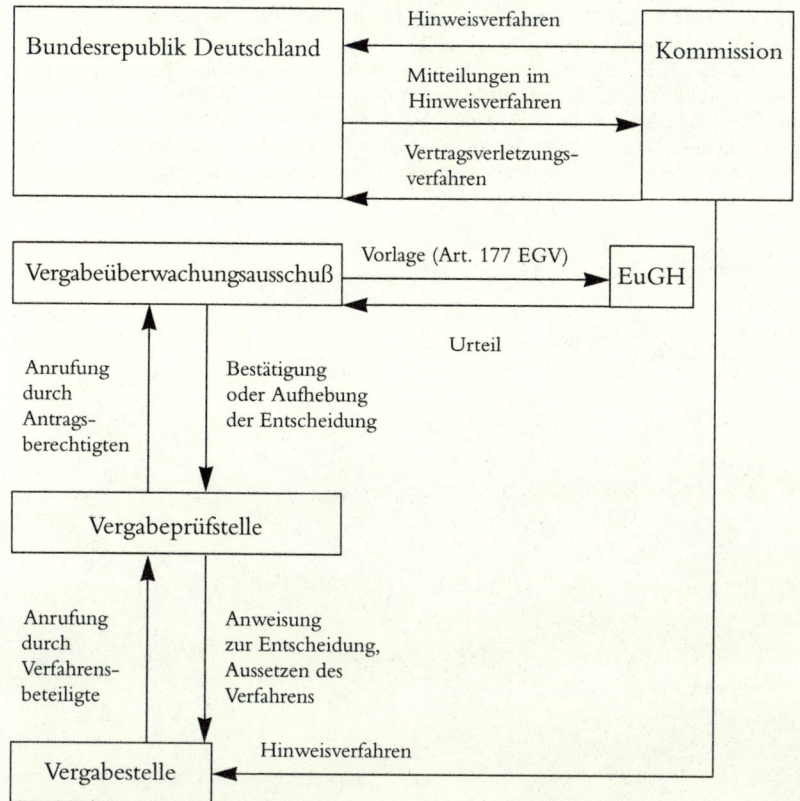

Literatur: (Dienstleistungsfreiheit allgemein) *Nicolaysen,* Dienstleistungsfreiheit im Binnenmarkt. Das Beispiel der Banken und Bausparkassen, in: Europäischer Binnenmarkt und nationaler öffentlicher Dienst, 1989, S. 91 ff.; *Reich,* Die Freiheit des Dienstleistungsverkehrs als Grundfreiheit, Zeitschrift für das gesamte Handelsrecht und Wirtschaftsrecht 1989, S. 571 ff.; *Völker,* Passive Dienstleistungsfreiheit im Europäischen Gemeinschaftsrecht, 1990; *Speyer,* Anwendung der Cassis-de-Dijon-Doktrin und Spaltbarkeit reglementierter Tätigkeiten als neue Etappen der Dienstleistungsfreiheit. Anmerkung zum Urteil des EuGH vom 25. 6. 1991 in der Rs. C-76/90 Säger/Dennemeyer, EuZW 1991, S. 588; *Behrens,* Die Konvergenz der wirtschaftlichen Freiheiten im Europäischen Gemeinschaftsrecht, EuR 1992, S. 145 ff.; *Reidl,* „Negative Dienstleistungsfreiheit" im EWG-Vertrag. Die Rechtsstellung der Nichterwerbstätigen als Empfänger von Dienstleistungen gemäß Art. 59 ff. EWG-Vertrag, 1992; *Hailbronner/Nachbaur,* Die Dienstleistungsfreiheit in der Rechtsprechung des EuGH,

EuZW 1992, S. 105 ff.; *dies.*, Niederlassungs- und Dienstleistungsfreiheit im Binnenmarkt 1992, Wirtschaft und Verwaltung, 1992, S. 57 ff.;

(Öffentliches Auftragswesen) *Amt für amtliche Veröffentlichungen der Europäischen Gemeinschaften,* Öffentliche Aufträge und Europäischer Binnenmarkt, Luxemburg 1988; *dass.*, Die Öffnung des öffentlichen Auftragswesens in der Gemeinschaft, Luxemburg 1989; *Kohlhepp*, Das europäische Recht des öffentlichen Auftragswesens, NVwZ 1989, S. 338 ff.; *Schmittmann*, Die EG-Rechtsmittelrichtlinie zur Vergabe öffentlicher Liefer- und Bauaufträge, EuZW 1990, S. 536 ff.; *Seidel*, Die Anwendung der EG-Richtlinien für die öffentlichen Aufträge in der Bundesrepublik Deutschland, EuR 1990, S. 158 ff.; *Eggenberger*, Öffentliches Auftragswesen, in: EG-Rechtshandbuch für die Wirtschaft, hrsg. von *Schwappach*, 1991, S. 449 ff.; *Stolz*, Das öffentliche Auftragswesen in der EG, 1991; *Lampe-Helbig*, Praxis der Bauvergabe, VOB/A und EG-Recht, 1991; *Nicolaysen*, Ein Binnenmarkt für öffentliche Aufträge – das Ende für VOB und VOL?, in: Festschrift für B. Börner, 1992, S. 345 ff.

H. Der freie Kapital- und Zahlungsverkehr

Über den freien Kapital- und Zahlungsverkehr in der Gemeinschaft wird hier nur ein knapp gefaßter Überblick gegeben, um die Darstellung der Grundfreiheiten abzurunden.

I. Der freie Kapitalverkehr

Der freie Kapitalverkehr war bisher in den Art. 67 bis 73 EWGV geregelt. Eine Definition des Kapitalverkehrs enthält der Vertrag nicht. Er umfaßt anerkanntermaßen Unternehmensbeteiligungen, Erwerb von Immobilien, Gewährung von Krediten und Bürgschaften, Wertpapieranlagen usw., also den grenzüberschreitenden Verkehr von Sach- und Geldkapital (*Ress,* in: *Grabitz,* EWGV, Art. 67, Rdnr. 7). Nicht unter den Kapitalverkehr fällt der bisher in Art. 106 EWGV geregelte **Zahlungsverkehr** i. S. der Übertragung von Zahlungsmitteln als Entgelt für Leistungen, die im Rahmen des freien Waren-, Dienstleistungs-, Personen- und Kapitalverkehrs erbracht werden.

Nach der Rechtsprechung des EuGH gehört der Kapitalverkehr zu den Grundfreiheiten des EWG-Vertrages (EuGHE 1981, 2595 – Rs. 203/80 „Casati" = NJW 1982, 504). Seine Verwirklichung ist jedoch anders ausgestaltet als die Grundfreiheiten des Waren-, Personen- und Dienstleistungsverkehrs. Art. 67 Abs. 1 EWGV verpflichtet die Mitgliedstaaten, untereinander während der Übergangszeit schrittweise alle Beschränkungen des Kapitalverkehrs zu beseitigen und alle Diskriminierungen aus Gründen der Staatsangehörigkeit, des Wohnorts oder des Anlageorts aufzuheben, soweit es für das Funktionieren des Gemeinsamen Marktes notwendig ist (die Übergangszeit ist gemäß Art. 8 EWGV am 31. Dezember 1969 abgelaufen). Da die Verpflichtung aus Art. 67 EWGV nicht absolut gilt, sondern nur „soweit es für das Funktionieren des Gemeinsamen Marktes notwendig ist", enthält Art. 67 EWGV im Gegensatz zu den vergleichbaren Bestimmungen der Art. 30, 34, 48, 52 und 59 EWGV kein unbedingtes Verbot innerstaatlicher Beschränkungen und Diskriminierungen. Diese abzubauen ist vielmehr Aufgabe des Rates, der gemäß Art. 69 EWGV die erforderlichen Richtlinien für die schrittweise Durchführung des Art. 67 EWGV erläßt. Art. 67 EWGV entfaltet daher nach Ablauf der Übergangsfrist keine unmittelbare Wirkung, so daß sich der einzelne auf diese Vorschrift nicht gegenüber innerstaatlichen Beschränkungen und Diskriminierungen berufen kann (EuGH „Casati", a.a.O.).

Zur Liberalisierung des Kapitalverkehrs im Rahmen des Binnenmarktes wurde die Richtlinie 88/361/EWG des Rates zur Durchführung von Art. 67 des Vertrages vom 24. Juni 1988 erlassen (ABl. 1988 Nr. L 178/5 = „Europäisches Wirtschaftsrecht", Nr. 103). Sie schreibt mit Ausnahme von Übergangsregelungen und Schutzklauseln zugunsten bestimmter Mitgliedstaaten die vollständige Beseitigung aller Beschränkungen des Kapitalverkehrs in der Gemeinschaft mit Wirkung zum 1. Juli 1990 vor. Sie dient gleichzeitig der Vorbereitung der im Vertrag über die Europäische Union vorgesehenen Wirtschafts- und Währungsunion. Im Hinblick darauf werden gemäß Art. 73a EGV die Art. 67 bis 73 EWGV mit Wirkung ab 1. Januar 1994 durch die neuen Art. 73b bis 73g EGV ersetzt, die das Verbot von Beschränkungen des Kapitalverkehrs zwischen den Mitgliedstaaten nunmehr in umfassender Weise im EGV selbst regeln.

II. Der freie Zahlungsverkehr

Art. 106 EWGV garantierte den freien Zahlungsverkehr in der Gemeinschaft. Dieser umfaßt alle Zahlungen, die sich als Entgelt für im Rahmen des Waren-, Personen-, Dienstleistungs- und Kapitalverkehrs erbrachte Leistungen darstellen. Der freie Zahlungsverkehr ist eine notwendige Ergänzung zu den vier Grundfreiheiten und stellt ihre Inanspruchnahme sicher. Könnte z. B. bei der grenzüberschreitenden Lieferung einer Ware nicht der Kaufpreis an den in einem anderen Mitgliedstaat ansässigen Verkäufer gezahlt werden, wäre die Ausübung der Grundfreiheit des freien Warenverkehrs nicht gewährleistet. Daher verpflichtete Art. 106 Abs. 1 EWGV die Mitgliedstaaten zur Genehmigung der Zahlungen, die mit dem freien Waren-, Personen-, Dienstleistungs- und Kapitalverkehr verbunden sind, soweit dieser Verkehr nach dem EWG-Vertrag liberalisiert ist. Das bedeutet, daß der Zahlungsverkehr in dem Maße frei ist, wie der ihm zugrundeliegende Verkehr aufgrund vertraglicher oder sekundärrechtlicher Bestimmungen frei ist. Die Zahlungen sind in der Währung des Mitgliedstaates zu genehmigen, in dem der Gläubiger oder Begünstigte ansässig ist. Aufgrund dieser Genehmigungspflicht darf der Schuldnerstaat nicht die Ausfuhr von Geld behindern, damit die Schuld in ausländischer Währung beglichen werden kann, noch der Gläubigerstaat die Einfuhr von Geld zur Begleichung der Schuld in seiner Währung behindern. Art. 106 Abs. 1 EWGV ist unmittelbar anwendbar (*Ress*, in: *Grabitz*, EWGV, Art. 106, Rdnr. 18). Die Vorschrift erlaubt auch die Mitnahme von Reisedevisen zur Bezahlungen von Dienstleistungen im Rahmen der sog. passiven Dienstleistungsfreiheit, also die Mitnahme der erforderlichen Geldmittel durch Touristen, Geschäftsreisende oder Patienten (EuGHE 1984, 377 – verb. Rs. 286/82 u. 26/83 „Luisi und Carbone" = NJW 1989, 2183).

Durch den Vertrag über die Europäische Union wird Art. 106 EWGV durch die Art. 73b bis g EGV ersetzt; im Rahmen dieser Bestimmungen sind nach Art. 73b Abs. 2 EGV alle Beschränkungen des Zahlungsverkehrs zwischen den Mitgliedstaaten und dritten Ländern verboten. Bis zum 1. Januar 1994 gelten dabei gemäß Art. 73h EGV Übergangsregelungen.

J. Die Aufsicht über staatliche Beihilfen
(Art. 92 ff. EGV)

I. Einführung

Die Aufsicht über staatliche Beihilfen gemäß den Art. 92 bis 94 EGV ist ein Teil des in den Art. 85 ff. geregelten Wettbewerbssystems der Gemeinschaft. Während die Art. 85 bis 90 EGV Wettbewerbsregeln enthalten, die wettbewerbswidriges Verhalten von Unternehmen im Verhältnis untereinander verhindern sollen, bezweckt die Beihilfenaufsicht, den Wettbewerb in der Gemeinschaft vor Verzerrungen aufgrund staatlicher Subventionen an Unternehmen zu schützen. Dazu sagt Art. 92 Abs. 1 EGV, daß, soweit im EG-Vertrag nichts anderes bestimmt ist, staatliche oder aus staatlichen Mitteln gewährte Beihilfen gleich welcher Art, die durch die Begünstigung bestimmter Unternehmen oder Produktionszweige den Wettbewerb verfälschen, mit dem Gemeinsamen Markt unvereinbar sind, soweit sie den Handel zwischen den Mitgliedstaaten beeinträchtigen. Die Aufsicht über derartige Beihilfen obliegt in erster Linie der Kommission.

Art. 92 EGV regelt die Beihilfenaufsicht in materieller, Art. 93 EGV in verfahrensmäßiger Hinsicht; von seinem in Art. 94 EGV eingeräumten Recht zum Erlaß von Durchführungsverordnungen hat der Rat bisher keinen Gebrauch gemacht. Art. 92 EGV stellt in Abs. 1 ein allgemeines Verbot staatlicher oder aus staatlichen Mitteln gewährter Beihilfen auf, läßt jedoch in den Abs. 2 und 3 Ausnahmen zu. Das Verbot nach Abs. 1 ist weder absolut noch unbedingt, da insbesondere in Abs. 3 der Kommission ein weiter Ermessensspielraum zugestanden wird, Beihilfen unter Abweichung von dem allgemeinen Verbot des Art. 92 Abs. 1 zuzulassen (vgl. EuGH EuZW 1990, 163 – Rs. C – 301/87 – Frankreich / Kommission). Das Beihilfeverbot entfaltet daher in den Mitgliedstaaten keine unmittelbare Wirkung; einzelne können sich auf das Verbot erst dann berufen, wenn die Kommission durch eine Entscheidung konkret die Verbotswidrigkeit der Beihilfe festgestellt hat. Ob eine Beihilfe zulässig oder unzulässig ist, hängt demnach maßgeblich von ihrer Beurteilung im Rahmen des nach Art. 93 EGV durchzuführenden Verfahrens ab.

Art. 92 EGV ist die allgemeine Vorschrift bezüglich staatlicher Beihilfen; daneben enthält das Gemeinschaftsrecht besondere Regelungen für die Bereiche Agrar- und Verkehrspolitik, die Ausfuhr in Drittländer und den Montanbereich (Kohle und Stahl). Auf Beihilfen, welche die

Gemeinschaft selbst gewährt (z. B. im Rahmen der Strukturfonds), finden die Vorschriften über die Beihilfenaufsicht keine Anwendung.

Die praktische Bedeutung der Beihilfenaufsicht durch die Gemeinschaft wird vor dem Hintergrund deutlich, daß nach einem von der Kommission 1989 vorgelegten Bericht die staatlichen Beihilfen in zehn Mitgliedstaaten (ohne Spanien und Portugal) im Zeitraum zwischen 1981 bis 1986 sich jährlich im Durchschnitt in einer Größenordnung von 104,3 Mrd. ECU (in etwa 210 Mrd. DM) bewegt haben. Die von der Kommission zurückgeforderten Beihilfen haben sich von 5 Mio. ECU im Jahr 1985 auf den Betrag von 747 Mio. ECU (ca. 1,5 Mrd. DM) im Jahr 1987 erhöht (mitgeteilt von *Happe,* NVwZ 1993, S. 33). Dabei ist zu berücksichtigen, daß der Kommission besonders auf regionaler oder lokaler Ebene gewährte Beihilfen vielfach unbekannt bleiben und sie zur Überwachung der Beihilfen nur über eine begrenzte personelle Kapazität verfügt. Die praktische Wirksamkeit der Beihilfenaufsicht soll das nachstehend geschilderte Beispiel verdeutlichen.

Fall „Potsdamer Platz" (nach EuZW 1993, 291): Die Mercedes-Benz AG erwarb im Jahr 1990 von der Verwaltung des Berliner Senats ein am Potsdamer Platz in Berlin gelegenes, 61710 Quadratmeter großes Grundstück zum Preis von 92,9 Mio. DM. Im Hinblick auf diese Transaktion leitete die Kommission das Aufsichtsverfahren nach Art. 93 EWGV ein. Im Rahmen dieses Verfahrens war ein vom Gutachterausschuß für Grundstückswerte in Berlin erstelltes unabhängiges Gutachten zu dem Schluß gekommen, daß der Preis für das nach dem Fall der Mauer von einer Randlage wieder zum Stadtzentrum gewordene Grundstück um 86,8 Mio. DM zu niedrig angesetzt war und Daimler Benz 179,7 Mio. DM hätte zahlen müssen. Die Kommission beurteilte den vereinbarten Kaufpreis als unzulässige staatliche Beihilfe und entschied, daß Daimler Benz unter Anrechnung eines von ihm zu errichtenden Dienstleistungszentrums im Wert von 53 Mio. DM den Betrag von 33,8 Mio. DM an den Berliner Senat zu zahlen habe.

II. Das Beihilfeverbot nach Art. 92 Abs. 1 EGV und seine Ausnahmen nach den Abs. 2 und 3

1. Art. 92 Abs. 1 EGV

a) Begriff der Beihilfe

Der Begriff der Beihilfe ist im EGV nicht definiert. Auch der EuGH vermeidet es, sich auf eine begriffliche Definition festzulegen, um dem Einfallsreichtum auf diesem Gebiet wirkungsvoll begegnen zu können (vgl. *Hoischen,* Die Beihilferegelung in Art. 92 EWGV, 1989, S. 4). Auf jeden Fall ist der Begriff der Beihilfe weit auszulegen, da er durch die weiteren Tatbestandsmerkmale in Art. 92 Abs. 1 EGV eingeengt wird. Er umfaßt daher neben Subventionen im Sinne positiver finanzieller Zuwendungen jede sonstige Maßnahme, welche die von den Unternehmen üblicherweise zu tragenden Belastungen mindert, wenn eine solche Entlastung in ihrer Wirkung einer Subvention gleichkommt, wie z. B. Steuervergünstigungen oder die Befreiung von Soziallasten (vgl. EuGHE 1974, 709 – Rs. 173/73 – Italien / Kommission).

Die Kommission betrachtet als Beihilfen: Zuschüsse, Befreiungen von Steuern und Abgaben, Befreiung von parafiskalischen (sozialversicherungsrechtlichen) Abgaben, Zinszuschüsse, Übernahme von Bürgschaften zu besonders günstigen Bedingungen, unentgeltliche oder besonders preiswerte Überlassung von Grundstücken oder Gebäuden, Lieferung von Gütern oder Dienstleistungen zu Vorzugsbedingungen, Übernahme von Verlusten oder jede andere Maßnahme gleicher Wirkung (ABl. 1963, S. 2235 vom 17. 8. 1963). Eine Beihilfe ist auch die Beteiligung am Kapital eines Unternehmens, wenn sie unter Bedingungen erfolgt, die einen privaten Investor, gemessen an normalen marktwirtschaftlichen Bedingungen, zu einer Beteiligung nicht veranlaßt hätten (EuGH EuZW 1990, 224 – Rs. C – 142/87 – Belgien / Kommission). Aufgrund von Art. 90 Abs. 1 EWGV gilt das Beihilfeverbot auch für Zuwendungen des Staates an **öffentliche** Unternehmen (vgl. hierzu näher *Hoischen,* S. 44 ff.).

Ausschlaggebend für das Vorliegen einer Beihilfe sind nicht die Ziele oder Gründe einer Maßnahme, sondern ihre **begünstigende Wirkung** (EuGH NJW 1987, 3072 – Rs. 310/85 „Deufil"). Ferner muß sie **unentgeltlich,** d. h. ohne Gegenleistung, und **freiwillig** erbracht werden. Keine Beihilfe ist daher die Erstattung zu Unrecht erhobener Beiträge durch staatliche Stellen (EuGHE 1980, 1205 – Rs. 61/69 „Denkavit").

b) Staatliche oder aus staatlichen Mitteln gewährte Beihilfen

Die Beihilfe muß entweder vom Staat oder von einer Einrichtung gewährt werden, die über staatliche Mittel verfügt. In der Bundesrepublik Deutschland tritt der Staat als Beihilfegeber auf, wenn die Beihilfe durch den Bund, die Länder oder die Gemeinden und Gemeindeverbände vergeben wird (zu letzterem s. *Bleckmann,* Die kommunale Leistungsverwaltung, insbesondere die Subventionsvergabe im europäischen Binnenmarkt, NVwZ 1990, S. 820 ff.). Aus staatlichen Mitteln wird die Beihilfe gewährt, wenn sie durch zu diesem Zweck errichtete oder beauftragte öffentliche oder private Einrichtungen erbracht wird. Auf die Rechtsform dieser Einrichtungen kommt es nicht an (EuGHE 1985, 439 – Rs. 290/83 – Kommission / Frankreich). Demnach fällt auch die Vergabe öffentlicher Mittel durch private Banken unter den Begriff der Beihilfe. Letztendlich ist ausschlaggebend, ob der Staat insgesamt betrachtet durch Ausgabe von Mitteln oder durch Verluste an Einnahmen unmittelbar oder mittelbar belastet wird.

c) Empfänger der Beihilfe

Die Beihilfen müssen **bestimmten** Unternehmen oder Produktionszweigen gewährt werden, d. h., der Empfänger der Beihilfe muß individualisierbar sein (*Hoischen*, S. 55). Maßnahmen zugunsten **aller** Unternehmen werden von Art. 92 Abs. 1 EGV nicht erfaßt (*v. Wallenberg*, in *Grabitz*, EWGV, Art. 92, Rdnr. 20). Nicht unter das Beihilfeverbot fallen daher allgemeine Programme zur Förderung der Konjunktur oder Maßnahmen zur Verbesserung der Infrastruktur wie der Bau und die Unterhaltung von Straßen, Transportwegen, Versorgungseinrichtungen usw. Die Abgrenzung zwischen bestimmten und der Gesamtheit der Unternehmen kann mitunter schwierig sein. Betreibt z. B. eine Gemeinde eine Förderpolitik in dem Sinne, daß sie zur Ansiedlung von Unternehmen in ihrem Gebiet nicht nur für den Einzelfall, sondern allgemein verbilligte Grundstücke anbietet, dürfte es sich nicht um eine Beihilfe handeln, auch wenn die Begünstigung sich tatsächlich auf die Unternehmen beschränkt, die sie erhalten (*Bleckmann*, NVwZ 1990, 823).

Unter den Begriff des Unternehmens fällt jedes Rechtssubjekt (natürliche oder juristische Person), das auf Dauer wirtschaftliche Zwecke verfolgt (*Hoischen*, S. 55/56). Aufgrund des Merkmals „bestimmte Produktionszweige" werden auch branchenspezifische Begünstigungen erfaßt wie Subventionen an Automobilhersteller, Werften, Textilunternehmen usw.

d) Verfälschung des Wettbewerbs

Beihilfen sind nach Art. 92 Abs. 1 EGV nur dann verboten, wenn sie den Wettbewerb verfälschen oder zu verfälschen drohen. Dieses Tatbestandsmerkmal ist nicht identisch mit dem weiteren Merkmal der „Beeinträchtigung des Handels zwischen den Mitgliedstaaten", so daß eine Beihilfe nur dann unzulässig ist, wenn sie den Wettbewerb verfälscht **und** den Handel zwischen den Mitgliedstaaten beeinträchtigt.

Der Wettbewerb wird verfälscht, wenn die Beihilfe den Wettbewerb dahingehend verändert, daß die marktmäßige Position des begünstigten Unternehmens zu Lasten seiner Konkurrenten gestärkt wird. Das ist beispielsweise dann der Fall, wenn ein Unternehmen seine Produktionskosten dadurch senken kann, daß es zur Erweiterung seiner Produktionsanlagen einen staatlichen Zuschuß erhält (vgl. EuGHE 1980, 2671 – Rs. 730/79 „Philip Morris"). Die Frage, ob der Wettbewerb verfälscht wird, ist nach der Rechtsprechung des EuGH nach der Wettbewerbslage auf dem Gemeinsamen Markt, also danach zu beurteilen, ob die Beihilfe dem Unternehmen Wettbewerbsvorteile gegenüber seinen Konkurrenten aus anderen Mitgliedstaaten verschafft (EuGH „Philip Morris", a.a.O.). Der Wettbewerb muß nicht tatsächlich verfälscht werden; es reicht aus, daß eine Wettbewerbsverfälschung **möglich** ist (*v. Wallenberg,* in: *Grabitz*, EWGV, Art. 92, Rdnr. 25).

e) Beeinträchtigung des Handels zwischen den Mitgliedstaaten

Als letztes Tatbestandsmerkmal verlangt Art. 92 Abs. 1 EGV, daß als Folge der Beihilfengewährung der Handel zwischen den Mitgliedstaaten beeinträchtigt wird. Eine derartige Beeinträchtigung liegt vor, wenn infolge der Beihilfe die Ausfuhren aus dem Staat, der die Beihilfe gewährt, erleichtert bzw. die Einfuhren in diesen Staat erschwert werden. Erforderlich ist das Vorliegen eines innergemeinschaftlichen Handels auf dem Sektor, auf dem das begünstigte Unternehmen tätig wird. Ein innergemeinschaftlicher Handel besteht nicht nur dann, wenn das Unternehmen in anderen Mitgliedstaaten Fuß gefaßt hat oder fassen will, sondern auch dann, wenn das Unternehmen im eigenen Land mit Mitbewerbern aus anderen Mitgliedstaaten konkurriert. Das im Tätigkeitsbereich des begünstigten Unternehmens ein innergemeinschaftlicher Handel besteht, hat die Kommission im Rahmen ihrer Beihilfeentscheidung zu begründen; sie unterliegt hierin der Rechtskontrolle des EuGH (vgl. beispielhaft EuGH EuZW 1990, 163 – Rs. C – 301/87 – Frankreich / Kommission; EuGH EuZW 1990, 224 – Rs. C – 142/07 – Belgien / Kommission). Es genügt, daß die Beihilfe zur Beeinträchtigung des Handels geeignet ist (EuGH „Philip Morris", a.a.O.; *v. Wallenberg*, in: *Grabitz*, EWGV, Art. 92, Rdnr. 30). Erforderlich ist auch nicht ein bestimmter Grad der Beeinträchtigung; die Möglichkeit einer Beeinträchtigung des Handels zwischen den Mitgliedstaaten wird von vornherein weder durch die relativ geringe Bedeutung einer Beihilfe noch durch die relativ bescheidene Größe des geförderten Unternehmens ausgeschlossen (EuGH EuZW 1990, 224, 225).

2. Die Ausnahmen vom Beihilfeverbot nach Art. 92 Abs. 2 und 3 EGV

Art. 92 Abs. 2 und 3 EGV enthalten die Ausnahmen vom Beihilfeverbot nach Art. 92 Abs. 1 EGV. Diese Ausnahmen sind abschließend. Art. 92 Abs. 2 enthält Ausnahmen, die per se mit dem Gemeinsamen Markt vereinbar sind, Art. 92 Abs. 3 solche, welche die Kommission bzw. der Rat für zulässig erklären kann.

a) Legalausnahmen (Art. 92 Abs. 2 EGV)

Die in Art. 92 Abs. 2 EGV aufgeführten Beihilfen sind von Rechts wegen mit dem Gemeinsamen Markt vereinbar. Hierzu zählen Beihilfen sozialer Art an Verbraucher, Maßnahmen zur Unterstützung in Katastrophenfällen und Beihilfen zugunsten der durch die Teilung Deutschlands betroffenen Gebiete (Berlinhilfe, Förderung der Zonenrandgebiete). Der ursprüngliche Zweck für die letzte Ausnahme ist durch die deutsche Einigung entfallen, jedoch sieht auch der Vertrag über die Europäische Union nicht vor, diese Ausnahmen zu streichen. Die Kommission ist bemüht, durch Verhandlungen mit deutschen Behörden zu einem schrittweisen Abbau der Beihilfen in diesem Bereich zu gelangen (vgl. die Information in EuZW 1991, 421).

b) Befreiungsmöglichkeiten (Art. 92 Abs. 3 EGV)

Die Ausnahmen nach Art. 92 Abs. 3 EGV bedürfen der ausdrücklichen oder stillschweigenden Anerkennung durch die Organe der Gemeinschaft; die Kommission entscheidet hinsichtlich der Ausnahmen nach Abs. 3 Buchstabe a bis d, der Rat bei der Ausnahme nach Abs. 3 Buchstabe e. Soweit sie zuständig ist, entscheidet die Kommission über die Zulässigkeit einer Beihilfe nach Ermessen, das sie nach Maßgabe wirtschaftlicher und sozialer Wertungen ausübt (vgl. EuGH EuZW 1990, 163 – Rs. C – 301/87 – Frankreich / Kommission).

Als mit dem Gemeinsamen Markt vereinbar können angesehen werden:

(1) Beihilfen zur Förderung der wirtschaftlichen Entwicklung von Gebieten, in denen die Lebenshaltung außergewöhnlich niedrig ist oder eine erhebliche Unterbeschäftigung herrscht. Lebenshaltung bzw. Unterbeschäftigung sind nicht am Durchschnitt des jeweiligen Mitgliedstaates, sondern am **Gemeinschaftsniveau** zu messen (EuGH „Philip Morris", a.a.O.). Zur Beurteilung bedient sich die Kommission im Regelfall der Maßstäbe im Rahmen ihrer eigenen Regionalförderung. Gemessen daran zählen auch die neuen Bundesländer in der Bundesrepublik zu den förderungswürdigen Gebieten.

(2) Beihilfen zur Förderung wichtiger Vorhaben von gemeinsamen europäischem Interesse oder zur Behebung einer beträchtlichen Störung im Wirtschaftsleben eines Mitgliedstaates. Unter die erste Fallgruppe (Vorhaben von gemeinsamen europäischem Interesse) fällt z. B. das Airbus-Programm. Störungen im Wirtschaftsleben eines Mitgliedstaates beziehen sich nicht auf die Zahlungsbilanz, da hierfür Sondervorschriften gelten. Die praktische Bedeutung der zweiten Fallgruppe ist verhältnismäßig gering.

(3) Beihilfen zur Förderung der Entwicklung gewisser Wirtschaftszweige oder Wirtschaftsgebiete, soweit sie die Handelsbedingungen nicht in einer Weise verändern, die dem gemeinsamen Interesse zuwiderläuft. Zu diesen Beihilfen zählen die **sektoralen** und die **regionalen** Beihilfen. Sektorale Beihilfen werden von den Mitgliedstaaten erbracht, um Unternehmen bei ihren wirtschaftlichen Strukturproblemen (mangelnde Konkurrenzfähigkeit, Überkapazität, hohe Ar-

beitslosigkeit) zu helfen. Nach der Beihilfenpraxis der Kommission sind sektorale Beihilfen nur dann anerkennungswürdig, wenn sie geeignet sind, mittel- oder langfristig die wirtschaftliche Leistungsfähigkeit von Unternehmen wiederherzustellen, nicht jedoch, wenn sie als Erhaltungssubventionen den Status quo der Unternehmen verfestigen (näher zur Beihilfenpraxis der Kommission auf dem Gebiet der sektoralen Beihilfen s. *v. Wallenberg,* in: *Grabitz,* EWGV, Art. 92, Rdnr. 66 ff.).

Bei der Bewilligung regionaler staatlicher Beihilfen verfolgt die Kommission das Ziel, in Abstimmung mit den Grundsätzen der gemeinschaftlichen Regionalpolitik auf die Schaffung neuer Arbeitsplätze und die Vornahme von Erstinvestitionen in bestimmten Fördergebieten hinzuwirken. Hierzu hat die Kommission ein System der Förderhöchstgrenzen entwickelt (vgl. Mitteilung vom 21. Dezember 1978, ABl. C 31/9 vom 3. 2. 1979). Die hauptsächliche Schwierigkeit bei der Bewilligung regionaler Beihilfen liegt darin, daß „arme" Gebiete in „reichen" Mitgliedstaaten im Vergleich mit wirtschaftlich schwachen Regionen auf gemeinschaftlicher Ebene nicht oder nur begrenzt förderungswürdig sind. Das trifft für die Bundesrepublik Deutschland weitgehend für die sog. alten Bundesländer zu, da die Regionalbeihilfen im Rahmen der Gemeinschaftsaufgabe von Bund und Ländern „Verbesserung der regionalen Wirtschaftsstruktur" nach Art. 91a Abs. 1 Nr. 2 GG im Durchschnitt über den von der Gemeinschaft aufgestellten Förderhöchstgrenzen liegen. Auf dem Verhandlungswege sind die Gemeinschaft und die Bundesrepublik Deutschland übereingekommen, diese Regionalförderung stufenweise abzubauen (zur Vereinbarkeit eines Regionalförderungsprogramms des Landes Nordrhein-Westfalen mit dem EWG-Vertrag vgl. EuGH NJW 1989, 1430 – Rs. 248/84 – Bundesrepublik / Kommission, mit Besprechung von *Leibrock,* NJW 1989, 1416 ff.).

(4) Sonstige Arten von Beihilfen, die der Rat durch eine Entscheidung mit qualifizierter Mehrheit auf Vorschlag der Kommission bestimmt. Von dieser Möglichkeit hat der Rat Gebrauch gemacht durch Erlaß von Richtlinien betreffend Beihilfen für den Schiffsbau, zuletzt 6. Richtlinie Nr. 87/167/EWG vom 26. Januar 1987 (ABl. 1987 Nr. L 69/55).

Der Vertrag über de Europäische Union erweitert den Beihilfenkatalog in Art. 92 Abs. 3 EGV um Beihilfen zur Förderung der Kultur und der Erhaltung des kulturellen Erbes, soweit sie die Handels- und Wettbewerbsbedingungen in der Gemeinschaft nicht in einem Maß beeinträchtigen, das dem gemeinsamen Interesse zuwiderläuft. Zu derartigen Beihilfen dürfte künftig z. B. die Filmförderung zählen.

3. Einzelfälle

Aufgrund von bestandskräftigen Entscheidungen der Kommission sind in der Bundesrepublik gewährte Leistungen als nicht mit dem Gemeinsamen Markt vereinbare Beihilfen beurteilt worden:

- Zuschüsse nach dem Investitionszulagengesetz bzw. aus Mitteln der Regionalförderung an ein Textilunternehmen zur Erweiterung einer Produktionsstätte (vgl. EuGH NJW 1987, 3072 – Rs. 310/85 „Deufil"; s. dazu auch OVG Münster, EuZW 1992, 286 = NVwZ 1993, 79);
- Zuschüsse an Aluminiumhersteller zur Bezahlung von Stromrechnungen, um die Schließung eines Hüttenbetriebs abzuwenden (vgl. EuGH EuZW 1990, 387 – Rs. 94/87 „Alcan"; s. dazu auch VG Mainz, EuZW 1990, 389 sowie OVG Koblenz, EuZW 1992, 349 = NVwZ 1993, 82);
- Gewähr einer Kreditbürgschaft an ein Unternehmen der Aluminiumbranche (vgl. EuGH EuZW 1990, 481 – Rs. C – 5/89 „BUG-Alutechnik").

Eine unzulässige Beihilfe liegt auch der eingangs dieses Kapitels geschilderten Überlassung eines Grundstücks am Potsdamer Platz in Berlin an den Mercedes-Konzern zugrunde. Hinsichtlich des Verkaufs eines Grundstücks an gleicher Stelle an den japanischen Sony-Konzern hat die Kommission das von ihr eingeleitete Beihilfeverfahren eingestellt (EuZW 1993, 268). Auch die mit umfänglichen öffentlichen Subventionen verbundene Tätigkeit der Treuhandanstalt zur Umgestaltung der Wirtschaft in den neuen Bundesländern unterliegt der Beihilfenaufsicht der Kommission, die hierzu in einer grundsätzlichen Entscheidung vom 18. September 1991 festgelegt hat, wie sie die Beihilfenkontrolle in diesem äußerst komplexen und in seiner Art einmaligen Bereich wahrzunehmen gedenkt (vgl. hierzu *Schütterle*, EG-Beihilfenkontrolle über die Treuhandanstalt: Die Entscheidung der Kommission vom 18. 9. 1991, EuZW 1991, S. 662 ff.).

III. Das Aufsichtsverfahren nach Art. 93 EGV

Art. 93 EGV regelt das Verfahren der Beihilfenaufsicht. Aufsichtsorgan ist in der Hauptsache die Kommission. Zu unterscheiden ist zwischen der Aufsicht über **bestehende** Beihilfen und über **neue** Beihilfen. Bestehende Beihilfen sind solche, welche die Mitgliedstaaten bereits vor Inkrafttreten des EWG-Vertrages oder im Falle eines späteren Beitritts zur Gemeinschaft vor diesem eingeführt haben, bzw. alle späteren Beihilfen, die unter Einhaltung des Überwachungsverfahrens für neue Beihilfen eingeführt worden sind (EuGHE 1977, 595 – Rs. 78/76 „Steinike"). Im Folgenden wird nur die Aufsicht über neue Beihilfen behandelt.

1. Das Überwachungsverfahren nach Art. 93 Abs. 3 EGV

Neue Beihilfen unterliegen dem in Art. 93 Abs. 3 EGV geregelten Überwachungsverfahren. Dieses bezweckt eine präventive Kontrolle in dem Sinn, daß ein Mitgliedstaat eine neue Beihilfe erst gewähren darf, wenn die Kommission sie zuvor geprüft und hierüber eine Entscheidung getroffen hat.

Nach Art. 93 Abs. 3 Satz 1 EGV wird die Kommission von jeder beabsichtigten Einführung oder Umgestaltung von Beihilfen so rechtzeitig unterrichtet, daß sie sich dazu äußern kann (Notifizierung der Beihilfe). Die Notifizierung erfolgt in der Bundesrepublik durch die Bundesregierung. Treten Länder oder Gemeinden als Beihilfegeber auf, haben sie die Bundesregierung auf dem innerstaatlich dafür vorgesehenen Weg zu unterrichten, damit diese der Notifizierungspflicht nachkommen kann. Der Notifizierungspflicht unterliegen **alle** Beihilfevorhaben, auch wenn der Beihilfegeber sie mit dem Gemeinsamen Markt für vereinbar hält (vgl. EuGHE 1983, 2621 – Rs. 171/83 – Kommission / Frankreich).

Aufgrund der Notifizierung tritt die Kommission in eine **Vorprüfung** ein. Diese soll es ihr ermöglichen, sich eine erste Meinung über die Vereinbarkeit der beabsichtigten Beihilfe mit dem Gemeinsamen Markt zu bilden. Die Frist für die Vorprüfung beträgt zwei Monate. Gelangt die Kommission im Rahmen der Vorprüfung zu dem Ergebnis, daß die Beihilfe mit dem Vertrag vereinbar ist, hat sie den Mitgliedstaat davon zu unterrichten, der die Beihilfe nunmehr gewähren kann. In diesem Fall wird die Beihilfe zu einer bestehenden i. S. von Art. 93 Abs. 1 EGV (EuGHE 1984, 1451 – Rs. 84/82 – Bundesrepublik / Kommission). Der Mitgliedstaat kann die Beihilfe auch durchführen, wenn die Kommission sich nach Ablauf der Zwei-Monats-Frist nicht geäußert hat, ist jedoch gehalten, aus Gründen der Rechtssicherheit der Kommission die Durchführung der Beihilfe vorher anzuzeigen (EuGHE 1973, 1471 – Rs. 120/73 „Lorenz").

Gelangt die Kommission im Rahmen der Vorprüfung zu dem Ergebnis, daß die beabsichtigte Beihilfe mit dem Gemeinsamen Markt unvereinbar ist, leitet sie unverzüglich das in Art. 93 Abs. 2 EGV geregelte Verfahren ein. Dieses Verfahren, die **Hauptprüfung,** dient der umfassenden Klärung und abschließenden Beurteilung der Angelegenheit unter Anhörung der Beteiligten. Zu diesen gehören der Mitgliedstaat, der die Beihilfe gewähren will, das oder die begünstigten Unternehmen sowie Mitbewerber, die durch die Beihilfe benachteiligt werden können. Die Aufforderung zur Anhörung wird im Amtsblatt der Europäischen Gemeinschaften veröffentlicht. Beurteilt die Kommission am Ende der Hauptprüfung die Beihilfe als nicht mit dem Gemeinsamen Markt vereinbar, erläßt sie eine Entscheidung i. S. von Art. 189 Abs. 4 EGV.

Nach Art. 93 Abs. 3 Satz 3 EGV darf der betreffende Mitgliedstaat die beabsichtigte Maßnahme nicht durchführen, bevor die Kommission eine abschließende Entscheidung getroffen hat, sog. Sperrwirkung. Auf diese Weise soll das Wirksamwerden vertragswidriger Beihilfen verhindert werden. Die Sperrwirkung ist umfassend, d. h., sie hindert den Mitgliedstaat von Anfang an, die beabsichtigte Maßnahme durchzuführen, also bereits dann, wenn er die Beihilfe nicht notifiziert hat, bei Notifizierung vor Abschluß der Vorprüfung und nach Eintritt in die Hauptprüfung vor der Entscheidung der Kommission (vgl. EuGHE 1984, 1451 – Rs. 84/82 Bundesrepublik/Kommission). Die in Art. 93 Abs. 3 Satz 3 EGV enthaltene Sperrwirkung richtet sich nicht nur an den jeweiligen Mitgliedstaat, sondern wirkt auch unmittelbar zugunsten des einzelnen, so daß Mitbewerber begünstigte Unternehmen vor den nationalen Gerichten des Mitgliedstaates, der die Sperrwirkung mißachtet hat, auf Einstellung der Beihilfe klagen können (vgl. EuGHE 1973, 1471 – Rs. 120/73 „Lorenz").

2. Maßnahmen zur Durchsetzung des Beihilfeverbots und der Beihilfenaufsicht

Stellt die Kommission als Ergebnis der Hauptprüfung fest, daß die staatliche Beihilfe mit dem Gemeinsamen Markt unvereinbar ist, entscheidet sie nach Art. 93 Abs. 2 EGV, daß der betreffende Staat sie binnen einer von ihr bestimmten Frist aufzuheben oder umzugestalten hat. Die Entscheidung setzt demnach voraus, daß die Beihilfe mit dem Gemeinsamen Markt **materiell** unvereinbar ist und daß diese Unvereinbarkeit im Überwachungsverfahren nach Art. 93 EGV **förmlich** festgestellt wurde. Damit die Entscheidung von praktischem Nutzen ist, kann in ihr die Verpflichtung ausgesprochen werden, vertragswidrig gewährte Beihilfen **zurückzufordern** (EuGH NJW 1987, 3072 – Rs. 310/85 „Deufil"). Die Rückforderung einer Beihilfe kommt dann in Betracht, wenn der Mitgliedstaat sie unter Verstoß gegen das Überwachungsverfahren nach Art. 93 Abs. 3 EGV, also ohne Notifizierung, oder vor einer abschließenden Entscheidung der Kommission gewährt und die Kommission anschließend ihre Unvereinbarkeit mit dem Gemeinsamen Markt festgestellt hat. Es handelt sich also um die Fälle, in denen die Beihilfe unter Mißachtung der Sperrwirkung gewährt wurde. Das pflichtwidrige Verhalten des Mitgliedstaates hindert die Kommission nicht an der Durchführung des Überwachungsverfahrens.

Es können jedoch nur solche Beihilfen zurückgefordert werden, die als **materiell** mit dem Gemeinsamen Markt unvereinbar festgestellt worden sind. Beihilfen, die lediglich unter Verstoß gegen das Überwachungsverfahren vergeben wurden, können nicht zurückgefordert werden. Nach der Rechtsprechung des EuGH kann die Kommission jedoch einstweilige Sicherungsmaßnahmen erlassen, um zu verhindern, daß ein Mitgliedstaat die Regelungen des Art. 92, 93 EGV unterläuft (vgl. EuGH EuZW 1990, 163 – Rs. C 301/87 – Frankreich/Kommission; EuGH EuZW 1990, 224 – Rs. C – 142/87 – Belgien/Kommission). Stellt die Kommission fest, daß eine staatliche Beihilfe ohne Notifizierung eingeführt oder umgestaltet wurde, so kann sie dem Mitgliedstaat durch eine einstweilige Entscheidung aufgeben, die Zahlung der Beihilfe unverzüglich einzustellen und ihr alle erforderlichen Informationen zu verschaffen, um die Vereinbarkeit der Beihilfe mit dem Gemeinsamen Markt zu prüfen. Die gleiche Anordnungsbefugnis steht ihr zu, wenn der Mitgliedstaat die Beihilfe zwar notifiziert hat, sie aber durchführt, ohne den Ausgang des Überwachungsverfahrens abzuwarten. Die materielle Prüfung der Beihilfe nimmt die Kommission auf der Grundlage der ihr zugegangenen (ggfs. unvollständigen) Informationen vor. Stellt der Mitgliedstaat die Zahlung nicht ein, kann die Kommission – unter Fortsetzung ihrer Sachprüfung – unmittelbar den EuGH nach Art. 169 EGV anrufen, um eine Vertragsverletzung feststellen zu lassen.

Die Entscheidung der Kommission über die Rückforderung der Beihilfe ist an den Mitgliedstaat gerichtet. Dieser ist verpflichtet, die Entscheidung durchzuführen, indem er geeignete innerstaatliche Maßnahmen ergreift, um die Rückzahlung der Beihilfe zu erreichen, z. B. durch Rücknahme des die Beihilfe bewilligenden Verwaltungsaktes (s. anschließend unter IV). Innerhalb einer Frist von zwei Monaten können der Mitgliedstaat gemäß Art. 173 Abs. 2 EGV, der Empfänger der Beihilfe gemäß Art. 173 Abs. 4 EGV gegen die Entscheidung klagen. Gegenüber einer **bestandskräftigen** Entscheidung kann der Mitgliedstaat nur noch geltend machen, daß es ihm absolut unmöglich ist, die Entscheidung richtig durchzuführen (vgl. EuGHE 1986, 89 – Rs. 52/84 – Kommission/Belgien; EuGHE 1989, 175 – Rs. 94/87 – Kommission/Bundesrepublik). Dabei kann sich der Mitgliedstaat nicht auf Bestimmungen, Übungen oder Umstände seiner internen Rechtsordnung berufen, um sich seiner Pflicht zur Durchführung der Entscheidung zu entziehen. Den Einwand der Bundesrepublik, aufgrund des in § 48 Abs. 2 VwVfG verankerten Vertrauensschutzes des Leistungsempfängers sei der Bescheid über die Bewilligung einer Beihilfe nicht rücknehmbar, hat der EuGH nicht als absolute Unmöglichkeit gelten lassen (EuGHE 1989, 175; EuGH EuZW 1990, 481 – Rs. C – 5/89 – Kommission/Bundesrepublik). Die Pflicht zur Durchführung schließt nicht aus, daß der Mitgliedstaat, wenn er bei der Durchführung der Entscheidung auf unvorhergesehene und unvorhersehbare Schwierigkeiten stößt oder sich über die Folgen, die von der Kommission nicht beabsichtigt sind, klar wird, diese Probleme der Kommission zur Beurteilung vorlegen und dabei geeignete Änderungen der Entscheidung vorschlagen kann. In einem solchen Fall müssen die Kommission und der Mitgliedstaat aufgrund der gegenseitigen Pflicht

zur loyalen Zusammenarbeit gemäß Art. 5 EGV redlich zusammenwirken, um die Schwierigkeiten unter vollständiger Beachtung der Bestimmungen des Vertrages, insbesondere derjenigen über die Beihilfen, zu
überwinden (EuGHE 1989, 175).

IV. Die Rückforderung gemeinschaftsrechtswidrig gewährter staatlicher Beihilfen

1. Allgemeine Grundsätze

Für die Durchführung der Rückforderung gemeinschaftsrechtswidrig
gewährter staatlicher Beihilfen enthält das Gemeinschaftsrecht keine
eigenen Bestimmungen. Wie der EuGH in ständiger Rechtsprechung
entschieden hat (vgl. u. a. EuGHE 1983, 2633 – Rs. 205 bis 215/82
„Deutsche Milchkontor" = DVBl. 1984, 29), richtet sich die Rückforderung nach dem nationalen Recht des betreffenden Mitgliedstaates, jedoch vorbehaltlich der Grenzen, die das Gemeinschaftsrecht der Anwendung des nationalen Rechts zieht. Diese Aussage, die zunächst im Hinblick auf die Rückforderung von Beihilfen aus Mitteln der Gemeinschaft
getroffen wurde, gilt auch für die Rückforderung staatlicher Beihilfen
(EuGH EuZW 1990, 481). Die gemeinschaftsrechtlichen Grenzen für die
Anwendung des nationalen Rechts bestehen erstens darin, daß die im
nationalen Recht vorgesehenen Modalitäten nicht dazu führen dürfen,
daß die Verwirklichung der gemeinschaftsrechtlich gebotenen Rückforderung praktisch unmöglich wird, sowie zweitens darin, daß das nationale Recht im Vergleich zu Verfahren, in denen über gleichartige, rein
nationale Streitigkeiten entschieden wird, ohne Diskriminierung anzuwenden ist.

Die Anwendung des nationalen Rechts darf erstens die Tragweite und
die Wirksamkeit des Gemeinschaftsrechts nicht beeinträchtigen. Dies
wäre der Fall, wenn diese Anwendung die Wiedereinbeziehung von zu
Unrecht geleisteten Zahlungen praktisch unmöglich machen würde. Es
ist daher unzulässig, über die Rückforderung nach im nationalen Recht
möglichen Ermessen zu befinden, wenn die Rückforderung gemeinschaftsrechtlich zwingend vorgeschrieben ist (EuGH „Milchkontor",
a.a.O.).

Bei der Anwendung des nationalen Rechts dürfen zweitens keine Unterschiede gemacht werden im Vergleich zu Verfahren, in denen über
gleichartige, aber rein nationale Fälle entschieden wird; die Vorgehensweise muß in beiden Fällen gleich sorgfältig sein. Bei einer im nationalen
Recht vorgeschriebenen Abwägung zwischen dem öffentlichen Interesse
der Rückforderung der Leistung und dem Interesse des Empfängers an

ihrem Behalt ist dem Interesse der Gemeinschaft in vollem Umfang Rechnung zu tragen (EuGH „Milchkontor", a.a.O.).

Diese Grundsätze sind bei der Rückforderung jeder gemeinschaftsrechtswidrig gewährten staatlichen Beihilfe zu beachten, also auch dann, wenn diese aufgrund eines privatrechtlichen Vertrages gewährt wurde, wie in dem zu Beginn des Kapitels geschilderten Fall „Potsdamer Platz" (zu den rechtlichen Schwierigkeiten bei der Rückabwicklung privatrechtlich gewährter Beihilfen vgl. *Ress*, EuZW 1992, 161). Im Regelfall wird die Beihilfe allerdings auf der Grundlage von Verwaltungsakten gewährt, so daß ihre Rückforderung nach nationalem Verwaltungs- und Verwaltungsverfahrensrecht durchzuführen ist.

2. Die Rücknahme von Beihilfebescheiden nach § 48 VwVfG

Fall „Deufil" (nach OVG Münster, EuZW 1992, 286 = NVwZ 1993, 79): Die Firma Deufil befaßt sich mit der Herstellung synthetischer Garne und Textilien. Auf ihren Antrag bescheinigte ihr der Bundesminister für Wirtschaft, daß die beabsichtigte Erweiterung einer in Nordrhein-Westfalen gelegenen Produktionsstätte zur Umstellung der Produktion i. S. des Investitionszulagengesetzes förderungswürdig sei. Als Folge hiervon erhielt Deufil Zuschüsse, teils nach Investitionszulagengesetz, teils nach dem Regionalbeihilfeprogramm als Gemeinschaftsaufgabe von Bund und Ländern, in Höhe von knapp 3 Mio. DM. Die Zuschüsse wurden der Kommission nicht notifiziert. Im Rahmen der Beihilfenaufsicht entschied die Kommission, daß Deufil die gewährte Beihilfe zurückzuzahlen habe, weil sie unter Verstoß gegen Art. 93 Abs. 3 EWGV vergeben und im Hinblick auf ihre Verwendung durch Deufil nicht mit dem Gemeinsamen Markt vereinbar sei. Die Klage von Deufil gegen die Entscheidung der Kommission hat der EuGH zurückgewiesen (NJW 1987, 3072). Noch vor diesem Urteil nahm der Bundesminister für Wirtschaft die von ihm erteilte Bescheinigung zurück. In der hiergegen erhobenen Klage hat Deufil u. a. geltend gemacht, daß die Rücknahme aus Gründen des Vertrauensschutzes unzulässig sei. Die gegen das klageabweisende Urteil erster Instanz gerichtete Berufung von Deufil hat das OVG Münster zurückgewiesen; die zugelassene Revision hat das BVerwG durch Urteil vom 17. 2. 1993 (11 C 47/92) zurückgewiesen.

Wie in dem zuvor geschilderten Fall ist regelmäßig § 48 Verwaltungsverfahrensgesetz (VwVfG) über die Rücknahme rechtswidriger Verwaltungsakte Rechtsgrundlage für die Aufhebung des Bescheides, der die Beihilfe bewilligt oder die Grundlage hierfür bildet. Die von der Kommission bestandskräftig festgestellte Rechtswidrigkeit der Beihilfe nach Gemeinschaftsrecht bewirkt, daß der Bewilligungs- oder Grundlagenbescheid ein rechtswidriger Verwaltungsakt i. S. von § 48 VwVfG ist (OVG Münster, a.a.O.; zweifelnd OVG Koblenz, EuZW 1992, 349 = NVwZ 1993, 82). Da es sich bei den Bescheiden über die Bewilligung der Beihilfe um begünstigende Verwaltungsakte i. S. von § 48 Abs. 1 Satz 2 VwVfG handelt, stellen sich Fragen im Hinblick auf den Vertrauensschutz des Beihilfeempfängers (§ 48 Abs. 2 VwVfG) und die Rücknahmefrist nach § 48 Abs. 4 VwVfG.

a) Vertrauensschutz des Leistungsempfängers

Nach § 48 Abs. 2 Satz 1 VwVfG darf ein rechtswidriger begünstigender Verwaltungsakt nicht zurückgenommen werden, wenn und soweit der Begünstigte auf dessen Bestand vertraut hat und sein Vertrauen unter Abwägung mit dem öffentlichen Interesse an der Rücknahme schutzwürdig ist. Nach § 48 Abs. 2 Satz 2 VwVfG ist das Vertrauen in der Regel schutzwürdig, wenn der Begünstigte die gewährte Leistung verbraucht oder eine Vermögensdisposition getroffen hat, die er nicht mehr oder nur unter unzumutbaren Nachteilen rückgängig machen kann. Da der Grundsatz des Vertrauensschutzes selbst Bestandteil der Rechtsordnung der Gemeinschaft ist, kann es nicht als dieser Rechtsordnung widersprechend angesehen werden, wenn das deutsche Recht bei der Rückforderung gemeinschaftsrechtswidrig gewährter Beihilfen berechtigtes Vertrauen schützt (EuGH „Milchkontor", a.a.O.; EuGH EuZW 1990, 481 = NVwZ 1990, 1161). Bei der Abwägung zwischen Vertrauensschutz und öffentlichem Interesse an der Rücknahme ist jedoch das Interesse der Gemeinschaft an der Rückforderung der Beihilfe in vollem Umfang zu berücksichtigen.

Im Hinblick auf diese Abwägung ist das OVG Münster zu dem Ergebnis gelangt, daß die Regelwertung in § 48 Abs. 2 Satz 2 VwVfG (Vertrauen regelmäßig schutzwürdig bei Verbrauch der Leistung oder bei einer nicht mehr rückgängig zu machenden Vermögensdisposition) durch das Gemeinschaftsrecht verdrängt wird. Eine uneingeschränkte Anwendung der Regelwertung würde dazu führen, daß die Wiedereinziehung zu Unrecht geleisteter Zahlungen praktisch unmöglich gemacht würde, da die Beihilfe dann nur noch bei Vorliegen der Ausschlußgründe nach § 48 Abs. 2 Satz 3 VwVfG zurückgefordert werden könnte. Ein derart weitgehender Ausschluß der Wiedereinziehung stünde in Widerspruch zu dem gemeinschaftlichen Interesse an der Rückforderung gemeinschaftsrechtswidrig gewährter Beihilfen, welches Interesse jedenfalls dann Vorrang gegenüber dem in § 48 Abs. 2 VwVfG verankerten Vertrauensschutz genießt, wenn die Beihilfe ohne Notifizierung oder dann gewährt worden sei, bevor die Kommission sie nachträglich für gemeinschaftsrechtswidrig erklären konnte.

Der Vertrauensschutz wird weiterhin dadurch begrenzt, daß sich der Empfänger einer Beihilfe auf Vertrauensschutz nicht berufen kann, wenn er die Rechtswidrigkeit des Verwaltungsaktes kannte oder infolge grober Fahrlässigkeit nicht kannte, § 48 Abs. 3 Satz 3 Nr. 3 VwVfG. Von zentraler Bedeutung ist in diesem Zusammenhang das zwingend vorgeschriebene Verfahren zur Überwachung staatlicher Beihilfen durch die Kommission nach Art. 93 Abs. 3 EGV. Im Hinblick auf dieses Verfahren hat der EuGH entschieden, daß ein beihilfebegünstigtes Unternehmen nur dann auf die Ordnungsmäßigkeit einer Beihilfe vertrauen darf, wenn diese unter Beachtung des Überwachungsverfahrens gewährt wurde; einem sorgfältig Gewerbetreibendem sei es regelmäßig möglich, sich zu vergewissern, ob dieses Verfahren beachtet wurde (EuGH EuZW 1990, 481 = NVwZ 1990, 1161). Dieser Ansicht hat sich das OVG Münster angeschlossen und den guten Glauben an die materielle Rechtmäßigkeit und den Bestand einer Beihilfe ausgeschlossen, so lange sich der Begünstigte nicht vergewissert habe, daß die Beihilfe unter Einhaltung des Notifizierungsverfahrens gewährt wurde; es sei jedem Wirtschaftsunternehmen, das Fördermaßnahmen erfahre, bei denen sich nicht offenkundig der Beihilfecharakter oder ein Verstoß gegen Art. 92 Abs. 1 EGV ausschließen lasse, zumutbar und auch möglich, in Erfahrung zu bringen, ob das Verfahren nach Art. 93 Abs. 3 EGV eingehalten wurde. In seinem Urteil über die Revision vom 17. 3. 1993 (11 C 47/92) hat das BVerwG die rechtlichen Ausführungen des OVG Münster bestätigt.

Die sich aus der bestandskräftigen Entscheidung der Kommission ergebende **Pflicht** zur Rückforderung schließt das in § 48 Abs. 1 Satz 1 VwVfG eingeräumte **Ermessen** zur Rücknahme des rechtswidrigen Verwaltungsaktes aus (OVG Münster, a.a.O.; *Magiera,* in: Festschrift für Börner, 1992, S. 213 ff., 230).

b) Die Rücknahmefrist nach § 48 Abs. 4 VwVfG

Für die Rückforderung gemeinschaftsrechtswidrig gewährter Beihilfen spielt ferner eine Rolle die in § 48 Abs. 4 VwVfG geregelte Rücknahmefrist. Erhält die Behörde von Tatsachen Kenntnis, welche die Rücknahme eines rechtswidrigen begünstigenden Verwaltungsaktes rechtfertigen, ist die Rücknahme nur innerhalb eines Jahres seit dem Zeitpunkt der Kenntnisnahme zulässig. Diese zeitliche Begrenzung dient ebenfalls dem Vertrauensschutz (BVerwGE 66, 61).

Nach der Grundsatzentscheidung des Großen Senats des BVerwG (BVerwGE 70, 356 = NJW 1985, 819) ist § 48 Abs. 4 VwVfG nicht nur anwendbar, wenn die Behörde den Verwaltungsakt in Unkenntnis der entscheidungserheblichen Tatsachen erlassen hat, sondern erfaßt auch die Fälle, in denen die Behörde in voller Kenntnis des entscheidungserheblichen Sachverhalts entschieden hat, jedoch nachträglich erkennt, daß sie bei Erlassen des Verwaltungsaktes den ihr vollständig bekannten Sachverhalt unzureichend berücksichtigt oder unrichtig gewürdigt hat; in letzterem Fall wird die Frist nicht schon durch die Kenntnis der Rechtswidrigkeit, sondern erst dann in Gang gesetzt, wenn der Behörde sämtliche für die Rücknahmeentscheidung erheblichen Tatsachen in einer Weise bekannt sind, daß sie auf ihrer Grundlage unter sachgerechter Ausübung ihres Ermessens entscheiden kann (BVerwG, a.a.O.). Auch die Vorschrift des § 48 Abs. 4 VwVfG ist gemeinschaftsrechtskonform anzuwenden, also so, daß die gemeinschaftsrechtlich vorgeschriebene

Rückforderung der Beihilfe nicht praktisch unmöglich und das Gemeinschaftsinteresse voll berücksichtigt wird (EuGH EuZW 1990, 481 =
NVwZ 1990, 1161).

Die innerstaatliche Behörde erlangt von der Rechtswidrigkeit des Ver-
waltungsaktes über die Bewilligung der Beihilfe in dem Zeitpunkt
Kenntnis, in welchem die Entscheidung der Kommission über die mate-
rielle Unvereinbarkeit der Beihilfe mit dem Gemeinsamen Markt be-
standskräftig wird (*Magiera*, a.a.O., S. 229; *Happe*, NVwZ 1993,
S. 32 ff., 35). Das ist nach Ablauf der zweimonatigen Klagefrist gemäß
Art. 173 Abs. 3 EWGV der Fall. Bei Klagen des Mitgliedstaates bzw. des
Beihilfeempfängers gegen die Entscheidung der Kommission steht die
Rechtswidrigkeit der Beihilfe endgültig erst mit dem bestätigenden Ur-
teil des EuGH fest, so daß die Frist des § 48 Abs. 4 VwVfG nicht vor
Erlaß des Urteils zu laufen beginnt.

Ist die Entscheidung der Kommission bestandskräftig geworden, kann
der Mitgliedstaat nachträglich nur noch einwenden, daß ihre Durchführung für ihn absolut unmöglich ist; aufgetretene Schwierigkeiten sind
dabei durch Zusammenarbeit mit der Kommission auszuräumen (s.
oben unter III 2). Die Klärung der Frage, ob eine bestandskräftige Entscheidung absolut undurchführbar ist, gehört zu den für die Rücknahmeentscheidung nach § 48 Abs. 4 VwVfG erheblichen Tatsachen (*Magiera*, a.a.O., S. 230). Nimmt die Behörde die Undurchführbarkeit der
Entscheidung für sich in Anspruch und unterläßt deshalb die Rücknahme des Beihilfebescheides, welche Untätigkeit der EuGH anschließend als Vertragsverletzung feststellt, so beginnt die Rücknahmefrist
nach § 48 Abs. 4 VwVfG erst ab diesem Urteil, nicht schon mit der
Bestandskraft der Entscheidung zu laufen. Demgegenüber sieht das
OVG Koblenz in einer diesbezüglichen Entscheidung (EuZW 1992, 349
= NVwZ 1993, 82) den Erlaß eines solchen Urteils für den Lauf der Frist
als irrelevant an (kritisch hierzu *Happe*, NVwZ 1993, S. 32 ff.). Diese
Rechtsauffassung hätte zur Konsequenz, daß die Behörde entgegen ihrer
Überzeugung von der Undurchführbarkeit der Maßnahmen den Ver-
waltungsakt allein aus Gründen der Fristwahrung zurücknehmen müßte.
Stellt man bei Untätigkeit der Behörde für den Fristlauf allein auf die
Bestandskraft der Entscheidung ab, wird § 48 Abs. 4 VwVfG nicht gemeinschaftsrechtskonform angewandt, da auf diese Weise die gemeinschaftsrechtlich gebotene Rückforderung praktisch unmöglich gemacht
wird.

Literatur: *Hoischen,* Die Beihilferegelung in Art. 92 EWGV, 1989; *Leibrock,* Der
Rechtsschutz im Beihilfeaufsichtsverfahren des EWGV, EuR 1990, S. 20 ff.; *Schmidt-
Ränsch,* Zur Behandlung EG-widriger Beihilfen, EuZW 1990, S. 376 ff.; *Fischer,* Zur
Rückforderung von unter Verstoß gegen Art. 92, 93 EWGV gewährter nationaler
Beihilfen, DVBl. 1990, S. 1089 ff.; *Bleckmann,* Die Kommunale Leistungsverwaltung,
insbesondere die Subventionsvergabe im europäischen Binnenmarkt, NVwZ 1990,

S. 820ff.; *Schütterle,* EG-Beihilfenkontrolle über die Treuhandanstalt: die Entscheidung der Kommission vom 18. 9. 1991, EuZW 1991, S. 662ff.; *Ress,* EG-Beihilfenauf-
sicht und nationales Privatrecht, EuZW 1992, S. 161ff.; *Faber,* Europarechtliche Grenzen kommunaler Wirtschaftsförderung. Die Bedeutung der Art. 92–94 EWGV für die
kommunale Selbstverwaltung, 1992; *Knösel,* Probleme bei der Rückforderung EG-
widrig gewährter Beihilfen, VR 1992, S. 159ff.; *Happe,* Zur innerstaatlichen Wirkung
von Beihilfenentscheidungen gem. Art. 93 Abs. 2 EWGV, NVwZ 1993, S. 32ff.;
Schulze, Vertrauensschutz im EG-Recht bei der Rückforderung von Beihilfen, EuZW
1993, S. 279ff.

K. Die Gleichbehandlung von Mann und Frau im Arbeitsleben

Im Rahmen der in den Art. 117 ff. EGV geregelten **Sozialpolitik** enthält das Gemeinschaftsrecht Regelungen über die Gleichbehandlung von Mann und Frau im Arbeitsleben. Art. 119 EGV stellt den Grundsatz des gleichen Entgelts für männliche und weibliche Arbeitnehmer auf, die Gleichbehandlung in weiteren Bereichen ist sekundärrechtlich durch Richtlinien geregelt.

I. Der Grundsatz des gleichen Entgelts nach Art. 119 EGV

Art. 119 EGV verpflichtet die Mitgliedstaaten, den Grundsatz des gleichen Entgelts für Männer und Frauen bei gleicher Arbeit anzuwenden. Nach der Grundsatzentscheidung des EuGH in der Rechtssache „Defrenne II" (EuGHE 1976, 455 – Rs. 43/75 = NJW 1976, 2068) kommt der Vorschrift unmittelbare Wirkung zu, d. h., sie vermittelt jedem Bürger eines Mitgliedstaates (also auch inländischen Arbeitnehmern im eigenen Staat) ein subjektives Recht, auf das sich der einzelne vor den innerstaatlichen Gerichten berufen kann. Art. 119 EGV entfaltet seine Wirkung nicht nur gegenüber der staatlichen Gesetzgebung, sondern auch in den privaten Rechtsbeziehungen zwischen Arbeitnehmer und Arbeitgeber; nach Art. 119 EGV sind alle Diskriminierungen verboten, „die ihren Ursprung unmittelbar in Rechtsvorschriften oder in Tarifverträgen haben, sowie in dem Falle, daß weibliche und männliche Arbeitnehmer für die gleiche Arbeit im gleichen privaten oder öffentlichen Betrieb oder Dienst ein ungleiches Entgelt erhalten" (EuGH „Defrenne II", a.a.O.). Art. 119 EGV schließt daher nicht nur diskriminierende Regelungen in Gesetzen, sondern auch solche in kollektiven und individuellen Arbeitsverträgen aus. Art. 119 EGV gilt auch für Beschäftigung von Arbeitnehmern durch den Staat oder jede andere juristische Person des öffentlichen Rechts (vgl. EuGH EuZW 1991, 26 – Rs. C – 184/89 „Nimz").

Art. 119 EGV gewährleistet die Gleichbehandlung allerdings nur hinsichtlich des gleichen Entgelts bei gleicher Arbeit, nicht jedoch bei „gleichwertiger Arbeit" oder im Hinblick auf sonstige Arbeitsbedingungen (EuGHE 1978, 1365 – Rs. 149/77 „Defrenne III" = NJW 1978, 2445). Unter „Entgelt" sind nach der Definition in Art. 119 Abs. 2 EGV die üblichen Grund- oder Mindestlöhne und -Gehälter sowie alle sonstigen Vergütungen zu verstehen, die der Arbeitgeber aufgrund des Dienstverhältnisses dem Arbeitnehmer mittelbar oder unmittelbar in bar oder in Sachleistungen zahlt. Zum Entgelt in diesem Sinne zählen nach der Rechtsprechung des EuGH u. a.: der Beitrag zu einem Altersversorgungssystem, den der Arbeitgeber im Namen des Arbeitnehmers in Form eines Zuschlags zum Bruttolohn zahlt (EuGH NJW 1981, 2637 – Rs. 69/80); die Zahlung einer betrieblichen Zusatzrente (EuGHE 1986, 1607 – Rs. 170/84 „Bilka-Kaufhaus" = NJW 1986, 3020); Die Lohnfortzahlung im Krankheitsfall (EuGH NJW 1989, 3087 – Rs. 171/88 „Rinner-Kühn"); die Zahlung einer Rente aufgrund eines privaten Rentensystems bei Entlassung wegen Arbeitsmangels (EuGH EuZW 1990, 283 – Rs. C – 262/88 „Barber"). Das „Entgelt" i. S. von Art. 119 Abs. 2 EGV umfaßt also auch die Leistungen nach Beendigung des Arbeitsverhältnisses wie betriebliche Renten. Der Vertrag über die Europäische Union enthält allerdings ein Protokoll zu Art. 119 EGV, wonach Leistungen aufgrund eines betrieblichen Systems der sozialen Sicherheit nicht als Entgelt i. S. von Art. 119 EGV gelten, sofern und soweit sie auf Beschäftigungszeiten vor dem 17. Mai 1990 zurückgeführt werden können, mit Ausnahme gerichtlich geltend gemachter Ansprüche.

Art. 119 EGV verbietet eine Ungleichbehandlung aufgrund des Geschlechts, also eine solche, bei der das unterschiedliche Entgelt unmittelbar an die Eigenschaft als Mann oder Frau anknüpft. Das ist beispielsweise dann der Fall, wenn bei Entlassung wegen Arbeitsmangels einem Mann die hierfür vorgesehene betriebliche Rente erst bei Erreichen des normalen Rentenalters, einer Frau jedoch diese Rente sofort gezahlt wird (EuGH „Barber", a.a.O.). Art. 119 EGV verbietet aber auch mittelbare Diskriminierungen. Diese können sich dann ergeben, wenn das Entgelt an bestimmte Merkmale geknüpft ist, die im Vergleich zwischen männlichen und weiblichen Arbeitnehmern überhaupt nur oder eher von Angehörigen einer dieser beiden Gruppen erfüllt werden, so daß sich daraus eine Benachteiligung von Angehörigen der anderen Gruppe ergibt. In dieser Hinsicht hat sich der EuGH wiederholt mit der Frage befaßt, unter welchen Voraussetzungen eine Teilzeitbeschäftigung bei Frauen, die ihr typischerweise häufiger nachgehen als männliche Arbeitnehmer, zu Diskriminierungen führt.

Fall „Nimz" (nach EuGH EuZW 1991, 217): Frau Nimz war bei der Freien und Hansestadt Hamburg als Angestellte im öffentlichen Dienst beschäftigt. Ihr Arbeitsverhältnis unterlag den Bestimmungen des Bundes-Angestelltentarifvertrages (BAT). Danach werden für den Bewährungsaufstieg in eine höhere Vergütungsgruppe die Dienstzeiten von Arbeitnehmern, die mit mindestens drei Viertel der regelmäßigen Arbeitszeit beschäftigt sind, voll, die Dienstzeiten von Arbeitnehmern, deren Arbeitszeit zwischen der Hälfte und drei Viertel der regelmäßigen Arbeitszeit beträgt, nur zur Hälfte angerechnet. Frau Nimz war mit weniger als drei Viertel der regelmäßigen Arbeitszeit beschäftigt. Mit Rücksicht darauf lehnte es die Stadt Hamburg als Arbeitgeber ab, ihr nach sechsjähriger Zugehörigkeit zu einer bestimmten Vergütungsgruppe den Aufstieg in die nächsthöhere Gruppe zu gewähren. Frau Nimz sah darin eine unzulässige Benachteiligung, da Arbeitnehmer mit einer Beschäftigung mit mehr als drei Viertel der regelmäßigen Arbeitszeit nach sechs Jahren automatisch in die nächsthöhere Vergütungsgruppe eingestuft würden. Im Rahmen des vor dem Arbeitsgericht geführten Rechtsstreits wurde der EuGH um Vorabentscheidung ersucht, ob die Regelung im BAT mit Art. 119 EWGV vereinbar sei, wenn zu der Gruppe von Arbeitnehmern, deren Arbeitszeit nur zur Hälfte angerechnet wird, sehr viel mehr Frauen als Männer gehören.

In seiner Vorabentscheidung hat der EuGH festgestellt, daß die Regelung im BAT über den Aufstieg in die höhere Vergütungsgruppe unter den Begriff des Entgelts i. S. des Art. 119 EWGV (Art. 119 EGV) fällt, da es sich um ein System der quasiautomatischen Einstufung in höhere Vergütungsgruppen handelt, das die Entwicklung der Vergütung als solcher bestimmt und dem Arbeitnehmer ohne Änderung seiner Tätigkeit zusteht. Das Verbot der Diskriminierung erstreckt sich auch auf Tarifverträge, die wie der BAT die abhängige Erwerbstätigkeit kollektiv regeln. Werden in dem Bereich, in dem die Arbeitszeit nur teilweise angerechnet wird, prozentual erheblich mehr Frauen als Männer beschäftigt, führt die Regelung des BAT faktisch zu einer Diskriminierung der weiblichen Arbeitnehmer, so daß der Tarifvertrag grundsätzlich als Art. 119 EWGV zuwiderlaufend angesehen werden muß. Etwas anderes würde nur gelten, wenn der unterschiedliche Anrechnungsmodus durch objektive Faktoren gerechtfertigt wäre, die nichts mit einer Diskriminierung aufgrund des Geschlechts zu tun haben (s. auch EuGH NJW 1986, 3020 „Bilka-Kaufhaus"). Die Argumentation der Stadt Hamburg als Arbeitgeber, vollzeit- oder mit drei Vierteln der Arbeitszeit beschäftigte Arbeitnehmer gewännen im Vergleich zu teilzeitbeschäftigten Arbeitskräften schneller Fähigkeiten und Fertigkeiten für ihre Tätigkeit, was den unterschiedlichen Anrechnungsmodus rechtfertige, hat der EuGH nicht gelten lassen, da es sich lediglich um verallgemeinernde Aussagen zu bestimmten Kategorien von Arbeitnehmern handle, denen sich Kriterien für eine sachlich gebotene Unterscheidung nicht entnehmen lassen (s. auch EuGH NJW 1989, 3087 „Rinner-Kühn"). Der EuGH schließt zwar nicht aus, daß ein länger beschäftigter Arbeitnehmer über eine berufliche Erfahrung verfügen kann, die ihn zu einer besseren Erfüllung seiner Aufgaben befähigt, jedoch hängt der objektive Charakter dieses Kriteriums von allen Umständen des Einzelfalles und insbesondere davon ab, welche Beziehung zwischen der Art der Tätigkeit und der durch sie erworbenen Erfahrung besteht. Die Beurteilung, ob ein angeführtes Kriterium objektiven Charakter hat, nimmt der EuGH nicht selbst vor, sondern überläßt diese dem für die Beurteilung des Sachverhalts ausschließlich zuständigen nationalen Gericht. Verneint dieses den objektiven Charakter des Unterscheidungsmerkmals, muß es eine tarifvertragliche Regelung wie die des BAT unangewendet lassen, ohne ihre Beseitigung durch Änderung des Tarifvertrages oder auf eine andere Weise abzuwarten.

II. Gemeinschaftsrechtliche Regelungen zur Gleichbehandlung

Neben Art. 119 EGV ist die Gleichbehandlung von Mann und Frau im Arbeitsleben in mehreren Richtlinien geregelt, welche die Gleichbehandlung auf weitere Bereiche ausdehnen. Hierzu gehören:
- Richtlinie 75/117/EWG des Rates vom 10. Februar 1975 zur Angleichung der Rechtsvorschriften der Mitgliedstaaten über die Anwendung des Grundsatzes des gleichen Entgelts für Männer und Frauen (ABl. 1975 Nr. L 45/19). Diese sog. Entgeltsrichtlinie führt das gleiche Entgelt bei **gleichwertiger** Arbeit ein;
- Richtlinie 75/207/EWG des Rates vom 9. Februar 1976 zur Verwirklichung des Grundsatzes der Gleichbehandlung von Männern und Frauen hinsichtlich des Zugangs zur Beschäftigung, zur Berufsbildung und zum beruflichen Aufstieg sowie in bezug auf die Arbeitsbedingungen, sog. Gleichbehandlungsrichtlinie (ABl. 1976 Nr. L 39/40);
- Richtlinie 86/378/EWG des Rates vom 24. Juli 1986 zur Verwirklichung des Grundsatzes der Gleichbehandlung von Männern und Frauen bei den betrieblichen Systemen der sozialen Sicherheit (ABl. 1986 Nr. L 225/40).

Die Entgelts- und die Gleichbehandlungsrichtlinie sind durch das EG-Anpassungsgesetz vom 13. August 1980 (BGBl. I, S. 308) in das deutsche Recht als §§ 611a, 611b, 612 Abs. 3, 612a BGB umgesetzt worden. Nach § 611a Abs. 1 BGB darf der Arbeitgeber (auch der öffentliche Arbeitgeber) einen Arbeitnehmer bei einer Vereinbarung oder Maßnahme, insbesondere bei der Begründung des Arbeitsverhältnisses, beim beruflichen Aufstieg, bei einer Weisung oder einer Kündigung, nicht wegen seines Geschlechts benachteiligen. Eine unterschiedliche Behandlung ist jedoch zulässig, wenn die Art der Tätigkeit dies erfordert oder ein bestimmtes Geschlecht unverzichtbare Voraussetzung für eine Tätigkeit ist. Im Streitfall hat der Arbeitgeber zu beweisen, daß die Voraussetzungen für eine unterschiedliche Behandlung vorliegen.

Ist ein Arbeitsverhältnis unter Verstoß gegen das Benachteiligungsverbot nicht begründet worden, hat der Arbeitgeber nach § 611a Abs. 2 BGB den Schaden zu ersetzen, den der Arbeitnehmer dadurch erleidet, daß er darauf vertraut, die Begründung des Arbeitsverhältnisses werde nicht wegen eines solchen Verstoßes unterbleiben. Damit beschränkt sich die deutsche Regelung auf den Ersatz des sog. Vertrauensschadens, was praktisch auf den Ersatz der Bewerbungskosten des abgewiesenen Bewerbers hinausläuft (vgl. *Palandt*, Bürgerliches Gesetzbuch, 51. Auflage, 1992, § 611a, Rdnr. 16 f.). Es wurde bereits an früherer Stelle näher dargelegt (s. Teil 1, Kapitel F III 4b), daß der EuGH im Ersatz dieser Kosten als einer rein symbolischen Entschädigung keine angemessene

Sanktion im Hinblick auf den Verstoß gegen das Benachteiligungsverbot sieht (vgl. EuGHE 1984, 1891 – Rs. 14/83 „von Colson und Kaman" = NJW 1984, 2021). In der Rechtsprechung der deutschen Arbeitsgerichte wird dem abgewiesenen Bewerber gemäß §§ 823, 847 BGB ein Schadenersatzanspruch wegen Verletzung des allgemeinen Persönlichkeitsrechts grundsätzlich in Höhe von einem Monatslohn zugebilligt (BAG NJW 1990, 65), der im Einzelfall wegen Geringfügigkeit aber auch entfallen kann (BAG NJW 1990, 67).

In den §§ 611b, 612 Abs. 3 und 612a BGB wird der Grundsatz der Gleichbehandlung hinsichtlich der Ausschreibung des Arbeitsplatzes (§ 611b), der Vergütung für gleiche oder gleichwertige Arbeit (§ 612 Abs. 3) und der Ausübung der Rechte des Arbeitnehmers (§ 612a) durchgeführt.

Die Richtlinie 86/378/EWG über die Gleichbehandlung bei der **betrieblichen** Versorgung ist bisher nicht in deutsches Recht umgesetzt worden, da die Richtlinie dem nationalen Gesetzgeber die Möglichkeit einräumt, ihre Umsetzung solange hinauszuschieben, als er die Gleichbehandlung noch nicht in den **gesetzlichen** Systemen der sozialen Sicherheit verwirklicht hat.

Literatur: *Birk,* Der Einfluß des Gemeinschaftsrechts auf das Arbeitsrecht der BR Deutschland, RIW 1989, S. 6 ff.; *Trieschmann,* Gleichbehandlung von Frauen und Männern am Arbeitsplatz – Zur Umsetzung von EG-Richtlinien in der Bundesrepublik Deutschland, Recht der Arbeit 1979, S. 407 ff.; *Eich,* Das Gesetz über die Gleichbehandlung von Männern und Frauen am Arbeitsplatz, NJW 1980, S. 2329 ff.; *Hauschka,* Arbeitsrechtliche Rahmenbedingungen des EG-Binnenmarktes, 1992, RIW 1990, S. 81 ff.; *Raasch,* Perspektiven für die Gleichbehandlung der Frau im EG-Binnenmarkt '92, Kritische Justiz 1990, Heft 1, S. 62 ff.; *Wiese,* Verbot der Benachteiligung wegen des Geschlechts bei der Begründung eines Arbeitsverhältnisses – BAG, Betrieb 1989, 2279, JUS 1990, S. 357 ff.; *Langenfeld,* Die Gleichbehandlung von Mann und Frau im Europäischen Gemeinschaftsrecht, 1990; *Birk,* Gemeinschaftsrecht und nationales Arbeitsrecht, Gewerbearchiv 1990, S. 305 ff.; *Abele,* Geschlechtsbezogene Diskriminierung beim Zugang zum Arbeitsverhältnis – Europarechtliche Vorgaben und deutschrechtliche Abweichungen, EuR 1990, S. 371 ff.; *Colneric,* Neue Entscheidungen des EuGH zur Gleichbehandlung von Männern und Frauen. Anmerkung aus bundesdeutscher Sicht zu den Urteilen in den Rechtssachen 109/88, C-262/88, C-33/89, C-177/88 und C-179/88, EuZW 1991, S. 75 ff.; *von Maydell* (Hrsg.), Soziale Rechte in der EG. Bausteine einer zukünftigen europäischen Sozialunion, 1990; *Kutsch,* Die Rechtsprechung des EuGH zur Gleichbehandlung von Mann und Frau, BB 1991, S. 2149 ff.; *Hilf/Willms,* Europa 1992: Europäisches Arbeits- und Sozialrecht, JUS 1992, S. 368 ff.; *Steiniger,* Auswirkungen des Europäischen Gemeinschaftsrechts auf das soziale Netz in der Bundesrepublik Deutschland, NJW 1992, S. 1860 ff.; *Hartlage-Laufenberg,* Die Europäische Gemeinschaft und das deutsche individuelle und kollektive Arbeitsrecht, RIW 1992, S. 873 ff.; *Zuleeg,* Die Rolle des Arbeitsrechts in der europäischen Integration, Recht der Arbeit 1992, S. 133 f.

L. Umweltpolitik

I. Allgemeine Grundlagen

Die Umweltpolitik gehörte ursprünglich nicht zu den Aufgaben der Gemeinschaft und damit nicht zu den im EWG-Vertrag geregelten Materien. Die Umweltpolitik auf Gemeinschaftsebene wurde dadurch ins Leben gerufen, daß die Staats- und Regierungschefs der Mitgliedstaaten in ihrer Schlußerklärung der Pariser Gipfelkonferenz im Dezember 1972 die Ausarbeitung eines umweltpolitischen Aktionsprogramms forderten. Als Folge dieses Anstoßes hat die Gemeinschaft mehrere Aktionsprogramme verabschiedet, welche den Rahmen und die Zielrichtung der im einzelnen zu erlassenden Rechtsakte (hauptsächlich Richtlinien) festlegen. Zur Durchführung der Programme wurden zahlreiche Rechtsakte umweltpolitischen Inhalts erlassen, die sich als Rechtsgrundlage auf Art. 100 oder 100 i.V. mit Art. 235 EWGV stützen. Bereits vor Inkrafttreten der Einheitlichen Europäischen Akte hat der EuGH anerkannt, daß der Umweltschutz zu den wesentlichen Zielen der Gemeinschaft gehört (EuGHE 1985, 531 – Rs. 240/83 „ADBHU").

Durch die Einheitliche Europäische Akte hat die Umweltpolitik mit den Art. 130r bis Art. 130t in Titel VII. eine Regelung im EWG-Vertrag erhalten. Inhaltlich liegen dieser Regelung weitgehend die bis dahin entwickelten Ziele und Grundsätze zugrunde. Da diese Regelung die Grundlage für die Änderungen im Rahmen des Vertrages über die Europäische Union bildet, wird sie gesondert dargestellt (unter 1.) und die Änderungen durch den EUV anschließend hervorgehoben (unter 2.).

1. Die Umweltpolitik nach den Art. 130r bis 130t EWGV

a) Ziele der Umweltpolitik

Die **Ziele** der Umweltpolitik der Gemeinschaft werden in Art. 130r Abs. 1 EWGV genannt. Danach hat die Umweltpolitik der Gemeinschaft zum Ziel,
– die Umwelt zu erhalten, zu schützen und ihre Qualität zu verbessern,
– zum Schutz der menschlichen Gesundheit beizutragen,
– eine umsichtige und rationelle Verwendung der natürlichen Ressourcen zu gewährleisten.
Es handelt sich um allgemeine Aufgabenumschreibungen, die durch

die umweltpolitischen Aktionsprogramme näher ausgefüllt werden.
Trotz ihrer Unbestimmtheit sind die Zielsetzungen in Art. 130r Abs. 1
EWGV rechtlich verbindlich (*Grabitz*, in: *Grabitz*, EWGV, Art. 130r,
Rdnr. 2).

b) Grundsätze der Umweltpolitik

Art. 130r EWGV enthält mehrere für die Gestaltung der Umweltpolitik
maßgebende **Grundsätze.** Nach Art. 130r Abs. 2 EWGV unterliegt die
Tätigkeit der Gemeinschaft im Bereich der Umwelt dem Grundsatz,
Umweltbeeinträchtigungen vorzubeugen (Vorbeugeprinzip) und sie
nach Möglichkeit an ihrem Ursprung zu bekämpfen (Ursprungsprinzip)
sowie dem Verursacherprinzip. Aufgrund des Vorbeugeprinzips sollen
Beeinträchtigungen der Umwelt präventiv, nicht repressiv bekämpft
werden. Dieses Prinzip wird beispielsweise durch die von der Gemeinschaft im Jahr 1985 eingeführte Umweltverträglichkeitsprüfung verwirklicht, wonach bestimmte öffentliche und private Projekte vor ihrer
behördlichen Zulassung einer Prüfung auf ihre Umweltverträglichkeit
zu unterziehen sind (s. dazu nachfolgend unter II 1). Das Ursprungsprinzip dient dazu, Beeinträchtigungen der Umwelt möglichst frühzeitig zu
bekämpfen, damit sie nicht zur Entstehung gelangen oder möglichst
geringgehalten werden. Aufgrund des Verursacherprinzips sollen die
Maßnahmen zur Verhinderung oder Beteiligung von Umweltschäden an
den Verursacher dieser Schäden gerichtet sein, dieser insbesondere die
mit dem Schutz der Umwelt verbundenen Kosten tragen. Damit soll
vermieden werden, daß die Bekämpfung von Umweltbeeinträchtigungen der Allgemeinheit zur Last fällt (Gemeinlastprinzip). Das Verursacherprinzip ist in den umweltpolitischen Maßnahmen der Gemeinschaft
bisher nur in Ansätzen verwirklicht worden. An Beispielen hierfür kann
angeführt werden, daß bei der Umweltverträglichkeitsprüfung der Projektträger die für diese Prüfung notwendigen Angaben zu liefern hat,
ferner die geplante Regelung über die Rücknahme von Verpackungsab-
fall durch den Hersteller oder Händler.

Nach Art. 130r Abs. 2 EWGV sind die Erfordernisse des Umweltschutzes Bestandteil der anderen Politiken der Gemeinschaft. Mit dieser
sog. Querschnittsklausel soll erreicht werden, daß der Umweltschutz bei
den anderen Tätigkeiten der Gemeinschaft stets mitbedacht wird.

In Art. 130r Abs. 3 EWGV wird die Gemeinschaft darauf festgelegt,
bei Maßnahmen im Umweltbereich die verfügbaren wissenschaftlichen
und technischen Daten, die Umweltbedingungen in den einzelnen Regionen der Gemeinschaft, die wirtschaftliche und soziale Entwicklung in
der Gemeinschaft insgesamt sowie in den einzelnen Regionen und die
Vorteile und Belastungen aufgrund der Maßnahmen bzw. ihrer Unterlassung zu berücksichtigen. Mit dieser „Berücksichtigung" soll erreicht

werden, daß die in ihrem Entwicklungsstand voneinander abweichenden Mitgliedstaaten durch umweltpolitische Maßnahmen nicht überfordert werden.

Schließlich wird nach Art. 130r Abs. 4 EWGV die Gemeinschaft im Umweltbereich nur insoweit tätig, als die in Art. 130r Abs. 1 EWGV genannten Ziele besser auf Gemeinschaftsebene erreicht werden können als auf der Ebene der Mitgliedstaaten. Damit wird, allerdings beschränkt auf den Bereich der Umwelt, das **Subsidiaritätsprinzip** aufgestellt, das durch den Vertrag über die Europäische Union allgemein und in schärferer Form in das Gemeinschaftsrecht eingeführt wird (zum Subsidiaritätsprinzip im allgemeinen s. die Ausführungen in Teil 1 Kapitel D III 2c).

c) Finanzierung und Durchführung von umweltpolitischen Maßnahmen

Nach Art. 130r Abs. 4 Satz 2 EWGV werden die umweltpolitischen Maßnahmen der Gemeinschaft grundsätzlich von den Mitgliedstaaten finanziert und durchgeführt. Abgesehen davon, daß die Gemeinschaft zum Vollzug ihrer Regelungen nicht zuständig ist, kommt eine Finanzierung durch sie nur ausnahmsweise in Betracht.

d) Rechtssetzungsbefugnis im Umweltbereich

Nach Art. 130s Abs. 1 EWGV beschließt der Rat auf Vorschlag der Kommission und nach Anhörung des Europäischen Parlaments und des Wirtschafts- und Sozialausschusses einstimmig über das Tätigwerden der Gemeinschaft im Umweltbereich. Art. 130s Abs. 2 EWGV gibt dem Rat die Möglichkeit, unter den in Abs. 1 genannten Bedingungen festzulegen, was unter die mit qualifizierter Mehrheit zu fassenden Beschlüsse fällt. Mit Art. 130s EWGV verfügt die Gemeinschaft über eine breitangelegte Kompetenznorm, die sie zum Erlaß aller Rechtsakte i. S. von Art. 189 EWG berechtigt. Art. 130s EWGV ist jedoch nicht die einzige Kompetenznorm zum Erlaß umweltpolitischer Maßnahmen. Solche können auch im Wege der Rechtsangleichung nach Art. 100a EWGV getroffen werden. In dieser Vorschrift wird in Abs. 3 der Umweltschutz ausdrücklich als zu berücksichtigendes Erfordernis genannt. Wegen der in beiden Vorschriften unterschiedlich geregelten Mitwirkung des Europäischen Parlaments können Maßnahmen nicht gleichzeitig oder wahlweise auf die Art. 100a und 130s EWGV gestützt werden, sondern je nach Sachbereich nur auf eine von beiden Vorschriften (vgl. EuGH EuZW 1991, 473 – Rs. C – 300/89 „Titandioxyd"). Zur Abgrenzung von Art. 100a und 130s EWGV als Rechtsgrundlage hat der EuGH mehrfach Stellung bezogen (s. anschließend unter 3). Soweit eine Regelung hauptsächlich das Ziel verfolgt, zum Funktionieren des Binnenmarktes beizutragen, ist Art. 100a EWGV die richtige Rechtsgrundlage; das ist bei **produktbezogenen** und solchen Regelungen der Fall, welche die **Wett-**

bewerbsbedingungen in der Gemeinschaft harmonisieren; **anlagenbezogene** Regelungen finden hingegen in Art. 130s EWGV ihre rechtliche Stütze.

e) Schutzmaßnahmen der Mitgliedstaaten

Wird die Gemeinschaft nach Art. 130s EWGV tätig, hat jeder Mitgliedstaat nach Art. 130t EWGV die Möglichkeit, verstärkte Schutzmaßnahmen beizubehalten oder zu ergreifen. Diese Regelung dient dem Schutz von Umweltstandards in einzelnen Mitgliedstaaten, damit sie nicht durch gemeinschaftliche Maßnahmen mit niedrigerem Schutzniveau hinfällig werden. Allerdings müssen die nationalen Schutzmaßnahmen mit dem Vertrag vereinbar sein, d. h., sie dürfen den Handel zwischen den Mitgliedstaaten nach den von der „Cassis"-Rechtsprechung des EuGH entwickelten Maßstäben nicht in unzulässiger Weise beschränken.

2. Die Umweltpolitik der Gemeinschaft im Vertrag über die Europäische Union

Der Vertrag über die Gründung der Europäischen Gemeinschaft (EGV) im Rahmen des Vertrages über die Europäische Union behält die Regelung der Umweltpolitik in den Art. 130r bis 130t bei. Die bisherigen Ziele der Umweltpolitik werden in Art. 130r Abs. 1 EGV um die Förderung von Maßnahmen auf internationaler Ebene zur Bewältigung regionaler oder globaler Umweltprobleme als neues Ziel ergänzt. Den bisherigen Grundsätzen wird in Art. 130r Abs. 2 EGV der neue Grundsatz vorangestellt, daß die Umweltpolitik der Gemeinschaft auf ein hohes Schutzniveau abzielt, allerdings unter Berücksichtigung der unterschiedlichen Gegebenheiten in den einzelnen Regionen der Gemeinschaft. Nach Art. 130r Abs. 2 UAbs. 2 EGV können Maßnahmen, welche die Erfordernisse des Umweltschutzes in der Gemeinschaft harmonisieren, ggfs. mit einer Schutzklausel versehen werden, welche die Mitgliedstaaten ermächtigt, aus nicht wirtschaftlich bedingten umweltpolitischen Gründen vorläufige Maßnahmen zu treffen, die einer Kontrolle durch die Gemeinschaft unterliegen. Da es sich hierbei nicht um verstärkte nationale Schutzmaßnahmen i. S. von Art. 130t EGV handelt, soll die Regelung über die Schutzklausel ersichtlich einen vorübergehenden „Ausstieg" aus gemeinschaftlichen Maßnahmen ermöglichen.

Nach Art. 130s Abs. 1 EGV beschließt der Rat über das Tätigwerden der Gemeinschaft gemäß dem Verfahren nach Art. 189c EGV, d. h. grundsätzlich mit qualifizierter Mehrheit, also nicht mehr einstimmig wie bisher. Nach Art. 130s Abs. 2 EGV beschließt der Rat jedoch einstimmig bei Vorschriften überwiegend steuerlicher Art, bei Maßnahmen im Bereich der Raumordnung, der Bodennutzung (ausgenommen die

Abfallbewirtschaftung) sowie bei der Bewirtschaftung der Wasserressourcen und bei Maßnahmen, welche die Wahl eines Mitgliedstaates zwischen verschiedenen Energiequellen und die allgemeine Struktur seiner Energieversorgung erheblich berühren. Ist eine mit qualifizierter Mehrheit angenommene Maßnahme der Gemeinschaft mit unverhältnismäßig hohen Kosten für die Behörden eines Mitgliedstaates verbunden, sind nach Art. 130s Abs. 5 EGV in dem betreffenden Rechtsakt zugunsten des Mitgliedstaates vorübergehende Ausnahmeregelungen und/oder eine finanzielle Unterstützung aus dem nach Art. 130d EGV zu errichtenden Kohäsionsfonds aufzunehmen. Verstärkte nationale Schutzmaßnahmen nach Art. 130t EGV sind der Kommission künftig zu notifizieren.

3. Die Rechtsprechung des EuGH auf dem Gebiet des Umweltschutzes

In zahlreichen Verfahren hat sich der EuGH mit der Umsetzung von Richtlinien in nationales Recht befaßt, da die Mitgliedstaaten gerade im Umweltbereich Richtlinien nicht oder nur mangelhaft umsetzen. In gegen die Bundesrepublik gerichtete Verfahren hat er festgetellt, daß eine Richtlinie durch **Verwaltungsvorschriften** nicht ordnungsgemäß in nationales Recht umgesetzt wird (EuGH EuZW 1991, 440 – Rs. C – 361/88; EuZW 1991, 442 – Rs. C – 59/89, beide Kommission/Bundesrepublik) bzw. daß die Beachtung zwingend in einer Richtlinie vorgeschriebener Grenzwerte im nationalen Recht durch ein ausdrückliches Verbot zu regeln ist (EuGH EuZW 1991, 405 – Rs. C – 131/88 – Kommission/Bundesrepublik).

Zur Abgrenzung von Art. 100a und Art. 130s EWGV als Rechtsgrundlage für den Erlaß von Richtlinien hat der EuGH entschieden, daß sich die Wahl der Rechtsgrundlage auf objektive gerichtlich nachprüfbare Umstände gründen muß, zu denen insbesondere das Ziel und der Inhalt des Rechtsaktes gehören (EuGH NJW 1987, 3073 – Rs. 45/86 – Kommission/Rat). Zielt eine Richtlinie darauf ab, die nationalen Rechtsvorschriften über Produktionsbedingungen in einem bestimmten Wirtschaftssektor anzugleichen, um die Wettbewerbsverzerrung in diesem Sektor zu beseitigen, fällt sie in den Geltungsbereich von Art. 100a EWGV, auch wenn sie gleichzeitig Erfordernissen des Umweltschutzes dient (EuGH EuZW 1991, 473 – Rs. C – 300/89 „Titandioxyd" im Hinblick auf die Richtlinie zur Behandlung der Abfälle im Bereich der Titandioxyd-Industrie). Steht der Umweltschutz derart im Vordergrund, daß der Rechtsakt nur nebenbei eine Harmonisierung der Marktbedingungen innerhalb der Gemeinschaft bewirkt, ist Art. 130s EWGV anwendbar (EuGH EuZW 1993, 290 – Rs. C – 155/91 – Kommission/Rat betreffend die Rahmenrichtlinie für Abfälle).

In zwei wichtigen Urteilen hat sich der EuGH dazu geäußert, unter welchen Voraussetzungen nationale Umweltschutzbestimmungen mit den Erfordernissen des freien Warenverkehrs nach den Art. 30 ff. EWGV vereinbar sind. Das sog. „Pfandflaschenurteil" (EuGHE 1988, 4607 – Rs. 302/86 – Kommission / Dänemark = NVwZ 1989, 849; s. dazu *Rengeling / Heinz,* JUS 1990, S. 613 ff.) betrifft ein von Dänemark für Verpackungen von Getränke eingeführtes Pfand- und Rücknahmesystem. Nach diesem System dürfen in Dänemark Bier und Erfrischungsgetränke nur in Mehrwegverpackungen auf den Markt gebracht werden, d. h. in Verpackungen, die nach Leerung durch den Verbraucher bei jedem beliebigen Händler zurückgegeben werden können. Die Verwendung dieser Mehrwegverpackungen hängt von einer Genehmigung durch die nationale Umweltbehörde ab. Nicht genehmigte Verpackungen dürfen nur in begrenztem Umfang (3000 hl je Hersteller und Jahr) und nur dann verwendet werden, wenn für sie ein individuelles Pfand- und Rücknahmesystem errichtet wird. Ausländische Hersteller sahen sich durch die dänische Regelung daran gehindert, ihre Erzeugnisse in den Originalverpackungen in Dänemark abzusetzen. In dem von der Kommission eingeleiteten Vertragsverletzungsverfahren berief sich Dänemark darauf, das bei ihm geltende Pfand- und Rücknahmesystem sei aus Gründen des Umweltschutzes gerechtfertigt. Der EuGH entschied, daß der Umweltschutz als Ziel der Gemeinschaft ein zwingendes Erfordernis sei, das die Anwendung von Art. 30 EWGV einschränken könne. Im Hinblick auf das mit der dänischen Regelung verfolgte Ziel, einen wirkungsvollen Umweltschutz zu gewährleisten, sah er die Regelung über die genehmigten Verpackungen sowie das Erfordernis eines individuellen Pfand- und Rücknahmesystems bei nicht genehmigten Verpackungen als gerechtfertigt an, beurteilte jedoch die für nicht genehmigte Verpackungen geltende Beschränkungen auf 3000 hl je Hersteller und Jahr als unverhältnismäßig.

Das zweite Urteil (EuGH EuZW 1992, 577 – Rs. C – 2/90 – Kommission / Belgien = NVwZ 1992, 871) betrifft den grenzüberschreitenden Handel mit Abfall. Nach belgischem Recht war es verboten, Abfälle aus anderen Mitgliedstaaten oder aus anderen belgischen Regionen als der Region Wallonien in dieser zwischenzulagern, abzulagern oder abzuleiten. Der EuGH hatte u. a. zu entscheiden, ob die belgische Regelung unzulässigerweise den freien Warenverkehr in der Gemeinschaft beschränke. Das Argument, nicht rückführbarer Abfall habe keinen Handelswert und sei daher keine Ware, wies er damit zurück, daß Gegenstände, die im Hinblick auf Handelsgeschäfte über eine Grenze verbracht werden, unabhängig von der Natur dieser Geschäfte Art. 30 EWGV unterliegen. Die Unterscheidung zwischen rückführbarem und nicht-rückführbarem Abfall sei praktisch kaum möglich, da sich diese Unterscheidung auf ungewisse Kriterien stütze, die sich laufend verändern würden. Folglich seien Abfälle, ob rückführbar oder nicht, Erzeugnisse, deren Verkehr gemäß Art. 30 EWGV grundsätzlich nicht verhindert werden dürfe. Die sich aus dem belgischen Verbot ergebende Handelsbeschränkung sah der EuGH jedoch durch das zwingende Erfordernis des Umweltschutzes als gerechtfertigt an, weil das Verbot erlassen worden sei, um einen massiven und anomalen Zustrom von Abfällen aus anderen Regionen in die nur begrenzt aufnahmefähige Region Wallonien zu verhindern. Der EuGH hatte sich sodann mit dem Einwand der Kommission auseinanderzusetzen, daß zwingende Erfordernisse nur bei unterschiedslos anwendbaren Regelungen berücksichtigt werden dürfen, die belgische Regelung jedoch zwischen in Wallonien und anderswo erzeugtem Abfall unterscheide und daher diskriminierend wirke. Der EuGH hat eine solche Diskriminierung verneint. Aus dem für die Umweltpolitik der Gemeinschaft in Art. 130r Abs. 2 EWGV aufgestellten Grundsatz, Umweltbeeinträchtigungen nach Möglichkeit an ihrem Ursprung zu bekämpfen, folge nämlich, daß es Sache jeder Region, Gemeinde oder anderen Gebietskörperschaft sei, die geeigneten Maßnahmen zu treffen, um Aufnahme, Behandlung und Beseitigung ihrer eigenen Abfälle sicherzustellen; dies seien möglichst nah am Ort ihrer Erzeugung zu beseitigen, um ihre Verbringung soweit wie möglich einzuschränken. Damit hat der EuGH die Grundsätze der Entsorgungsautarkie und der Entsorgungsnähe bei der Behandlung von Abfällen und die daraus resultierenden Beschränkungen des Handelsverkehrs in der Gemeinschaft gemeinschaftsrechtlich anerkannt.

II. Gemeinschaftsrechtliche Regelungen im Umweltbereich

Im Rahmen ihrer umweltpolitischen Tätigkeit hat die Gemeinschaft eine Fülle sekundärrechtlicher Rechtsakte erlassen. Hiervon können an dieser Stelle nur einige wichtige Regelungen mit einer kurzgefaßten Wiedergabe ihres Regelungszwecks bzw. -inhalts behandelt werden (ausführlich zum Sekundärrecht im Umweltbereich z. B. *Grabitz,* in: *Grabitz,* EWGV, Art. 130s, Rdnr. 34ff.; *Hüwels,* in: EG-Handbuch Recht im Binnenmarkt, 1991, S. 651ff., 660ff.). Zu unterscheiden ist zwischen allgemeinen „horizontalen" Regelungen und solchen, die dem Umweltschutz in einzelnen Bereichen dienen (Gewässerschutz, Luftreinhaltung, Beseitigung von Abfällen usw.).

1. Allgemeine „horizontale" Regelungen

a) Umweltverträglichkeitsprüfung

Durch die Richtlinie 85/337/EWG des Rates vom 27. Juni 1985 über die Umweltverträglichkeitsprüfung bei bestimmten öffentlichen und privaten Projekten (ABl. 1985 L 175/40 = NVwZ 1987, 305) wurde die Umweltverträglichkeitsprüfung bei bestimmten Vorhaben eingeführt. Die Umweltverträglichkeitsprüfung (UVP) identifiziert, beschreibt und bewertet die Auswirkungen eines Projekts auf die Faktoren Mensch, Fauna, Flora, Boden, Wasser, Luft, Klima und Landschaft, Sachgüter und das kulturelle Erbe sowie die Wechselwirkungen dieser Faktoren untereinander. Projekte sind die Errichtung von baulichen oder sonstigen Anlagen sowie sonstige Eingriffe in Natur und Landschaft einschließlich derjenigen zum Abbau von Bodenschätzen. Bei bestimmten Projekten (aufgelistet in Anhang I der Richtlinie) ist die UVP obligatorisch, bei anderen Projekten (gemäß Anhang II) kann sie nach Wahl des Mitgliedstaates vorgeschrieben werden. Die Angaben zur UVP sind vom Projektträger vorzulegen, d. h. bei privaten Projekten von demjenigen, der für das Projekt eine Genehmigung beantragt, bei öffentlichen Projekten die Behörde, die das Projekt betreiben will. Über die Ergebnisse der UVP ist die Öffentlichkeit zu unterrichten und anzuhören. Bei Projekten mit grenzüberschreitenden Auswirkungen sind die beteiligten Mitgliedstaaten zu einem Informationsaustausch verpflichtet. Die Ergebnisse der UVP sind bei der Genehmigung des Projekts zu berücksichtigen. Die UVP-Richtlinie wurde durch das Gesetz zur Umsetzung der Richtlinie des Rates vom 27. Juni 1985 über die Umweltverträglichkeitsprüfung bei bestimmten öffentlichen und privaten Projekten (85/337/EWG) vom 12. Februar 1990 (BGBl. 1990 I, S. 205) in deutsches Recht umgesetzt.

b) Freier Zugang zu Informationen über die Umwelt

Die Richtlinie 90/313/EWG des Rates über den freien Zugang zu Informationen über die Umwelt (ABl. 1990 Nr. L 158/56 = NVwZ 1990, 844) wurde inhaltlich bereits an anderer Stelle vorgestellt (s. Teil 1 Kapitel E V 6). Nach ihr hat grundsätzlich jedermann Anspruch auf Zugang zu den bei den Behörden befindlichen Informationen über die Umwelt. Die Richtlinie war bis zum 31. Dezember 1992 in nationales Recht umzusetzen, was jedoch in der Bundesrepublik nicht fristgerecht geschehen ist. Soweit die Bestimmungen der Richtlinie die Voraussetzungen für eine unmittelbare Wirksamkeit erfüllen, sind sie von den innerstaatlichen Behörden unmittelbar anzuwenden.

c) Europäisches Umweltzeichen

Die Verordnung (EWG) 880/92 vom 23. Februar 1992 betreffend ein gemeinschaftliches System zur Vergabe eines Umweltzeichens (ABl. 1992 Nr. L 99/1) führt auf europäischer Ebene die Vergabe eines Umweltzeichens zur Kennzeichnung umweltverträglicher Produkte ein (näher hierzu *Roller*, EuZW 1992, S. 499 ff.). In seiner Funktion ist das europäische Umweltzeichen mit dem in Deutschland vergebenen Zeichen „Blauer Engel" vergleichbar. Wie dieses dient das Europäische Zeichen der produktbezogenen Werbung. Es wird auf Antrag an den Hersteller vergeben, dessen Produkt die Vergabekriterien erfüllt. Diese Kriterien werden in den dafür vorgesehenen Verfahren unter Beteiligung der Mitgliedstaaten und interessierter Kreise durch die Kommission festgelegt, das Zeichen selbst durch nationale Stellen vergeben. Das System zur Vergabe des Zeichens befindet sich z. Zt. im Aufbau.

d) Europäische Umweltagentur

Die Verordnung (EWG) 1240/90 vom 7. Mai 1990 (ABl. 1990 Nr. L 158/56; s. auch NVwZ 1990, 447) sieht die Errichtung einer Europäischen Umweltagentur und eines europäischen Umweltüberwachungs- und -informationsnetzes vor. Mit Hilfe dieser Instrumente sollen die wissenschaftlichen und technischen Daten erfaßt und bereitgestellt werden, welche die Gemeinschaft und die Mitgliedstaaten zur Ausarbeitung und Durchführung von Umweltmaßnahmen benötigen. Die Verordnung ist noch nicht in Kraft getreten, da sich die Mitgliedstaaten bisher nicht auf den Sitz der Agentur einigen konnten.

2. Einzelbereiche

Von den einzelnen Umweltbereichen werden nachstehend exemplarisch der Gewässerschutz und die Abfallentsorgung behandelt. Weitere Bereiche, in denen die Gemeinschaft tätig geworden ist, sind die Luftreinhaltung, der Lärmschutz, gefährliche und giftige Stoffe, die Gentechnologie, der Strahlenschutz, der Arten- und Naturschutz und der Klimaschutz.

a) Gewässerschutz

Die auf dem Gebiet des Gewässerschutzes erlassenen Richtlinien zeichnen sich allgemein dadurch aus, daß sie in Form von Grenz- und Leitwerten Qualitätsanforderungen an Wasser stellen oder listenmäßig die Stoffe kennzeichnen, die nicht oder nur in reduziertem Umfang in Wasser eingeleitet werden dürfen. Die Umsetzung in das deutsche Recht erfolgte durch die Wasserhaushaltsgesetze des Bundes und der Länder,

spezielle Rechtsverordnungen sowie Verwaltungsvorschriften auf Bundes- und Landesebene. Der EuGH hat die Umsetzung in verschiedener Hinsicht beanstandet. Von den Regelungen zum Gewässerschutz sind hervorzuheben:
- Richtlinie 75/440/EWG des Rates vom 27. Juni 1975 über die Qualitätsanforderungen an Oberflächenwasser für die Trinkwassergewinnung in den Mitgliedstaaten (ABl. 1975 Nr. L 194/34). Die Richtlinie stellt bestimmte Grenz- und Leitwerte auf, denen ein Gewässer genügen muß, um für die Trinkwassergewinnung genutzt zu werden;
- Richtlinie 80/778/EWG des Rates vom 15. Juli 1989 über die Qualität von Wasser für den menschlichen Gebrauch (ABl. 1980 Nr. L 229/11). Die Richtlinie legt Kriterien für die Beschaffenheit von Trinkwasser fest. Die Umsetzung in deutsches Recht folgte durch die Trinkwasserverordnung vom 22. Mai 1986 (BGBl. 1986 I, S. 760), geändert durch die Verordnung zur Änderung der Trinkwasserverordnung und der Mineral- und Tafelwasserverordnung vom 5. Dezember 1990 (BGBl. 1990 I, S. 2600). Die Verordnung in ihrer veränderten Fassung ist gemeinschaftsrechtskonform mit der Ausnahme, daß sie den Ländern nicht die Verpflichtung auferlegt, bei Abweichungen von der Richtlinie die Bundesregierung zu informieren (vgl. EuGH EuZW 1993, 99 – Rs. C – 237/90 – Kommission / Bundesrepublik);
- Richtlinie 76/464/EWG des Rates vom 4. Mai 1976 betreffend die Verschmutzung infolge der Ableitung bestimmter gefährlicher Stoffe in die Gewässer der Gemeinschaft (ABl. 1976 Nr. L 129/23). Die Richtlinie regelt die Ableitung von Abwasser in der Weise, daß sie die Ableitung bestimmter listenmäßig erfaßter gefährlicher Stoffe einer behördlichen Genehmigungspflicht unterwirft. Das Regelungsinstrument im deutschen Recht ist die Erlaubnis nach § 7a Wasserhaushaltsgesetz (WHG), wonach die Einleitung von Abwasser in Gewässer erlaubnispflichtig ist. Der hierbei zu beachtende Standard ergibt sich aus der vom Bund aufgestellten Rahmenabwasserverwaltungsvorschrift vom 8. September 1989 (GMBl. 1989, S. 518), deren Vorgaben die gemeinschaftsrechtlich geregelten Stoffe und Grenzwerte enthalten. Der Erlaubnispflicht nach § 7a WHG unterliegen auch die sog. indirekten Einleitungen, d. h. solche, die in die öffentliche Kanalisation eingebracht werden. Zur Konkretisierung der Erlaubnispflicht bei indirekten Einleitungen haben die Länder Verordnungen erlassen, z. B. Nordrhein-Westfalen die ordnungsbehördliche Verordnung über die Genehmigungspflicht für die Einleitung von wassergefährdenden Stoffen und Stoffgruppen in öffentliche Abwasseranlagen (VGS) (GVBl. NW 1986, S. 656);
- Richtlinie 80/68/EWG des Rates vom 17. Dezember 1979 über den Schutz des Grundwassers gegen Verschmutzung durch bestimmte Stoffe (ABl. 1980 Nr. L 20/43). Die Richtlinie enthält ein absolutes

.Verbot der Einleitung bestimmter Stoffe in das Grundwasser. Die Umsetzung dieses Verbots in das deutsche Recht im Rahmen des Wasserhaushaltsgesetzes und anderer Gesetze hat der EuGH als nicht ausreichend beanstandet (EuGH EuZW 1991, 405 – Rs. C – 131/88 – Kommission / Bundesrepublik).

Von großer praktischer Bedeutung wegen des mit ihr verbundenen Investitionsbedarfs ist die Richtlinie 912/71/EWG des Rates vom 21. Mai 1991 über die Behandlung von kommunalem Abwasser (ABl. 1991 Nr. L 135/ 40; s. auch NVwZ 1990, 344). Sie regelt das Sammeln, Behandeln und Einleiten von kommunalem Abwasser und das Behandeln und Einleiten von Abwasser bestimmter Industriebranchen mit dem Ziel, die Umwelt vor den schädlichen Auswirkungen dieser Abwässer zu schützen. Sie schreibt vor, daß die Gemeinden in den Mitgliedstaaten bis zu bestimmten Zeitpunkten mit einer Kanalisation ausgestattet sein müssen, und zwar Gemeinden mit mehr als 15 000 sog. Einwohnerwerten bis zum 31. Dezember 2000, Gemeinden von 2000 bis 15 000 Einwohnerwerten bis zum 31. Dezember 2005. Der Einwohnerwert wird als die organischbiologisch abbaubare Belastung mit einem biochemischen Sauerstoffbedarf in 5 Tagen von 60 g Sauerstoff pro Tag definiert. Vor der Einleitung in Gewässer muß in Kanalisationen eingeleitetes kommunales Abwasser (hauptsächlich häusliches Abwasser) einer sog. Zweitbehandlung unterzogen werden, d. h. einer Behandlung durch eine biologische Stufe mit einem Nachklärbecken oder ein vergleichbares Verfahren. Einer verschärften Behandlung, die spätestens ab 31. Dezember 1998 erfolgen soll, unterliegt das Einleiten von Abwasser in sog. empfindliche Gebiete, d. h. solche mit eutrophen (übermäßig mit Nährstoffen angereicherten) Gewässern. Für das Einleiten von industriellem Abwasser in kommunale Kanalisationen oder Gewässer schreibt die Richtlinie eine Genehmigungspflicht vor und unterwirft das einzuleitende Abwasser bestimmten Anforderungen. Klärschlamm aus der Abwasserbehandlung ist nach Möglichkeit wiederzuverwenden. Die Richtlinie ist bis zum 30. Juni 1993 in das nationale Recht der Mitgliedstaaten umzusetzen. Bis zum 31. Dezember 1993 haben die Mitgliedstaaten ein Programm für den Vollzug dieser Richtlinie aufzustellen.

b) Abfallentsorgung

Die Politik der Gemeinschaft auf dem Gebiet der Abfallentsorgung wird durch die programmatischen Ziele der Abfallvermeidung, der Abfallverwertung und der Abfallbeseitigung bestimmt, wobei der Abfallvermeidung vor den anderen Zielen der absolute Vorrang eingeräumt wird. Ein weiterer maßgeblicher Grundsatz ist der Gedanke der **Entsorgungsautarkie** in der Gemeinschaft und den Mitgliedstaaten, d. h., es wird angestrebt, daß Abfall möglichst dort entsorgt werden soll, wo er entsteht. Die zur Verwirklichung dieser Ziele erlassenen Rechtsakte der Gemeinschaft (hauptsächlich Richtlinien) lassen sich aufteilen in Regelungen, welche Grundsätze und Verfahren zur Abfallbewirtschaftung in den Mitgliedstaaten in gewisser Hinsicht standardisieren, und solche Maßnahmen, welche den grenzüberschreitenden Transport von Abfällen regeln.

aa) Regelungen über die Bewirtschaftung von Abfall

Den Auftakt in diesem Bereich bildet als Grundsatz- oder Rahmenrichtlinie die Richtlinie 75/442/EWG des Rates vom 15. Juli 1975 über Abfälle (ABl. 1975 Nr. L 194/47). Ihre Funktion besteht in der Hauptsache darin, die Mitgliedstaaten zu einer Gesetzgebung im Abfallbereich zu veranlassen und hierfür bestimmte Vorgaben zu liefern. Da die Richtlinie nach dem Muster des bereits 1972 erlassenen deutschen Abfallgesetzes konzipiert worden ist, werden die Vorgaben der Richtlinie durch das Abfallgesetz (AbfG) weitgehend erfüllt (Abfallgesetz nunmehr in der Fassung vom 27. August 1986, BGBl. 1986 I, S. 1410 mit Änderungen).

Der Abfallbegriff des deutschen Rechts ist im Sinne des gemeinschaftsrechtlichen Begriffs auszulegen und anzuwenden. Nach Art. 1 der Richtlinie 75/442/EWG sind Abfälle alle Stoffe oder Gegenstände, deren sich der Besitzer entledigt oder gemäß den einzelstaatlichen Vorschriften zu entledigen hat. Nach der Defination § 1 Abs. 1 AbfG sind Abfälle bewegliche Sachen, deren sich der Besitzer entledigen will (subjektiver Abfallbegriff) oder deren geordnete Entsorgung zur Wahrung des Wohls der Allgemeinheit, insbesondere des Schutzes der Umwelt, geboten ist (objektiver Abfallbegriff). Im deutschen Recht wurde teilweise die Auffassung vertreten, daß zum Abfall im objektiven Sinn nur wirtschaftlich wertlose Sachen zählen, nicht aber solche, die einer Wiederverwendung zugeführt werden sollen, also ein Wirtschaftsgut darstellen (vgl. *Ketteler/ Kippels,* Umweltrecht 1988, S. 167 f.). Demgegenüber hat der EuGH entschieden, daß der Begriff „Abfälle" i. S. der Richtlinie 75/442/EWG auch Stoffe und Gegenstände erfaßt, die zur wirtschaftlichen Wiederverwendung geeignet sind, und daß ein nationaler Abfallbegriff, der wiederverwendbare Stoffe und Gegenstände nicht erfaßt, mit der Richtlinie nicht vereinbar ist (EuGH EuZW 1991, 253 – Rs. C – 359/88 „Zanetti"; verb. Rs. C – 206 u. 207/88 „Vessoso/Zanetti"). Dieser Auffassung hat sich der Bundesgerichtshof in einem Strafurteil angeschlossen und § 1 AbfG dahin gehend ausgelegt, daß unter den Abfallbegriff dieser Vorschrift auch wiederverwendbare Stoffe fallen (BGH NJW 1991, 1619).

Die Richtlinie 75/442/EWG ist durch die Richtlinie 91/156/EWG des Rates vom 18. März 1991 geändert worden (ABl. 1991 Nr. L 78/32). Die neue Rahmenrichtlinie verfolgt das Ziel, daß die Mitgliedstaaten zur Erreichung eines hohen Umweltschutzniveaus Maßnahmen zu treffen haben, um das Entstehen von Abfällen zu begrenzen und um die Rückführung und Wiederverwendung von Abfällen als Rohstoffen zu fördern, und daß sie die Entsorgungsautarkie erreichen und das Verbringen ihrer Abfälle vermindern müssen. Zur Verwirklichung dieser Ziele werden die Mitgliedstaaten darauf verpflichtet, ein integriertes und angemessenes Netz von Beseitigungsanlagen zu errichten, das es sowohl der Gemeinschaft insgesamt als auch jedem Mitgliedstaat erlaubt, die Entsorgungsautarkie durch die Beseitigung ihrer Abfälle in einer der am nächsten gelegenen Entsorgungsanlagen zu erreichen. Im Hinblick auf die angestrebte Entsorgungsautarkie erstellen die Mitgliedstaaten Abfallbewirtschaftungspläne und können das Verbringen von Abfällen, das diesen Plänen nicht entspricht, unterbinden. Die Rahmenrichtlinie enthält auch eine neue Definition des Abfallbegriffs. Nach Art. 1 der Richtlinie sind Abfälle „alle Stoffe oder Gegenstände, die unter die im Anhang I (der Richtlinie) aufgeführten Gruppen fallen und deren sich ihr Besitzer entledigt, entledigen will oder entledigen muß". Abfall ist demnach künftig nicht mehr jeder beliebige Stoff oder Gegenstand, sondern nur noch die katalogmäßig erfaßten Stoffe oder Gegenstände. Der Abfallbegriff des § 1 Abs. 1 AbfG ist diesem veränderten Abfallbegriff des Gemeinschaftsrechts anzupassen (vgl. *Kersting,* DVBl. 1992, S. 343 ff., 348 f.). Die neue Rahmenrichtlinie war bis zum 1. April 1993 in nationales Recht umzusetzen. Eine Umsetzung in das deutsche Recht ist bisher nicht erfolgt.

Neben der Rahmenrichtlinie für Abfälle gibt es Sonderregelungen in Gestalt der Richtlinie 78/319/EWG des Rates vom 20. März 1978 über giftige und gefährliche Abfälle (ABl. 1978 Nr. L 84/43, zuletzt geändert durch die Richtlinie 91/962/EWG, ABl. 1991 Nr. L 377/48) sowie Richtlinien für bestimmte Abfälle wie Altöle, Titandioxyd, Batterien und Akkumulatoren usw. Nach dem Muster der deutschen Verpackungsverordnung vom 12. Juni 1991 (BGBl. 1991 I, S. 1234), welche Hersteller und Händler zur Rücknahme von Verpackungsmaterial verpflichtet, soll eine vergleichbare Regelung auf Gemeinschaftsebene getroffen werden (vgl. Vorschlag der Kommission für eine Richtlinie des Rates über Verpackungen und Verpackungsabfälle vom 15. Juli 1992 – Kom (92) 278 endg. – SYN 436).

bb) Regelungen über den grenzüberschreitenden Transport von Abfällen

Die Richtlinie 84/631/EWG des Rates vom 6. Dezember 1984 über die Überwachung und Kontrolle – in der Gemeinschaft – der grenzüberschreitenden Verbringung gefährlicher Abfälle (ABl. 1984 Nr. L 326/31, zuletzt geändert durch die Richtlinie 91/692/EWG, ABl. 1991 Nr. L 377/48) regelt den grenzüberschreitenden Transport gefährlicher Abfälle innerhalb der Gemeinschaft wie auch im Verhältnis zu Drittstaaten. Kern der Regelung ist das sog. Notifizierungsverfahren. Wer gefährliche Abfälle zum Zweck der Entsorgung von einem Mitgliedstaat in einen anderen verbringen will, hat dies der zuständigen Behörde des Bestimmungsstaates zu notifizieren. Die Notifizierung bedarf einer Empfangsbestätigung. Ohne diese Bestätigung und ihre Eintragung in den Begleitschein darf die Verbringung nicht erfolgen. Gegenüber einer beabsichtigten Einfuhr von Abfällen darf der Bestimmungsstaat nur solche Einwände geltend machen, die sich auf den Schutz der Umwelt, die Wahrung der öffentlichen Sicherheit und Ordnung und den Schutz der menschlichen Gesundheit stützen. Der Herkunftsstaat kann einer beabsichtigten Ausfuhr von Abfällen nur mit dem Argument widersprechen, die Ausfuhr beeinträchtige die Durchführung von Abfallentsorgungsplänen. Die Umsetzung der Richtlinie in das deutsche Recht erfolgt durch die auf der Grundlage von § 13c AbfG erlassene Verordnung über die grenzüberschreitende Verbringung von Abfällen (Abfallverbringungs-Verordnung) vom 18. November 1988 (BGBl. 1988 I, S. 2126). Um dem Wegfall der Grenzkontrollen im Binnenmarkt bei der grenzüberschreitenden Verbringung von Abfällen Rechnung zu tragen, wurde die EWG-Verordnung Nr. 259/93 (ABl. 1993 Nr. L 30/1) erlassen, die im Juni 1994 in Kraft tritt und die Verbringungsrichtlinie aufhebt.

Die Verbringungsrichtlinie regelt allerdings nur die grenzüberschreitende Verbringung **gefährlicher** Abfälle, nicht von Abfall schlechthin. Wird sonstiger Abfall über die Grenze verbracht, sind die Bestimmungen des EWG-Vertrages anwendbar, und zwar diejenigen über den freien Warenverkehr nach Art. 30 ff. EWGV, wie der EuGH in seinem oben näher wiedergegebenen Urteil vom 9. Juli 1992 festgestellt hat (EuZW 1992, 577). Die Anwendung von Art. 30 ff. EWGV führt zu der Fragestellung, ob und inwieweit der Grundsatz der Entsorgungsautarkie, wie er im deutschen Recht in § 2 Abs. 1 AbfG gesetzlich festgeschrieben ist, ein zulässiges Handelshemmnis darstellt, da der durch diesen Grundsatz eingeräumte Vorrang von heimischem Abfall solchen aus anderen Mitgliedstaaten benachteiligt. Die hierüber geführte Diskussion (vgl. z. B. *v. Wilmowsky,* NVwZ 1991, S. 1 ff.; *Rengeling,* in: Festschrift für *Börner,* 1992, S. 359 ff.) hat inzwischen insoweit eine Klärung erfahren, als nach dem angeführten Urteil des EuGH die Mitgliedstaaten aus Gründen des Umweltschutzes und ihre regionalen und lokalen Gebietskörperschaften aus Gründen der Entsorgungsautarkie den Zustrom von Abfällen aus anderen Mitgliedstaaten verhindern können. Außerdem wird die Entsorgungsautarkie der Mitgliedstaaten – wie dargelegt – von der veränderten Rahmenrichtlinie über Abfall als Ziel angestrebt. Die Spielräume für einen freien Verkehr von Abfall in der Gemeinschaft dürften damit spürbar enger geworden sein.

Literatur: (Umweltpolitik im allgemeinen) *Zuleeg,* Vorbehaltene Kompetenzen der Mitgliedstaaten der EG auf dem Gebiet des Umweltschutzes, NVwZ 1987, S. 280 ff.; *Rengeling* (Hrsg.), Europäisches Umweltrecht und europäische Umweltpolitik, 1988; *Grabitz/Zacker,* Die neuen Umweltkompetenzen der EWG, NVwZ 1989, S. 298 ff.; *Scheuing,* Umweltschutz auf der Grundlage der Einheitlichen Europäischen Akte, EuR 1989, S. 151 ff.; *Seidel,* Umweltrecht der Gemeinschaft – Träger oder Hemmnis des Fortschritts?, DVBl. 1989, S. 41 ff.; *Pernice,* Auswirkungen des europäischen Binnenmarktes auf das Umweltrecht – Gemeinschafts(verfassungs-)rechtliche Grundlagen, NVwZ 1990, S. 201 ff.; *ders.,* Gestaltung und Vollzug des Umweltrechts im europäischen Binnenmarkt, NVwZ 1990, S. 414 ff.; *Beyer,* Europa 1992: Gemeinschaftsrecht und Umweltschutz nach der Einheitlichen Europäischen Akte, JuS 1990, S. 962 ff.; *Haneklaus,* Zur Verankerung umweltpolitischer Ziele im EWG-Vertrag, DVBl. 1990, S. 1135 ff.; *Rengeling/Heinz,* Die dänische Pfandflaschenregelung, EuGH NVwZ 1989, 849, JuS 1990, S. 613 ff.; *Heinz/Körte,* Europa: Die Ziele Umweltschutz und Binnenmarkt zwischen gemeinschaftlicher Kompetenz und nationaler Verantwortung, JA 1991, S. 41 ff.; *Krämer,* Umweltrecht der EWG, Textsammlung, 1991; *Behrens/Koch* (Hrsg.), Umweltschutz in der Europäischen Gemeinschaft, 1991; *Jarass,* Binnenmarktrichtlinien und Umweltschutzrichtlinien. Zur Abgrenzung des Anwendungsfeldes und zu den Möglichkeiten nationalen Abweichens, EuZW 1991, S. 530 ff.; *Hilf,* Umweltabgaben als Gegenstand von Gemeinschaftsrecht und -politik, NVwZ 1992, S. 105 ff.; *Purps,* Das Verursacherprinzip im Gemeinschaftsrecht als „unbestimmter Rechtsbegriff", DÖV 1992, S. 205 ff.; *Weber,* Zur Umsetzung von EG-Richtlinien im Umweltrecht. – Zugleich eine Anmerkung zu den Urteilen des EuGH vom 30. 5. 1991 (TA-Luft) und vom 28. 2. 1991 (Grundwasser), Umwelt- und Planungsrecht, 1992, S. 5 ff.; *Bönker,* Die verfassungsrechtliche und europarechtliche Zulässigkeit von Umweltstandards in Verwaltungsvorschriften, DVBl. 1992, S. 864 ff.; *Epiney/Möllers,* Freier Warenverkehr und Umweltschutz, 1992; *Schröer,* Die Kompetenzverteilung zwischen der Europäischen Wirtschaftsgemeinschaft und ihren Mitgliedstaaten auf dem Gebiet des Umweltschutzes, 1992; *Zuleeg,* Umweltschutz in der Rechtsprechung des Europäischen Gerichtshofs, NJW 1993, S. 31 ff.; *Everling,* Umsetzung des EG-Rechts im Bereich des Umweltschutzes, NVwZ 1993, S. 209 ff.

(„Horizontale" Regelungen): *a) (Umweltverträglichkeitsprüfung) Cupei,* Umweltverträglichkeitsprüfung, 1986; *Jarass,* Umweltverträglichkeitsprüfung bei Industrievorhaben, 1987; *ders.,* Auslegung und Umsetzung der EG-Richtlinie zur Umweltverträglichkeitsprüfung, 1989; *Weber,* Die Umweltverträglichkeitsrichtlinie im deutschen Recht, 1989; *Erbguth/Schink,* Das Gesetz zur Umweltverträglichkeitsprüfung: Allgemeine Konsequenzen für die Zulassung von Vorhaben, EuZW 1990, S. 531 ff.; *Kippels,* Umweltverträglichkeitsprüfung, 1990; *Erbguth/Schink,* Die Umweltverträglichkeitsprüfung, 1991; *Storm/Bunge,* Handbuch der Umweltverträglichkeitsprüfung, ergänzbare Sammlung; *b) (Freier Zugang zu Informationen über die Umwelt) v. Schwanenflügel,* Das Öffentlichkeitsprinzip des EG-Umweltrechts – Zur Bedeutung der Richtlinie über den freien Zugang zu Umweltinformationen –, DVBl. 1991, S. 93 ff.; *Engel,* Der freie Zugang zu Umweltinformationen nach der Informationsrichtlinie der EG und der Schutz von Rechten Dritter, NVwZ 1992, S. 111 ff.; *Erichsen,* Das Recht auf freien Zugang zu Informationen über die Umwelt, NVwZ 1992, S. 551 ff.; *c) (Europäisches Umweltzeichen) Scherer,* Ein europäisches Umweltzeichen steht ins Haus, RIW 1990, S. 908 ff.; *Roller,* Der „Blaue Engel" und die „Europäische Blume", EuZW 1992, S. 499 ff.

(Gewässerschutz) *Rengeling,* Umweltvorsorge und ihre Grenzen im EWG-Recht. Zu Grenzwerten für Pflanzenschutzmittel in der EWG-Richtlinie über die Qualität von Wasser für den menschlichen Gebrauch, 1989; *Salzwedel,* Probleme der Umsetzung europäischen Gemeinschaftsrechts in das Umwelt- und Technikrecht der Mitgliedstaaten: Das Beispiel des Gewässerschutzes, in: Umwelt- und Technikrecht in den

Europäischen Gemeinschaften – Antrieb oder Hemmnis?, Umwelt- und Technikrecht Bd. 7, 1989, S. 65 ff.; *Kolkmann,* Die EG-Trinkwasserrichtlinie. Die Nitrat- und Pestizidgrenzwerte und ihre Umsetzung im deutschen Umweltrecht, 1991; *Lübbe-Wolff,* Neuordnung der Abwasserverwaltungsvorschriften nach § 7a WassHG, NVwZ 1990, S. 240 ff.; *Salzwedel / Reinhardt,* Neuere Tendenzen im Wasserrecht, NVwZ 1991, S. 946 ff.

(Abfallrecht) *Offermann-Clas,* Das Abfallrecht der Europäischen Gemeinschaften, DVBl. 1981, S. 1125 ff.; *Schröder,* Grundfragen des europäischen Abfallrechts, Wirtschaft und Verwaltung 1990, S. 118 ff.; *v. Wilmowsky,* Abfallwirtschaft im Binnenmarkt, 1990; *ders.,* Grenzüberschreitende Abfallentsorgung: Ressourcenkonflikt im Gemeinsamen Markt, NVwZ 1991, S. 1 ff.; *Kersting,* Die Vorgaben des europäischen Abfallrechts für den deutschen Abfallbegriff, DVBl. 1992, S. 343 ff.; *Rengeling,* Gemeinschaftsrechtliche Aspekte der Abfallentsorgung, in: Festschrift für *Börner,* 1992, S. 359 ff.

Sachverzeichnis

(Die Zahlen beziehen sich auf die Seitenzahlen des Buches;
Hauptfundstellen sind fett gedruckt.)

Buchanzeige

Geiger
EG-Vertrag
Kommentar zu dem Vertrag zur Gründung der Europäischen Gemeinschaft

Von Dr. Rudolf Geiger, o. Professor an der Universität Leipzig

1993. XXIX, 987 Seiten. Leinen DM 87,–
ISBN 3-406-36459-4

Der Maastricht-Vertrag ändert und erweitert den EWG-Vertrag in wichtigen Bereichen. So benennt er die ehemalige EWG in „Europäische Gemeinschaft" (EG) um und gibt dem EG-Vertrag die Bestimmung bei, bis spätestens 1. 1. 1999 eine Wirtschafts- und Währungsunion (WWU) zu schaffen.

Dieser preisgünstige Kommentar erläutert den EG-Vertrag, wie er nach Inkrafttreten der Maastrichter Beschlüsse in der Gemeinschaft gilt. Er stellt somit ein ideales Instrument im Rahmen der derzeitigen europarechtlichen Diskussion dar und wird meinungsbildend wirken. Zudem hilft er der Praxis, europarechtliche Fragen richtig zu beantworten. So bringt das Werk eine eingehende Darstellung der Grundfreiheiten und des institutionellen Teils des Vertrages, insbesondere im Hinblick auf Änderungen gegenüber dem EWG-Vertrag. Ausführlich behandelt sind dabei die Kompetenzen der EG-Kommission und des EG-Parlaments. Stets wird auch auf das einschlägige Sekundärrecht der Verordnungen und Richtlinien verwiesen.

Das Werk richtet sich an Richter, Rechtsanwälte, Behörden, Journalisten, Studenten und Referendare sowie an alle, die sich für das Thema „Europa" interessieren.

Der Autor, Professor Dr. Rudolf Geiger, ist durch eine Vielzahl von Veröffentlichungen zum Europäischen Recht und zum Völkerrecht hervorgetreten. Viele Jahre lehrte er Europarecht an der Universität München und ist nun Inhaber eines Lehrstuhles an der Universität Leipzig.

Verlag C.H. Beck München